KB220931

슈리 라마나 마하리쉬의 희귀한 가르침

파다말라이

Padamalai

Teachings of Sri Ramana Maharshi

Recorded in Tamil verse by Muruganar

Translated by

Dr. T.V. Venkatasubramanian, Robert Butler

and David Godman

First English Translation

Copyright © David Godman 2004

Published by David Godman,

Avadhuta Foundation,

3245, Prairie Avenue,

Boulder, CO 89301 USA.

All right reserved.

Korean translation copyright © 2008 Sri Krishnadass Ashram

Korean translation rights arranged with David Godman.

슈리 라마나 마하리쉬의 희귀한 가르침

파다말라이

무루가나르 지음 | 데이비드 가드먼 영역 | 김병채 옮김

 슈리 크리슈나다스 아쉬람

차례

바가반 슈리 라마나 마하리쉬

Bhagavan Sri Ramana Maharshi

슈리 무루가나르

Sri Muruganar

머리말

　무루가나르(1890-1973)는 라마나 마하리쉬의 헌신자들 가운데 가장 뛰어나고 영향력 있는 사람들 중의 한 분으로 널리 알려져 있다. 그는 바가반을 설득하여 울라두 나르파두와 우파데사 운디야르를 쓰는 계기를 만들었다. 이 두 작품은 바가반의 가장 중요한 철학 저서이다. 그는 또한 바가반이 구두로 가르친 내용들을 기록하여 타밀어 시로 표현하였다. 이 시들 중 800편 이상은 바가반이 살아 있는 동안에 《구루 바차카 코바이》(구루의 말씀으로 만든 화환)라는 제목으로 출판되었다. 바가반은 직접 이 책의 초판을 철저히 수정하였다. 이 때문에 이 책은 바가반의 가르침에 관한 가장 권위 있는 작품들 중의 하나가 되었다.

　1923년 9월에 무루가나르가 티루반나말라이에 왔을 때 그는 바가반을 처음 만났다. 이곳에 오기 전에 그는 타밀어 대사전을 편집하는 위원회에서 일하고 있었다. 이 만남은 무루가나르의 생애에 있어 결정적 순간이 되었다. 바로 그 첫 만남에서 그는 바가반의 힘과 은총을 경험했기 때문이다.

> 밀랍이 불을 만나면 녹아 버리듯이, 그분의 발을 보고서 제 마음은 녹아 그 형상을 잃어버렸습니다. 송아지가 어미 소를 찾은 것처럼, 제 가슴은 녹아 그분의 발 안에서 즐거워했습니다. 제 몸의 털들이 곤두섰 습니다. 보름달이 비치는 바다처럼 헌신이 제 안에서 물결쳤습니다. 의식에 내재하고 있는 힘(칫 샥티)의 은총으로 제 영혼은 황홀경 속으로 빠져들었습니다.[1]

무루가나르는 바가반에게 오기 전 몇 해 동안 다양한 주제로 시를 짓고 있었다. 사실상 바가반을 위한 그의 첫 번째 봉헌 시는 그가 바가반을 처음 만나러 가는 동안에 지어졌던 일련의 시들이다. 그렇지만 바가반을 만나고 그의 힘과 은총을 경험한 직후, 무루가나르는 앞으로 그의 구루의 가르침을 기록하거나 그분의 위대함을 칭송하는 시만을 지을 것이라고 맹세했다. 그 후 50년 동안 이러한 주제들로 수많은 시를 지음으로써 그의 약속을 지켰다. 이러한 시 작품들의 상당수는 바가반이 살아 있을 때 출판되었지만, 이 시들 중 많은 부분들은 1973년 무루가나르가 세상을 떠난 이후에도 원고의 형태로 남아 있었다.

무루가나르는 그의 생애의 끝자락에 이르렀을 때, 그의 저작들의 관리자로 사두 옴을 지명하고 그에게 출판되지 않은 작품 모두를 넘겨주었다. 사두 옴은 그 후 10년 동안 이 원고들을 정성스럽게 정리하고 편집하는 데 많은 시간을 보냈다. 무루가나르와 그의 시에 대해 오랜 찬미자였던 K. 스와미나탄 교수는 델리 라마나 켄드라가 이 책을 출판하는 데 보조금을 지급하도록 인도 정부를 설득하였다. 그 결과로 이 모든 시집들이 출판될 수 있었다. 그 결과물은 《슈리 라마나 갸나 보담》 이라는 제목의 타밀어 시리즈 9권이다. 이 시집들은 여러 해 동안 출판되어 왔지만, 이 시들 가운데 영어로 번역된 것은 거의 없었다.

이 방대한 출판물들의 주요 주제는 무엇인가? 시의 대부분은 바가반을 향한 찬양, 바가반을 향한 무루가나르의 감사, 바가반의 은총을 통해 그가 했던 경험들을 자세히 다루고 있거나 바가반의 가르침을 설명하고 있다. 제9권에는 파다말라이(파담을 위한 화환)라는 제목의 매우 긴 시가 수록되어 있는데, 여기에는 무루가나르가 들었던 바가반의 많은 가르침들이 포함되어 있다.

파다말라이는 3,059편의 시들 중에서 절반 이상이 바가반의 말씀을 직접 인용한 내용이다. 이러한 가르침들은 각각의 시들을 끝맺는 구절인 'en Padam'에서 확인될 수 있다. 'en Padam'은 "파담께서 말씀하시기를"이라고 번역될 수 있는 말이다. 파담이라는 단어는 3,059편의 매 시에 나와 있다. 'en Padam'이라는 구절에 있는 파담은 바가반 자신을 가리킨다. 또한 무루가나르가 바가반을 찬미하거나 그의 위대함을 칭송할 때도 바가반을 의미한다. 시의 다른 부분에서는, 문자적으로 발(足)을 의미하는 파담은 참나의 동의어로 쓰이고 있다.

작품의 구조

무루가나르가 파다말라이를 지었을 때는 바가반의 가르침에 대해 체계적으로 기술할 의도는 없었다. 다음은 그 자신이 쓴 책의 머리말이다.

이 작품의 초반부에서 말해지는 것이 나중에도 계속 반복되는데, 그것이 주제를 형성하고 있다. 위대한 분들의 작품들과는 달리 이 시들은 작품에 견고함과 미묘함을 부여하는 방대하고 심오한 철학을 많이 포함하고 있지는 않다. 비록 여기에서 우연히 몇몇 미묘한 개념들이 보일지라도, 그것들은 달팽이가 지나간 자국에서 글자들이 보이는 것과 같으며, 연결된 순서에 따라 정연하게 제시된 것이 아니다. 미친 사람, 무지한 사람 그리고 헌신자들에 의해 발설된 말들이 비평적 분석의 주제가 될 수 있겠는가? 이러한 관점으로 미루어 볼 때 나는 이 작품이 나의 정신적인 경향성들의 독특한 표현으로 노래 불리었다고 말할 수 있을 것이다. 그러나 이 작품은 그 자신의 방식으로 실재인 신의 신성한 발에 대한 지극히 정화하는 기억을 바탕으로 한 것이다. 이 이유만으로도 사랑을 지닌 현자들, 헌신자들이 은총에 도취되어 생겨난 이 파다말라이를 기억을 돕는 수단으로서 알아보고 간직하며, 위에서 언급한 마음가짐으로 그것을 영창하기 바란다.

이 작품과 그 철학적 깊이의 중요성을 최소화하고자 하는 무루가나르의 시도는 그의 자아를 낮추는 성향의 전형적인 예시이다. 전체적으로, 이 작품은 바가반의 가르침에 대한 중요한 말씀들을 폭넓고 다양한 주제로 다루고 있으며, 그가 지었던 파다말라이 시집의 원본은 바가반의 가르침에 대한 거의 모든 면들을 포함하는 결과를 낳았다. 그러나 깊이가 일정하지는 않다. 어떤 주제들에 관한 내용은 시집의 많은 양을 차지하기도 하고, 또 다른 주제들에 관해서는 거의 없는 것도 있다.

파다말라이의 영문판을 만들기 위해 타밀어판 파다말라이에서 고른 시들을 수정하고 정리하려고 결심했을 때, 나는 아래의 지침을 적용하여 마무리를 하였다.

1. 많은 개념들과 가르침의 진술들이 작품 전체에 걸쳐 거의 같은 형태로 여러 군데서 나타나기 때문에 모든 시들을 사용하지는 않을 것이다. 또한 어떤 점에서 번역이나 의미가 의아스러운 시들은 생략하기로 결심했다. 3,059편의 시 중에서 약 1,750편이 선별되어 최종본에 포함되었다.

2. 주제에 있어 폭넓은 다양성을 가지고 있는 바가반의 가르침을 체계적으로 제시하기 위해 일정한 방식에 따라 주제별로 시들을 정리하고자 하였다. 따라서 '참나', '은총', '참나 탐구'와 같은 주제들로 시들을 묶었다.

3. 가르침의 진술들을 명확하게 하거나 상세하게 하기 위해서, 주로 바가반 자신이 직접 말한 편집 주해와 보충 인용문을 추가하였다. 시집에서 나타나 있는 바와 같이 바가반이 중요하게 다루고 있는 이 주해들은 몇 가지 개념들을 더욱 상세하게 설명하고 있다.

4. 파다말라이에 나와 있는 시들의 많은 부분은 참나의 본질, 바가반의 은총을 받은 경험들, 그리고 바가반의 위대함 등에 관한 무루가나르 자신의 진술들이기 때문에, 나는 전적으로 이러한 주제들만을 다루는 장을 마련하였다. 제1장 '바가반 파담'에서 무루가나르는 바가반의 가르침의 방법, 그분의 위대함과 그분의 독특성에 대해 기술하고 있다. '파담'으로 표제를 붙인 장에서 그는 참나의 본질에 대해 상세하게 기술하였다. 그리고 마지막 장 '무루

가나르를 향한 파담의 은총'에서 그는 바가반의 힘과 현존을 통해 그가 겪은 살아 움직이는 변형들의 경험들을 말하고 있다. 나머지 모든 장에서는 바가반의 가르침의 상당 부분이 들어가 있다.

5. 대부분의 바가반의 말씀들은 'en Padam' 구절을 포함하고 있지만, 이 구절이 상당히 지루하게 반복되므로 번역에서 이 구절을 생략하기로 하였다. 그렇지만 이 구절의 변형들인 "의식이신 파담께서 말씀하시기를……"과 "파담께서 충고하시기를……" 등과 같은 구절들은 남겨 둠으로써 드문드문 흩어져 있는 이 진술문들이 원본의 운치를 느끼게 하고 상기시켜 주게끔 하였다.

6. 바가반의 가르침들의 장에, 표준적인 'en Padam' 구절로 끝나지 않는 시들을 상당히 포함시켰다. 나는 다른 번역가들, 편집자들과 오랫동안 이 문제에 대해 논의를 했는데, 우리 모두는 이 시들이 바가반께서 말씀하신 문장이라고 느꼈다. 이 작품에서 두 가지 중요한 측면이 우리로 하여금 이러한 결론을 내리게 하였다.

(1) 파다말라이의 많은 부분들에서, 한 가지 주제가 여러 시들에 걸쳐 발전되어 가는 연속성을 보여 주고 있다. 바가반의 가르침을 기록한 상당수의 이 시들은 'en Padam'으로 끝을 맺지만 어떤 것은 그렇지 않다. 어떤 단락에서는 "그가 말하기를" 또는 "그녀가 말하기를"과 같은 말을 사용하고 있는데, 이것은 이 영어 산문체에서 쓰이는 직접 화법의 방식과 유사하다. 반면에 어떤 단락들에서는 이 구절들이 생략되어 있다. 'en Padam' 구절이 있든 없든 간에 그것은 모두 바가반이 직접적으로 말한 것이다.

(2) 많은 개념들과 가르침들은 약간 다른 형태로 파다말라이에서 반복

되고 있다. 어떤 부분에서는 특별한 문장이 'en Padam'으로 끝맺을 것이며, 한편 동일한 개념들이 다른 곳에서는 이러한 끝맺음으로 마무리되지 않을 것이다.

우리는 바가반에 의한 가르침이 무루가나르의 2행시 형식의 공간을 모두 채워 버려서 "파담께서 그렇게 말씀하셨다."로 맺을 공간이 없을 때 그가 'en Padam' 구절을 생략한 것으로 결론을 내렸다. 어쨌거나 우리는 몇 가지 방법으로 이 시들을 확인했다는 점을 알린다. 책 전반에 걸쳐, 그러한 'en Padam 구절이 붙지 않은' 문장들은 시 번호 뒤에 별표(*)를 달았다.

7. 나는 원본에 있는 시 번호들을 사용하지는 않았다. 대신에, 새로운 '1, 2, 3······' 형식의 연속으로 각 장을 시작했다. 이 책의 끝에 있는 '참조'에서는 각각의 번호에 대응되는 원본(타밀어)의 파다말라이 시 번호를 제시하였다(한국어판에서는 이 번호들을 제외하였음—옮긴이).

8. 대부분의 파다말라이 시들은 앞의 시들이나 뒤의 시들과 연결되어 있지 않지만, 몇 군데에서는 무루가나르가 한 가지 개념을 두 개 또는 그 이상의 시들에서 발전시키고 있다는 것이 분명하다. 이럴 경우에는 이 시들을 함께 묶었다.

9. 책은 여덟 개의 주요 부분으로 나뉘어 있는데, 그것은 바가반의 가르침 및 그와 함께 한 무루가나르의 경험들에 대한 상이한 측면에 따른 것이다. 이 장들의 매 시작 부분에 나는 무루가나르의 다른 작품들에서 발췌한 몇몇 시들을 포함시켰다. 이러한 인용문들과 모든 다른 인용들의 출처는 책의 끝에 제시되어 있는 '참조'

와 '관계서적 목록' 부분에서 찾아볼 수 있다.

10. 나 자신의 편집 주해는 쪽 전체 너비에 걸쳐 인쇄되어 있으며, 각 장과 절의 첫머리에는 들여쓰기를 하지 않았다. 바가반과 그에 관한 서적으로부터 나온 인용문은 항상 안으로 약간 들여쓰기를 했다.

감사의 글

여러 해 동안 무루가나르의 시를 공부해 왔던 헌신자인 벤카타수브라마니안 박사를 통해 나는 처음으로 파다말라이 시집에 관심을 가졌다. 벤카타수브라마니안 박사는 무루가나르 자신이 주석을 단 《구루 바차카 코바이》 시의 타밀어판을 포함하여 몇 편의 무루가나르 프로젝트를 작업하고 있었다. 우리는 최초로 선정한 시들을 여러 번 번역하고 수정하면서 몇 달 동안 이 파다말라이 프로젝트를 함께 작업했었다. 2002년 중순경 우리는 로버트 버틀러에게 우리와 함께 해 주기를 청했다. 로버트는 무루가나르의 시집 중 하나인 《슈리 라마나 아누부티》의 초판을 영어로 이미 번역했었다. 그는 무루가나르의 문체와 그것이 나타내는 특별한 문제점들을 잘 알고 있었으므로 번역자가 되어야 했다. 우리 세 사람은 교정한 영문판을 수정하고 향상시키면서 또한 많은 새로운 시들로 본문을 보충하면서 모든 시들을 다시 훑어보았다. 이 모든 것을 진행해 가면서, 나는 주제별로 완성본을 정리해 나갔고 보충 설명과 인용문을 추가해 갔다. 내가 책의 초안을 완성했을 때, 벤카타수브라마니안 박사는 그것을 꼼꼼히 살펴보고, 시의 순서와 내가 첨가하려고 했던 첨부물의 적절성 또는 방법에 대하여 많은 제안을 해 주었다. 나는 그의 많은 제안들을 받아들였다. 그 다음 마지막 교정에서는 우리 세 사람 간의 많은 공동 협력이 있었다. 나는 시집이 나오기까지 거의 2년이 걸린 이 프로젝트에 수고를 아끼지 않고 지대한 공헌과 많은 시간을 기꺼이 봉사해 주신 벤카타수브라마니안 박사와 로버트 버틀러 두 분께 여기서 감사를 표하고 싶다.

또한 파다말라이 판의 번역과 발행을 허가해 주신 델리 라마나 켄드라 출판사와 라마나스라맘의 많은 저서들을 인용하도록 허락해 주시고 바가반과 무루가나르의 사진들을 사용하게끔 허락해 주신 슈리 라마나스라맘의 총재, 슈리 V. S. 라마난의 호의에 감사드린다.

나는 한 헌신자에게 감사를 드리고 싶고 나의 감사함을 표현하고 싶다. 그는 초판 인쇄에 드는 발행 비용에 대해 금전적인 기부를 해 주셨음에도 익명으로 남기를 바라셨다. 이것은 나에게 인도에서의 비싼 책 판매 가격을 낮출 수 있게 해 주었다. 나는 또한 책 표지를 디자인해 준 글로리아 리에게 감사와 고마움을 전하고 싶다.

여러 사람들이 책의 발행에 앞서 책을 꼼꼼히 살펴보고, 때때로 나오는 실수를 지적해 주었고 자료 제시에 관련해 유용한 평을 해 주셨다. 카렌 카파디아, 안나 로사디, 크리스 모르, 대성 스님, 나디아 수타라 그리고 비오리카 바이스만께 감사를 전한다.

2004년 3월 아루나찰라에서
데이비드 가드먼

최초의 신이시여!

헌신자들의 가슴속에 '나-나'로

아름다운 빛을 발하시는 신이시여!

마음의 외적인 지식의 범위를 넘어서 계신 참나의 신이시여!

은총 속에 뿌리를 내린 채 공평함을 지니신 신이시여!

헌신자들을 위해 참나 머무름 속에

당신의 발을 확고히 뿌리내린 채 서 계시는 신이시여!

다른 모든 것이 버려진 이후에도

그것으로 남아 계시는 신이시여!

그분의 사랑스러운 품속으로 저를 끌어당기는

유희를 하시는 고매한 라마나시여![1]

신들조차도 알 수 없는 그분의 은총의 길을 통해서, 그분은 감각으로 알아볼 수 있는 가르치는 분의 모습으로 오셔서, 사람들의 가슴속에 쉽게 접근할 수 있으며 지혜의 여명을 밝히는 반짝이는 보석처럼 빛나시는 그러한 신성한 발을 땅 위에 내려놓으셨습니다.[2]

신성한 침묵의 축복으로 가득 차게 하기 위하여, 자만과 집착으로 나아가게 하는 현혹된 자부심으로부터 자유롭게 하기 위하여, 저 자신의 가슴속의 '나' 안에 지고쟈의 은총으로 거주하고 계시는 내적 자각의 '나-나'인 참나로 머물고 계시는 삿구루 라마나에게 우리의 생각들을 고정시키자.[3]

바가반 파담

첫 장에서 무루가나르는 그의 구루의 위대함을 찬양하고 있다. 이 장에서 그가 바가반을 부를 때 파담이라는 단어를 사용했으므로, 나는 적절한 곳마다 파담을 인칭 대명사로 사용하였다.

파담의 모습

1 희열의 파담께서는 자신의 진리를 변장하여 숨기고는 춤추는 쉬바의 모습을 하고 있습니다.

여기서 '쉬바의 모습'으로 번역된 피잠부는 쉬바가 아루나찰라로서 최초로 나타난 것에 대한 언급으로 '불기둥'으로 번역될 수도 있을 것이다.

2   이르기 힘든 지고자인 공평한 파담께서는 이 세상을 구원하기 위하여 구루의 고결한 옷을 걸치고 계십니다.

3   은총의 화신이시며 구루의 모습을 하고 계시는 지고의 불꽃인 파담께서는 굴레의 파괴자로서 우리들 사이를 움직이십니다.

4   파담께서는 궁극의 해방인 묵티를 주는 닥쉬나무르티이시며, 그분의 본성은 순수 의식입니다.

5   외형으로는 잘생긴 외모를 하고 계시고 내면으로는 참나로 계시는 파담께서는 자신의 헌신자들을 다스리십니다.

6   파담께서는 이 지구상에 있는 수많은 헌신자들을 그분의 품 안으로 데려와 그분의 은총을 부드럽게 내려 주십니다.

7   실제로는 충만한 지고의 실재(파라 바스투)인 의식의 공간의 모습으로 존재하지만, 그분 자신을 인간 존재로 나타내 보임으로써 무지한 사람을 당황케 하십니다.

8   그분이 올바르게 보인다면 파담께서는 인자한 은총을 지닌 치우침 없는 태양으로 계시지만, 세상 사람들은 쓸데없이 그분을 냉혹하다고 비난합니다.

9   사랑하는 헌신자들에게 파담께서는 수련 같은 미소를 짓고 계시지

만, 허위로 찬 사람들은 그분을 보고 무섭거나 두렵다고 합니다.

10 형상을 지니고 계시는 유일자이자 진정한 갸나이신 파담께서는
    사람들에게 진리의 길을 보여 주기 위하여 우리들 사이를 옮겨
    다니십니다.

11 은총의 모습을 하고 계시는 빛나는 파담께서는 진정한 지식이 헌
    신자들의 가슴속에 적절한 방식으로 비춰지게 하십니다.

파담의 가르침

12 모우나(침묵)로 울리는 종소리인 그분의 말씀으로, 구루 파담께서
    는 갸나의 가르침들을 납득시키십니다.

    갸나는 진정한 지식이며, 자신이 참나라는 지식이다. 이 확고한 경
험을 가진 사람을 갸니라 한다. 이 지식은 대상에 대한 지식이라기보
다 주체적인 자각이라는 형태를 취한다. 갸나의 상태에서는 지식을 아
는 사람이 남아 있지 않으므로, 바가반은 한번은 이렇게 말하였다. "갸
니들은 없으며, 오직 갸나만 있을 뿐이다." 갸나의 상태는 의식이 의식
자신을 오직 자각하고 있는 것이다.

13 천상으로부터 흘러나오는 형체 없는 목소리처럼 파담께서는 울려
    퍼지는 음성으로 뛰어난 쉬바-갸나의 세계들을 말씀하십니다.

이전에, 우리 모두는 주빌리 홀에서 라디오를 청취하고 있었다. 프로그램의 마지막에는 모든 연주자들의 이름이 발표되었다. 바가반께서 말씀하셨다. "보십시오! 라디오는 노래를 부르고 말도 합니다. 심지어 연주자의 이름까지도 방송합니다. 그러나 라디오 내부에는 아무도 없습니다. 이와 마찬가지로, 나의 존재 또한 하늘과 같습니다. 라디오처럼 말을 하기 위해 몸으로 나타날지는 몰라도 내부에는 개별적인 인간(아사미)이 없습니다. 단지 신(사미)만이 있습니다."[1]

14 아주 천진난만한 파담께서는 결코 어떤 것도 숨기는 것이 없이 있는 그대로의 진리를 명확하게 말씀하십니다.

아래의 문답에서 분명하게 보이듯이, 바가반은 비밀스러운 가르침을 주지 않았다.

질문 수행의 기법에 관한 한, 스승님의 책에 간혹 쓰여 있는 것보다 더 알아야 할 것이 이제는 없다고 제가 믿어도 되겠습니까? 이 질문은 수행의 모든 다른 체계들에서, 흔히 말하는 딕샤 즉 입문 때 삿구루가 그의 제자들에게 명상에 관한 몇 가지 비밀 기술을 내놓는다는 사실에서 나온 것입니다.
바가반 책들에서 보이는 것보다 더 알아야 할 것들은 없습니다. 비밀스러운 기술은 없습니다. 이 체계에서는 모든 것이 공개된 비밀입니다.[2]

15 파담께서는 장황하지 않으면서 실재를 명료하게 설명하시며, 그것을 더욱더 요약하여, 듣는 사람들이 집중된 마음을 얻게끔 하

는 뛰어난 능력으로 가득 차 계십니다.

　슈리 바가반의 참나 깨달음의 독창성의 결과로 자신에게 주어진 질
문들에 대한 접근 방식도 마찬가지로 독창성을 지니고 있었다. 질문들
에 대한 그분의 대답들은 결코 난해하거나 딱딱하지 않고 항상 간단하
고 직접적이었다. 그분은 그리스도처럼 권능을 가진 사람으로서 말을
했는데, 그 이유는 그분의 말들이 책에서 배운 것이나 소문으로 들은 것
에서 나온 것이 아니라, 자신이 직접 체험해서 얻은 지식과 경험으로부
터 나온 것이기 때문이었다. 그분은 자신이 알았던 것을 말했다. 그리고
그분은 자신이 말했던 것에 대해 알았다. 그분은 질문의 근원으로 가서
그 말의 용어들을 간단히 하였다. 그분이 말을 했을 때, 혼란스러운 기
법들은 없었다. 왜냐하면 항상 의미를 수정같이 맑게 만드는 그분의 대
답들과 함께 흔하면서도 구체적인 실례를 들어 주기 때문이었다.[3]

16　파담께서는 무한히 깊고도 미묘한 진리에 대한 가르침의 정수를
　　뽑아서 지혜가 부족한 마음을 지닌 사람들에게 그것을 나누어 주
　　십니다.

17　매우 경이로우신 파담께서는 일반적으로 신뢰할 만한 사람들에
　　게만 말해지는 베다들의 지고의 진리를 대중들에게도 널리 알리
　　십니다.

　옛날에 제자들은 스승이 그들의 영적 성숙도와 가능성들을 평가하
는 동안 때때로 오랜 수련 기간을 거치곤 하였다. 이 기간이 지난 후,

제자들이 충분한 가치를 지녔다고 여겨지면, 스승은 "그대가 그것이다(탓 트밤 아시)."와 같은 정체성에 관한 중요한 베다 진술문들 중 하나를 전해 주곤 하였다. 바가반은 자신에게 다가오는 사람들의 가치를 평가하는 동안 그의 가르침들을 조금도 숨기지 않았다. 만약 방문자들이 가장 높은 지식 또는 가장 직접적인 수행에 대해 물으면, 그분은 즉시 그것들에 대하여 말을 하곤 하였다.

더 일반적인 의미에서는, '베다들의 지고의 진리'는 경전적인 지식을 드러내기보다는 오히려 참나에 대한 경험을 지칭하는 것이다. 파다말라이의 몇 편의 시에서 무루가나르는 '베단타의 경험'에 대해서 적고 있다. 이것 또한 특별한 경전들의 지식이나 이해라기보다는 오히려 참나에 대한 경험을 지적한 것이다.

서두에서 언급한 가르침들에 대한 바가반의 태도는 아래의 이야기에서 그 좋은 예를 볼 수 있다.

한번은 가나파티 무니가 홀에 있을 때, 한 무리의 마을 사람들이 "어떻게 하면 저희가 마음을 다스릴 수 있습니까?"라고 물었다.

대답으로 바가반께서는 그들에게 마음의 기원을 살펴보았는지를 물어보셨고 참나 탐구의 길을 설명해 주셨다. 곧 그들이 떠나고 난 뒤 바가반께서는 여느 때처럼 산책을 나가셨다.

가나파티 무니가 다른 사람들에게 말하기를, '바가반께서 가르치신 참나 지식의 길은 배운 사람들조차도 이해하기 매우 힘든 것이다. 그런데도 바가반께서는 가난한 마을 주민들에게 그것을 가르치셨다. 나는 마을 사람들이 그것을 이해했는지, 더욱이 그들이 그것을 수행할 수 있을지조차 의문이 간다. 만약 바가반께서 약간의 푸자나 자파를 수행하

라고 그들에게 충고했다면, 그것은 훨씬 실천적이었을 것이다."라고
했다.

　이 말이 바가반께 전해졌을 때, 그분은 다음과 같이 말씀하셨다. "무
엇을 해야 합니까? 이것이 내가 아는 것입니다. 만약 가르침이 전통적
인 방식으로 전해져야 된다면, 그 사람은 전수받을 자가 자격이 있는지
없는지 우선 알아보아야 합니다. 그런 다음 푸자, 자파 또는 명상이 단
계적으로 처방됩니다. 그 후에 구루는 이 모든 것이 단지 예비 단계의
것이며 이 모든 것을 초월해야만 된다고 말합니다. 참나 탐구라는 직접
적인 길이 가르쳐지고 난 뒤에 '브라만만이 실재이다.'라는 궁극의 진
리가 말해지고 이것을 깨닫게 된다고 말합니다. 왜 이러한 우회의 과정
을 거쳐야 합니까? 많은 방법들을 주장하고 그것들을 마침내 버리는
대신, 처음부터 궁극의 진리와 직접적인 길을 말하면 안 됩니까?"[4]

18　파담께서는 여러 출생들은 건망증을 가진 마음의 이야기라고 강
　　조하십니다.

파담의 은총의 일견

19　지고의 실재로서 나타나신 파담께서는 은총을 내려 주는 일견을
　　지니신 갸나 구루의 모습으로 헌신자들에게 영향력을 행사하러
　　오셨습니다.

20　그분의 신성한 일견으로 파담께서는 쉬밤의 본성의 깨달음인 은

총이라는 보물을 그분의 헌신자들에게 관대히 내려 주십니다.

쉬바의 의식인 쉬밤은 실재와 동의어이다. 그것은 쉬밤과 하나가 되고자 하는 모든 쉐이바(쉬바파 수행자)들의 궁극적인 목표이다.

21 그분의 일견을 통하여, 파담께서는 쉬밤의 영역 안에서 신성한 삶의 은총을 헌신자들의 가슴속에 자비롭게 심어 주십니다.

22 그분의 일견으로 헌신자들을 성숙으로 이끄는 파담께서는 그들을 지고의 초월인 진리로 일깨우십니다.

23 높은 하늘에 있는 천상의 존재들에게조차도 빛나고 자애로우신 파담의 일견은 견줄 것 없는 위대하고 풍요로운 재산입니다.

파담의 힘

24 지고자이신 파담께서는 모든 비전들을 그 자신의 불 속에서 태워 버리고 그것들을 자신의 모습으로 변형시키는 참나 지식의 힘을 소유하고 계십니다.

25 죽음을 생각하면서 두려움으로 그분에게 호소하는 사람들에게 파담께서는 자아의 환영인 죽음을 초월하여 있는 번창하는 불멸의 삶을 주실 것입니다.

26 눈부시게 빛나면서도 고요 속에 계시는 파담께서는 계속해서 일
     어나는 고통의 주요 바탕인 참나를 망각하고 있는 마음을 파괴시
     키십니다.

27 파담께서는 참나의 힘인 모우나의 상태 속에 확고히 자리 잡고 계
     십니다. 그것 앞에서 다른 모든 힘들은 사라져 버립니다.

28 움직임 없이 평화로 머물고 있는 가슴이신 파담께서는 자석처럼
     모든 사람들을 그분에게로 끌어당기십니다.

29 파담께서는 그분에게 피난처를 구하는 헌신자들에게 은총을 내
     려 자신과 하나가 되게 하십니다. 그렇게 함으로써 그들은 파담
     과 같아지며 그분의 매력적인 자산을 풍부하게 얻게 됩니다.

30 집중된 의식이신 파담께서는 트리푸티들이 일어나는 곳인 근원
     적 무지로부터 사람들을 구하는 대단한 마술의 기술을 가진 분이
     십니다.

    트리푸티들은 아는 자, 앎, 알려진 것, 또는 보는 자, 봄, 보이는 것이
라는 셋을 이루고 있는 것을 지칭하는 말이다.

31 파담께서는 실재 속에 확고히 거주하는 것을 방해하면서 커져 가는
     강력한 마음의 상상력인 데하트마 붓디를 완전히 파괴시킵니다.

데바트마 붓디는 개별적인 인간이 특정한 육체의 몸으로 살고 있다는, 즉 "나는 육체이다."라는 생각이다.

32 황금빛을 하고 계시는 파담께서는 자신의 어머니를, 쉬밤을 내려 주는 분인 칫-파라-샥티의 화신으로 변형시키셨습니다.

'칫-파라-샥티의 화신'은 '신의 은총의 구현'으로 번역될 수도 있다. 쉬밤의 은총은 항상 여성의 모습을 한 신을 통하여 전해진다. 이 시는 바가반의 어머니가 깨달음 이후, 쉬밤을 주는 신성한 은총과 하나가 되었음을 말하고 있다.

33 파담께서는 다른 사람들이 파담의 가슴 안에 있는 것들을 헤아릴 수 없을 정도의 굉장한 깊이를 가지고 계십니다.

34 강력하고, 우레와 같은 모우나의 드럼을 치시는 파담께서는 쉬바-갸나의 은총을 풍족하게 내려 주시는 관대함을 지니고 계십니다.

35 빛나는 파담께서는 심지어 한줌의 흙보다 못한 어리석은 바보의 가슴속에도 갸나의 선명한 진리를 확실히 드러나게 하십니다.

36 평화스러운 피난처이신 파담께서는 그분의 현존 하에서 많은 일들을 일어나게 한다는 저명한 명성을 가지고 계십니다.

많은 사람들은 바가반의 현존 속에서 경이로운 경험들을 가졌다. 어떤 사람들이 그들의 문제들을 가지고 바가반에게 도움을 얻기 위하여 간청하면, 약간은 기적처럼 보이는 만족스러운 해결이 뒤따른다는 것을 발견하였다. 바가반은 이러한 현상들을 자신이 일으켰다고 말하지 않는다. 대신에, 그는 깨달은 존재들에게는 그들의 현존 가까이로 가져오는 모든 문제들을 보살피는 산니디가 있다고 말했다. 바가반 그 자신은 이러한 경우들에서 자신이 어떤 것도 하지 않았다고 아주 단호히 말하였다. 나라야나 아이어는 이 점에 관하여 아래의 설명을 바가반으로부터 이끌어 냈다. 상칼파라는 말은 '의지' 또는 '의도'라는 의미로 바꾸어 쓸 수 있다. 그것은 특정한 행위 방향을 따르려는 욕구이다.

어느 날 내가 바가반의 곁에 앉아 있을 때, 나는 너무나 불행하게 느껴져서 바가반께 다음과 같은 질문을 드렸다. "갸니의 상칼파는 헌신자들의 운명을 비켜 가게 할 수 없습니까?"

바가반께서는 웃으며 말씀하셨다. "도대체 갸니가 상칼파를 가지고 있습니까? 지반묵타(해방된 존재)는 조금의 상칼파도 결코 가질 수 없습니다. 그것은 정말로 불가능합니다."

나는 말을 계속했다. "그렇다면 은총을 주시고 구원을 주시는 당신께 기도하는 저희 모두의 운명은 무엇입니까? 당신 앞에 앉거나 당신께 다가가는 저희에게는 어떠한 이익도 구원도 없습니까?……"

바가반께서는 인자한 모습으로 나의 쪽을 보시며 말씀하셨다. "…… 나쁜 카르마를 가진 사람은 갸니의 현존 안에 있는 동안 카르마가 상당히 감소될 것입니다. 갸니는 상칼파들을 지니고 있지 않습니다. 그의 산니디(현존)는 가장 강력한 힘입니다. 그는 상칼파를 가질 필요가 없지만, 가장 강력한 힘인 그가 관장하는 현존은 영혼들을 구하고, 평화로운 마음을 주며, 심지어 성숙한 영혼들에게 해방을 주는 경이로운 일들을 할 수 있습니다. 그대의 기도들은 그에게서 응답을 받지는 못하지만 그의 현존에 흡수됩니다. 그의 현존은 그대를 구하고, 카르마를 물리치며, 부지불식간에 그대에게 이익들을 줍니다. 갸니는 자신이 가지고 있지 않은 상칼파로 헌신자들을 구하지는 못하지만, 그가 관장하는 현존인 산니디를 통해서 헌신자들을 구합니다."[5]

37   눈부시게 빛나는 파담께서는 마음을 은총의 광채로 정화하여, 오염을 제거한 뒤 진귀한 신들의 음식인 의식으로 그것을 채우십니다.

38   진리인 파담께서는 신념에 의해서만 움직이는 마음의 태도를 멍하게 만들고는 가슴에서 빛나십니다.

여기에 제시된 요점은 바가반이 헌신자들에게 직접적인 경험을 주므로 그들은 더 이상 신념에 의지할 필요가 없다는 것이다.

39   그분의 사랑을 받기에 충분한 진정한 헌신자들에게 파담께서 주시는 은총은 노력도 없이 그분을 알게 하여 바가반께 이르게 합니다.

바가반은 때때로 영적 구도자들을 화약, 숯 그리고 푸른 나무에 비유하면서 그들의 성숙도를 평가하였다. 화약은 불꽃에 노출되면 타오른다. 숯은 가열이 되는 준비 시간이 있은 후에 타오른다. 푸른 나무는 오랜 시간 동안의 건조 시간을 가진 후에야 타오른다. 신성한 불꽃을 위해 준비가 되어 있는 소수의 헌신자들은 바가반과 만나자마자, 사다나를 위한 시간을 거의 또는 조금도 가지지 않은 채, 바가반의 현존 속에서 참나의 경험을 종종 가졌다. 무루가나르는 그의 다른 시들 중의 한 편에서 이것에 대해 썼다.

> 다른 사람들로부터 가르침들을 받지도 또 어떠한 자의적인 노력도 하지 않고서 어린 나이에 참나 깨달음에 이른 당신께서는 이제 당신의 현존의 힘만으로 참나 깨달음의 선물을 당신의 헌신자들에게 주고 계십니다. 당신의 헌신자들은 정말로 운이 좋습니다. 왜냐하면 그들은 호된 영적 수행을 하지 않고도 최고의 지혜를 허락받기 때문입니다.[6]

40   이슈와라와 지바, 구루와 제자라는 이 둘은 실제로는 하나로 존재하기 때문에 파담께서는 단지 상상에 불과한 분리를 없애는 은총을 주십니다.

이슈와라는 힌두이즘에서 인격신을 나타내는 일반적인 용어이다. 어떤 특정 신을 가리키는 것은 아니다.

41   눈부시게 빛나는 파담께서는 그분의 현존 하에 늘 있는 진정한 헌신자들의 가슴속에 남아 있는 '나'와 '나의 것'이라는 망상을 내쫓습니다.

42   자아가 일어나 정복하려는 단 하나의 목적으로 커져 가고 있지만

파담께서는 자아를 근절시키고자 하는 단 하나의 의무를 계속 해 나가십니다.

43 눈부시게 빛나는 파담께서는 그분 자신이 아닌 다른 것에 대한 자각을 억제하여 무력하게 하고는 자연스러운 의식의 상태인 실재의 의식을 주십니다.

44 파담께서는 한 오라기의 짚이 즐겁게 바다를 표류하여 해안에 이르게 하고 구원을 얻게 하는 바람입니다.

  이 비유의 요점은 보기에 불가능해 보이는 것을 파담께서 가능하게 한다는 것이다.

45 갸나의 열쇠를 지니고 계시는 파담께서는 망각하고 있는 안쪽의 실재인 가슴의 보물을 여십니다.

파담의 독특성

46 파담께서는 지고의 진리인 갸나를 바라는 헌신자들의 이익을 위하여 이 세상에 살면서 움직이십니다.

47 파담께서는 마음을 포기하려는 위대한 봉헌을 하고 있는 사람들의 쌓인 업을 자신의 머리에 지십니다.

48 무지 속에서 작용하는 미혹을 파괴할 수 있는 진정한 지식을 줌
    으로써, 파담께서는 그분에게로 피난처를 찾는 사람들의 모든 욕
    망을 채워 주십니다.

    지고의 상태 속에 자리 잡은 그분에게는 갈망하는 자인 자아가 없어
    졌기 때문에 일어날 욕망이 없다. 마치 한 번에 얻을 수 있는 모든 욕망
    들의 즐거움을 동시에 얻은 것처럼 그 상태에 있는 현자는 늘 만족하고
    있다.[7]

49 참나인 파담께서는 마음이 없기 때문에, 심지어 많은 군중들 속
    에 있더라도 그는 아무런 일행이 없이 혼자 계십니다.

    질문 저는 그 누구도 방문하지 않는 장소에서 살고 싶은 욕망을 가지
    고 있습니다. 저는 아무런 노력 없이 음식을 얻고자 하는 또 다른 욕망
    도 있습니다. 저는 또한 세상을 전혀 보지 않고 눈을 감고서 끊임없이
    명상을 하고 싶습니다. 이러한 욕망들이 종종 제게 일어납니다. 이러
    한 것들은 좋은 것입니까, 나쁜 것입니까?
    바가반 이러한 욕망들을 가지고 있다면 당신은 그것들을 이루기 위하
    여 또다시 태어나야 할 것입니다. 당신이 어디에 머물든 그것이 무슨
    문제가 됩니까? 당신의 마음을 항상 참나 안에 두십시오. 참나가 아닌
    '바깥쪽'에는 혼자만의 공간이 없습니다. 당신이 마음과 동행하는 곳
    은 어디나 의심할 것 없이 혼잡한 곳입니다.[8]

50 자신의 진정한 본성이 절대적인 해방인 파담께서는 모든 카라나

(마음, 감각 그리고 육체의 기관)들이 활동하고 있을지라도 침묵으로부터 벗어나지 않습니다.

51 파담께서는 본질적으로 동정심이 많기 때문에 실제로는 그 어떤 것과도 관련이 없이 계시면서도 마치 그 모든 것들과 긴밀하게 관련되어 있는 것처럼 움직이십니다.

52 샥티의 움직임들이 그분으로부터 비롯되지만 너무나 경이로운 파담께서는 그분 또한 그것들에 의하여 지배를 받고 있는 것처럼 행위를 하십니다.

53 파담께서는 재담인 것처럼 말씀을 하시지만, 우리의 가슴은 그분의 말씀을 만족을 모른 채 더욱더 듣고 싶어 합니다.

　　슈리 바가반의 얘기 방식은 그 자체로 특이하다. 그의 평상시의 상태는 침묵이다. 그분은 거의 말을 하지 않는다. 짧은 기간 동안 그분을 보고자 하여 온 우연한 방문자는 그분이 언제쯤 말을 할까 궁금해 한다. 그분에게 질문을 하여 그분의 대답을 이끌어 내는 것은 자기 통제의 보기 드문 수행을 요구하는 그 자체로 하나의 예술이다. 참된 의문이나 진지한 질문이 그분에게 주어졌을 때, 때때로 그분의 침묵 자체가 특별한 질문에 대한 최고의 대답이기는 하지만 결코 대답이 주어지지 않는 일은 없다. 질문자는 인내심을 가지고 기다리는 것이 요구된다. 유익한 대답을 듣는 최고의 기회를 얻기 위해서는 질문을 간단하면서도 짧게 해야만 한다. 그런 다음 조용히 그리고 주목한 채로 있어야 한다. 슈리 바가반께서는 시간을 가진 후 하고자 하는 말씀을 천천히 그리고 띄엄띄엄 시작하신다. 그분의 말은 계속될수록 힘을 얻게 될 것이다. 마치 이슬비가 점차 강해져 소나기가 되는 것과 같을 것이다. 청중을 매혹시킨 채, 때때로 쉼 없이 몇 시간 동안 계속될지도 모른다. 그러나 대화 내내 완전히 조용해야 하고 반대 의견을 갖고서 부딪치지 말아야 한다. 당신으로부터의 어떠한 방해는 그분의 말의 맥을 끊게 될 것이다. 그러면 그분은 즉시 다시 침묵으로 돌아갈 것이다. 그분은 토론 속으로 들어가는 것도, 누군가와 논쟁하는 것도 결코 하지 않을 것이다. 사실, 그분이 말하는 것은 하나의 관점 또는 의견이 아니라, 안으로부터 나오는 빛의 직접적인 방사가 무지의 어둠을 쫓기 위해서 말로 나타나는 것이다. 그분의 대답의 온전한 목적은 당신 안으로 향하게끔 하는 것이고, 당신 자신 안에 있는 진리의 빛을 보게 하는 것이다.[9]

54 그들이 누구이든지 그리고 그들이 수행하게 되는 사다나가 무엇이든지 간에, 파담께서는 자애롭게 그분의 은총으로 그 사다나를 축복할 것입니다.

모든 사람들은 슈리 바가반께서 아트마 비차라 즉 참나 탐구를 매우 강조한다는 것을 알고 있다. 그분은 아트마 비디야 키르타남이라는 책에서, "참나 지식은 쉬운 것이고, 존재하고 있는 것 가운데 가장 쉬운 것입니다."라고 하셨다.

그러나 놀랍게도, 그분은 어떤 헌신자에게도 결코 한 번도 이 방법을 따르라고 자발적으로 요구하지는 않았다. 그분이 참나 탐구의 수행을 지시했다면, 모든 헌신자들은 맹목적으로 기꺼이 그것을 따랐을 것이다……

　　슈리 바가반의 현존과 가르침들은 각기 다른 수준에 있는 여러 부류의 구도자들에게 희망과 힘을 주었다…… 슈리 바가반께서는 온갖 종류의 길을 가고 있는 모든 사람들을 돕고 안내해 주셨다. 결코 헌신자들이 한 사다나에서 다른 사다나로 바꾸도록 요구하지 않으셨다.[10]

　　많은 사람들은 바가반께서 늘 비이원론적 철학을 이야기하고 그의 충고를 구하는 모든 사람들에게 참나 탐구를 설명하셨다는 인상을 갖고 있다. 그러나 그렇지 않다. 바가반께서는 여러 사람들에게 각기 다른 충고를 주셨다. 그분은 그들의 수준 즉 성장의 정도와 그들의 기질을 보고 거기에 맞게 행동을 하셨다. 한 헌신자가 질문을 하면 어떤 대답이 주어졌을지 모른다. 만약 다른 헌신자가 몇 분 뒤에 똑같은 질문을 물었다면, 그분은 다른 대답을 주셨을 것이다. 사실이 다르기 때문에 답은 언급된 것과는 모순될 것이다. 만약 헌신자들 각자가 그것의 효험에 대한 확신을 갖고서 바가반의 충고에 따라 행동을 한다면, 각자는 바가반의 은총이 그 안으로 흘러 들어오고 있다는 것을 깨닫게 될 것이다.[11]

55　그들이 누구이든지 그리고 그들이 어떤 마음 상태에 있든지 간에, 파담께서는 그들 각자의 욕망에 준하는 은총을 자애롭게 내려 주십니다.

　　울라두 나르파두 아누반담의 네 번째 시에서는 깨달은 존재들의 달샨을 가지는 것의 커다란 은혜에 대해 말하고 있다.

열기는 서늘한 달에 의하여, 가난은 천상의 소원 성취 나무에 의하여, 죄는 강가에 의하여 없어질 것입니다. 그러나 열기로부터 시작되는 이 모든 것들은 비길 데 없는 사두들의 달샨을 가지는 것만으로도 없어질 것입니다.

안나말라이 스와미가 한번은 이 시에 대하여 바가반에게 물었다.

"우리는 달이 어디에, 그리고 강가가 어디에 있는지 알고 있습니다. 그러나 이 소원 성취 나무는 어디에 있습니까?"

바가반께서 대답하셨다. "만약 내가 그대에게 그것이 어디에 있는지를 말해 준다면, 그대가 그것을 떠날 수 있겠습니까?"

나는 이 특별한 답변을 듣고 당황했지만, 그러나 그것에 대해 계속 묻지는 않았다. 몇 분 후에 나는 바가반 옆에 놓여 있던 바시슈타 요가라는 책을 펼쳤다. 내가 첫 장을 살펴보니, "갸니는 소원 성취 나무다."라고 적혀 있는 구절을 발견했다. 나는 즉시 나의 질문에 대한 바가반의 이상한 대답을 이해했다. 내가 바가반께 이것에 대해 말하려는 순간에, 그분은 나를 바라보며 웃으셨다. 그분은 내가 올바른 답을 찾았다는 것을 알고 계시는 것 같았다. 내가 바가반께 이 시에 대해 말했지만 그분은 아무런 언급도 하지 않으셨다. 그분은 나를 보며 그저 미소를 짓고 계셨다.[12]

56 파담께서는 자신 앞에 있는 것들을 보고 있는 것처럼 보여도, 그분은 그 앞에 있는 어떤 대상도 보지 않고 있는 극히 순수한 넓은 공간이십니다.

바가반이 때때로 헌신자들을 바라봄으로써 참나의 힘과 은총을 전해 주지만, 그는 또한 보통의 사람들이 자신들의 앞에 있는 대상들과 사람을 보듯이 '보지' 않는다고 단언하였다. 그는 이 상태를 갸나 드리슈티라 불렀다. 그것은 보는 동안에 참나에 대한 자각이 일어나지만, 보는 자와 보이는 대상 간의 거짓된 분리가 없이 일어난다.

한 방문자가 한번은 바가반에게 인도 전역을 여행하는 것에 대해 생각해 본 적이 있는지 물었다.

바가반 몇몇 헌신자들이 그것을 제안했지만 나는 결코 그러한 생각을 해 본 적이 없습니다. 라제스와라난다가 한번은 인도 전역으로 나를 태우고 갈 특별 기차를 준비할 것이라는 말을 했습니다. 그러나 어딘가로 가는 것이 내게 무슨 소용이 있겠습니까? 나는 어떤 것도 볼 수가 없습니다. (나, 데바라자 무달리아르는 바가반께서는 모든 것 속에서 참나만을 본다는 것을 언급하기 위해 이것을 적었다.)[13]

질문 갸니의 눈은 모든 것을 보는 것 같이 보이지만 실제로는 아무것도 보지 않는다고 말씀하셨습니다.
바가반 그렇습니다. 갸니의 눈은 죽은 염소의 눈과 같습니다. 눈을 감지 않고 늘 뜨고 있습니다. 비록 다른 사람들에게는 갸니가 모든 것을 보고 있는 것처럼 그들의 눈이 반짝반짝 빛나지만, 실은 그들은 어떤 것도 보지 않고 있습니다.[14]

갸나 드리슈티의 상태와 경험은 다음 장에서 자세하게 다루어질 것이다.

57 파담(바가반)께서는 파담이라는 단어로도 설명할 수 없지만, 의식의 순수한 확장인 파담은 은총으로 주어진 비전을 통해서만 인지될 수 있습니다.

58 파담의 진정한 본성이 비이원의 의식이며 충만함이기 때문에, 그분은 누구도 나쁘게 말할 여지를 갖지 않습니다.

　누군가가 죽었다는 소식을 들을 때마다, 우리는 반드시 바가반 앞에 앉는 것이 일반적인 일이었다. 왜냐하면 우리 모두는 고인의 명복을 비는 바가반의 말씀을 듣기를 열망하였기 때문이다. 심지어 상습적인 불량배들에 대해 이야기를 할 때조차도 그는 우리를 안심시키기 위하여 그들에 관해 좋은 어떤 이야기를 항상 찾곤 하였다.

　마을에 사는 칸다스와미라는 부자가 있었다. 그는 때때로 바가반을 달산하기 위하여 아쉬람에 오곤 했지만, 그의 나쁜 행실 때문에 마을 사람들은 그를 싫어했다. 그의 생의 마지막 동안, 그는 아쉬람의 맞은편에 있는 만타팜에서 지냈으며 가난과 질병으로 고통을 겪었다. 만타팜에 누워 있는 동안, 그는 말라얄람 식으로 요리한 약간의 오트밀 죽을 먹고 싶어 한다는 말을 심부름꾼을 통하여 전해 왔다. 바가반께서는 즉시 이 죽이 준비되도록 조치하고는 이 죽을 그에게 보냈다. 다음 날 칸다스와미는 심각한 상태에 접어들었다. 실제로 심각한 상태여서 그가 죽고 나면 바가반께서 그의 선한 성품에 대해 어떤 말씀을 하실까 하는 의아심을 가지고 우리끼리 이야기를 하였다. 다음 날 슈리 칸다스와미는 죽었다.

　우리는 바가반께서 이 사람에 대해 말씀하실 선한 그 어떤 것도 생각하실 수 없을 것이라 생각하면서 즉시 가서 그 소식을 전하고 바가반 앞에 앉았다. 이런 실망스러운 일이!

슈리 바가반께서는 우리들에게 다음과 같이 말씀하셨다. "칸다스와미만큼 자신의 몸과 옷을 청결히 할 수는 없을 것입니다. 그는 기름도 비누도 사용하지 않았습니다. 그는 아침 8시에 와서 그의 도티를 빨기 시작하곤 하였습니다. 그런 다음 말리기 위해서 옷을 널곤 하였습니다. 그가 목욕을 마치는 시간은 12시 정각이었습니다. 그의 머리와 턱수염은 언제나 아주 깨끗했습니다."

우리는 부끄러워서 머리를 숙였다. 그 누가 모든 이들 속의 선한 특성들만을 바라보시는 바가반께 필적할 수 있겠는가?[15]

59 파담께서는 망각으로부터 자유로운 참나로 머무르는 삶 이외에는 다른 가치 있는 성취가 없다는 것이 모든 사람에게 사실이라고 선언하십니다.

60 아낌없는 은총을 지니신 파담께서는 자신의 가장 큰 의무가 헌신자들을 보호하는 것이라는 확신을 주셨습니다.

61 파담께서는 헌신자들에 의해 쳐진 사랑의 그물에 사로잡히시고는 그들을 그분의 은총 속에 빠뜨리십니다.

62 재미있으면서도 부드러운 말로 헌신자들의 피로를 제거해 주시는 파담께서는 어린애와 같은 즐거움으로 충만한 채 계십니다.

63 부드럽고 온화한 미소로 헌신자들에게 기쁨을 전해 주시는 불가사의하고 비범한 능력을 파담께서는 지니고 계십니다.

64 감미로운 미소로 가르침의 은총을 자비롭게 내려 주시는 빛나는 파담께서는 무지의 고통 속에서 두려움과 슬픔으로 괴로워하는 그 지점에서 깊은 슬픔을 쫓아 버립니다.

그분의 미소에서 나오는 광채는 묘사할 방법이 없다. 완고한 사업가처럼 보이는 사람일지라도 그 미소로부터 그의 가슴속에 경쾌한 노래를 가지고 티루반나말라이를 떠날 것이다. 꾸밈없는 한 여인이 "저는 철학을 이해하지는 못하지만 바가반께서 저를 보며 미소 지으실 때는 마치 어머니의 품 안에 있는 아이처럼 안전함을 느낍니다."라고 말하였다. 나는 다섯 살 된 딸로부터 다음의 편지를 받기 전에는 바가반을 뵌 적이 없었다. "아빠는 바가반을 사랑할 거예요. 그분이 미소를 지으시면 모든 사람들이 무척 행복해져요."[16]

65 파담께서는 매우 훌륭한 삿 아차라로서 참나 그 자체에 대해서만 이야기하지 종교적 준수 사항들에 대해서는 이야기를 하지 않습니다.

아차라는 일반적으로 외적인 종교적 준수 사항들을 의미하지만, 여기의 삿 아차라는 실재, 존재로 거주하는 것을 의미한다.

66 파담께서는 옳음에서 빗나가지 않는, 신이 정하신 일들에는 조금

도 방해하지 않는 공정함을 지니고 계십니다.

자유 의지와 운명에 대한 바가반의 가르침들은 모든 행위들이 미리 정해져 있고 불변적이라고 가르쳤다는 점에서 지극히 결정론적이다. 그가 아루나찰라 산 기슭에 살고 있는 것을 그의 가족들이 발견했을 때인 1898년에 그는 이 주제에 대해 전형적인 설명을 해 주었다. 그의 어머니가 그에게 집으로 되돌아가기를 간청했을 때, 그 당시 단지 열여덟 살이었던 바가반은 어머니에게 다음의 짧은 편지를 썼다.

창조주가 그들의 과거 행위들 즉 그들의 프라랍다 카르마에 따라 영혼의 운명을 정합니다. 일어나지 않도록 정해진 일은 아무리 애를 써도 일어나지 않을 것입니다. 일어나도록 정해진 일은 아무리 그것을 멈추려 노력해도 일어날 것입니다. 이것은 확실합니다. 그러므로 최선의 길은 침묵하는 것입니다.[17]

바가반의 불간섭은 아래의 쿤주 스와미의 일화에서 보이는 것처럼 가끔은 극단적인 모습들을 띠기도 하였다.

한번은, 슈리 바가반의 동생인 니란자나난다 스와미가 그를 죽이겠다고 위협하는 한 무리의 사람들에 의해서 물리적으로 들어 올려 옮겨졌을 때, 바가반께서는 완전히 침착하셨다. 그분은 그들이 있는 방향으로 고개조차 돌리지 않으셨다. 저녁에 니란자나난다 스와미가 무사히 돌아와서 바가반 앞에 앉았을 때, 그분은 그가 안전하게 돌아온 것에 대해 신경을 쓰지 않으셨다. 물론, 그날 니란자나난다 스와미를 구

한 것은 그분의 은총이었지만 그것은 별개의 문제이다.[18]

67 파담께서는 모든 사람들이 동요와 흥분 없이 고요하고 침착한 채로 있어야 한다는 것을 자신의 행동으로 보여 주십니다.

1924년, 한 무리의 도둑이 라마나스라맘에 와서 강도질을 하다가 바가반을 물리적으로 공격했다.

바가반께서는 그들이 약탈하는 동안에 다리를 심하게 얻어맞았지만 독특한 반응으로써 강도들에게 말씀하셨다. "만약 당신들이 만족하지 못한다면, 반대쪽 다리 또한 때려도 괜찮소."

함께 있던 헌신자들 중의 한 명인 라마크리슈나 스와미는 바가반의 사람들을 향한 강도들의 급습에 매우 격분하여, 침입자들을 공격하기 위하여 쇠막대기를 집어 들었다.

바가반께서 그를 제지하며 말씀하셨다. "이 강도들이 그들의 역할을 하도록 내버려두십시오. 우리는 우리의 역할에 충실해야 할 것입니다. 그들이 좋아하는 것을 하도록 두십시오. 참고 견디는 것이 우리가 해야 하는 것입니다. 그들이 하는 것을 방해하지 말고 그냥 내버려두십시오."[19]

68 낮은 창조물들을 업신여기지 않으시는 파담께서는 그들을 돌보고 보호하십니다.

바가반 나에게 오는 살아 있는 어떠한 존재라도 그들의 남은 카르마를

청산하기 위해서 옵니다. 그러므로 나에게 오는 것을 어느 누구도 가로막지 마십시오.[20]

69 파담께서는 나누어지지 않는 침묵의 강력한 힘을 풍부하게 지니고 계셔서, 야생 동물들조차도 그분에게 성을 내거나 공격하지 않을 것입니다.

　새로운 동물이 아쉬람에 오게 되면, 헌신자들이 그것을 보살피겠다고 자원하지 않으면 바가반께서는 대개 그것을 받아들이는 것을 거절하셨다. 바가반께서는 처음에 락슈미와 흰 공작새조차도 받아들이는 것에 마음 내켜 하지 않으셨다. 헌신자들이 잘 보살피겠다고 그에게 확언했을 때 아쉬람에 그것들이 머물도록 승낙되었다. 돌봐 줄 누군가를 찾지 못한 몇몇 동물들은 기증자에게로 되돌아가야 했다. 나는 이 부류에 속하는 새끼 호랑이를 기억한다. 북인도 출신의 한 헌신자가 바가반께 그것을 데리고 왔다. 비록 작았지만 이미 상당히 사나웠다. 새끼 호랑이는 바가반 이외에는 가까이 오는 모든 사람들에게 성을 냈다. 바가반께서 무릎에 그것을 앉히고 사진도 찍었지만 바가반 외에는 그 누구도 새끼 호랑이를 제어할 수 없었다. 일주일이 지나고, 새끼 호랑이가 진정되지 않을 것이라는 것이 명확해졌을 때, 바가반께서는 주인에게 그것을 데리고 가라고 하셨다.[21]

70 파담께서는 반복적으로 찾아오는 헌신자들에게 "아주 좋아, 좋아."라는 표시로 그의 머리를 끄덕이셨고, 그들에게 온갖 종류의 정보를 제공해 주셨습니다.

비록 바가반이 헌신자들의 삶과 아쉬람을 운영해 나감에 있어서 일어나고 있는 모든 일들에 대해 알려주는 것을 좋아하는 것처럼 보이지만, 그는 헌신자들 간에 의견들이 분분한 일들을 결정하는 것을 거의 또는 전혀 좋아하지 않았다.

질문 저희가 두 가지의 서로 다른 의견을 가지고 있을 때, 저희는 바가반께서 최상이라고 하실 만한 것을 찾기 위해서 문의를 드립니다.

바가반 그래, 나도 알고 있습니다. 당신들은 바가반이 무엇을 가장 좋아할 것인지를 알고 싶어 하는군요! 바가반이 가장 좋아하는 것은 어떤 것도 하지 않으면서 침묵을 지키는 것입니다. 만약 서로 다른 의견을 가진 사람들이 사랑의 구현인 그들의 침묵을 포기하고 나에게 와서 "저희는 이렇게 할 것입니다.", "저희는 저렇게 할 것입니다."라고 말하면서, 내가 둘 가운데 어떤 것을 더 좋아하는지 나에게 묻는다면, 내가 뭐라고 말할 수 있겠습니까? 만약 당신들 모두가 행위의 방향에 대해 동의하고 난 뒤에 나의 의견을 묻는다면, 나는 그때 그것이 가장 좋다고 말할 것입니다. 그러나 당신들이 두 가지 의견을 가지고 있다면, 당신들은 나에게 와서 둘 중 더 나은 것이 어느 것인지를 왜 묻습니까? 내가 좋아하는 것은 자신이 누구인지를 아는 것과, 일어나도록 예정된 일은 일어날 것이고 일어나도록 예정되어 있지 않은 일은 일어나지 않을 것이라는 지식을 가지고 자신으로서 머무르는 것입니다. 그것이 옳은 것이 아니겠습니까? 이제 당신들은 바가반이 가장 좋아하는 것을 이해하였습니까?[22]

71 그의 헌신자들이 가끔씩 서로 화를 낼 때, 파담께서는 "무슨 일로

야단법석을 떠십니까?"라는 말조차 하지 않으십니다.

바가반은 보통은 그의 헌신자들 간의 논쟁과 싸움을 무시하지만, 때때로 그의 불쾌함을 미묘한 방법으로 나타낸다.

어느 날 밤, 저녁 식사를 하고 난 후에 식당에서 큰 싸움이 벌어졌고 결국 수브라마니암 스와미가 크리슈나스와미의 뺨을 치는 일이 발생했다. 크리슈나스와미가 즉시 바가반께 가서 불만을 털어놓았지만 바가반께서는 그 일에 전혀 관심을 가지지 않는 것처럼 보였다.

어떤 사람이 그 다음 날에 있을 큰 빅샤(잔치)에 드는 비용을 부담했는데, 그것은 모든 사람들이 부엌에서 많은 일을 해야 한다는 의미였다. 보통, 바가반께서는 수브라마니암이 야채 다듬는 것을 돕기 위하여 새벽 3시에 부엌으로 오곤 했지만 그날 아침에는 홀에 머무르셨다. 그래서 모든 일을 수브라마니암 스스로 하게끔 하였다. 수브라마니암은 바가반께서 왜 늦으시는지 궁금해 하면서 처음 두 시간을 보냈지만, 결국에는 바가반께서 그가 크리슈나스와미를 때린 것에 대한 벌을 내리고 계신다는 것을 깨달았다.[23]

72   이 지구상에 영겁의 오랜 시간 동안 거주하고 계시는 파담께서는 개체의 영혼들에게 자유의 상태 속에 그들을 굳건히 세우는 진정한 갸나에 대한 열망을 심어 주십니다.

73   파담의 행동 양식은 그분에게 오는 사람들에게 음식 섭취량을 줄이는 것이 위에 좋다는 것을 깨닫게 하는 그런 식입니다.

어제 나는 바가반께서 잠, 식사 그리고 행동 속에서의 명상에 대해 말씀해 주시는 것을 그대에게 적어 보냈다. 그분은 그 자신의 실제적인 예를 통해 다양한 방법으로 이것을 가르치신다. 그분은 우유를 마시지 않으며, 어떠한 육체적인 노동을 하지 않고 앉아 있는 사람에게는 이들리 두 개가 필요하지 않다고 말씀하시면서 요즘에는 매일 아침 식사로 한 개의 이들리만을 드시고 계신다. 점심 식사에서도 마찬가지다. 커리 등을 혼합해서 만든 식사의 총량은 그저 약 한줌과 같다. 심지어 그분은 우리가 맛을 보기 위하여 따로 먹듯이 각각의 음식들을 따로 먹지 않는다. 그분은 야채, 처트니, 수프 등을 둥글게 만들고 그것을 밥과 섞은 다음에 드신다. 어느 날 대화를 하는 도중에, "많은 음식 대신에 한 가지 음식과 함께 밥을 먹는 것이 훨씬 더 맛있을 것입니다."라고 그분은 말씀하셨다. "왜 그렇게 많은 음식이 있어야겠습니까? 우리는 옛날에 한 가지 음식만을 먹곤 했습니다. 나는 오늘날까지도 그 습관을 버리지 못하고 있습니다. 내가 언덕에 있는 동안 많은 사람들은 밥, 과일, 단것을 가지고 오곤 했습니다. 그들이 무엇을 가지고 오든 나는 세 개의 손가락으로 집을 수 있는 만큼의 양만을 먹었습니다. 나는 그들이 가져온 것들 중에서 얼마간을 먹곤 했는데 하루의 음식 섭취량은 한줌도 되지 않았습니다. 음식을 먹는 그 방법은 행복 이상의 것을 나에게 주곤 했습니다. 오늘날 그들은 나뭇잎을 펴고 그 위에 여러 가지 음식을 얹어 줍니다. 나는 어떤 것도 버릴 수 없으므로, 그 음식들을 먹고 난 뒤 무거움을 느낍니다."[24]

74. 파담께서는 음식을 절제하며 드시는 습관이 있으신데, 이것은 지나치게 많이 먹는 사람들에게 부끄러움을 느끼게 만들어 안녕으

로 나아가게 만드셨습니다.

　　바가반께서는 매일 아쉬람의 음식들이 알맞게 요리되었는지를 점검하는 것에 기꺼이 시간을 할애하지만, 그분은 많은 종류의 그리고 공이 많이 들어간 식사를 좋아하지 않으셨다. 그분은 밥, 삼바 그리고 한 가지 야채 반찬이면 충분히 만족해 하셨다. 매끼 식사 때마다 많은 음식들을 준비하는 것에 익숙해 있던 케랄라에서 온 한 부인이 한번은 달샨에 와서 모든 사람들에게 요리를 해 주겠다는 뜻을 밝혔다. 엄청난 시간과 노력을 들인 후, 그녀는 32가지의 다른 음식들을 준비하여 차리는 데 성공했다. 바가반께서는 그녀에게 그분의 바나나 잎에 각각의 음식들을 따로 놓도록 허락하였지만 음식 차림이 끝난 후에는 모든 음식들을 하나의 덩어리로 만들었다.

　　설명을 하기 위해서, 그분은 그녀에게 다음과 같이 말씀하셨다. "당신은 이 모든 음식들을 준비하는 데 너무나 많은 힘을 써야 했습니다. 음식 재료들을 모으는 데만도 시간이 많이 들었음에 틀림없습니다. 위를 깨끗이 하고 변비가 없도록 하는 데는 한 가지 야채면 충분합니다. 왜 이 모든 음식을 만듭니까? 그러고 나면 또 다른 문제가 있습니다. 당신이 32가지 음식들을 준비했다면, 마음은 항상 '이것을 먹을까, 아니면 저것을 먹을까?'라고 생각합니다. 그러므로 음식을 먹는 동안 마음 또한 흩어져 있습니다. 한 가지 음식이 있다면 어떠한 문제도 없습니다. 한 가지 음식을 아주 간단히 먹을 수 있습니다. 또한, 이와 같은 식사는 음식이 없는 사람들에게 나쁜 예를 보여 줍니다. 가난한 이들은 우리가 화려한 음식을 대접받고 있다고 듣게 되고, '우리는 배가 고픈데 검소한 사두로 여겨졌던 저 사람들은 이렇게 많은 음식들을 먹고 있구나.'라고 생각하게 될 것입니다. 그들의 이 같은 생각들은 불필요한 질투심을 유발하게 될 것입니다."[25]

75 파담께서는 신에 대한 믿음을 두고 있는 사람들은 결코 버림받지 않는다는 사실에 대한 뛰어난 증거이십니다.

  어느 날 아침, 사실상 아쉬람에 음식이 없을 때, 나는 바가반께서 우리가 먹을 아주 조금의 재료를 가지고 와서 음식을 만들기 시작하는 것을 보았다. 그분은 요리가 끝나기 전에 신께서 더 많은 음식을 보내 주실 것이라는 기대 속에 요리를 시작할 정도로 충분한 믿음을 지니고 있었다. 바가반께서 불순물이 든 소량의 쌀을 깨끗이 하기 시작한 시간이 아침 5시 30분경이었다. 그분은 쌀을 그릇에 담아서 씻고 모든 돌들을 가려냈으며 그런 다음 숯 화로에서 밥을 짓기 시작했다. 나는 이러한 행위들이 상당히 당황스럽게 느껴졌다.
  나는 "이 쌀은 나에게조차도 충분하지 않다. 어떻게 우리 모두가 먹을 수 있을까?"라고 생각했다.
  밥이 끓기 시작했을 때 한 헌신자가 2리터의 우유를 가지고 나타났다. 밥이 다 되었을 때, 바가반께서는 화로에 큰 그릇을 놓고 밥과 우유를 함께 요리하기 시작했다. 몇 분이 지난 후에 또 다른 헌신자가 건포도와 얼음사탕을 가지고 왔다. 바가반께서는 그것들을 씻어 냄비에 담았다. 6시 30분경 요리가 거의 끝났을 때, 헌신자들의 한 무리가 쿰바코남으로부터 도착했다. 그들은 이들리, 바다이, 처트니, 바나나들을 담은 큰 광주리와 바나나 잎을 재료로 만든 몇 개의 컵을 함께 가지고 왔다. 이 바나나 잎 컵(톤나이)은 바가반께서 손수 만든 파야삼을 대접하는 데 필요한 바로 그것이었다. ……7시경에 바가반께서 목욕을 하신 후에 우리 모두는 앉아서 풍성한 식사를 했다.[26]

76 가슴속에 머물러 계시는 파담께서는 그들이 영리하여 그분을 속일 수 있다고 생각하는 사람들의 무지에 미소를 지으십니다.

바가반은 만약 헌신자들이 그분이 승인하지 않은 일들 또는 특별히 그들에게 하지 말라고 한 일들을 하고 있는지를 대체로 알고 있다. 그는 이러한 어김을 거의 모르는 척 할 것이다. 그러나 때때로 그는 언제까지나 이러한 경솔한 행위를 그만둘 수 없는 헌신자들을 지적해 주기 위하여 어떤 것을 할 것이다. 다음의 이야기에서 이야기하는 사람은 안나말라이 스와미다.

내가 약 2주가량 시중을 들고 있었을 때, 벨로르로부터 징세관(지역 본부의 상임 최고 관리자)이 바가반의 달샨을 가지기 위해 왔다. 그는 란가나탄으로 불렸는데, 바가반께 드리는 봉헌물로 하나의 큰 접시에 단 음식을 준비해 왔다. 바가반께서 그때 홀에 있지 않은 사람들을 포함해서 아쉬람에 있는 모든 사람들에게 단 음식을 나누어 주라고 나에게 말씀하셨다. 홀 바깥의 사람들에게도 단 음식을 나누어 주면서, 나는 아무도 나를 볼 수 없는 장소로 가서 다른 모든 사람들에게 나누어 줬던 양의 두 배 가량을 가졌다. 나누어 주는 것이 끝났을 때, 나는 홀로 되돌아갔고 바가반의 소파 아래에 접시를 놓았다.
바가반께서 나를 바라보며 말씀하셨다. "그대는 다른 사람들이 가진 것의 두 배를 가졌습니까?"

나는 내가 그렇게 하는 것을 아무도 보지 못했을 것이라 확신했기 때문에 깜짝 놀랐다.

'나는 아무도 보지 않을 때 그것을 가졌다. 바가반께서는 어떻게 아실까?'

바가반께서는 대답을 하지 않으셨다. 그 사건은 나에게 바가반 앞에서 어떤 것을 숨기는 것은 불가능하다는 것을 깨닫게 해 주었다. 그때부터 나는 자동적으로 내가 하고 있는 것들을 바가반께서 항상 알고 계신다고 가정하게 되었다. 이 새로운 지식은 나를 더욱 깨어 있게 해 주었다. 그리고 나는 어떤 비슷한 실수를 또다시 저지르고 싶지 않았기 때문에 나의 일에 더욱 주의를 기울이게 되었다.[27]

77 자연스럽게 깨달음의 명상적인 상태 속에 확고히 자리 잡고 계시는 파담께서는 춤추는 분이십니다. 그 속에서 참나를 확고하게 껴안으시고는 모든 세속적인 행위들을 잘 하십니다.

쌀이 부족할 때마다 우리는 숲으로 가서 다양한 푸성귀들을 뜯어 오곤 했었다. 우리가 그것들을 요리하기 전에 깨끗이 씻고 있는 동안 슈리 바가반께서는 그것들 각각의 특징과 의학적인 특성을 설명하곤 하셨다. 예를 들면, 어떤 것은 몸에서 찬 기운을 만들어 내고 또 다른 것은 더운 기운을 만들어 낸다는 것 등을 설명해 주셨다. 우리는 깨끗이 씻은 잎들을 큰 그릇에 채우고 바가반께서 제안하는 방식으로 요리하곤 하였다. 식사 시간에 바가반께서는 나물을 주 요리로 하고 밥을 반찬처럼 곁들여 먹도록 제안하곤 하셨다. 넥타와 같은 맛이 나는 이런 음식들은 우리를 완전히 채워 주었다. 슈리 바가반께서 다양한 잎들의 특별한 특성들에 대한 지식을 어떻게 얻으셨는지 알지 못한다. 그분은 학생의 나이로 아루나찰라에 왔고 즉시 강렬한 타파스에 몰입하였다. 그러므로 아루나찰라에 온 이후에 어떠한 다른 활동들에 관여하지 않았던 바가반께서 어떻게 요리하는 것을 알고, 나뭇잎 접시들을 짜고, 꽃 화환을 만들고, 피클을 준비하는 등의 활동을 하실 수 있게 되었는지 놀랍다. 그 자체로 완벽이신 바가반께서는 겉으로 보기에는 어떻게 할지 모르는 것이 아무것도 없는 것 같았다. 때때로 우리는 잎사귀 접시를 만들기 위해서 잎들을 가지고 오곤 했다. 그것들을 어떻게 적절히 짜는지를 알고 있는 에참말, 그녀의 여동생 그리고 다른 몇 사람들은 바가반과 함께 짜곤 하였다. 슈리 바가반께서는 기술이 아주 노련한 사람들보다 잎들을 더 아름답게, 더 정교하게 그리고 빠르게 짜곤 하셨다. 그분이 짠 잎들은 언제나 아름답고 완벽해 보였다.[28]

인정 많으신 파담

78 파담께서는 헌신자들에게 다른 모든 것들이 완전히 넌더리나는 것임을 느끼게 하시고는 참나라는 천상의 재산을 내려 주십니다.

79 지고의 희열의 산에 머물러 계시면서 빛을 발하는 파담께서는 모든 욕망들을 완전히 포기하고 그분을 경배하는 사람의 가슴에 기쁨을 주십니다.

80 그것이 그분의 운명인 것처럼 파담께서는 자신에게 피난처를 찾

는 사람들의 가슴속에 있는 짐들을 그분의 머리 위에 이고 견디십니다.

81 모든 사람들이 기쁨을 성취해야 한다고 생각하는 고귀한 마음을 지닌 사람들에게 파담께서는 온갖 이익을 주십니다.

82 비록 파담께서 어떠한 욕망도 가지지 않는 진정한 헌신자들에게 모든 것을 주신다 하더라도, 그분은 사랑의 선물로 그들에게 자신에 대한 진리인 참나 지식이라는 은총을 주십니다.

후렴구

83 발(참나)과 머리(자아)가 하나가 되는, 구속으로부터 자유로운 상태가 베다들의 정점에서 빛나고 있는 구루 라마나의 파담이십니다.

무루가나르가 파다말라이를 지을 때, 그는 헌신자들에게 '신의 신성한 발에 대한 회상'을 증가시키기 위해서, 그들에 의해 불려지는 곡을 작곡할 생각을 했다. 이 시는 각각의 시 뒤에 불려질 의도로서 그가 지은 후렴구이다.

제2절
바가반의 약속과 선언

나를 알고 경험하기

1   파담께서는 다음의 이야기를 드러내셨다. "나 자신이 당신의
    '나'로 존재하고 있다는 것을 탐구하여 확실히 아는 대신에, 왜
    당신은 절망합니까?"

2   가슴 안의 참나로 자리 잡는다는 것은 순수한 희열인 나의 진정
    한 본성을 경험하는 것입니다.

3   나를 당신의 가슴속에 중단됨 없이 빛나고 있는 지식의 진정한
    정수로 아십시오. '나'로서 거만하게 뛰어 다니는 마음의 대상화
    된 자각을 파괴하십시오.

4   내가 당신 자신의 진정한 본성인 '나-나'로서 당신의 가슴속에서 빛나고 있을 때, 나에게 '이르려는' 당신의 시도는 실로 엄청나게 불가사의한 일이 아닌지요!

5   생명의 근원인 빛을 가지고 있는 나의 스와루파를 명상하기 위하여 요구되는 모든 것은 당신의 마음이 한 점이 되는 것입니다.

6   당신이 숲으로 은둔하든지 일상생활의 한가운데에 있든지 간에, 가슴인 집에서 나의 진정한 본성을 얻습니다.

7   나를 얻기 위한 당신의 탐구는 당신 자신의 목에 걸린 목걸이를 찾기 위해 애를 쓰면서 온 세상을 돌아다니는 것과 같습니다.

8   목을 느낌으로써 목걸이가 거기에 있다는 것을 알듯이, 가슴 안에서 당신의 진정한 본성인 참나의 보물을 찾고는 그것을 아십시오.

9   사랑으로 지체 없이 나의 발에 다가오는 사람들은 신의 은총을 받아 태어난 사람들입니다. 그들의 삶은 훌륭한 진정한 삶입니다.

10 헌신자들을 관장하는 구루의 발을 생각함으로써, 헌신자들의 가슴속에 있는 강렬한 무지의 어둠은 사라질 것입니다. 그래서 궁극의 해방은 여기 지금에 이루어질 것입니다.

당신의 짐을 나에게 주십시오

11   파담께서는 자애롭게 다음과 같이 말씀하셨습니다. "당신의 모든
     의무들을 나에게 내려놓는다면 당신의 의무는 잘 이루어질 것입
     니다."

12   불타고 있는 삼사라라는 지독한 병을 끝내기 위한 식이요법은 당
     신의 모든 짐들을 나에게 맡기는 것입니다.

'식이요법'은 아유르베다 용어 파티얌의 번역이다. 아유르베다 의사
들은 파티얌, 즉 처방된 식이요법 없이는 그들의 약이 작용하지 않을
것이라고 말하고 있으며 또한 따르고 있다. 이 시에서 암시하는 것은
약은 탐구 또는 복종과 같은 수행이고, 수반되는 식이요법은 바가반께
자신의 모든 짐들을 맡기는 것이다.

이 설명은 울라두 나르파두 아누반담 17절에 대한 락슈만 사르마의
타밀어 주석에 보인다. 락슈만 사르마는 이 작품의 의미에 대해 개인
적인 지도를 받으면서 바가반으로부터 이 설명을 직접 들었다.

   사람들은 믿음을 가지고, 자연적으로 오는 가족, 몸 등과 같은 모든
   짐들을 이슈와라에게 넘겨주어야 합니다. 그 다음에는 걱정 없이 머물
   러야 합니다. 그렇지 않으면 한 점 지향의 마음을 가지고 헌신이나 참
   나 탐구를 할 수 없습니다.[1]

13   쓸데없는 걱정들을 그만두기 위해서는, 전적으로 은총에 의지하

는 용기 있는 행위로 당신의 모든 짐을 나에게 내려놓으십시오.

데바라자 무달리아르는 이전에 무루가나르의 노래들 중에서 2편을 바가반에게 불렀다. 남편과 헤어졌으며 또 남편이 외국으로 떠나 버려 조금의 위안을 얻고자 아쉬람에 왔던 바로다의 마하라니를 위하여 바가반은 즉시 그에게 그 노래들의 부분을 번역하라고 하였다. 바가반이 그에게 번역하도록 시킨 부분은 다음과 같다.

위대한 사랑을 지니고서 라마나님께로 오는 모든 헌신자들이 오래 살게 해 주시고 그들의 소망들도 채워 주소서. 그들의 가슴속에 그분의 발이 뿌리내리게 하셔서 그들의 모든 문제들을 해결해 주시고 평화를 얻게 하소서.

그것(바가반께서 그에게 번역하도록 시킨 두 번째 시)의 요지는 책임을 떠맡는 것이 라마나님의 운명이기 때문에 라마나님의 발아래 그들 자신을 던지고 라마나님을 그들의 유일한 피난처로 여기는 그러한 모든 사람들의 짐을 라마나님께서는 감당하신다는 것이다. 그리고 라마나님과 함께 살아가는 모든 사람들에게 자연적으로 평화가 오고, 그의 헌신자들을 위협하는 어떠한 위험들이 와도 그들은 두려워할 필요가 없다는 것과, 바가반께서 무루가나르에게 두려워하지 말라고 말씀하시며 그를 구하신다는 것이다.[2]

14 당신의 모든 책임을 나에게 전부 내맡긴다면, 나는 그것들을 나의 것으로 받아들여 처리할 것입니다.

15 모든 짐을 나의 책임으로 여기고 견디는데, 당신이 왜 어떤 걱정들을 해야 합니까?

16 그날 그것들이 나의 것이라고 공언하면서 나에게 그 모든 것들을 바쳤는데, 당신은 왜 '나'와 '나의 것'이라는 마음의 개념들에 대한 집착을 여전히 가지고 있습니까?

구루 바차카 코바이, 317절 갸나 구루에게 몸과 소유물들을 복종시킨 후에, 몸을 '나'로 간주하고 소유물을 '나의 것'으로 간주하는 것은 선물로 줬던 것을 다시 훔치는 죄가 됩니다. 이 잘못을 피하는 방법은 삿 구루에 대한 흠 없는 숭배임을 알아야 합니다.

17 당신 안에 있는 참나인 나를 탐구하여 안다면, 그 상태에서는 당신은 세상에 대해 걱정할 이유가 전혀 없을 것입니다.

질문 명상 전이나 후에 세상 속에 있는 불행한 사람들에 대한 많은 생각들이 일어납니다.

바가반 우선 당신 안에 '나'가 있는지 없는지를 찾아내십시오. 이 자아 '나'(아함카라)가 이러한 생각들을 일으키며 그 결과로 당신은 허약함을 느낍니다. 그러므로 몸과의 동일시가 어떻게 일어나는지를 발견하십시오. 몸 의식은 모든 불행의 원인입니다. 당신이 자아인 '나'를 탐구할 때, 당신은 그것의 근원을 발견할 것이고 그것을 제거할 수 있을 것입니다. 그 후에는 당신이 지금 묻고 있는 형태의 질문들이 더 이상 없을 것입니다.[3]

18   세상의 드라마를 포기하고 안에 있는 참나를 찾으십시오. 나는 안에 머물면서 당신에게 어떤 불편도 일어나지 않도록 당신을 지키면서 보호할 것입니다.

19   가슴 안에서 나의 은총을 구하십시오. 나는 당신의 어둠을 몰아내고 당신에게 빛을 보여 줄 것입니다. 이것이 나의 의무입니다.

20   황제의 자식들처럼, 나의 헌신자들은 많은 기쁨의 상속자입니다.

나에 대해 명상하기

21   빛나는 파담께서 선언합니다. "우리들 간에 아무런 차이가 없다는 마음으로 나를 명상하는 것은 나의 은총을 받고 있는 것이고 당신 자신을 나에게 바치는 것입니다. 이것 자체로 충분합니다."

22   당신이 나의 진정한 본성의 우수함에 대하여 잘 명상하면서 나를 숭배한다면, 당신 자신의 진정한 본성의 위대함은 당신의 가슴속에서 커져 갈 것입니다.

23   당신의 가슴속에 있는 것이 나의 참되며 진정한 본성인 참나라는 것을 알고서 당신은 그곳에서 참나를 찾아야 합니다. 이것만이 헌신으로 나를 명상하는 것으로 여겨질 수 있습니다.

24　파담은 충고합니다. "극히 미묘한 마음에 의해 경험되는 미묘한 의식에 대한 집중을 지켜 나가는 것이 나에 대한 개인적인 봉사입니다."

다음 이야기는 쿤주 스와미가 말한 것이다.

슈리 바가반의 개인 시중을 약 12년 동안 들고 난 후인 1932년, 나는 전적으로 수행에 헌신하고자 하는 충동을 느끼기 시작했다. 나는 홀로 나 자신만의 시간을 보내고 싶었다. 그러나 바가반을 위한 나의 개인 시중을 포기하겠다는 생각에 대해 나 자신이 쉽게 받아들일 수 없었다. 며칠 동안 이 문제를 숙고하고 있던 중에 답이 이상한 방법으로 왔다. 어느 날 홀에 들어갔을 때, 바가반께서 그분에 대한 실제적인 봉사는 그분의 육체적인 요구에 시중드는 것을 의미하는 것이 아니라고 거기에 있던 다른 사람들에게 설명하시는 것을 들었다. 그것은 그분의 가르침의 정수를 따르는 것, 곧 참나를 깨닫는 것에 집중하는 것을 의미하는 것이었다. 말할 것도 없이, 나의 의문은 자동적으로 깨끗해졌다.

나는 바가반께서 이전에 이와 같이 말씀하시는 것을 들었다. 한번은 그분이 말씀하셨다. "'나는 바가반께 개인적인 봉사를 해 오고 있다. 나는 그의 침대를 청소하고 있다. 나는 몇 년 동안이나 그에게 봉사해 오고 있다.'라고 자신에게 말할 필요는 없습니다. 육체적으로 구루에게 봉사하는 것에 더하여, 구루가 보여 주는 길을 따르는 것 또한 중요합니다. 구루를 위한 최고의 봉사는 몸, 말 그리고 마음의 순수를 지니고 탐구, 명상 그리고 다른 수행들에 열중하는 것입니다."

슈리 바가반께서는 이같이 말씀하실 때, 제자가 자신이 받은 은총에 대해 어떻게 구루에게 갚을 수 있는지를 묻는 카이발얌의 첫 장 87절을 종종 지적하곤 하셨다. 이 구절에서, 제자가 구루에게 보답할 수 있는 최고의 답례는 참나를 가로막는 세 가지 종류의 방해물들에 사로잡히지 않고 참나에 고정되어 머무르는 것이라고 구루는 대답한다. 이와 같은 바가반의 말씀을 듣고서 나는 시중을 들 수 있는 새로운 사람을 찾아 문제를 해결했다. 그래서 나는 온 시간 동안 참나를 명상하며 참나에게 헌신할 수 있게 되었다.[4]

사두 나타나난다도 이 주제에 대한 바가반의 견해를 다음과 같이 기록하였다.

휴가를 보내려고 멀리서 아쉬람으로 오는 헌신자들은 아쉬람의 봉사를 열심히 하는 경향을 보였다. 그들은 언제나 다양한 일들에 그들의 주의를 기울이고 있었다. 그들은 그날에 있을 일들 중에서 몰두할 가장 작은 기회조차도 붙잡으려 하였다. 그러한 봉사가 그들의 구원을 위해 충분할 것이라고 느끼고 만족해 했다. 바가반께서는 그들의 태도를 우연히 알 때마다 그들에게 다음과 같이 말씀하시곤 하셨다.

"구루에게 봉사한다는 명목 하에 활동들로 시간을 낭비하지 말아야 합니다. 그러면 나중에 실망할 것입니다. 그러한 사람들은 나중에 그들의 무지에 대하여 실망하게 될 것입니다. 삿상의 목적을 한순간도 잊지 말아야 합니다. 다른 곳에서는 성취하기가 매우 어려운 깨달음을 아쉬람에 거주함으로써 쉽게 이를 수 있다는 믿음을 갖고서, 항상 자신의 진정한 본성에 대한 깨달음에 전념한 채로 있어야 합니다. 이곳을 특별한 장소라고 여기면서 참나 깨달음에는 관심이 없는 사람들에게는 이

곳이 의미가 없습니다. 헌신자들이 그들의 목표를 성취하기 위한 영적 길에서 그들 자신이 노력함으로써 그들 스스로에게 보답하는 영적인 봉사만이 구루에 대한 신성한 봉사입니다."

　이러한 말씀을 통해서, 그분께서는 마음을 고요히 하는 것 외에 기뻐해야 될 것이 아무것도 있을 수 없다는 것을 명확히 하셨다. 그분에게 다가감으로써 얻는 실제적인 이익은 마음의 진정이다. 이 때문에 그분은 늘 헌신자들에게 참나에 이르기 위해 노력하라고 훈계하시곤 했다.[5]

25　나로부터 당신에게로 흐르는 측은히 여기는 가슴은, 당신이 모든 것을 명령하고 행하는 '나'에 대한 기억을 그칠 때 외에는 결코 닿지 않을 것입니다.

26　잊어버리지 않고 나를 당신의 가슴속에서 기억한다면, 나의 본성인 나의 은총을 당신은 알 수 있으며 경험도 할 수 있습니다.

나와의 합일

27　당신의 가슴속에서 나의 진정한 본성을 찾아 그것을 발견하고 그것 안에서 기뻐하며 또 나의 갸나 스와루파의 희열 안에서 목욕하는 것, 이것이 합일입니다.

28　사랑을 지니고 끊임없이 수행하는 박티 수행만이 점진적인 방식으로 이 합일이 용이하도록 촉진할 것입니다.

29 사랑으로 당신 자신의 가슴에 있는 사원으로 들어가서 나의 스와루파에 잠겨 그것과 하나 됨에서 오는 희열을 경험하십시오.

30 나 자신은 자아의 희생으로 죽은 마음을 명령하고 통제할 것입니다.

나에게 당신의 마음을 주십시오

31 당신의 빛나는 루비인 당신의 마음을 나에게 바쳐야 합니다. 이것이 나를 기쁘게 하는 선물입니다.

32 나는 그와 같은 마음에는 달콤한 사랑을 느끼지만 그 밖의 다른 것에는 느끼지 않습니다. 파담은 이것을 갈망합니다.

33 파담께서는 사랑하는 헌신자들이 바치는 마음을 받으시고, 붉은 빛깔의 루비를 조각 내 그것들을 삼켜 버리십니다.

34 파담께서는 마음만을 적절한 봉헌물로 받으시고, 그 밖의 모든 것들을 적합하지 않은 것으로 여겨 받아들이지 않습니다.

　　많은 방문자들은 특별한 행사 때 오며, 그들 모두는 "저를 박타가 되게 해 주소서. 저에게 목샤를 주소서."라는 유일한 기도를 드리며 슈리 바가반께 절을 올린다. 그들이 떠난 후에 슈리 바가반께서는 혼잣말로 말씀하셨다. "그들 모두는 박티와 목샤를 원한다. 만약 내가 그들에게 '그대 자신을 나에게 주시오.'라고 말한다면 그들은 그렇게 하지 않을 것이다. 그렇다면 그들이 원하는 것을 어떻게 얻을 수 있을까?"[6]

바가반의 달샨

35 "나는 더 이상 당신을 보지 않겠습니다."라고 말하면서, 당신은 왜 쓸데없이 나의 결점을 찾으려 합니까?

36 당신의 시선을 나에게 고정시킨다면, 가슴속에 자리 잡고 있는 나의 시선은 언제나 당신에게 고정되어 있다는 것을 알게 될 것입니다.

바가반 바가반은 항상 은총을 주고 있습니다. 실재를 비실재로, 비실재를 실재로 간주하는 것은 무지일 뿐입니다. 당신 자신은 본래 '나', '나'로서 항상 빛나고 있습니다. 바가반이 그 존재 의식과 별개로 존재하겠습니까? '당신'과 '나' 사이의 구분이 있게 하는 원인은 몸 쪽을 향하는 당신의 주의입니다. 참나에 주의를 기울여 그것(몸에 대한 주의) 그 자체가 존재-의식으로 변형된다면, 그래서 만약 실재가 단지 하나라는 것을 깨닫는다면, 그렇게 된다면, '당신' 또는 '나'라고 말할 수 있는 여지가 어디에 있겠습니까? 고요히 머무르면서 있는 그대로 있는 것이 진리임을 깨닫는 것이 구루의 은총입니다.[7]

37 참나 안에서 당신을 바라보고 있는 나는 결코 당신을 떠나지 않고 있습니다. 바깥을 향하고 있는 시선으로 어떻게 당신이 이 사실을 알 수 있겠습니까?

이 작품에서 무루가나르가 기록했던 많은 개념들은 바가반의 가르침들을 타밀어 시집으로 출간한 작품인 《구루 바차카 코바이》에서 더욱 확장된 형태로 발견될 수 있다. 구루 바차카 코바이 시집은 4행시로 되어 있는 반면에 파다말라이는 2행시로 되어 있다. 무루가나르는 또한 시의 완전한 의미를 풀어내기 위하여 때때로 원문을 확장하여 구루 바차카 코바이의 몇몇 작품들을 산문체로 적었다. 이러한 산문 번역문은 《포리푸라이(Pozhippurai)》라는 이름으로 슈리 라마나스라맘에서 타밀어로 출간되었다. 때때로 무루가나르는 본문에 사용된 철학이나 중요 용어의 의미를 설명하기 위해 포리푸라이 아래에 간단한 주석을 달았다. 그는 이 주석에 '빌라캄'이라는 표제를 붙였다. 나는 이 시집의 저자인 무루가나르가 몇 가지 더욱 심오한 관점들에 대해 가장 잘 설명하는 사람이라고 느꼈기 때문에 이 많은 산문 번역문들과 나 자신의 설명을 단 주석서를 사용했다. (본 역서에서는 빌라캄 대신에 주석이라는 용어를 사용하였다.—옮긴이)

내가 구루 바차카 코바이에서 인용을 가져올 때, 만약 무루가나르의 산문 설명이 번역되었다면 나는 시 번호 뒤에 포리푸라이를 적을 것이다. 만약 이 단어가 없다면 원문 4개의 시에 대한 번역이 뒤따를 것이다. 만약 빌라캄(주석)이 있다면, 시의 번역 뒤에 제시될 것이다.

첫 번째 예로서, 전술했던 파다말라이 시에 대한 주석은 포리푸라이에서 나온 것이다.

구루 바차카 코바이, 966절, 포리푸라이 완벽한 유일자인 실재는 '나만이 모든 분리된 존재들 속에서 나누어지지 않는 빛남으로 존재'하는 지고의 진리(파라마르타) 상태 속에 존재하고 있습니다. 실재는 영혼 중의 영혼인 아트마 스와루파로 존재하면서 빛나고 있는 가슴의 본성을 지니고 있습니다. 실재는 진실로 그 밖의 모든 것들을 정복하면서 고상하게 춤추고 있는 신성한 은총(티르바룰)의 모습입니다. 그러므로 실재에 대해 생각조차 하지 않음으로써 실재를 경시하는 잘못은 오로지, 항상 실재에 대해 생각하고 실재로부터 나오는 그런 지고한 사랑에 가슴이 부드러워지고 녹아질 만큼 생각해야 하는 존재들에게만 (있습니다). 존재하는 실재인 신에게 그의 자애로운 은총을 그들에게 주지 않는다고 비난할 수 있겠습니까?

주석 신은 지바들이 그분을 알고 그분에게 이르는 데 있어서 조금도 고통을 겪지 않아야 한다고 느끼고, 그들과 별개로 있지 않으며 모든 존재의 실재인 아트마 스와루파로 존재하며 빛나고 있다. 이것은 정말로 신이 지바들을 향해 가지는 위대한 지고의 연민이다. 그러므로 "그것(실재)은 진실로 그 밖의 모든 것들을 정복하면서 고상하게 춤추고 있는 신의 은총의 모습이다."라고 말해진다.

신은 가슴속에 '나-나'로서 끊임없이 빛나고 있는 빛의 모습으로 모든 존재들에게 그분의 은총을 영구히 내려 주고 있다.

그(지바)들이 내면으로 향하지 않는다면, 즉 그분에게 관심을 기울이지 않는다면, 신이 항상 그들에게 그분의 은총을 끊임없이 내려 주고 있다는 진실을 그들은 알지 못할 것이다. 그러므로 은총의 모습으로 있는 그분을 개별적인 자기를 통하여 탐구하지 않는 사람들이 신께서 자신의 은총을 조금도 내려 주지 않고 있다고 말하는 것은 큰 잘못이다.

그래서 다음과 같이 말한다. "그러므로 실재에 대해 생각조차 하지 않음으로써 실재를 경시하는 잘못은 오로지, 항상 실재에 대해 생각하고 실재로부터 나오는 그런 지고한 사랑에 가슴이 부드러워지고 녹아질 만큼 생각해야 하는 존재들에게만 (있습니다)."

아트마 스와루파인 하나의 실재는 둘이 아닌 하나로서 가슴속에 존재하면서 빛나고 있다. 그것이 많은 것처럼 보이지만 각 개별적인 존재에서 '나-나'로 빛나고 있다. 많은 것으로 보이는 것은 우파디(한정시키는 생각과 관념)들 때문이다. 그러므로 "우리가 존재한다."라는 복수 용어 울람은 적절하다. 아트마 스와루파가 존재하고 빛나는 곳이 가슴이며, 타밀어로는 가슴을 울람이라 한다. 여기서 울람이라는 말은 두 가지 의미를 동시에 전달하고 있다.

제 2장
참나

안과 밖 둘 다에서 동일하게 빛나고 있으면서 인간의 자각의 모습 속에 있는 의식-희열의 광채는 침묵의 모습으로 있는 지고의 그리고 희열의 근원적인 실재입니다. 또한 그것은 갸니들에 의해 진정한 지식의 최종적인 그리고 논쟁의 여지가 없는 상태라고 선언됩니다.[1]

형태 없음, 움직임 없음, 모든 속성들의 부재,
유일무이한 탁월함의 풍요를 지닌
진정한 갸나의 모습으로 융성하며
비실재의 구속인 세상의 환영에 의해
결코 방해받지 않으며
본성인 모우나로 충만한
그리고 그것의 위엄이 결코 희미해지지 않는,
우리의 생각을 그러한 쉬밤의 완성에만 고정시키게 해 주소서.[2]

가슴 안에서 빛나는 참나의 진리로서,

가슴으로 들어가는 그들에게

오감의 통로를 버리게 한 '나'를 아는 불멸의 갸나로서,

은총의 확장의 빼어난 청순함으로 존재하는,

절대적인 본성이 결코 사라지지 않는 모우나인

완전함에 우리의 생각을 고정시키게 해 주소서.[3]

제1절
파담

이 장에서 무루가나르는 형상이 없는 파담의 다양한 속성, 측면 및 특
징들을 묘사하고 있다.

파담의 본성

1   파담으로 알려져 있는 그분은 결코 한계가 없습니다. 그분은 전
적으로 완벽하며, 순수한 의식의 모습이십니다.

2   실재의 진정한 모습이신 파담께서는 그들이 알아채든 알아채지
못하든, 살아 있는 수많은 존재들과 연합되어 있으며, 분리되지
않은 모습으로 계십니다.

3 실재의 특별한 자질이신 파담께서는 빛을 발하시면서, 모든 존재 들 속에 두루 존재하십니다.

4 모든 것에 대해 똑같은 마음을 지니고 계시는 파담께서는 끝없이 순수하며, 모든 반대되는 것들의 기초를 이루는 조화이십니다.

5 홀로 계시는 파담께서는 진리의 빛남이시며, 반대편에 서 있는 것이 아무것도 없는 승리의 소유자이십니다.

6 자신의 진정한 본성이신 파담께서는 실재의 '나'를 의미하는 갸 나의 작열하는 불꽃으로, 몸을 만들지 않은 채 빛나십니다.

7 파담께서는 자신의 본성으로 존재하는 지극히 평범한 스와루파 이십니다. 그것이 얻기 쉽다고 말하는 것조차 잘못입니다.

여기서 '평범한'이라는 낱말은 인간의 실재의 본성인 스와루파가 희 귀한 어떤 것도, 특별하거나 고상한 어떤 것도 아니라는 것을 나타낸 다. 그것은 인간의 평범하고 자연스러운 상태이다. 그러므로 파담은 '도달' 또는 '성취'되어야 하는 어떤 것이 아니다. 즉 그것은 인간의 진 실하며 이미 있는 존재의 상태이다.

8 눈부시게 빛나는 파담께서는 순수한 갸나이시며, 그리고 "나는 속박되어 있다."라고 생각하는 마음의 환영인 지바의 특성이 없 는 아트마 스와루파이십니다.

스와루파와 아트마 스와루파는 파다말라이에서 사용되고 있는 중요한 용어들이다. 아트마는 참나를 의미하며, 스와루파는 '진정한 본성' 또는 '진정한 모습'으로 번역될 수 있다. 스와루파라는 낱말은 아트마에 한정되지 않고 독자적으로 쓰이는 경우도 많다. 두 단어 모두 참나의 실재를 의미하기 때문에 대개 바꿔 사용될 수 있다. 그러나 구분을 하자면, 아트마 스와루파는 '나'로서 빛나는 참나를 의미하는 반면, 스와루파는 모든 나타남에 퍼져 있으며 그것들을 지지하는 근원적인 실재를 의미한다고 말할 수 있다. 무루가나르가 두 용어 중 하나를 선택할 때 철학적인 정확성을 기하기보다는 시의 운율이나 내용으로 하기 때문에 이 차이를 너무 깊이 좇을 필요는 없다. 바가반 그 자신은 참나를 지칭하는 여러 단어들(모우나, 가슴, 브라만 등) 간에 구별을 두지 않았다. 오히려 그것 모두를 동일한 바탕이 되는 실재에 대한 동의어로서 보기를 좋아하였다. 때때로 '영혼'으로 번역되는 지바는 개별적인 자기이다. 그것이 마음과 연합되어 마음과 동일시될 때, 마음의 진정한 본성이며 근원을 이루고 있는 실재인 참나라는 지식을 잃는다.

9 실재인 파담께서는 어떤 것으로부터도 일어남이 없고 어떤 것도 일어나게 하는 것 없이 늘 있는 텅 빔으로 존재하면서 빛나고 있습니다.

10 진정한 참나의 모습으로 존재하고 계시는 파담께서는 너무나 견고하게 존재하고 계셔서 잃거나 얻을 수 없습니다.

11 파담께서 모두에게 그리고 모든 대상의 안과 밖에 퍼져서 존재한

다고 할지라도, 그것들 중의 어떤 것도 결코 그분 안에 존재할 수 없습니다.

파담, 가슴

타밀어 울람의 번역어인 가슴은 참나와 동의어이다. 그 단어가 사용될 때, 그것은 자신의 존재의 중심으로서, 실재가 빛나고 있는 장소로서, 그리고 육체적이든 정신적이든 간에 모든 나타남이 있는 장소로서 참나를 지칭하고자 하는 말이다. 그것은 특별한 위치를 의미하지는 않는다.

12 파담의 거처는 온 세상이 그것의 빛으로 퍼져 빛나고 있는 가슴입니다.

13 파담께서는 움직임이 없는 매력적인 산으로서 가슴속에서 빛나고 있는 참나인 의식입니다.

14 가슴은 파담께서 거주하고 있는 신성한 지성소입니다. 현혹시키는 마음을 가진 사람들은 그것에 절을 할 수도, 볼 수도 없습니다.

사원 안쪽의 지성소로 들어가는 입구는 천장이 매우 낮다. 겸손을 지니거나 마음을 가라앉게 하는 행위와 같은 것인 허리를 낮게 굽힐 수 없는 사람들은 입구를 통과해 지나갈 수 없다.

바가반 겸손만이 자아를 파괴할 수 있습니다. 자아는 당신을 신으로부터 멀리 떨어져 있게 합니다. 신에게로 가는 문은 열려 있습니다. 하지만 천장은 매우 낮습니다. 들어가기 위해서는 허리를 굽혀야 합니다.[1]

15 개별적인 자기의 빛이 그 빛의 근원인 참나 즉 지고자 안에 분리 없이 융합될 때, 파담께서는 가슴속에 있는 지고의 빛으로 빛나십니다.

16 눈부시게 빛나는 파담께서는 자신의 헌신자들에게 마음과 더불어 일어나는 기만적인 동요가 조금도 없는 방식으로 가슴 안에 거주하고 계십니다.

17 파담, 가슴, 광대한 거처는 여섯 가지 해로운 적들이 접근조차 할 수 없는 그러한 강력한 힘을 소유하고 계십니다.

여섯 적들은 정욕, 분노, 탐욕, 미혹, 흥분 그리고 질투이다.

18 눈부시게 빛나는 파담께서는 원주의 둘레를 가지고 있지 않은 중심점으로서 모든 갸니의 가슴속에 솟아오르십니다.

19 가슴속에 존재하고 계시는 파담께서는 모든 사람들의 마음이 자신의 바사나들에 따라 행동하도록 하십니다.

바사나는 좋고 싫음과 같은 마음의 경향성인 습관들을 말한다. 그것은 마음으로 하여금 그러한 방식으로 행동하게 한다. 이 용어는 주로 '잠재된 경향성'으로 번역된다.

더욱 근원적인 수준의 바사나들은 나타남과 재탄생 둘 다의 원인이 된다. 바가반에 따르면, 마음을 환영의 세계에 투사시키고 목격하도록 밀어붙이는 것은 바사나이다. 임종 시에, 근절되지 않은 바사나들은 가슴 안으로 물러나게 되고, 그곳에서 그것들은 새로운 몸과 새로운 세상에 태어나기 전에 잠시 동안 숨겨진 상태로 머물게 된다. 모든 바사나들의 파괴는, 그 상태 속에서는 재탄생도, 환영도, 투사된 세계도 없기 때문에 참나 깨달음과 같다.

파담과 지식

20 비이원의 진리의 빛이신 파담께서는 앎에도, 앎의 대상에도 머물지 않으십니다.

21 의식의 확장인 순수한 파담께서는 지식과 무지 둘 너머에 있는 순수 의식으로 빛나면서 계십니다.

22 순수 의식인 파담께서는 지식으로 배웠던 모든 것들이 무지이기에 완전히 잊혀질 것을 요구하십니다.

구루 바차카 코바이, 147절, 포리푸라이 배움에 대한 커다란 애정으로 엄청난 열정을 가진 사람들이, "오점 없는 갸나의 명쾌함을 얻는 데 바탕이 되는 책들은 틀림없이 알 가치가 있다."라고 생각하면서 갸나 경전들을 배울지도 모릅니다. 나중에 성숙해져서 근원으로 들어가려 할 때, 그들은 엄청난 노력을 들여 이전에 배우고 통달했던 경전의 지식을 완전히 잊어야 할 것입니다.

23 진정한 갸나의 완전한 보물이신 파담께서는 거만하게 장난치며 주위를 돌아다니는 자아의 거짓 용감함으로는 알 수 없는 진리입니다.

24 진정한 지식과 침묵의 고귀한 타파스이신 아름다운 파담께서는 잡다한 경험적인 지식을 파괴시킬 것입니다.

타파스는 일반적으로 '영적인 불순물들을 태워버리는 것을 목적으로 하는, 때로는 신체적인 금욕을 포함한, 강렬한 영적인 노력'으로 정의된다. 바가반께서는 침묵 속에 거주하는 것이 때때로 노력 없는 고요의 상태인 것처럼 보일지라도 사실상 강하게 집중되어 있는 활동의 상태라고 말하였다. '침묵의 고귀한 타파스'는 아래의 인용구에서 설명되고 있다.

질문 '고요히 머무는' 상태는 노력 또는 노력 없음과 관련된 상태입니까?
바가반 그것은 노력 없는 게으른 상태가 아닙니다. 보통 노력으로 불리는 모든 세상의 활동들은 약간의 마음의 도움과 잦은 중지로 이루어져 있습니다. 그러나 참나와의 교통의 행위(아트마 비야비하라) 혹은 내적으로 고요히 머무르는 것은 온전한 마음과 쉼 없이 행해지는 강렬한 활동입니다.

어떤 다른 행위에 의해서도 파괴될 수 없는 마야는 '침묵'이라 불리는 이 강렬한 활동에 의해 완전히 파괴됩니다.[2]

25 직접적인 지식을 통해 의심과 오해를 명확히 하시는 파담께서는 세상을 물러나게 하고서, 앞으로 나와 빛을 비추십니다.

파담의 빛

26 진리이신 파담께서는 그 자신의 빛으로부터 떨어져 있는 아무런 빛이 없이 그 자신의 빛으로 가슴속에서 빛나십니다.

27 의식의 빛이신 파담만이 의식의 빛으로서 빛나고 있는 아함의 진정한 의미를 알고 있습니다.

산스크리트 아함은 일반적으로 '나'로 번역되지만, 타밀어로는 때때로 '나'의 근원인 가슴을 나타내는 것으로 쓰인다. 바가반은 참나에 대한 동의어로 가슴에 대해 말하거나 쓸 때 타밀어인 울람을 사용하곤 했다. 다른 말들이 사용될 때, 그것들은 때때로 '마음'으로 번역될 수 있다. 때때로, 이러한 선택적인 의미를 지닌 말들은 정서와 감정의 중심을 의미하는 일반적인 뜻으로 '가슴'을 의미한다.

28 파담의 빛은 모든 다른 빛들이 환영임이 드러나게 하여 그것들을 사라지게 하는 진리인 지고의 빛이십니다.

바가반 대상을 알기 위해서는 어둠에게는 해로운 보통의 빛이 필요합니다. 참나를 알기 위해서는 빛과 어둠 둘 다를 빛나게 하는 빛이 필요합니다. 이 빛은 빛도 어둠도 아닙니다. 그러나 그 빛에 의해 그것들이 알려지기 때문에 그것을 빛이라 합니다. 이 빛은 어느 누구도 자각하지 않는 무한한 의식인 참나입니다.[3]

29 쉬바 갸나인 빛나는 파담께서는 소용돌이치는 마음의 혼란과 관련된 요가 싯디가 거짓으로 드러나 사라지게 하며 빛나십니다.

바가반은 요가 싯디는 노력으로만 얻어지고 지속될 수 있으며, 노력이 사라지면 '성취'도 사라진다고 가르쳤다. 한편, 진정한 갸나는 마음과 마음의 모든 활동들이 사라졌을 때 남는 자연스럽고 노력 없는 상태이다. 쉬바 지식은 마음이 없는 자연적인 상태이다. 반면, 요가 싯디는 실재하지 않는 마음의 상태이다. 이 차이는 '사다나에 대한 조언'이라고 제목이 붙여진 절에서 더 상세히 설명될 것이다.

30 선함과 위대한 빛이신 파담께서는 비이원의 참나를 경험한 마음이 하나로 합쳐진 완전한 완벽이십니다.

31 파담의 빛에 의해 충만해진 진정한 헌신자들의 가슴은 희열의 의식의 형태로 물결칠 것입니다.

32　완벽한 침묵으로 눈부시게 빛나는 빛이신 파담께서는 의식의 본
　　성이 이원이라는 어리석은 논쟁에 일격을 가하여 그것을 산산이
　　부수십니다.

33　눈부시게 빛나는 파담께서는 낮 동안에는 장님인 올빼미처럼 환
　　영 속에 있는 사람들에게는 짙은 어둠처럼 보입니다.

　올빼미를 현명한 새라고 알고 있는 서양에서와는 달리, 인도에서는
어리석은 새로 간주하고 있다. 올빼미 같은 현혹된 사람들은 항상 존
재하고 있는 빛나는 파담의 빛을 알아차리지 못한다.

　　바가반　만약 태양의 빛이 올빼미에게 보이지 않는다면, 그것은 그 새
　　의 결함이지 태양의 결함이 아닙니다. 이와 마찬가지로, 항상 깨어 있
　　는 참나를 무지한 사람들이 알아차리지 못하는 것은 그들 자신 외에 누
　　구의 결함일 수 있겠습니까?[4]

34　파담께서는 생명이 있거나 없는 것으로 보이는 모든 것들의 유일
　　한 기초로서 빛나는 진정한 빛이십니다.

35　파담께서는 마음 및 지성과 같은 기능들 안에서 빛나시고, 그것
　　들에게 그것의 빛을 주는 실재의 불가사의한 밝음이십니다.

36　파담께서는 다양한 종교들의 일치되지 않는 장황한 말들이 끝나
　　고 녹아드는, 마음을 초월하는 가슴의 빛이십니다.

세상 출현의 바탕이신 파담

37 모든 것들이 파담에 의지해서 존재하지만, 파담께서는 그러한 것
　　들의 그 어떤 것에도 전혀 욕망을 지니지 않고 계십니다.

38 실재의 밀려드는 광휘이신 파담께서는 축 둘레에 맷돌처럼 회전
　　하는 일곱 세계들을 돌게 하는 중심이십니다.

39 떠받치고 있는 화면이신 파담께서는 그림자들의 주인으로서 이
　　전체 우주를 비추고, 그런 다음에 그것들을 회전시키는 진정한
　　빛이십니다.

　　많은 그림자들의 회전은 스크린에 투사되는 빛들과 그림자들의 이
미지를 만들어 내고 필름 릴이 돌아가는 영사기에 대한 표현으로 세계
의 출현을 설명하려는 영화적인 비유이다. 창조에 관한 동일한 비유를
아루나찰라 아슈타캄 6절에서 바가반이 사용하고 있다.

　　　가슴이고, 의식의 빛이고, 하나의 실재인 당신만이 존재하고 계십니
　　다! 경이로운 샥티(힘)는 당신 안에 존재하고 있습니다. 그것은 다름 아
　　닌 당신입니다. 이 샥티가 일어남으로 프라랍다의 소용돌이 속에서 의
　　식에 의해 일련의 원자와 같은 그림자 생각들이, 영화의 그림들이 렌즈
　　를 통과하여 나타나듯이, 눈과 같이, 안쪽에는 생각의 빛이라는 거울
　　위에, 바깥에는 감각들을 통하여 그림자와 같은 세상의 모습들이 보이
　　게 됩니다. 오, 은총의 산이시여! 그것들이 멈추든지 계속되든지 간에,

그것들은 당신과 떨어져서 존재하지 않습니다.⁵

40 언제나 현존하는 참나이신 파담께서는 온 세상을 유지하는 특별
한 지지를 보내고 계시면서도 또한 어떠한 지지도 보내지 않고
계십니다.

41 온 세상의 나타남이 그것의 명령에 기초하기 때문에, 갸니들은
파담(발, 궁극의 지지자)으로서, 진리인 눈부시게 빛나는 파담을 찬
양합니다.

42 온 세상을 지탱하고 유지하시기에, 완전하게 완벽한 존재 의식을
파담이라 합니다.

43 화려하고 눈부시게 빛나는 파담께서는 보이는 것(이담)뿐만 아니
라, 이담을 위해서 없어서는 안 되는 것인 거짓 '나'의 근원이기
도 하십니다.

　바가반은 때때로 이담과 아함, 즉 보이는 것들과 그것들을 보는 '나'
에 대해 언급하였다. 여기서 그가 말하고 있는 것은 파담이 그것들 모
두의 기초를 이루는 근원이라는 것이다.

움직임과 움직임 없음이신 파담

44 파담께서는 바퀴와 같이 이 세상을 회전시키는 영구적이고 움직이지 않는 축으로서 안쪽에 머물러 계십니다.

45 파담께서는 지고의 참나이며 완전한 진리이십니다. 행위는 단지 개념적인 수준에서만 어울립니다.

질문 이샤 우파니샤드의 세 번째 만트라에서 "브라만은 움직이면서도 움직이지 않는다."라고 말했습니다. 이 두 개의 모순된 진리가 어떻게 브라만 안에 함께 있을 수 있습니까?

바가반 어떤 것도 하고 있지 않다는 진리는 인간의 실제 본성에 대한 진리입니다. 행위 즉 무엇을 하는 것은 단지 상대적인 관점으로 볼 수 있습니다.[6]

질문 당신께서 종종 말씀하셨듯이 그리고 책에서도 볼 수 있듯이 브라만은 움직임이 없습니다. 지금 당신께서는 브라만이 전능하다고 말씀하십니다. 그렇다면 브라만이 움직이지 않습니까?

바가반 힘은 움직임을 암시합니다. 이슈와라가 움직임인 그 자신의 힘(샥티)으로 움직인다 하더라도 그는 움직임을 초월해 있습니다. 그는 움직임 없음(아찰라), 초월(아티타)입니다.[7]

46 파담께서는 사실 어떠한 움직임도 없이 부동으로 머물러 계시지만 빠르게 움직이는 것처럼 보여서, 실재에 대한 진정한 이해가

부족한 사람들의 눈을 어리둥절하게 하십니다.

슈리 라마나 기타 12장, 15절:

비록 지고의 존재가 그 자신의 지고한 샥티 때문에 움직이는 것으로
보일지라도, 그분은 실제로는 움직이지 않습니다. 단지 현자만이 이러
한 심오한 비밀을 이해할 수 있습니다.

47 파담께서는 그들에게 실재인 것처럼 보이게 하는 그러한 위대한
기술로써 비실재의 행위들을 하십니다.

48 매우 경이로우신 파담께서는 의식으로서 자신의 본성을 벗어남
이 없이 마음의 모든 활동들을 행하십니다.

앞 단락에서 인용했던 아루나찰라 아슈타캄 시에서, 바가반은 참나
의 동적인 측면인 샥티가 어떻게 존재 속으로 들어와 유지하는지에 대
해 설명했다. 나타남 없는 참나인 파담은 이 나타남을 위한 토대이고
바탕이지만, 그러나 그것은 창조에 직접적인 역할을 하지는 않는다.
그렇지만 이 시에서 지적하는 것처럼, 샥티는 파담과 다르거나 떨어져
있는 것으로 여겨질 수 없으므로, 또한 파담이 세상의 모든 행위들을
한다고 말하는 것은 진실이다. 이와 똑같은 역설은 아루나찰라 아슈타
캄의 마지막 시구의 6절에도 있다. "그것들이 멈추든지 계속되든지 간
에 그것들은 당신과 떨어져서 존재하지 않습니다."

파담 그리고 창조물

49 극히 경이로우신 파담께서는 빛나는 참나 즉 의식의 흙으로 온 세상을 만드셨습니다.

50 보이는 모든 것들을 나타나게 하시고는 맨 앞쪽에 지고의 목격자로서 머물러 계시는 분은 아주 솜씨 좋으신 파담이십니다.

51 거친 마음은 실재인 파담께서 세상을 나타나게 하시어 자신의 진정한 본성을 저버린다고 상상합니다.

이것은 바가반의 몇몇 초기 헌신자들이 믿었던 개념인, 브라만은 세상으로 나타날 때 어떤 변화를 경험한다는 생각에 대한 비판이다.

52 놀라운 광경을 보여 주는 마술사처럼, 비밀로 가득 찬 존재 의식인 파담께서는 그저 상상을 통해서 경이로운 다섯 가지 신성한 기능들을 행하십니다.

다섯 가지 신성한 기능들은 창조, 보존, 파괴, 감추기 그리고 은총이다. 인도의 몇몇 철학파에 따르면, 신은 세상을 생겨나게 하고, 그것을 유지하며, 우주의 파멸의 시기에 세상을 파괴한다. 세상이 존재하는 한, 그것의 진정한 본성은 마야 즉 환영의 힘에 의해 숨겨지거나 베일에 덮여 있다. 그 베일 즉 환영을 제거하기 위해서, 신은 지바들에게 은총을 내려 주어 그들이 실제로 누구인지를 이해하는 것을 가능하게 한다.

타밀어로 '상상'으로 번역되는 말은 산스크리트로는 칼파나이다. 그
것은 '개념' 즉 '사고'를 의미한다. 창조는 실제 사건이 아니다. 그것은
단지 일어나는 것처럼 보인다. 카팔리 샤스트리의 질문에 대한 답으로
바가반은 "샥티의 작용으로 불리는 이 모든 움직임 즉 창조는 신의 상
상(칼파나)이다. 만약 이 칼파나가 초월되면, 남는 것은 스와루파이다."
라고 했다.[8]

창조가 본질적인 실재를 가지지 않는다는 생각은 나중에 더 상세히
탐구될 것이다.

53   경탄할 만한 파담 속에서, 우주는 원자들이 되고 원자들은 우주
     가 됩니다.

아루나찰라 아슈타캄 시집에서 바가반이 썼던 것을 나는 최근에 두
번 인용하였다. 즉 "이 샥티가 일어남으로 프라랍다의 소용돌이 속에
서 의식에 의해 일련의 원자와 같은 그림자 생각들이, 영화의 그림들
이 렌즈를 통과하여 나타나듯이, 눈과 같이, 안쪽에는 생각의 빛이라
는 거울 위에, 바깥에는 감각들을 통하여 그림자와 같은 세상의 모습
들이 보이게 됩니다." 시의 이 부분은 세상이 그것을 보는 마음의 반사
로서 어떻게 생겨났는지에 대한 바가반의 가르침을 요약하고 있다.

이 시에서 바가반이 사용하고 있는 아누라는 단어는 자아와 그것의
타고난 바사나들을 포함하고 있는 극미의 작은 실체를 설명하는 것으로
'원자'를 의미한다. 《슈리 라마나 마하리쉬와의 대담》의 대담 323번에
서, 그는 이 시를 다음과 같은 말로 설명하였다. "현재의 스탄자(아루나

찰라 아슈타캄의 6번째 시)에서 작은 점(아누)은 자아와 같습니다, 어둠을 만들고 있는 작은 점은 잠재된 경향성들로 이루어진 자아와 같습니다."

자아와 바사나들의 극소의 점인 아누는 참나의 빛이 그것에 떨어질 때 '필름'처럼 작동한다. 시에서는 더 나아가, 투사된 이미지는 세상의 영상과 그것을 지각한 사람의 마음이 된다고 한다. 그러므로 온 우주는 이 본래의 원자의 확장이다. 육체가 죽을 때 바사나들과 자아는 다시 원자처럼 되어서 가슴속으로 물러난다. 얼마 후에 자아와 바사나들이 새로운 모습, 새로운 몸, 새로운 우주로 나타나며 참나의 빛을 통하여 투사된다. 탄생과 재탄생, 육체의 생겨남과 소멸의 이 순환들은 해방의 순간까지 끊임없이 계속된다. 그때까지, "우주는 원자들이 되고 원자들은 우주가 된다."

확장과 축소의 동일한 과정이 또한 마음이 깨어나고 잠잘 때마다 일어난다. 깨어나는 순간에, 투사의 행위로 온 우주는 보이는 대상들과 그것들의 관찰자가 동시에 존재하는 것으로 보인다.

54   다섯 가지 신성한 작용들의 우스꽝스러운 춤으로 세상에 나타나신 파담께서는 치트람발람의 신성한 홀(hall)로서 비밀스럽게 빛나십니다.

쉐이비즘에 따르면, 쉬바는 다섯 가지 신성한 기능들에 대해서 직접적인 책임이 없다. 이것들은 그가 존재 속으로 가져오는 신성한 에너지인 샥티에 의하여 모두 이루어진다. 그것은 나중에 그의 여성 배우자로 인격화된다. 샥티가 모두 다섯 가지의 신성한 기능들을 행하는 동안, 쉬바 그 자신은 의식의 고요한 중심으로 머물러 있으면서 행위

없음 그리고 움직임 없음으로 남아 있다.

치트람발람은 '의식의 확장'이고 '신성한 홀'은 치담바람에 있는 쉬바 사원의 지성소를 말한다. 그 사원의 주신은 의식의 이 확장을 상징하거나 나타내는 빈 공간인 아카사 링감이다. 더욱 은유적인 수준에서 보면, 신성한 홀은 파담이 움직임 없는 의식으로서 머물러 있는 가슴이다.

파담과 신들

55 파담께서는 개념들에 사로잡혀 있는 사람들에게는 신이지만, 거짓이 없고 모든 개념들로부터 떨어져 있는 진정한 갸니에게는 그 자신의 참나입니다.

56 신이 존재하지 않는다고 말하는 사람들조차도 자신들이 존재하지 않고 있다고 말할 수 없으므로, 파담께서는 모든 사람들을 받아들이면서 계십니다.

57 파담께서는 벗어남이 없이 규칙적으로 자신들의 의무를 성실히 수행하고 있는 태양, 야마, 아그니, 바유 등을 만드는 권능을 가지고 있습니다.

야마, 아그니 그리고 바유는 죽음, 불, 바람의 신이다. 이 시는 참나의 힘을 통해 그들의 역할을 열렬히 하고 있는 이 모든 작은 신들을 설명하고 있는 우파니샤드 원문과 관련된 것이다. 바가반은 《슈리 라마나 마하리쉬와의 대담》의 대담 467번에서 그의 대답 중의 하나로 이 경전의 구절을 말하였다.

58   숭배자들의 상상에 일치하여, 파담께서는 굴레로부터 해방된 이들로 유명한 여러 신들로 행진하십니다.

'행진하다'라는 동사는 어떤 종류의 활동을 언급할 수도 있지만, 또한 특별히 축제의 행렬 속에 신을 데리고 나오는 관례를 가리킬 수도 있다.

아루나찰라 파담

59   파담께서는 안나말라이의 모습으로 매우 높고 고상한 은총의 불꽃으로 나타난 위대한 기둥이십니다.

안나말라이는 아루나찰라의 타밀어다. 스칸다 푸라나에 따르면, 쉬바는 브라마와 비슈누 사이의 논쟁을 잠재우고 그들에게 겸손을 가르치기 위해서 아루나찰라에 불기둥으로 나타났다고 한다.

60   지상의 학식이 있는 모든 사람들은 존재의 의식의 불인 파담을 우뚝 솟은 붉은 산(소나)으로 찬양합니다.

많은 성자들과 학식이 있는 사람들이 아루나찰라를 찬양하지만, 바가반은 아루나찰라를 '헌신자들이 지니고 있는 나는 몸이라는 생각을 제거할 수 있는 농축된 갸나 덩어리'로 칭송한 갸나삼반다르의 시를 특히 좋아한다.[9]

61 파담께서는 쉬바 신의 참된 모습인, 산 링감으로 마르가리 달 아르드라 성좌로 나타난 천상의 빛이십니다.

아루나찰라의 위대함을 기술한 산스크리트 작품인 아루나찰라 마하트미얌에 따르면, 쉬바는 원래 12월 중순부터 1월 중순까지에 해당하는 마르가리 달의 아르드라 별자리일 때 아루나찰라로 응축된 불기둥으로 나타났다. 아루나찰라의 나타남을 기록한 산스크리트 시는 바가반에 의해 타밀어로 번역되었다. 같은 작품에서 발췌하여 선택한 시가 그의 모음집에도 포함되어 있다. 그 모음집의 첫머리에 있는 2편의 시이다.

난디가 말하였다. "그곳은 신성한 곳이오! 모든 것 중에서 아루나찰라는 가장 신성하오! 세상의 가슴이오! 그곳이 신비롭고 신성한 쉬바의 가슴의 중심임을 아시오! 그곳에서 그는 언제나 영광의 아루나 산으로 머물 것이오!"

"오래되고 경이로운 아루나찰라 링감은 미리가시라(마르가리) 달에 아르드라의 성좌의 그날에 형상을 취하였소. 그리고 그날 비슈누와 다른 데바들은 마하쉬바라트리의 날에 광휘의 모습으로 있는 신을 경배하였소."[10]

파다말라이 시의 네 낱말, '쉬바 신의 참된 모습'은 아루나찰라가 쉬바 신의 물질적 모습이지, 단지 그에 대한 표상이나 그가 머물고 있는 장소는 아니라는 믿음을 나타냈다. 바가반은 다음과 같이 말하여 이 믿음을 지지하였다. "몇몇 신의 거처로 묘사되는 다른 신성한 산들이 있습니다. 그러나 아루나찰라는 산의 모습을 하고 있는 신 그 자신입니다."[11]

바가반은 다른 곳에서 말했다. "카일라사는 히말라야에 있습니다. 그곳은 쉬바의 거처입니다. 반면 이 산은 쉬바 그 자신입니다."[12]

파담께서는 마음이 없다

62   진정한 갸나의 본성을 지니시며 참나 안에 계시는 파담께서는 그저 존재하면서 빛나시며 마음, 지식 및 그 나머지 모든 것들과의 관계는 전혀 없으십니다.

63   파담께서는 마음과 하나 된 채로 존재한다고 하지만 '마음'이라는 이름조차도 그 안에 존재하지 않습니다.

64   마음을 초월한 브라만의 상태인 파담께서는 스와루파 속에 잠잘 때, '투리야'라는 말조차 떠나는 그러한 상태에 계십니다.

"스와루파 속에서 잠잔다."라는 말은 물리적인 잠을 의미하지 않는다. 그것은 자신의 진정한 상태 속에 거주함을 암시한다. '네 번째'를 의미하는 투리야는 깨어 있음, 꿈, 잠이라는 세 상태의 기초가 되는 네 번째 상태이다. 이 세 상태들은 모두 마음의 상태이므로, 마음이 비인격적이고 초월적인 실재인 브라만 속으로 초월될 때, 다른 세 상태들의 기초가 되는 네 번째 상태가 있다는 생각은 사라진다. 단지 하나의 진실하고 영구적인 상태만이 존재한다.

> **바가반** 하나의 상태만이 있습니다. 당신은 그것을 투리야 즉 네 번째를 넘어선 투리야티타 또는 당신이 좋아하는 것으로 불러도 됩니다. 깨어 있는 상태(자그라트), 꿈의 상태(스와프나) 그리고 깊은 잠의 상태(수슙티) ─ 이 세 상태들은 영화의 장면들처럼 변화하면서 진행됩니다. 세 가지 모두는 마음의 생각들입니다. 이 세 가지 너머에 있고 실제적이고 영원한 것은 참나 그 자체입니다. 그것이 네 번째로 불리는 투리야 상태입니다. 일반적인 말로, 사람들은 네 번째 상태와 네 번째 상태를 넘어선 것 등에 대해 이야기하지만, 엄격히 말하자면 오직 하나의 상태만이 있습니다.[13]

65 마음이 죽은 가슴속에 있는 빛나는 파담께서는 초월의, 비이원의 침묵으로 탁월하십니다.

66 사람이 파담을 찾아 지구의 끝까지 계속 달리더라도, 진정한 참나인 파담께서는 자아를 가진 마음에는 결코 붙잡히지 않으십니다.

파담, 마음의 파괴자

67 파담께서는 기억이 탄생이고 망각이 죽음이라는 불일치를 일으
    키는 삼사라의 짓궂은 행위를 파괴시키십니다.

삼사라는 해방 이전에 지바에게 있는 탄생과 죽음의 지속적인 윤회
이다. 더 일반적인 관점에서 본다면, 삼사라는 깨닫지 못한 마음에 특
히 나타나는 이름들과 형상들의 경험적인 세계를 또한 의미한다.

68 눈부시게 빛나는 파담께서는 그림자가 실재인 것처럼 나타나게
    만드는 어리둥절함을 일으키는 마음의 환영을 죽이고 전멸시키
    십니다.

바가반은 세상의 나타남이, 마음에 의하여 반사되어 실재인 것으로
간주되는 의식(치다바사)의 투영이라고 가르쳤다. 이 생각은 창조 부분
에서 더 상세히 다루어질 것이다.

69 찬란하게 빛나는 파담께서는 탄생, 질병, 노화, 죽음의 지배를 받
    는 몸과 동일시되는 자아를 슬며시 가 버리게 하십니다.

70 위대한 침묵이시며 자비로우신 파담께서는 마음을 삼키시며, 그
    결과로 존재하고 있는 모든 종교들을 정복하게 만드십니다.

파담과 바른 행위

71 마음을 초월하게 하는 아트마 스와루파의 위대한 힘으로, 파담께
    서는 어떤 종류의 '행함'과 '행함 없음'도 없이 빛나십니다.

72 파담께서는 그저 투영으로서 나타나는 다르마, 아르타, 카마를
    환영들로 보이게 하는 궁극의 진리이자 지고의 실재이십니다.

네 가지 정통적인 생활 방식의 목표 또는 행위들은 힌두 경전들에서
공인하고 있는 것들이다. 다르마는 경전들에 쓰여 있는 법들에 따라
사회와 가정의 의무를 행하는 것이다. 아르타는 도덕적으로 받아들일
수 있는 방법으로 일을 하여 부를 획득하는 것이다. 카마는 사회적으
로 용인되는 욕망들에서 얻는 만족이다. 목샤는 참나로 거주하는 상태
인 해방이다.

이 두 편의 시에서 암시하는 것은 목샤 즉 해방만이 진실이고 파담
속에 거주하는 상태라는 것이다. 다르마, 아르타, 카마는 미래의 행위
의 과정을 위해 해야만 하는 선택과 결정을 여전히 느끼고 있는 깨닫
지 못한 사람들이 해야 하는 적절하며 인증된 행위의 과정이다. 그러
나 파담으로서 거주하고 있는 사람들에게는 선택하고 결정해야 하는
사람이 사라졌기 때문에 이러한 문제들이 생기지 않는다.

73 종교적인 계율은 전적으로 마음과 관련되어 있습니다. 언제나 침
    묵하고 있는 파담은 그러한 종교적인 행위들로부터 항상 자유롭
    습니다.

파담의 은총

74 은총이신 파담께서는 지고자이십니다. 은총 그 자체를 통해 깨닫는 것 이외에는 은총의 위대함을 어느 누구도 깨달을 수 없습니다.

75 진정한 갸나의 빛과 아름다운 빛으로 충만하신, 은총만을 내려 주시는 파담께서는 세상에 대한 거짓 삶의 어둠을 쫓아 버릴 것입니다.

76 파담께서는 개별적인 의식이 완전히 전멸될 때까지는 진정으로 신성한 의식의 매우 높은 상태를 드러내지 않을 것입니다.

77 자신의 얼굴을 은총을 향해 흔들림 없이 고정시킨다면, 자아에 심취한 어두운 무지는 사라질 것이고 진정한 파담께서는 빛날 것입니다.

78 대단히 미묘한 존재의 순수한 빛이시고, 진정한 본성이신 파담께서는 마음과 말의 장난을 하찮은 것으로 보이게 하십니다.

79 진흙으로써 진흙을 제거하는 것과 같이, 파담께서는 유익한 마야의 장엄한 빛으로 순수하지 못하고 더럽혀진 마야를 깨끗하게 만드십니다.

인도 시골 사람들은 냄비와 접시들의 깨끗하지 못한 표면들을 진흙으로 문질러서 깨끗하게 한다. '순수한' 마야가 '불결한' 마야를 없앨 수 있다는 생각은 카이발야 나바니타, 1장 57절에 보인다.

독은 일반적으로 다른 독으로써 해독되고, 못은 다른 쇳조각으로 뽑히고, 화살은 다른 화살에 의해 뽑히고, 더러움은 다른 더러운 것들 즉 백토 등으로 깨끗해지는 것처럼, 그 자체로 약한 무지는 무지들과 동일한 마야의 방법으로 뽑힐 수 있습니다. 시체를 뒤집기 위해 쓰이는 막대기가 나중에 태워지는 것처럼, 이것 또한 나중에 사라질 것입니다.

80 눈부시게 빛나는 파담께서는 은총을 내려 주는 신의 발아래에 살아가는 삶 이외의 다른 어떤 삶도 바라지 않는 진정한 헌신자들의 가슴속에 기쁨의 풍요를 주십니다.

81 파담께서는 자신을 보기 위해 진정으로 노력하는 헌신자들에게 즉시 보게끔 해 주십니다.

82 매우 강렬하고 진실하며 지고의 은총이신 파담께서는 헌신자가 파담을 향해 한 걸음 옮길 때 그분은 헌신자를 향해 열 걸음을 옮기십니다.

구루 바차카 코바이, 965절 만약 그대가 신을 생각하며 그분을 향해 한 걸음 다가간다면, 어머니보다 더 위대한 그분은 응답으로서 그대를 생각하며 그러한 먼 거리를 아홉 걸음에 오셔서 그대를 받아들입니다. 그분의 은총은 얼마나 위대한가요!

주석 이 시의 가장 중요한 요점은 "그의 은총에 대하여 의심할 필요가 없다."는 것이다.

질문 신께서는 지바들에게 은총을 내려 주십니까, 아니면 그렇지 않습니까?

바가반 당신이 아무리 많이 신을 생각한다 할지라도, 신께서는 훨씬 더 많이 당신을 생각합니다.[14]

질문 신이나 구루께서는 저에 대해 어떤 걱정을 가지고 계십니까?

바가반 신과 구루는 실제로는 둘이 아니라 하나이며 같습니다. 만약 당신이 그 어느 쪽이든 찾아 나서면, 당신이 지금까지 상상할 수 있는 것보다 훨씬 더 많이 당신을 걱정하고 보호해 주고 계신다는 것을 확신하게 될 것입니다.[15]

파담의 힘

83 진정한 갸나의 성취이신 파담께서는 구원을 주는 능력이 대단하기 때문에 완성을 이룬 요기들조차도 바랄 만큼 가치 있는 존재이십니다.

84 파담께서는 카르마의 사슬에 묶여 따라오는 '어제, 오늘 그리고 내일'이라는 시간과 '여기와 거기'라는 공간을 태워 없애 버리십니다.

85 파담께서는 이원적인 장면에 나타나는 '지금'조차도 거짓임을 밝히시는 지고한 진리의 영원한 비이원의 확장이십니다.

86 파담께서는 아무것도 말씀하시지 않으면서도, 그분을 보는 사람들로부터 나오는 말의 힘을 없애는 분이십니다. 파담께서는 사람들이 본 적이 없는 것을 말하는 매우 경이로운 조명이십니다.

87 베다들과 아가마들이 훨씬 더 상세하게 설명하고 있다 하더라도, 결국 파담에 의해 "파담께서는 우리를 넘어서 있다."라는 탄식을 자아내게 하십니다.

88 신성한 파담께서는 마음의 불안이 고통의 원인이라는 점을 안 사람들이 불안을 중지함으로 희열을 발견하는 그곳에 계십니다.

89 지고의 쉬밤의 삶을 보장해 주었던 마음에게, 파담께서는 비록 이 세상 지배자들의 통치의 위대함일지라도 그것을 마치 한 오라기의 짚인 양 사라지게 할 것입니다.

90 그들의 생각이 '쉬바, 쉬바'를 노래하면서 사랑 속으로 녹아들어 변화된 사람들에게, 진리이신 파담께서는 그들이 더 이상 바라는 것이 없도록 하기 위하여 빛을 발할 것입니다.

파담의 게임

91   파담께서는 자신의 타고난 본성의 유일한 경험으로 존재함에도 불구하고 개념들 즉 트리푸티들의 베일에 싸여 계십니다.

92   파담께서는 지바로 하여금 자신의 진정하고 뛰어난 본성을 잊게 만들고 그리고 참나에서 벗어난 것들에 관심을 기울이게 하는 프라마다(망각)를 통해 지바를 괴롭힙니다.

   프라마다는 파다말라이에서 여러 차례 나타나는 용어이다. 그것은 건망증, 부주의함, 보다 명확히 말하자면, 참나에 대한 망각을 의미한다. 바가반은 우리가 늘 참나를 자각하고 있지만 마음, 몸 그리고 세상의 활동들에 영구히 우리의 관심을 줌으로써 어쨌든 이 지식을 망각하였다고 말하였다.

93   파담께서는 참나이고, 순수한 의식이며, 무한한 확장입니다. 그런데도 무지한 사람들은 그것을 텅 빔이라 생각하고는 무서워서 뒤로 물러섭니다.

94   파담께서는 가슴에 집착을 가지고 있는 사람들에게는 고통을 주지만, 가슴에 아무런 집착이 없는 관대함을 지닌 사람들에게는 기쁨을 주십니다.

   무루가나르는 가끔 타밀어인 우다람 또는 우다라 구남이라는 문구를 사용했는데, 그것은 주로 '관대함'으로 번역된다. 그것이 또한 모든 생각들과 개념들의 포기나 버림을 의미하기 때문에 보통의 물리적인 관대함의 의미로 제한되지는 않는다. 그러므로 그것은 소유물을 아낌없이 나누어 주는 것보다 오히려 마음의 완전한 포기를 암시한다. 파다말라이의 몇 구절에서 그것이 지극히 관대함을 의미하므로 '아낌없이 줌'으로도 번역되어 있다. 어떤 다른 구절들에서는, '포기'라는 말이 적절한 곳도 있다.

95 여덟 가지 위대한 싯디들에 대한 바람에 답하여, 파담께서는 그들에게 춤을 가르쳐 주어 춤추게 함으로써 많은 요기들로 하여금 자신의 역할을 하도록 하십니다.

싯디들은 다양한 요가 수행을 통해 얻어질 수 있는 초인적인 능력 또는 성취이다. 여덟 가지 싯디는 고전 요가 경전에 기록되어 있다. 대부분의 다른 스승들과 마찬가지로 바가반은 싯디들을 뒤따르는 것이 무의미한 자아적인 활동이라고 가르쳤다. 그러나 이 구절이 지적하는 것처럼, 만약 요기의 가슴속에 싯디에 대한 욕망이 있다면, 파담의 힘이 그러한 사람들이 그것들을 추구하는 데 방대한 양의 에너지를 쓰도록 만든다.

96 싯디들을 가진 많은 사람들이 높으신 파담께 절을 하지만, 진정한 봉사에 자리 잡고 있는 사람들에게 파담께서는 그러한 싯디들을 한 오라기의 지푸라기로 보이게 하십니다.

97 파담께서는 무의미한 지식들을 알고 기뻐하는 사람들을 위해 환영의 개념들로 가득 차 있는 많은 기술들을 개발하였습니다.

98 불꽃이 피어올라 자신을 연기로 덮어 숨듯이, 눈부시게 빛나는 파담께서도 베일에 가려 계십니다.

99 보는 자가 그 자신의 진정한 본성을 보지 못하는 한, 눈부시게 빛나는 파담께서는 그를 개념들 및 환영의 힘 속에 빠뜨리십니다.

파담 경험하기

100 파담께서는 자기 자신의 진정한 경험인 사하자 니슈타 속으로 들어간 뛰어난 사람들의 가슴속에서 깨달아지는 은총의 확장이시고 진리이시며 탁월한 아자타이십니다.

   아자타는 '비창조'를 의미한다. 그것은 물리적인 세상도, 그 속에 사는 지바들도 결코 창조해 내지 못했다는 것을 선언하거나 아는 철학적 또는 경험적인 관점이다. 지바 그 자신이 실제로 존재하지 않으므로 지바들의 해방 또는 굴레에 대한 질문들은 용인되기 어렵고 가설적이다. 그것들 모두는 불완전한 상상력에 의해 생겨난 완전한 허구이다. 이것이 무루가나르가 구루 바차카 코바이의 100번째 시의 포리푸라이에서 가져온, 바가반 자신의 경험과 상태에 대한 요지이다.

그의 발에 의지하는 헌신자들의 믿음에 따라, 다양한 교의들로 설명된 것처럼, 비록 구루 라마나께서 신의 화신으로 보일지라도, 그 자신의 진정한 경험으로서, 우리가 은밀히 그분에게 들었던 것은 오직 비창조(아자타)입니다.

자신의 진정한 상태 속에 자리 잡을 때, 사람들은 직접적인 경험으로 아자타의 진리를 알게 된다. 그러한 이가 참나의 본래 상태 속에 자리 잡고 있는 자인 사하자 니슈타이다.

101 존재-의식인 아트마 스와루파를 갈망하는 사람들이 그 밖의 모든 것들을 거짓으로 여겨 버린다면, 그 즉시 파담은 경험됩니다.

102 빛나는 파담께서는 욕망들을 완전히 뽑아 버린 진정한 갸니들에 의해서만 영속적이고 쇠퇴하지 않는 지고의 희열에 찬 은총으로 얻어지게 됩니다.

103 순수하며 모든 속성들로부터 자유로운 파담께서는 포기 외에는 명확히 알 수도 얻을 수도 없는 것인 신성한 섭리를 통하여 장엄하게 일어날 것입니다.

104 희생으로 그들 자신을 바친 사람들의 가슴속에서만 실재이신 파담께서는 오점 없는 사원과 하나 되어 영구히 빛날 것입니다.

파담은 가슴이라는 오점 없는 사원에서 빛나는 신이다. 이러한 관념은 파다말라이에서 몇 차례 나온다.

105 존재의 본질이 의식이기 때문에, 파담께서는 직접적으로 경험된 쉬밤의 순수한 즐거움이십니다. 그것은 설탕을 맛보는 것인 이원적인 즐거움과는 같지 않습니다.

바가반 설탕은 그 자신의 달콤함을 맛볼 수 없으며, 맛보는 사람이 그것을 맛보고 즐겨야 합니다. 이와 마찬가지로, 개인은 지고자일 수 없으며 그리고 그 상태의 희열을 즐길 수 없습니다. 그러므로 그 즐거움이 일어날 수 있기 위해서는 한편에는 개인이, 다른 편에는 신이 유지되어야 합니다. 신은 설탕처럼 생명이 없습니까? 지고의 즐거움을 얻기 위해 자신의 개별성을 유지한다면 어떻게 자기 자신을 복종할 수 있습니까?[16]

파담에 이르는 방법

106 영적 무지의 빈곤을 파괴시키기 위하여, 해방을 얻기 위하여 지바가 열정적으로 찾아야 하는 것은 행복한 파담, 의식 및 지고자입니다.

107 파담께서는 우유를 섞는 막대기로서는 사랑으로, 새끼줄로서는 탐구로 가슴이 열렬히 휘저어질 때 나타나십니다.

이 시에서 보이는 몇 단어들은 초기 쉬바파 성자인 아파르가 지은 유명한 시(테바람, 5번째 티루무라이, 파티감 90, 10행)에서 가져온 것이다. 아파르의 시는 영적 성숙의 여러 정도들을 갈고 휘젓고 윤내는 과정으로 정교하게 발전시켰다. 이 은유에서는 나무와 우유, 그리고 자르지 않은 보석이라는 세 가지 물질이 언급되고 있다. 힘 있게 나무를 마찰시켜 불을 얻고, 우유를 잘 저어서 버터를 얻고, 보석을 잘 닦아서 광채를 얻는다. 나무의 범주에 속하는 헌신자들에게는 불순함이 가장 많고, 우유의 범주에 속하는 헌신자들에게는 보다 적으며, 보석의 범주에 속하는 헌신자들에게는 거의 없다. 세 가지 과정 중 마찰에 의해 불을 얻기가 가장 어렵고, 우유로부터 버터를 얻는 것이 두 번째로 어렵고, 보석으로부터 광채를 얻는 것은 가장 쉬울 것이다. 세 가지 범주들에서 불순물들이 제거된다.

바가반은 다음과 같은 글귀에서 아루나찰라 아슈타캄의 유명한 유추법을 언급하였다. "자르고 광을 내는 작업을 거친 보석과 같이 결점을 없애기 위하여 마음이 숫돌로 연마된다면, 마음은 지성의 빛을 발할 것이며, 그 어떤 것보다 밝은 루비처럼 빛날 것입니다."

무루가나르는 이 시구에서 가슴의 불순물들은 두 가지의 과정 즉 질문과 사랑을 통하여 제거될 수 있다고 말한다. 휘젓는 것이 완성될 때, 파담이 나타난다.

바가반은 비베카추다마니의 서문에 이 과정을 언급하고 있다.

참나의 항상성(아트마누산다나)은 버터를 만들기 위해 굳어진 우유를 휘젓는 것에 비유되었다. 여기에서 마음은 우유를 휘젓는 막대에, 가슴은 굳어진 우유, 참나에 항상 머무르는 것은 휘젓는 공정에 비유되고 있다. 단순히 휘젓는 동작으로 굳어진 버터가 추출되고 마찰을 통해 불이 붙는 것처럼, 끊어지지 않는 기름의 흐름처럼 흔들리지 않고 늘 참나 안에 머무는 것은 자연스럽고 변화가 없는 무아경 즉 니르비칼파 사마디를 오게 한다. 이것은 시공을 초월하여 있으며, 직접적이고 즉각적이며 방해가 없는 브라만에 대한 인식을 즉시 오게 한다.[17]

108 누가 어떤 사다나를 하건, 가슴속에 있는 자신의 진정한 본성을 탐구로 알지 않는 한, 파담께서는 빛나지 않을 것입니다.

109 모우나의 성품을 지니신 파담께서는 기억이나 망각이 존재하지 않는 고결한 평온 속에서만 경험될 수 있으며, 객관화된 의식으로는 경험될 수 없습니다.

110 최고들 중의 최고이신 파담께서는 상상력에 의해서가 아니라 자기 자신을 잃어버리는 심오함과 간절함을 통해서만 얻어질 수 있습니다.

111 완벽하며 제1의 원인이신 파담께서는 허위의 의식인 자아가 파괴되지 않는다면 완전하게 얻어질 수 없습니다.

112 무지라는 혼란스러운 꿈으로부터 깨어날 때만, 눈부시게 빛나는 파담께서는 고결한 의식의 확장으로 계십니다.

113 파담께서는 감각의 대상들에 대한 애착을 버린 의식이 참나 안에

자리를 잡을 때만 얻을 수 있는 지고의 실재이십니다.

114 노력으로 파담과 결합할 수는 없지만, 심원한 평화인 자아 잃음으로 그렇게 될 수 있습니다.

115 자비심의 곳간이신 파담께서는 그분에게 복종하는 사람들의 근심을 없애 주시기 때문에, 그분에게 복종하는 수행 외에는 근심을 없앨 수 있는 방법이 없습니다.

116 파담께서는 다나(봉헌)의 방법을 통하지 않고는 얻을 수 없습니다. 모우나를 통하지 않고는 파담을 완전하게 얻을 수 없습니다.

다나는 제자가 그의 스승에게 주는 봉헌물이다. 이 시구의 후반부에서 바가반은 효과적인 다나는 자신의 마음을 스승에게 주고 침묵을 지키는 것이라고 말한다. 바가반 자신은 그의 가르침에 대한 대가로 다른 형태의 다나는 받아들이지 않았다.

바가반 봉헌물(아르파나)을 가볍게 생각하는 것은 잘못입니다. 봉헌물은 마음이 참나와 결합하여 하나가 되는 것을 의미합니다. 그것은 마음에 모든 바사나들이 없어야 한다는 것을 의미합니다. 자신의 노력과 신의 은총이 없다면 그것은 이루어지지 않습니다. 스스로 완전히 복종하지 않는다면 신의 힘은 그를 잡아 자신 안으로 끌고 갈 수 없습니다. 복종이란 무엇입니까? 자기 자신을 복종시키는 것입니다. 그것을 이룰수 있을 때까지 계속해서 노력해야 합니다. 끊임없는 노력을 한 후에야

마침내 성공할 수 있을 것입니다. 일단 성공한다면 후퇴는 없습니다. 그것이 바람직한 과정입니다. 그냥 '봉헌물, 봉헌물'이라는 말을 반복하는 것이 무슨 소용이 있겠습니까? 봉헌물이라는 말을 반복하면서 약간의 돈을 주는 것을 제외하고, 마음에 어떠한 영향을 줍니까?[18]

117 니슈타에만 주의를 기울이는 사람들에게 파담께서는 갸나라는 빛나는 검을 상으로 내려 주십니다.

니슈타는 '불변의 지속', 좀 더 구체적으로는 '참나 안에의 불변의 지속'을 의미한다. 바가반은 여기에서 완전히 그리고 지속적으로 참나에 흡수될 때까지 참나에 집중하라고 지시한다.

118 마음이 파담 즉 참나를 떠남이 없이 지속적으로 유지된다면, 어떠한 욕망도 생기지 않을 것입니다.

이후에 우리(바가반과 란간)가 산을 함께 거니는 동안, 그분은 우리의 중요한 차이 중 하나를 지적하셨다. "그대는 항상 어떤 것에 대한 욕망을 가지고 있지만, 나는 결코 어떤 것도 바라지 않습니다."[19]

119 고귀하신 파담께서는 칸나파와 사바리의 종교였던, 진정하고 끝없는 헌신에 잡혀 계셨습니다.

칸나파는 타밀의 성자로, 그의 이야기는 페리아푸라남에 수록되어 있다. 그는 쉬바를 사랑하였으며 쉬바가 한 눈을 다친 것에 마음이 아파 자신의 한쪽 눈을 파내어 쉬바에게 바쳤다. 칸나파가 두 번째 눈도 바치려 하자 쉬바는 그를 막아 그렇게 하지 못하도록 하였다. 쉬바는 칸나파의 헌신이 얼마나 위대한지를 사제에게 설명해 주기 위해 전체 장면을 서술하였다.

사바리의 이야기는 라마야나에 나오며, 그녀는 천국에 사는 간다르바였다. 간다르바의 땅에서 사냥꾼과 정사를 가졌기 때문에 그녀의 남편에 의해 지상에서 사냥꾼이 되라는 저주를 받았다. 그러나 그 저주는 그녀가 라마를 만났을 때 풀리도록 되어 있었다. 사바리는 마탕가 아쉬람 근처에 사는 지상의 여자 사냥꾼으로 나타났다. 그녀는 여러 해 동안 그와 그의 헌신자들을 위하여 성실하게 봉사하였으며 아쉬람의 꽃들을 정성들여 가꾸었다. 마탕가의 헌신자들 모두는 그녀가 죽기 전에 라마를 달샨함으로 그로부터 죄를 면할 것이라며 그녀를 축복하였다. 마침내 라마가 마탕가의 아쉬람을 방문하였다. 사바리는 가장 좋은 과일을 따 직접 모든 봉헌물의 일부를 깨물고는 그들에게 선물하였다. 그녀가 선택한 과일을 라마가 먹었을 때, 그는 그것들이 넥타의 맛이 난다고 하였다. 사바리는 아쉬람에서 고행하는 기간 동안 약간의 싯디들을 얻었기 때문에, 무아경에 들어가 라마가 어떻게 결국 시타와 재결합하는지를 볼 수 있었다. 그녀는 그러한 정보를 라마에게 전해 주었다. 마탕가와 그의 헌신자들에 대한 사심 없는 헌신으로 인해 라마의 달샨을 받은 그녀는 저주가 풀렸다. 그녀의 이전 남편은 간다르바에서 내려와 그녀를 자신의 전차에 태워 데려갔다.

파담에 도달하기까지의 장애물들

120 파담께서는 너무 멀리 계셔서 갸니들 주변을 배회하는 어두운 마음을 지닌 기만적인 사람들에게는 보이지 않습니다.

121 본성이 초월의 평화이신 파담께서는 녹아 버린 의식 안에 오지, 논쟁에 탐닉하고 있는 마음은 교묘하게 피할 것입니다.

122 눈부시게 빛나는 파담께서는 기만으로 가득 찬 어둡고 위선적인 마음의 존경은 조금이라도 받아들이지 않습니다.

123 달콤하고 향기로운 과일인 파담을 버리고, 무지한 사람들은 마전자 나무의 쓴 과일을 갈망하면서 사방으로 미쳐 날뜁니다.

124 비이원으로 계시는 파담께서는 생각으로는 알 수 없습니다. 생각하고 있는 한, 파담께서는 빛나지 않을 것입니다.

구루 바차카 코바이, 1237절, 포리푸라이 뛰어난 비이원의 경험은, 모든 것에 널리 퍼져 있음에도 불구하고 어떤 것과도 섞이지 않고 있는, 트리푸티들의 환영적인 외양이 사라진 아트마 스와루파를 탐구하여 알게 된 갸니의 가슴속에서만 방해받지 않고 빛날 것입니다. 그들에게 분명한 것으로 나타나는 감각 대상들을 통하여, 수타리부를 통하여 그것을 아는 사람들에게는 얻어질 수 없습니다.

구루 바차카 코바이, 1238절 생각으로부터 자유로운 존재-의식인 쉬밤은 마음이 죽어 존재 의식을 통하여 마음의 근원에 살고 있어서 생각으로부터 자유로운 대담한 사람에 의해서만 알려집니다. 마음이 생각들과 연결되어 있는 사람들에게는 쉬밤은 알려지지 않습니다.

첫 번째 인용에서 언급되고 있는 수타리부(거짓 의식)는 파다말라이의 핵심 단어이다. 그것은 자신을 외부 세상과, 세상을 목격하고 그것과 상호 작용하는 내적 지각자로 나눈다.

125 미혹시키는 연결인 의식과 둔한 몸(칫-자다)의 매듭이 사라지자마자, 파담께서는 어디에서나 하나로 있는 실재(에카 스와루파)로서 빛나십니다.

칫 자다 매듭은 의식(칫)과 둔한(자다) 몸 간의 연결이다. "내가 이 몸이다."라는 생각이 사라질 때에만 파담이 남는다.

파담의 희열

126 상서로운 쉬밤이며 희열의 평화이신 파담께 이르는 데 늑장을 부려서는 안 됩니다.

127 참나 안에 가슴을 확고하게 뿌리를 내리는 목표를 진정으로 달성한 사람들에게, 파담께서는 희열을 주십니다. 그 희열은 마치 그

들의 모든 열망을 달성한 것과 같습니다.

128 파담께서는 다음과 같이 말해질 수 있는 것으로 존재하면서 빛나고 계십니다. "진정한 희열은 기쁨과 고통이라는 이원적인 생각들이 모두 사라진 곳에 있습니다."

129 희열인 파담께서는 파담의 희열 속에 잠긴 사람들을 오로지 희열의 파담으로 변형시키십니다.

제2절
참나

무루가나르가 파담의 은총을 통하여 얻은 경험을 기술하고 있는 마지막 장을 제외하고, 파다말라이의 그 나머지 모든 구절들은 바가반에 의하여 주어진 직접적인 가르침일 것이다.

참나 지식

1   참나는 알려지거나 알려지지 않는 어떤 것이 아닙니다. 참나는 갸나 그 자체입니다.

    올라두 나르파두, 33절:

    "나는 나 자신을 깨달았다." 또는 "나는 나 자신을 깨닫지 못했다."

라고 말하는 것은 우스운 일입니다. 왜 그런가요? 두 개의 나가 있어서, 하나의 나가 다른 나에 의하여 알려져야 하는 대상이 된다는 말입니까? "나는 하나이다."라는 것이 모두가 경험하고 있는 진리입니다.[1]

바가반 참나는 갸나(지식) 혹은 아갸나(무지)로 기술할 수 있는 것이 아닙니다. 참나는 갸나와 아갸나 너머에 있습니다. 참나는 참나입니다. 그것이 참나에 대하여 말할 수 있는 전부입니다.[2]

2 자신에 대한 지식이 전혀 없으면서 노력하고 있는 사람이 무엇을 알 것이며, 그리고 어떤 것에 대하여 안다고 할지라도 그것이 무슨 소용이 있겠습니까?

3 오로지 참나에 대한 지식만이 진정한 진리의 탁월함을 지니고 있습니다. 모든 다른 지식들은 잘못된 것입니다.

울라두 나르파두, 10, 12, 13절:

어둠처럼 짙고 가득한 무지가 없이는 지식이 존재할 수 없고, 지식이 없이는 무지가 존재할 수 없습니다. 그 지식과 무지가 누구에게 있는지를 탐구하여 지식과 무지의 바탕인 참나를 아는 지식만이 진정한 지식입니다.

지식과 무지가 조금도 존재하지 않는다는 것이 진정한 지식입니다. 대상들을 아는 지식은 진정한 지식일 수 없습니다. 참나는 다른 사람이 알거나 알려지게 함이 없이 빛나고 있기 때문에 그것이 진정한 지식입니다. 그것은 비어 있는 것이 아닙니다. 그렇게 아십시오.

선명한 지식인 참나만이 실재입니다. 복잡함에 대한 지식은 무지입니다. 심지어 실재가 아닌 이 무지조차도 지식인 참나를 떠나서는 존재할 수 없습니다.[3]

4   지식과 무지는 오직 참나가 아닌 대상들에 관한 것입니다. 대상들은 순수한 모습으로 있는 참나에 적합하지 않습니다.

질문 절대자는 그 자신을 압니까?

바가반 늘 의식으로 있는 분은 지식과 무지라는 둘 너머에 있습니다. 당신의 질문은 주체와 객체를 전제로 하고 있지만, 절대자는 그 둘 너머에 있습니다. 그분은 지식 그 자체입니다.[4]

5   진정한 갸나는 단지 잘못된 지식을 없애는 것입니다. 오직 이것만이 해방을 위해 필요한 모든 것입니다.

바가반 깨달음에 대해 말하는 것은 거짓입니다. 깨닫기 위한 무엇이 있습니까? 실재는 있는 그대로 늘 존재하고 있습니다. 그것을 어떻게 깨달을 수 있습니까? 요구되는 모든 것은 이것입니다. 우리는 실재가 아닌 것을 실재인 것으로 여겨 왔습니다. 이런 태도를 버려야 합니다. 그것이 갸나를 얻기 위해 요구되는 전부입니다. 이전에 가지지 않았던 것을 성취하거나 새로운 어떤 것을 만들어 내는 것이 아닙니다. 책에서 주어진 설명은 이것입니다. 우물을 만들기 위해 거대한 구덩이를 팝니다. 그 구덩이나 우물 속의 공간은 우리에 의해 만들어지지 않았습니다. 그곳의 공간을 채우고 있던 흙이 그냥 제거된 것입니다. 그 공간은 그때도 그곳에 있었고 지금도 그곳에 있습니다. 이와 마찬가지로, 단순히 우리 속에 오랫동안 머물고 있는 삼스카라(심리적 경향성)들을 던져 버리기만 하면 됩니다. 그것 모두를 버릴 때, 참나는 홀로 빛날 것입니다.[5]

6   파담은 다음과 같이 말씀하십니다. "모두에게 자연스러운 참나에 대한 진리를 신비라 부르는 것은 큰 농담입니다."

질문 어떻게 아트마 비디야(참나 지식)가 가장 쉬운 것이라고 말할 수 있습니까?

바가반 다른 지식은 아는 자, 지식 및 알려지는 대상이 요구되는 반면에, 이것은 그것들 그 어느 것도 요구하지 않습니다. 그것이 참나입니다. 어떤 것도 그것만큼 그렇게 분명할 수는 없습니다. 그러므로 이것이 가장 쉽습니다. 해야 되는 모든 것은 "나는 누구인가?"를 탐구하는 것입니다.[6]

7   빛나는 파담께서는 다음의 질문을 하십니다. "확실한 지혜로 존재하고 있는 참나를 보지 못하고 있는 장님은 누구입니까?"

8   자신의 역할을 하기 위해서 이 세상이라는 무대로 왔다가 떠나가는 사람들을 향하여 우는 것은 지식이 부족한 사람들입니다.

9   지고의 실재인 지식은 다르마, 아르타, 카마 그리고 목샤라는 네

목표에 대한 진리입니다. 그것들은 사람들이 지켜야 할 목표로 인가되어 있습니다.

다르마, 아르타, 카마와 목샤는 96쪽에서 이미 설명하였다. 바가반은 여기에서 갸나는 진정한 다르마이며, 진정한 아르타이며, 진정한 카마이자 진정한 목샤라고 말한다.

10 하나가 되어야 하는 참나인 갸나는 마음이 참나 아닌 것에 대한 탐닉을 완전히 그만두는 것입니다.

11 순수한 상태인 경건한 갸나의 상태에는 소름끼침이나 흔들림과 같은 외적 징후들이나 황홀감이 존재하지 않습니다.

질문 소름끼침, 흐느끼는 음성, 기쁨의 눈물 등은 아트마 비디야 빌라사라는 책이나 다른 글에서 언급되고 있습니다. 이것들은 사마디 중이나, 사마디 이전 아니면 사마디 이후에 발견됩니까?
바가반 이 모든 것들은 지나치게 미묘한 마음의 양상(브리티)들이 주는 증상입니다. 이원성이 없다면 그것들은 있을 수 없습니다. 사마디는 이러한 것들이 있을 수 있는 여지가 없는 완전한 평화입니다. 사마디로부터 나온 후에 그 상태에 대한 기억이 이런 증상들을 일어나게 합니다. 박티 마르가(헌신의 길)에서 이러한 것들은 사마디에 앞서 오는 조짐들입니다.
질문 갸나의 길에서는 그렇지 않습니까?
바가반 아마 그렇지 않을 것입니다. 그것에 대한 어떤 정의들도 없습니다. 이것은 개인의 성향에 달려 있습니다. 개별성이 완전히 없어지면, 이것들은 있을 곳을 찾지 못합니다. 조금이라도 개별성이 있다면, 이러한 증상들은 나타나게 됩니다.[7]

12 실재의 내용이 분명히 알려질 때만 거짓 이해 및 거짓 이해와 더불어 오는 망상이 사라질 것입니다.

참나는 늘 얻어져 있다

13 사다나를 하면 참나 외의 것을 얻을 수 있습니다. 하지만 무슨 사다나로 참나를 얻을 수 있으며, 그것을 얻으려는 사람은 누구입니까?

바가반 참나를 아는 것은 참나가 되는 것이며, 되는 것은 존재 즉 자기 자신의 존재를 의미합니다. 자신의 눈을 볼 수 없다고 해서 자신의 눈을 부정할 수 없는 것과 마찬가지로, 어느 누구도 자기 자신의 존재를 부정하지 않습니다. 문제는 자신의 눈앞에 거울을 두고 눈을 대상화하려는 것과 같이 참나를 대상화하려는 당신의 욕망에 있습니다. 대상화에 너무 익숙해 있어서 당신은 자신에 대한 지식을 잃었습니다. 참나는 대상화될 수 없는 것이기 때문입니다.[8]

14 얻어야 할 새로운 것은 없습니다. '얻어야 할 것'은 무지로부터 자유인, 갸나의 경험입니다.

바가반 사람들은 "도대체 무지가 어떻게 일어났습니까?"라고 묻습니다. 우리는 그들에게 말해 주어야 합니다. "무지는 결코 일어나지 않았습니다. 무지는 아무런 실체를 지니지 않고 있습니다. 존재하고 있는 것은 단지 지식입니다."[9]

바가반 브라마 갸나(브라만에 대한 진정한 지식)는 행복해지려 얻어야 하는 지식이 아닙니다. 자신의 무지한 견해를 버려야 합니다. 당신이 알고자 하여 찾고 있는 참나는 정말이지 당신 자신입니다. 상상에서 나온 무지가 당신에게 쓸데없는 슬픔을 가져옵니다. 이것은 결코 잃은 적이 없는 열 번째 사람을 잃었다고 슬퍼하는 열 명의 어리석은 사람들과 같습니다.[10]

15 비이원의 진리는 순수한 지고의 의식 안에서 깨달아집니다. 그것은 새롭게 얻어지는 것이 아닙니다.

질문 '제'가 여기 지금에 항상 있다면, 왜 저는 그렇게 느끼지 못합니까?
바가반 그것은 이렇습니다. 그것이 느껴지지 않는다고 누가 말합니까? 진정한 '나' 혹은 거짓 '나'가 말합니까? 그것을 조사하십시오. 그것은 거짓 '나'임이 밝혀질 것입니다. 그 잘못된 '나'는 장애물입니다. 진정한 '나'가 감추어지지 않도록 거짓 '나'는 치워져야 합니다. 자신이 깨닫지 못했다는 느낌은 깨달음을 얻는 데 장애물입니다. 사실 이미 깨닫고 있습니다. 깨달을 것이 더 이상 존재하지 않습니다. 그렇지 않으면, 깨달음은 새로운 것이 될 것입니다. 그렇다면 깨달음은 지금까지 존재하지 않고 있었으며 나중에 일어나야 하는 것입니다. 태어난 것은 곧 죽을 것입니다. 깨달음이 영원하지 않다면, 깨달음은 가질 가치가 없습니다. 그러므로 우리가 찾고자 하는 것은 새롭게 나타나야 하는 것이 아닙니다. 이것은 영원한 것이지만 장애 때문에 지금은 알려져 있지 않습니다. 그러한 것을 우리는 찾고 있습니다. 장애물을 제거할 필요가 있습니다. 영원한 것은 무지 때문에 알려지지 않고 있습니다. 무지는 장애물입니다. 이 무지를 극복하십시오. 그러면 모든 것이 잘 될 것입니다.[11]

16 태곳적부터 지금까지 알고자 애쓰고 있는 그것으로서 당신은 늘 존재해 오고 있었습니다.

바가반 참나는 늘 얻어져 있습니다(니티야싯디). 사람들은 참나를 알기를 원합니다. 자기 자신을 알기 위해 무슨 도움이 필요합니까? 사람들은 참나를 새로운 어떤 것으로 보기를 원합니다. 참나는 영원하며 항상 같은 채로 있습니다. 사람들은 참나를 불타오르는 빛 등으로 보기를 원합니다. 어떻게 그것이 그럴 수 있습니까? 그것은 빛도 아니고 어둠도 아닙니다(나 테조, 나 타마). 그것은 오로지 있는 그대로 있습니다. 그것은 정의될 수도 없습니다. 최고의 정의는 "나는 스스로 있는 자이다."입니다. 스루티(경전)들은 참나를 엄지손가락만 한 크기, 머리카락의 끝, 전기의 불꽃, 거대한 것, 가장 미묘한 것보다 더 미묘한 것 등으로 말합니다. 그것들은 사실 아무런 근거가 없는 말들입니다. 참나는 오직 존재이며, 실재나 비실재와는 다른 것입니다. 그것은 지식이지만, 지식과 무지와는 다른 것입니다. 도대체 어떻게 그것을 정의할 수 있을까요? 그것은 그냥 존재입니다.[12]

17 지고의 해방이라는 궁극의 상태가 자신의 진정한 본성입니다. 그
    것은 항상 얻어져 있습니다. 이 점을 알고 고요하십시오.

18 당신이 해야 할 일은 '이미 갖추어져 있는' 상태로 있는 참나를
    탐구하여 아는 것입니다. 애쓰면서 어떤 것을 준비할 필요는 전
    혀 없습니다.

    질문 어떻게 하면 참나에 도달할 수 있습니까?
    바가반 참나에 도달한다는 것은 없습니다. 참나가 도달할 수 있는 것
    이라면, 그것은 참나가 지금 여기에 없으며, 그래서 새롭게 얻어야 한
    다는 것을 의미합니다. 새롭게 얻은 것은 또한 잃게 될 것입니다. 그러
    므로 그것은 영원하지 않을 것입니다. 영원하지 않은 것은 추구할 가치
    가 없습니다. 그래서 나는 참나는 도달되어야 하는 것이 아니라고 말합
    니다. 당신은 참나입니다. 당신이 이미 그것입니다. 사실 당신은 당신
    의 희열의 상태에 무지합니다. 무지는 잇달아 일어나고 있는 순수한 희
    열 위에 베일을 드리우고 있습니다. 오직 이 무지를 제거하려는 노력이
    있어야 합니다. 이 무지는 잘못된 지식입니다. 잘못된 지식은 참나를
    몸 및 마음 등으로 동일시하고 있습니다. 이 거짓된 동일시는 사라져야
    합니다. 그러면 참나가 있을 것입니다.
    질문 어떻게 그것을 할 수 있습니까?
    바가반 참나를 탐구함으로.[13]

19 자신에 대한 진리가 자명하게 빛나고 있는데, 왜 눈을 감고 쓸데
    없이 생각하며 괴로워합니까?

자신의 참나를 어떤 사람은 마음의 기능으로부터, "나는 생각한다. 그러므로 나는 존재한다."라는 추론으로 유추한다. 이러한 사람들은 코끼리가 지나갈 때 무시하고 있다가 지나간 후에 그 발자국을 보고 확신하는 우둔한 사람들과 같다.[14]

바가반 직접적인 지각의 예로서 많은 사람들은 손바닥에 놓여 있는 넬리카이 과일의 비유를 인용합니다. 참나는 손바닥 위에 놓여 있는 과일보다 훨씬 더 직접적으로 지각할 수 있는 것입니다. 과일을 지각하기 위해서는 반드시 과일이 있어야 하고, 그것을 올려놓을 손바닥과 그것을 보기 위한 눈이 있어야 합니다. 그 정보를 처리할 수 있는 마음 또한 적절한 상태로 있어야 합니다. 이 네 가지 것 중 어느 하나가 없다 해도, 지식이 거의 없는 사람이라 할지라도 "나는 존재한다."라는 직접적인 체험을 말할 수 있을 것입니다. 왜냐하면 참나는 "나는 존재한다."라는 느낌으로 그저 존재하고 있기 때문입니다. 참나 지식은 정말로 너무나 쉽습니다. 가장 쉬운 길은 참나를 얻으려는 자를 보는 것입니다.[15]

넬리카이는 관목이 아니라 나무에서 자란다는 것을 빼고는 구스베리와 닮았다. 어떤 것이 자명하다면, 많은 인도인들은 종종 "이것은 손바닥 위에 놓여 있는 구스베리만큼이나 분명하다."라고 말한다.

20 눈을 뜨십시오! 눈을 통하여 비추는 빛을 아십시오. 그 빛은 모든 생각을 초월해 있는, 모든 빛들 중 가장 큰 빛으로 가슴속에서 빛나고 있습니다.

21 참나로 늘 있으면서 그것을 깨닫고자 하는 것은 판다르푸르에 있
    으면서 판다르푸르로 순례 가는 공연을 하고 있는 것과 같습니다.

판다르푸르는 매우 유명한 크리슈나 사원이 있는 마하라슈트라 주에
있는 마을 이름이다. 이 구절은 이 사원의 헌신자들이 하는 노래와 의
식을 가리킨다. 바가반은 다음에 오는 문답 속에서 이것을 언급하였다.

질문 어디서 우리가 영혼을 볼 수 있습니까? 어떻게 우리가 그것을 알
수 있습니까?
바가반 어디에서 영혼을 볼 수 있습니까? 이 질문은 라마나스라맘 안
에 머물러 있으면서 "라마나스라맘이 어디에 있습니까?"라고 묻는 것
과 같습니다. 영혼은 항상 당신 안에 그리고 모든 곳에 존재하고 있습
니다. 영혼이 멀리 떨어진 어딘가에 있다고 상상하고서 그것을 찾아내
려 하는 것은 판두랑가 바잔을 하는 것과 같습니다. 이 바잔은 헌신자
들의 발에 묶인 딸랑거리는 종들을 달고 사원 한가운데 놓여 있는 황동
촛대와 더불어 밤의 첫 부분에 시작됩니다. 헌신자들은 "판다르푸르는
멀리에 있다! 판다르푸르는 멀리에 있다! 우리 어서 가자!"라는 음에
맞춰 리드미컬하게 춤을 추면서 촛대 주위를 돌고 돕니다. 하지만 그들
이 돌고 돌 때, 그들은 사실상 반 야드조차도 나아가지 않습니다. 밤의
세 번째 부분에 도달할 즈음에 그들은 노래하기 시작합니다. "보라! 보
라! 판다르푸르가 있다! 판다르푸르가 여기에 있다! 보라, 보라!"
  밤의 첫 번째 부분 동안에 촛대 주위를 돌았던 것을 세 번째 부분에
서도 동일한 촛대 주위를 그들은 돌았습니다. 날이 밝아 오자 그들은
노래합니다. "우리는 판다르푸르에 도달했다. 이것이 판다르푸르이

다." 그렇게 말하면서 그들은 촛대에 경의를 표하며 바잔을 끝냅니다. 그것은 이것과도 같습니다. 우리는 아트마를 찾아 돌고 또 돕니다. 마침내 지식의 비전(갸나 드리슈티)이 돋을 때까지 "아트마가 어디에 있는가? 아트마가 어디에 있는가?"라고 계속 말하다가 우리는 "이것이 아트마다. 이것이 나다."라고 말합니다.[16]

22 지고의 가치를 지니고 있는 참나는 늘 얻어져 있습니다. 그것을 잘 알고 그리고 자신이 그것임을 강하게 확신함으로 그것을 얻습니다.

참나의 상태

23* 심지어 고행자들이나 현자들조차도 부정적 용어들이 아니고는 실재인 참나를 정의할 수 없습니다.

24* 어느 누구도 거부하거나 받아들일 수 없는 힘 너머에 있는 그 하나는 무엇입니까? 그 하나는 파담인 아트마 스와루파입니다.

25 너무나 분명한 참나 경험이 환영이 된다는 것은 얼마나 놀라운 일인지요!

26 모든 존재들과 친밀하게 연결되어 있는 참나는 확실하고 순수한 지고의 실재입니다.

27 참나만이 고귀한 특징을 지니고 있는 실재의 상태입니다. 이것과 별개인, 자기 자신과 다른 것으로 경험되는 모든 상태들은 진리에 반하는 것들입니다.

28 단지 참나만이 받아들일 가치가 있습니다. 다른 어떤 내용과의 결합이 아닙니다.

29 거주지와 그것 안에 거주하고 있는 것 둘 다를 빛나게 하는 참나와 비추어 보았을 때, 물리적인 우주 공간은 정말 가련한 것입니다.

구루 바차카 코바이, 426절 모든 것들의 바탕이 의식이라고 계속해서 말하는 이유를 고찰해 본다면, 일어나는 모든 것들을 위한 탁월한 바탕인 의식은 심지어 스스로에게도 그 바탕이 되기 때문입니다.

물리적인 우주는 의식 안에 머물고 있다. 그 자신 외에는 어떤 것도 가지고 있지 않은 의식의 진정한 공간, 기초, 빈 바탕은 늘 더욱더 위대하다.

바가반 치다카사(의식의 공간)는 오로지 순수 지식입니다. 이것은 마음의 근원입니다. 일어나는 마음은 일어나는 순간에는 오직 빛입니다. 그 이후에 "나는 이것이다."라는 생각이 일어납니다. 이 '나'-생각은 지바와 세상을 만듭니다.

첫 번째 빛은 순수한 마음, 마음-에테르(마노카사) 혹은 이슈와라입니다. 그것의 양상들이 대상들로 나타납니다. 그 자체 안에 이 모든 대상들을 포함하고 있기 때문에, 그것을 '마음-에테르'라 합니다. 대상들을 포용하고 있는 에테르(공간)와 같이, 그것은 생각들을 포함하고 있습니다. 그러므로 그것은 마음-에테르입니다.

다시 말하면, 물리적 에테르가 모든 물질적 대상들인 전 우주를 포용하고 있듯이, 마음-에테르도 그러합니다. 후자는 또한 칫 에테르(치다카사)의 내용입니다. 후자는 칫 그 자체입니다. 그것 안에는 포함되어 있는 것들이 아무것도 없습니다. 그것은 오로지 순수 지식으로 있습니다.[17]

30 성공적으로 나타나고 있는 자기 자신에 대한 진리는 영원히 계속되고 있으며 결코 쇠퇴하지 않습니다.

31* 오직 참나 아닌 것에만 변화들이 있습니다. 자신의 본성, 참나, 지고의 존재에게는 변화가 결코 없습니다.

바가반 "28분 만에 혹은 반시간 만에 깨달음을 얻었다고 어떤 사람들은 말합니다. 어떻게 그들이 그렇게 말할 수 있습니까? 깨달음은 단지 한 순간이 걸립니다. 심지어 왜 한 순간입니까? 시간에 대한 질문은 도대체 어디에 있습니까?"

그때 나는 바가반께 마두라이에서 경험이 있은 후 그분의 깨달음에 어떤 변화가 있었는지를 물었다. 그분은 말했다. "아닙니다. 변화가 있다면, 그것은 깨달음이 아닙니다."[18]

32* 시작에도 있고 끝에도 있는 참나는 있는 그것으로서 중간에도 있

습니다.

33 새로운 것으로 어떤 상태를 경험한다면, 그 상태는 자기 자신의 것이 아니기 때문에 그 새로운 것은 분명코 사라질 것입니다.

구루 바차카 코바이, 887절 그 상태가 지금은 존재하지 않고 나중에 얻어지는 것이라면, 그 상태는 자신의 것으로 존재하는 자연스러운 상태가 아니기 때문에 떠나기 마련입니다. 그것은 영구적으로 있지 않을 것입니다.

주석 체험이 얼마나 대단한가와 얼마나 많은 희열이 주어지는가와는 상관없이, 만약 어떤 것이 한동안 있다가 나중에 떠난다면, 그것은 영원하지도 궁극적인 상태도 아닌 것이다. 자연스럽지 않은 상태는 언젠가는 떠난다는 것은 당연하고 합당하다.

34 가고 오는 것은 오직 마음속에만 존재합니다. 그것들은 존재의 의식이나 참나 안에는 있지 않습니다.

35 비이원의 경험인 은총이 나타남으로 자아가 죽어 존재하기를 그칠 때, 이것이 자신의 진정한 본성을 얻는 것입니다.

36 모든 대상들은 오로지 참나로부터 나타나 번창합니다. 그러므로 그것이 참나와 독립적으로 활동할 힘을 가지고 있겠습니까?

참나의 빛

37 거짓된 마음의 개념들인 깨어 있거나 꿈꾸고 있을 때의 이미지들을 투사하는 것은 희열의 의식의 빛인 실재입니다.

바가반 참나는 가슴 안에 있습니다. 가슴은 스스로 빛납니다. 빛은 가슴에서 일어나 마음의 자리인 뇌에 이릅니다. 세상은 참나의 반사된 빛에 불과한 마음으로 보입니다. 세상은 마음의 도움으로 지각됩니다. 마음이 비춰질 때 마음은 세상을 지각합니다. 마음이 비춰지지 않을 때, 마음은 세상을 지각하지 못합니다. 마음이 빛의 근원으로 나아갈 때, 대상에 대한 지식은 멈추고 참나만이 가슴으로서 빛납니다.

달은 태양의 반사된 빛에 의해 빛납니다. 태양이 지면, 달은 대상들을 보이게 합니다. 태양이 떠오르면, 비록 달의 희미한 원반이 하늘에 있을지라도 어느 누구도 달을 필요로 하지 않습니다.

그러한 것이 마음과 가슴의 관계입니다. 마음은 반사된 빛 때문에 유용합니다. 그것은 대상들을 보는 데 유용합니다. 마음이 내부로 향할 때, 빛의 근원이 나타나 홀로 빛을 발합니다. 마음은 낮에 떠 있는 달처럼 희미하며 쓸모없게 됩니다.[19]

38 완벽하게 순수한 참나의 광채만이 실재입니다. 순수하지 않은 마음의 비전은 거짓입니다.

바가반 참나 즉 '나'의 본성은 광채임에 틀림없습니다. 당신은 모든 변화들과 그것들의 부재를 지각합니다. 어떻게? 당신 자신이 다른 어떤 것으로부터 빛을 얻었다고 말하면, 그는 어떻게 그것을 얻었는지 물을 것이며 그 추리의 고리들은 끝이 없을 것입니다. 당신 자신이 빛입니다. 이것에 대한 일반적인 설명을 들면 다음과 같습니다. 당신이 다양한 재료들을 사용하여 다양한 모습의 단것들을 만들면 그 모든 것들에는 달콤한 맛이 날 것입니다. 왜냐하면 그 모든 것 안에는 설탕이 들어 있기 때문입니다. 달콤함이 설탕의 본질이기 때문입니다. 이와 같은 방식으로 모든 경험들과 경험들의 부재에는 참나의 본질인 빛을 가지고 있습니다. 참나가 없이는 그것들은 경험될 수 없습니다. 설탕이 없이는 그 어떤 것도 단맛을 낼 수 없는 것과 같은 이치입니다.[20]

39 실재는 아무런 이름도 형태도 없습니다. 미묘한 모든 것들 중에 서도 그 빛이 가장 미묘합니다.

40* 여러 면들로 보이는 이 세상은 모두 스와루파의 빛입니다.

41 빛에 초점을 맞추고 있는 의식의 빛만이 실재인 진정한 갸나입니다. 참나 아닌 것을 알고 있는 수타리부는 완전한 무지입니다.

42 사람이 의식의 빛인 실재가 아니라면 대상들을 경험할 수 없습니다.

43* 세상과 몸이 사라졌을 때 존재하는 빛은 세상과 몸이 나타날 때에도 동일하게 존재합니다.

44 갸나의 빛만이 은총의 빛이며 신의 발입니다. 다른 모든 빛들은 반대되는 빛입니다.

질문 지고의 의식(차이타니야 브라만)을 어떻게 생각해야 합니까?
바가반 있는 그것으로서.
질문 스스로 빛나고 있는 것으로 생각해야 합니까?
바가반 그것은 빛과 어둠을 초월해 있습니다. 개개의 영혼(지바)들은 둘 다를 보고 있습니다. 참나는 사람에게 빛과 어둠을 보도록 밝혀 주고 있습니다.[21]

45 이 다른 빛들을 대상으로 여겨 그것들을 실재라 믿는 사람들은 육체의 몸에 붙잡혀 있는 사람들입니다.

46 고귀한 사람들의 가슴속에는 모든 것들 중에서도 가장 귀중한 것인 실재의 빛이 빛나고 있습니다. 해방의 빛이 지상의 여기에도 나타나 빛날 것입니다.

47 파담께서는 "이 세상에 있는 어두움과 무지는 정말로 굉장한 것입니다!"라고 놀라고 있습니다.

비이원의 참나

48 있는 그것은 둘이 아니라 하나입니다. 그것은 당신을 차단하지

않고 있습니다. 정말로 그것은 당신과 다르지 않습니다.

49 당신의 진정한 스와루파 속에서는, 오로지 당신만이 두 번째라는
   것이 없이 존재하고 있습니다.

50* 비이원이며 자신의 본질인 실재는 둘이 돼 버린 대상화된 의식과
   는 비교될 수 없습니다.

51 진정한 갸나 속에는 다른 어떤 것에 대해 조금의 반대도 결코 일
   어나지 않습니다.

바가반 어떤 것을 통제하려거나, 어떤 장애를 제거하려거나, 어떤 변
화가 필요할 때마다, 샥티를 사용할 필요가 있습니다. 그러나 지혜 속
에 자리 잡은 상태(스티타 프라갸나)인 아트만의 지고한 경험 안에는,
혹은 구나들(사트바, 라자스, 타마스)을 초월하여 있는 상태 안에는 비이
원의 경험이 유일한 경험입니다. 그 상태 안에는 그것에 맞서 있는 아
무런 다른 원리가 없습니다. 참나 속에 자리 잡은 갸니에게는 그를 반
대하며 있는 것은 아무것도 없습니다. 그러므로 그는 어떤 외부적인 것
들을 정복할 필요가 없습니다. 그 상태 속에는 분리되어 있는 어떤 것
이 남아 있지 않기 때문입니다. 참나가 모든 것에 넘칠 때, 물리적인 세
상은 전혀 존재하지 않습니다. 그러므로 비록 아트만 속에 샥티가 있지
만, 아트만은 샥티를 사용할 필요가 없게 됩니다. 대립되는 것이 느껴
지는 상태에 있고 그리고 그 대립되는 것에 맞서려고 할 때, 아트만 샥
티가 필요하게 됩니다.[22]

52 모든 존재들의 근원인 참나는 '나' 또는 '이것'으로 분리되지 않
    는 나누어질 수 없는 의식과 다르지 않습니다.

질문 '나'는 '이것'(아함-이담)과 연관될 때만 존재하지 않습니까?
바가반 '나'와 '이것'은 지금 함께 나타나 있습니다. 그러나 '이것'은
'나' 속에 포함됩니다. 그들은 떨어져 있지 않습니다. '이것'은 '나' 안
으로 들어가 '나'와 하나가 되어야 합니다. 남아 있는 '나'가 진정한
'나'입니다.[23]

참나는 어떤 연관도 가지고 있지 않다

53* 모든 것에 충만한 채 하나로 있는 의식인 참나는 두 속성 즉 연합
     과 비연합으로부터 영원히 자유롭습니다.

54* 자기 자신이 의식이라는 것을 선명히 알아 버린 사람의 지성 속
     에는 연합해야 할 것이 아무것도 없습니다.

55 차별들의 나타남에 불과한 어떤 개념들도 스스로 빛나는 비할 데
    없고, 순수하고, 비이원으로 있는 스와루파에 붙을 수 없습니다.

참나는 우파디로부터 자유롭다

56 우파디(제한시키는 부가물)들의 관점이 아니고는, 진실로 본성이 의식인 참나 속에서는 결코 어떤 구분도 일어나지 않습니다.

보통 '제한시키는 부가물'로 번역되는 우파디들은 유일한 실재인 의식 위에 겹쳐지는 거짓이며 제한시키는 동일시이다. 바가반이 다음의 답변에서 설명하듯이, 몸이나 다른 형태 혹은 생각과의 동일시가 우파디이다.

> **바가반** 순수한 존재는 실재입니다. 다른 것들은 그냥 연관들입니다. 순수한 존재는 의식 이외의 다른 것일 수 없습니다. 그렇지 않다면 당신은 당신이 존재한다고 말할 수 없습니다. 그러므로 의식이 실재입니다. 그 의식이 우파디들과 연관될 때 당신은 자의식, 무의식, 잠재의식, 초월의식, 인간 의식, 개 의식, 나무 의식 등을 말합니다. 그 모든 것들에서 흔들림이 없는 공통의 요인은 의식입니다.[24]

57* 제한시키는 우파디들을 통하여 일어나는 어떤 결점들도 참나인 의식의 지고한 순수 안에 포함되지 않습니다.

스와루파로서의 참나

스와루파는 '진정한 모습', '진정한 본질', '자신의 모습', '자신의 본질' 등으로 다양하게 번역될 수 있다. 이 용어가 참나의 동의어로 사용될 때 궁극적인 실재의 본질은 이질적이거나 중간적인 경험이 아님을 가리킨다. 오히려 그것은 자신의 진실하며 타고난 상태이다.

58 진정한 갸나는 '얻어지는' 어떤 것이 아닙니다. 그것은 자기 자신의 스와루파로서 존재합니다.

59 의식으로서 지고로서 빛나는 스와루파는 모든 곳에 있는 모든 것의 바탕입니다.

60 말로 스와루파를 설명하는 것은 짚 한 움큼으로 만든 뗏목으로 바다를 건너려는 것과 같습니다.

61* 개념들을 뛰어넘고 개념들을 초월하여 있는 즐거움인 실재의 맛 (스와루파 라사)에 대하여 생각하면서 그것의 본질은 이러저러하다고 선언하는 것은 불가능합니다.

62 자신의 진정한 본질인 번성하는 위대한 스와루파는 쉽게 얻을 수 있다고 말할 여지조차 남겨 두지 않고 있습니다.

63 스와루파 안에 있는 사람은 오직 그것으로만 존재할 수 있습니다. 이 상태 안에는 생각할 여지가 없습니다.

64 멈추지 않고 있는 자신의 진정한 스와루파는 폐하지 않는 본질이

며 불멸을 주는 신들의 음식입니다.

65 실재와 떨어져 있는 다른 모든 것들은 마음이 만든 것입니다. 거기에는 어떤 단정적이거나 분명한 최종적인 것은 없습니다.

66 당신의 사랑을 받을 가치가 있는 자신의 진정한 본질인 갸나 스와루파는 결코 고통받거나 당황하거나 부패하지 않습니다.

질문 사랑은 이원성을 가정합니다. 어떻게 참나가 사랑의 대상이 될 수 있습니까?
바가반 사랑은 참나와 다르지 않습니다. 대상에 대한 사랑은 열등한 사랑이며 지속될 수 없습니다. 반면에 참나는 사랑입니다. 다른 말로 하자면, 신은 사랑입니다.[25]

67 당신 자신의 죽지 않는 스와루파에 대한 진리를 이해한다면, 아! 아! 당신의 위대함은 정말로 측량할 수 없을 것입니다.

스와루파로 머무름

68 모든 결점과 실수의 근원은 자신의 진정한 본성을 깨닫지 못하는 데 있습니다. 이것이 최고로 지독한 실수입니다. 이것이 당신이 알아야 할 첫 번째 것입니다.

69 당신이 얻기 위하여 여행하고 있는 자신의 본질인 스와루파를 당신이 처음부터 지니고 있다는 것을 탐구하여 깨달으십시오.

70 의식이 투명함을 잃고 세상을 향하여 돌진하는 이유는 의식이 참나 즉 실재를 저버리기 때문입니다.

71 늘 있는 상태인 아트마 스와루파로 머무는 것을 제외한 모든 다른 상태들은 결점이 있습니다. 왜냐하면 그것들은 마음과 연관되어 있기 때문입니다.

72 갸나 스와루파로 있는 자신의 진정한 모습을 잊어버리고 다른 모습들을 생각하는 사람들은 갸나의 이방인들입니다.

73 자신의 스와루파를 의심하는, 착각하고 있는 사람들의 삶은 완전히 환영적인 것입니다.

74 왜 당신은 본성상 항상 빛나고 있는 그리고 확실히 있는 스와루파를 아직 알지 못하고 있습니까?

75 결합의 상태인 사마디는 당신의 진정한 스와루파입니다. 행한 많은 수행들은 거짓 변명들입니다.

76 무엇인가가 떠나면 떠나게 두십시오. 무엇인가가 오면 오게 두십시오. 무엇이 일어나든 관계하지 않고, 당신의 복된 스와루파 속

에 있으십시오.

77 당신의 마음을 당신의 스와루파가 아닌 다른 것에 머물지 않게 하십시오. 이것을 떠나서는 다른 어떤 진리도 없습니다.

78 참나 아닌 것을 없애고 존재하지 않게 하는 스와루파만이 니르바나 혹은 텅 빔으로 묘사됩니다.

> **바가반** 당신의 진정한 본성(스와루파)은 항상 거기에 있습니다. 당신의 명상 등은 단지 일시적입니다. 실재가 당신의 참나이기 때문에, 당신이 실현시켜야 할 것은 없습니다. 요구되는 모든 것은 실재가 아닌 것을 실재라고 여기는 것을 버리는 것입니다. 그것이 해야 할 모든 것입니다. 모든 디야나 즉 명상과 자파의 목적은 모든 생각들을 '참나가 아닌 것'으로 여겨 포기하고, 많은 생각들을 포기하고 그래서 하나의 생각을 유지하는 것입니다.[26]

바가반의 니르바나라는 용어에 대한 해석은 전통적인 불교의 해석과는 조금 달랐다.

> **바가반** 니르바나는 완전함입니다. 완전한 상태에서는 주체도 객체도 없습니다. 보는 것도, 느끼는 것도, 아는 것도 없습니다. 보는 것과 아는 것은 마음의 기능들입니다. 니르바나에서는 단지 희열의 순수한 의식인 "나는 이다(I am)."만이 있습니다.[27]

참나에 대한 갈망

79 풍성한 희열로 점점 더 커지는 스와루파를 갈망함으로 거짓된 세상에 대한 몰두는 사라질 것입니다.

80 참나 깨달음의 영광은 참나 속으로 가라앉으려는 열정을 가진 사람들의 가슴의 안 이외에는 경험되지 않습니다.

바가반 그것을 강렬하게 열망하십시오. 그러면 마음은 헌신 속에 녹습니다. 장뇌가 탄 후에는 아무런 찌꺼기도 남지 않습니다. 마음은 장뇌입니다. 마음이 조금의 흔적도 남기지 않고 참나 속으로 녹아들 때, 그것이 참나 깨달음입니다.[28]

81 모든 개념들을 초월하여 있는 그저 존재의 상태인 참나를 강렬하게 갈망하는 사람들은 그 밖의 어떤 것도 갈망하지 않을 것입니다.

82* 가장 큰 갈망인 참나에 대한 헌신은 진정한 갸나의 광경을 오게 합니다. 그 광경 속에서는 모든 이름들과 형상들이 참나의 이름들과 형상들입니다.

83 당신이 온 마음으로 진리를 갈망하여 깨닫는다면, 진리 스스로가 당신을 해방시킬 것입니다.

프라마다(참나 망각)

84 인정 많은 파담께서는 다음과 같이 선언합니다. "어떤 잘못도 프라마다만큼 당신의 희열을 망치는 것은 없습니다."

85* 무지는 단지 다른 것들을 보는 데서만 존재합니다. 참나의 본성인 장려한 빛에는 프라마다는 결코 존재하지 않습니다.

86 망각을 통하여, 악의적인 마음은 존재하고 있는 것인 참나를 쫓아 버리고 난 뒤 동요할 것입니다.

87* 아무런 프라마다가 없는 진리를 안 상태에서는, 모든 이름들과 형상들은 브라만입니다.

88 브라만의 상태가 당신과 달랐던 이유는 다름이 아니라 참나를 속이는 당신의 기만적인 망각 때문입니다.

질문 제가 "나는 브라만이다."라는 생각을 계속해서 할 때, 망각이 있고, 머리에 열이 나며, 그래서 저는 두렵습니다.

바가반 그렇습니다. 마음은 머리에 집중되고 있습니다. 그래서 머리에 뜨거움을 느낍니다. 그것은 '나' 생각 때문에 일어난 것입니다. 생각이 있는 한, 망각도 있을 것입니다. "나는 브라만이다."라는 생각이 있습니다. 그러면 망각이 그 결과로서 일어납니다. 그런 다음 '나' 생각이 일어나고 그와 동시에 죽음에 대한 두려움 또한 생겨납니다. 망각과 생각은 '나' 생각에 대한 것입니다. 생각을 멈추십시오. 생각은 유령처럼 사라질 것입니다. 남는 것이 진정한 '나'입니다. 그것이 참나입니다. "나는 브라만이다."는 집중하기 위한 하나의 도구입니다. 그것은 다른 생각들을 없앱니다. 한 생각만이 지속됩니다. 그 생각이 누구의 것인지 살펴보십시오. 이것은 '나'로부터 나올 것입니다. '나' 생각은 어디로부터 온 것일까요? 그것을 탐구하십시오. '나' 생각은 사라질 것입니다. 지고의 참나가 그 스스로 빛날 것입니다. 더 이상의 노력은 필요치 않습니다.[29]

89 프라마다를 없애는 것이 고귀하고 변화가 없는 본질인 자신의 스와루파를 얻는 것입니다.

90 조금의 망각도 없이 마음으로 파담인 참나를 단단히 붙잡는다면, 당신은 베다들의 정상에서 빛나고 있는 실재를 얻을 것입니다.

'베다들의 정상'은 우파니샤드들을 말하며, 그것들이 설명하고자 하는 참나의 직접적인 경험을 의미한다.

91 끝없는 논쟁에 휘말리게 되는 것은 항상 변함이 없이 있는 참나에 대한 진리를 잊어버리기 때문이 아닙니까?

92 프라마다와 연관되어 있는 마음의 동요는 모든 행위들을 쉬바의 행위로 여기는 마음의 태도로 파괴될 것입니다.

93 의식이 확고하고 고요하지 않으면, 망각으로 당신과 강하게 결합 된 지속되는 탄생은 그치지 않을 것입니다.

참나 주목

94 오직 참나를 향한 주목, 구함이 없는 구함, 이것만이 당신을 본질 이 결코 변하지 않고 있는 근본적인 실재와 연결시켜 줄 것입니다.

95 가정을 버리고 숲으로 가려 하지 마십시오. 더 나은 행위의 방향 은 관심을 내부로 돌려 탐구하는 것입니다.

96 내부로 초점을 맞추는 것을 방해하는 무엇이 있다면, 그것이 무 엇이든 두 번 생각하지도 말고 버리십시오.

97 비록 세상의 삶 속에서 위대한 어떤 것을 아무리 많이 얻을지라 도, 참나로 방향을 돌리지(아함무캄) 않고는 평화는 있을 수 없습 니다.

98 참나로 향하는 것은 마음이 참나 아닌 것인 감각 대상들을 버리 고, 순수하고 흠이 없는 의식으로 빛나는 상태입니다.

　세상인 밖을 향하는 대신에 참나로 향하는 것(아함무캄)이 참나 탐구 를 올바르게 하는 과정의 토대이다. 바가반은 이것을 "나는 누구인가?"라는 물음 속에서 이루어질 수 있다고 설명한다.

너무 많은 생각들이 일어난다 한들 그것이 무슨 문제입니까? 매 생각이 일어나는 바로 그 순간에, 조심스럽게 "이것이 누구에게 나타났을까?"라고 묻는다면, 그 답은 "나에게."가 될 것입니다. 그 다음에 "나는 누구인가?"라고 물어본다면, 마음은 그것의 근원으로 돌아갈 것이고 일어났던 생각 또한 잠잠해질 것입니다. 이런 식으로 반복해서 수행하면, 마음은 점차 그 근원에 머무는 능력을 얻게 될 것입니다. 미묘한 것인 마음이 뇌와 감각 기관들을 통하여 바깥으로 향할 때, 물질인 이름들과 형태들이 나타납니다. 마음이 가슴속에 머물 때, 이름들과 형상들은 사라집니다. 마음을 가슴 안에 머물게 하고 외부로 나가지 못하도록 하는 것을 '참나로 향하는 것(아함무캄)' 또는 '내부로 향하는 것'이라 합니다. 가슴으로부터 외부로 나가도록 허락하는 것이 '외부로 향하는 것(바히르무캄)'입니다. 이런 식으로 하여 생각이 가슴 안에 머물 때, 모든 생각들의 근원인 '나'는 사라집니다. '나'가 사라지고 나면, 늘 존재하고 있는 참나만이 빛날 것입니다. '나'라는 생각이 조금이라도 남아 있지 않은 상태가 스와루파입니다.

99 포기를 지닌 마음으로 내부로 향한다면, 가슴과의 연합이 쉽고도 자연스럽게 일어날 것입니다.

참나에 머물기

100 멈춤이 없는 머묾을 얻으면, 의식은 파괴될 수 없는 지고의 존재
와 하나가 됩니다.

101 확고하게 머무르는 상태만이 진정한 상태입니다. 어떤 것을 반복
적으로 생각하여 지치게 되는 것이 아닙니다.

바가반 '나'라는 개별적인 느낌이 없는 참나에 고정되어 있는 것(아트
마니슈타)의 상태는 지고의 상태입니다. 이 상태에서는 대상들을 생각
하거나 개별적인 존재라는 느낌을 위한 여지는 없습니다. 존재-의식-
희열의 이 자연스런 상태에서는 어떤 종류의 의심도 없습니다.[30]

102 참나에 고정된 경험을 가지기를 갈망한다면, 온 힘을 다하여 자
아를 압도하여 뿌리 뽑아 없애십시오.

103 당신의 세계관 속에 차별들이 있는 한, 참나 거주(니슈타)는 절대
적으로 필요합니다.

구루 바차카 코바이, 765절 트리푸티들로부터 일어나는 차별들이 경
험되는 한, 사다나는 절대적으로 필요합니다. 트리푸티들이 있으면,
착각하고 있는 개념인 자아가 없어지지 않았다고 결론을 내립니다.

104 얻을 가치를 지닌 지고의 상태 안으로 몰입한다는 것은 그저 참

나와 하나가 되는 것이라는 점을 알아야 합니다.

질문 명상을 어떻게 해야 합니까?

바가반 명상은, 진실로 말하자면, 참나에 고정되는 것(아트마니슈타)입니다. 하지만 생각들이 마음을 넘어올 때, 생각들을 없애려는 노력을 하는데, 그 노력을 보통 명상이라 합니다. 아트마니슈타는 당신의 진정한 본성입니다. 있는 그대로의 당신으로 머무르십시오. 그것이 목표입니다.[31]

105 수타리부(보는 자와 대상으로 나누어진 의식)로 일어나는 마음의 소용돌이는 비차라(참나 탐구)로 오는 지속적인 참나 머묾이 아닌 다른 방법으로는 멈추어지지 않을 것입니다.

질문 제가 생각들을 계속 거부한다면, 그것을 비차라라 불러도 됩니까?

바가반 그것은 디딤돌이 될 수 있습니다. 하지만 진정한 비차라는 당신이 참나에 매달려 생각의 파도들인 마음의 움직임들이 떨어져 나가기 시작할 때 시작됩니다.[32]

106* 그 평화의 상태를 통하여 참나에 매달려 있으면, 그때 그 평화의 상태를 통하여 모든 집착들은 떨어져 나가고 오로지 당신의 자연스런 상태인 해방이 있을 것입니다.

107 영웅적인 사람들은 가슴속에 참나 머묾이 오게 하여 그것이 확고히 자리 잡도록 합니다. 이것 말고 많은 사다나를 하는 이유는 무

엇입니까?

108 비할 데 없으며 영원히 있는 행운은 오로지 참나로 머무는 깊은 평화 속에만 있지, 그 밖의 다른 상태에 있는 것이 아닙니다.

109 참나 머묾이 주는 진정한 경험은 자아가 완전히 파괴되지 않으면 그것의 모든 영광으로 나타나지 않을 것입니다.

110 아무런 자제도 없이 배회하는 마음의 기만은 극도로 위험합니다. 참나에 머물러 마음의 개념화의 경향성을 물리치십시오.

111 참나를 깨닫는 대신에 마음으로 참나를 알려고 하는 사람들은 숨이 막히고 혼란을 경험할 것입니다.

112 참나 머묾에 확고히 자리 잡음으로 자신의 진정한 본성을 알지 못한다면, 창조물 속에 말려들어 당황하게 될 것입니다.

113 고향이며 실재이며 의식의 땅인 참나에 도달하십시오. 이국의 땅에 머물지 마십시오.

참나 기억

114 조금의 망설임도 없이 자신의 진정한 본성인 참나를 기억하는 것

이 진정한 갸나의 탁월한 승리입니다.

115 바탕이요, 자신의 진정한 본성이요, 잡거나 버릴 수 없는 지고의
존재를 당신의 의식으로 강하게 붙잡고 난 뒤 그것을 결코 버리
지 마십시오.

바가반 당신이 만나야 하는 참나는 저 멀리에 있는 것입니까? 더욱 높
은 참나는 하나로서 존재하고 있습니다. 하지만 그렇게 하지 못하도록
하는 것은 오로지 당신의 생각들입니다. 당신은 그것을 생각할 수도,
망각할 수도 없습니다.33

116 최고의 사다나인 참나 기억에 확고하게 매달리는 최고의 헌신자
들만이 위대한 타파스빈들입니다.

타파스빈들은 모든 불순물들을 태워 버리는 것을 목표로 끊임없이
영적 수행인 타파스를 행하는 사람들이다.

117 참나에 대한 생각이 아닌, 당신이 관계하고 있는 모든 다른 생각
들은 참나와는 반대인 마음의 구성물입니다.

《나는 누구인가?》라는 책에서 바가반은 다음과 같이 썼다. "참나에
대한 생각(아트마 친타나이) 이외에 어떤 생각도 일어날 여지를 주지 않
고 참나에 확고하게 지속적으로 있는 것은 신께 자신을 복종하고 있는
것입니다." 바가반이 《나는 누구인가?》에서 '참나에 대한 생각'을 참

나에 머묾과 동일시하고 있기 때문에, 나는 동일한 해석이 여기에서도 적용할 수 있다고 생각한다. 동일한 생각, 동일한 연결이 다음에 오는 구절에서도 보인다.

참나는 결코 생각의 대상이 될 수 없다. 바가반은 다음의 인용을 통해 이 사실을 확인하고 있다.

> **질문** 참나를 어떻게 생각해야 합니까?
>
> **바가반** 참나는 어두움과 빛이 없이 스스로 빛나며 스스로 나타나 있는 실재입니다. 그러므로 참나를 이것저것으로 생각해서는 안 됩니다. 생각하는 바로 그 생각이 속박으로 끝날 것입니다. 참나에 대한 명상의 취지는 마음으로 하여금 참나의 형상을 취하게 하려는 것입니다. 가슴의 동굴 한가운데에 순수한 브라만이 '나-나'의 모습으로 참나로서 직접 나타납니다. 앞에서 말한 것을 알지 못한 채, 여러 방면으로 그것에 대해 생각하는 것보다 더 큰 무지가 있을 수 있겠습니까?[34]

118*참나에 대하여 생각한다는 것은 고요한 의식으로 머무는 것입니다. 진정한 스와루파인 파담은 기억될 수도, 잊혀질 수도 없습니다.

참나 붙들기

119 참나를 자신의 지지로 여겨, 움직임이 없는 참나를 강하게 붙듦으로, 마음은 동요로부터 자유로워질 것입니다.

구루 바차카 코바이, 1192절, 포리푸라이 자아는 생각이라는 파도들을 끊임없이 던지고 있는 마음이라는 물에 비친 참나의 그림자입니다. 자아의 움직임을 멈추게 하기 위한 올바른 방법은 자신의 진정한 상태로부터 빠져나가게 하는 그림자를 보지 않고 절대적 고요로 있는 자아의 진정한 주인인 참나에 고정되는 것입니다.

바가반 우리는 존재하기 때문에, 자아 또한 존재하는 것으로 보입니다. 참나를 자아로 생각한다면, 우리는 자아가 될 것입니다. 마음으로 생각한다면 우리는 마음이 될 것이고, 몸으로 생각한다면 우리는 몸이 될 것입니다. 여러 면으로 작용하고 있는 것은 바로 생각입니다. 물 위의 그림자를 보면, 그것은 흔들리는 것으로 보입니다. 누가 그림자의 흔들림을 멈추게 할 수 있습니까? 흔들림을 멈추게 하고 싶다면, 수면을 보아서는 안 됩니다. 당신의 참나를 보십시오. 자아를 보지 마십시오. 자아는 '나' 생각입니다. 진정한 '나'는 참나입니다.[35]

120 욕망과 부주의로 그것을 버리지 말고, 완전한 평화로 가득 차 있는 가슴을 강하게 붙드는 수행을 항상 하십시오.

질문 '아트마 삼스탐 마나 크르트바(참나에 마음을 고정시킴)'라는 말이 있습니다. 하지만 참나는 생각할 수 없는 것입니다.

바가반 도대체 왜 명상을 하고자 합니까? 명상을 하고자 하기 때문에 아트마 삼스탐 마나 크르트바라는 말을 듣습니다. 왜 명상을 하지 않고 있는 그대로의 당신으로 있지 않습니까? 마나(마음)는 무엇입니까? 모든 생각들이 지워질 때, 마음은 아트마 삼스타(참나에 고정)가 됩니다.[36]

질문 마음은 한 순간이라도 그 상태 안에 잠기지 않습니다.

바가반 자신이 마음과 현상계를 초월하여 있는 참나라는 강한 확신이 필요합니다.

질문 그렇게 함에도 불구하고, 마음은 가라앉히려는 시도에 반기를 듭니다.

바가반 마음이 움직이더라도 그것이 무슨 문제입니까? 마음은 오직 참나라는 바탕 위에서만 그렇게 합니다. 마음이 활동하는 동안에도 붙잡으십시오.[37]

121 당신의 마음이 참나 아닌 것을 생각하여 망치게 놓아두지 마십시오. 당신 자신을 단단히 붙잡아 평화를 얻으십시오.

122 생각 없이 의식으로 있는 것이 스와루파를 강하게 붙잡고 있는 갸나 사마디입니다.

123 아무런 집착이 없는 사람을 붙드는 길을 가십시오. 이러한 길을 확고히 붙듦으로, 당신은 세상을 붙잡는 집착들에서 놓여나게 됩니다.

124 아무런 집착들이 없는 사람을 강하게 붙듦으로써, 참나 아닌 것에 대한 집착이 사라질 것입니다. 참나 아닌 것에 대한 집착도 사라졌을 때, 아무런 집착들이 없는 사람을 붙드는 것이 그칠 것입니다. 그래서 모든 집착들이 끝날 것입니다.

참나의 희열

125 가슴 안으로 더욱 깊이 가라앉을 때, 지고의 희열의 물결은 더욱 커질 것입니다.

126 진정한 열림의 의식(儀式)은 가슴의 열림이며, 지고의 희열의 공간인 참나가 올라오는 것입니다.

127 "진정한 희열의 상태를 어디에서 발견할 수 있습니까?"라면서 왜 당신은 울부짖으며 한탄합니까? 당신 자신이 당신 자신의 진정한 본성으로서 행복을 가지고 있습니다. 그것의 위치는 가슴입니다.

바가반 아난다(지고의 희열)는 항상 존재하고 있습니다. 포기해야 할 것은 오로지 세상의 것들입니다. 세상의 것들을 포기한 뒤에 남아 있는 것이 오로지 희열입니다. 존재하고 있는 것은 참나입니다. 존재하고 있는 것을 잡는다는 말이 어디에 있습니까? 그것은 자기 자신의 진정한 본성(스와바바)입니다.

질문 그 본질을 스와루파라고도 합니까?

바가반 그렇습니다. 둘 사이에 차이점은 없습니다.

질문 아난다가 참나 그 자체라는 말이 있습니다만, 그렇다면 누가 아난다를 체험합니까?

바가반 그것이 요점입니다. 경험을 하는 사람이 있는 한, 희열이 참나 그 자체라고 말해야 할 것입니다. 경험하는 사람이 없을 때, 희열의 형상에 대한 질문이 어디에 있습니까? 오직 '있는 것'만이 남습니다. '존재하는 것'이 아닌다입니다. 그것이 참나입니다. 참나가 자신과 다르다는 느낌이 있는 한, 탐구하고 경험하는 사람이 있을 것입니다. 하지만 참나를 깨달을 때, 경험할 사람이 없을 것입니다. 질문할 누가 거기에 있습니까? 말할 무엇이 있습니까? 그러나 평범한 말투로 우리는 희열이 참나라거나 우리의 스와루파라고 말해야 할 것입니다.[38]

무루가나르 "참나의 희열이 경험되지 않았다."라는 생각이 완전히 파괴되지 않는 한, 참나의 경험은 오지 않습니다. 그것은 자기 자신의 본성으로 경험됩니다. 그것은 마음의 거짓과 꾸며낸 활동(칫타 브리티)과 더불어 오는 감각적 즐거움처럼 경험되지는 않습니다. 정말이지, 마음의 활동은 그것의 장애물입니다.[39]

128 진정한 사랑이 흘러넘치는 가슴(아함) 안에서, 자신의 진정한 본성은 다름 아닌 희열이라는 것이 분명히 알려질 것입니다.

129 브라마 사마디를 완전한 만족인 참나의 희열 상태로 소중히 간직하십시오.

130 삼사라의 비참한 뜨거운 태양을 떠나 참나 희열이며 진정한 본성인 지식의 나무 그늘 아래 확고히 있으십시오.

《나는 누구인가?》라는 책에서:

나무 아래의 그늘은 매우 유쾌합니다. 그것을 떠나면 햇볕의 열기가 작열합니다. 바깥을 배회하는 사람은 그늘에 이르고서 시원해집니다. 잠시 후 그는 다시 나갑니다. 작열하는 태양을 참지 못하고 그 나무로 되돌아옵니다. 이런 식으로 그는 그늘에서 뜨거운 햇볕 아래로, 뜨거운 햇볕 아래에서 그늘로 다시 가게 됩니다. 이와 같이 행동하는 사람은 분별력이 부족한 사람(아비베키)입니다. 분별력이 있는 사람은 결코 그늘을 떠나지 않을 것입니다. 비유하자면, 갸니의 마음은 브라만을 결코 떠나지 않습니다. 반면에 참나를 깨닫지 못한 사람들의 마음은 브라만으로 돌아오기 전에 잠시 동안 행복을 즐기기 위해 세상에서 방랑하면서 고통을 받는 사람입니다. '세상'이라 하는 것은 단지 생각들입니다. 세상이 사라질 때 즉 아무런 생각들이 없을 때, 마음은 희열을 경험합니다. 세상이 나타나면, 마음은 비참함을 경험합니다.

131 평온이 주는 진정한 희열은 희열의 모습으로 영원히 빛나고 있는 참나 상태를 제외한 다른 상태에는 있지 않습니다.

바가반 기분 좋은 것들이 마음에 주어지면 행복합니다. 그 행복은 참나에 고유한 행복이지 다른 어떤 데서 오는 행복이 아닙니다. 그것은 이질적인 것도 멀리 있는 것도 아닙니다. 즐겁다고 생각하는 경우들을 만나면 참나 안으로 뛰어들고 있습니다. 그 뛰어듦이 스스로 존재하고 있는 희열을 오게 합니다. 하지만 생각들은 희열이 다른 것에 있다거나 온다고 속이고 있습니다. 사실 그 희열은 당신 안에 있습니다. 희열을 느끼는 경우들에 당신은 무의식적이지만 참나 안으로 뛰어듭니다. 만약 당신이 실재인 참나가 행복과 동일하다는 확신으로 의식을 지닌 채 뛰어든다면 그것이 깨달음입니다. 나는 당신이 참나 안으로 즉 가슴 안

으로 의식적으로 뛰어들기를 바랍니다.[40]

132 객관화 없이 있는 순수 의식인, 전적으로 완벽한 스와루파만이 한계 없는 진정한 희열의 삶입니다.

133 가슴 안으로 가라앉는 의식만이 진정한 희열의 홍수를 저장하기 위한 방법입니다.

134 사랑으로 당신이 참나와 하나 되어 마음이 없어진다면, 희열의 결핍은 결코 없을 것입니다.

135 프라마다(참나 망각)를 스스로 없애고, 결코 말로 표현할 수 없는 희열인 참나의 갸나 희열을 얻어 영원히 사십시오.

진정한 희열과 가짜 희열

136 좀처럼 가라앉지 않는 마음이 정말로 가라앉으면, 희열은 수백만 배로 커질 것입니다.

질문 명상할 때 저는 때때로 희열을 느낍니다. 그런 경우에, "이 희열을 경험하는 자는 누구인가?"라고 제 자신에게 물어야 합니까?
바가반 경험되는 것이 정말로 참나에서 오는 경험이라면, 즉 마음이 참나 안에 정말로 가라앉았다면, 그러한 의심은 결코 일어나지 않을 것

입니다. 그 질문 자체가 진정한 희열에 이르지 않았다는 것을 보여 주고 있습니다.[41]

질문 희열을 어떻게 얻습니까?

바가반 희열은 얻어지는 것이 아닙니다. 반면에 당신은 항상 희열입니다. 이 갈망은 불완전하다는 느낌에서 나왔습니다. 이런 불완전함은 누구에게 옵니까? 탐구하십시오. 깊은 수면 중에 당신은 희열을 경험합니다. 이제 당신은 그렇지 않습니다. 무엇이 희열과 이 희열 없음에 끼어들었습니까? 그것은 자아입니다. 자아의 근원을 찾아 당신이 희열임을 발견하십시오.

얻어야 할 새로운 것은 없습니다. 반면에 당신이 희열이 아닌 다른 것이라고 생각하게 만드는 당신의 무지를 없애야만 합니다. 이 무지는 누구의 것입니까? 그것은 자아입니다. 자아의 근원을 추적하십시오. 그러면 자아가 잃어지고 희열이 남을 것입니다. 그것은 영원합니다.[42]

137 고요한 마음에 나타나는 참나인 갸나 희열은 고라 브리티(라자스적 마음)에서 사라지고 보이지 않을 것입니다.

질문 브라만은 삿 칫 아난다 스와루파(진정한 본성이 존재-의식-희열인 것)라고 말합니다. 그 의미는 무엇입니까?

바가반 맞습니다. 그것은 그렇습니다. 존재하고 있는 그것이 삿입니다. 그것을 브라만이라 합니다. 삿의 광채가 칫이며, 그것의 내용이 아난다입니다. 이것들은 삿과 다르지 않습니다. 이 셋을 함께 하여 삿 칫 아난다라고 합니다. 그것들은 지바의 속성들인 사트밤, 고람, 자담과 같은 것입니다. 고람은 힌두교도들이 말하는 라자스의 자질을 말하며, 자담은 타마스의 자질을 의미합니다. 이 둘은 사트밤의 부분들입니다. 이 둘이 제거되면 오로지 사트밤만이 남습니다. 그것은 영원하며 순수한 진리입니다. 당신이 좋아하는 대로 그것을 아트만, 브라만, 샥티 등으로 부르십시오. 그것이 당신 자신인 것을 안다면, 모든 것은 빛날 것입니다. 모든 것이 아난다입니다.[43]

138 환영의 마음을 지니고 방황하는 비천하고 무지한 사람들 안에는 진정한 희열이 조금도 존재하지 않습니다.

139 상상이라는 마법에 떨어진 사람들은 갈망의 진정한 결실인 참나 희열을 얻을 기회를 가지지 못할 것입니다.

140 파담은 엄숙하게 경고합니다. "희열을 얻기 위한 방법으로 자신이 아닌 다른 것을 구하는 한, 당신에게는 희열이 없을 것입니다."

구루 바차카 코바이, 1026절, 포리푸라이 자신의 본성인 아트마 스와루파가 지고의 희열이지만, 이것을 깨닫지 못하고서, 미혹에 떨어진 기만적인 마음은 그 희열이 참나 아닌 것에 있다고 믿고 희열을 얻기 위해 늘 감각 대상들을 몸부림치며 찾을 것입니다. 이것이 희열의 즐거움인 참나 경험을 잃어버리게 합니다.

주석 잠에서 깨어난 사람은 "나는 행복하게 잤다."라고 말하는데, 그의 경험이 진실을 말하고 있다. 마음이 생각이 없는 상태로 있고 감각 대상들을 접촉하지 않는 깊은 잠의 자연스러운 상태에서 참나가 행복으로 경험된다는 것은 모두가 받아들일 수 있는 사실이다. 잠자는 상태에 있었던 희열은 잠에서 깨어날 때 멈추고 나타나지 않는다. 왜냐하면 희열인 참나 본질을 잊어버리게 하는 감각 대상들을 좋음으로, 참나 상태로부터 자신을 분리시키기 때문이다. 그러므로 자신의 진정한 체험인, 참나의 비할 데 없는 희열의 행운을 미혹하여 감각 대상들을 찾아 배회하려는 욕망을 일으키지 않는 마음을 가짐으로써, 잠잘 때와 마찬가지로 깨어나는 상태에서도 참나를 잊지 않고서 잠잠하게 있는 그런 마음을 가짐으로써 얻어야 한다.

141 가슴 안에 무성하게 자라는 진리를 깨달은 사람들은 완전한 희열의 상태 안에 영원히 살 것입니다.

142 감각들을 통하여 경험된 즐거움들은 오로지 희열의 가짜 변형들입니다. 오직 나뉘지 않는 아트마 스와루파가 진정한 희열입니다.

질문 바가반, 샤스트라들은 많은 종류의 아난다들을 말하고 있습니다. 정말 많은 형태들이 있습니까?

바가반 아닙니다. 아난다는 단지 하나입니다. 이것은 다양한 감각적인 즐거움들을 통하여 외적으로 경험되기 때문에, 다양한 이름들이 그것에게 주어져 있습니다. 아무리 많은 행복을 즐기더라도, 수백만의 비참함 또한 체험되어야 합니다. 하지만 갸니는 그렇지 않습니다. 그는 그 자신의 브라마난다(브라만의 희열)로 세상의 모든 사람들이 즐기는 모든 행복을 즐깁니다. 브라만의 희열은 바다와 같습니다. 행복의 바깥쪽 모습들이 파도와 거품과 물방울과 잔물결들입니다.[44]

참나의 보물

143 영혼에 궁극적인 이익을 주는 신성한 보물의 곳간은 오로지 가슴 안에 있습니다. 다른 곳에서는 그것의 흔적조차 찾아볼 수 없습니다.

144 상가(Sanga)로 시작되는 아홉 보물들은 참나라는 보물의 관점에서 보면 사소한 것입니다.

아홉 보물들은 부의 신인 쿠베라가 가지고 있다.

145 자기 자신의 스와루파이며, 자기 자신의 자연스러운 상태인 그 보물의 곳간으로부터 일어나는 유익은 굉장합니다.

146* 자신의 진정한 본성인 그 보물의 곳간은 아바라나(감춤)와 빅쉐파(동요)가 떠날 때 선명하게 보일 것입니다.

바가반은 때때로 빅쉐파라는 단어를 보통의 의미인 다양성보다는 동요라는 의미로 사용하였다.

바가반 무지로부터 깨어난다는 것은 맹수가 달려드는 꿈을 꾸다가 깨어나는 것과 같다는 말이 있습니다. 이것도 이러합니다. 마음의 얼룩에는 아바라나와 빅쉐파(감춤과 동요)라는 두 가지가 있습니다. 이들 중 전자는 좋지 않으며, 후자는 전자만큼은 아닙니다. 잠이라는 베일로 감추는 힘이 있는 한, 무서운 꿈이 있습니다. 깨어나 베일이 걷히면 더이상 공포는 없습니다. 동요는 행복의 장애가 아닙니다. 세상에서 주어지는 동요는 구루와 함께 있는, 신성한 책들을 공부하는, 형상이 있는 신들을 공경하는 활동을 할 수 있습니다. 이러한 것들을 통하여 깨달음이 얻어집니다.[45]

제3절

의식

의식만이 존재하고 있다

1*   모든 것이 의식 속에 포함되므로, 의식은 궁극적인 지고의 진리
     (파라마르타)입니다.

2   참나의 본성은 의식일 뿐입니다. 금으로 만든 장신구와 같이 객
     관적인 지식은 참나 안에서 상상으로 나타난 것입니다.

3   오로지 의식이 지고자로서 존재하고 있습니다. 의식이 아닌 오감
     과 오감의 지각들은 거짓 기만들입니다.

4   당신에게 붙어 있는 감각들을 통하여 지각된 모든 대상들은 다름
     이 아니라 물질적 운동 중에 있는 의식입니다.

5* 무지는 잘못된 덧붙임입니다. 무한하며 희열로 있는 의식이 오로지 하나로 존재하고 있는 실재입니다.

구루 바차카 코바이, 547절 의식의 상태로 있다면, 아무런 무지가 없을 것입니다. 무지는 거짓입니다. 오직 의식만이 참된 것입니다. 정말로 자신을 알면, 무지는 결코 존재하지 않는다는 것을 알게 될 것입니다. 자신의 진정한 본성은 순수 의식임을 아십시오.

6* 어떤 다른 의식이 순수 의식인 참나를 알거나 알려지도록 하기 위하여 존재하고 있지는 않습니다.

7   의식만이 참나의 생명입니다. 결점이 있는 모습들과 속성들에 관련된 생명은 미혹의 유희에 불과합니다.

의식 알기

8* 의식인 자신의 참나는 의식에 의해 객관적으로 알려지는 모든 것들과는 다릅니다.

9   의식의 빛에 의해서가 아니라 마음과 감각들을 통하여 알게 된 모든 것들은 아삿(비실재)입니다.

10* 자신의 진정한 본성인 의식을 알게 되면, 무지란 결코 존재하지

않았다는 것을 알게 됩니다.

바가반 무지가 결코 없었다는 것을 아는 것이 모든 영적 가르침들의 목표입니다. 무지는 자각하고 있는 사람에게 있음에 틀림이 없습니다. 자각은 갸나입니다. 갸나는 영원하며 자연스러운 것입니다. 아갸나는 부자연스러우며 실재하지 않습니다.[1]

11 알고 얻을 가치가 있는 것은 참나인 의식입니다. 이것 말고는 이 삶에서 얻을 가치가 있는 다른 축복은 없습니다.

12 의식으로 빛나고 있는 진리가 당신의 스와루파로 얻어질 때에만 이원성이 그칠 것입니다.

13 의식을 아는 것은 실재를 아는 것과 다르지 않습니다. 실재는 의식과 다르지 않습니다. 그것들은 하나이며 같은 것입니다.

14 "나는 의식이 아닌 신을 알지 못합니다." 의식이 거주하고 있는 가슴에 가라앉으면 이것을 알 것입니다.

15 의식을 알고 있는 사람만이 진리를 알고 있습니다. 의식 이외의 다른 것들을 알고 있는 사람들은 다른 것들을 알고 있을지라도 무지합니다.

16 의식을 알고 의식으로 있으면, 감각 대상들에 미친 강박으로부터

일어난 망상은 끝날 것입니다.

17   행할 가치가 있는 사다나들 중에서, 의식 알기는 홀로 탁월하고
     확실한 것입니다.

18   아무것도 감추지 않고 있는 아이 무루간은 순수한 존재 상태가
     '옴'의 내적 의미라는 것을 쉬바에게 가르쳤습니다.

     쉬바의 둘째 아들인 무루간은 그의 아버지에게 옴 만트라의 의미를
     알려 주었다. 그래서 그는 '쉬바의 구루'라는 이름을 얻었다.

19   수타리부(거짓 의식)가 없이, 순수 의식인 참나로 존재하는 것이
     '의식으로 의식을 알기'의 의미입니다.

20   '의식으로 의식 알기'라는 이 말은 당신에게 침묵하라는 어구인
     '숨마 이루'의 위대하고 영광스러운 의미임을 아십시오.

21   이 참나 상태에서는 알아야 할 다른 나가 없기 때문에, 재빨리 떠
     오르는 개념들이 없습니다.

의식 알기의 장애물

22   마음을 흔들리게 하는 생각들이 그치기 전에는, 지고자인 오점

없는 의식의 상태를 만나는 것이 불가능합니다.

23 의식으로 깨어남으로 마음이 깨끗해지지 않는다면, 삼사라의 바탕인 무지로부터의 분리는 가능하지 않을 것입니다.

24 당신이 자신의 스와루파로 빛나고 있는 순수 의식을 망각하고 있다면, 당신이 무엇을 하든 그것이 어떻게 당신을 이롭게 하겠습니까?

25 은총의 힘으로 의식에 대한 주권을 행사하지 못하는 사람들은 형상들과 속성들로 생긴 혼란에 던져질 것입니다.

의식 안으로 탐구하기

26 실재를 자기 자신과 다르다고 여기는 이유는 탐구로 의식의 진정한 본성을 알지 못했기 때문입니다.

27 의식을 찾고자 하는 수행으로 마음이 참나 안으로 들어가 가라앉는 경우에만 마음은 확고해질 것입니다.

28 "탐구하여 의식의 본질을 알지 못하고 있는 지극히 지성적인 사람의 지성은 정말로 위대하다!"고 파담은 조롱하듯이 말합니다.

29 아는 자가 그 자신의 내면을 탐구하여 내면을 알 때 의식은 완전
해질 것입니다.

30 당신이 의식을 탐구하여 의식을 있는 그대로 안다면, 어떤 망상
도 결코 없을 것입니다.

31 생각하는 마음을 산란하게 하지 말고, 마음을 내면으로 집중시켜
의식의 불가사의한 빛과 하나가 되십시오.

32 공간처럼 몸이 없이 무한한 의식으로 있으십시오.

존재-의식

33 당신 자신이 참나라는 것을 깨닫기 위해, 왜 참나의 빛인 존재-의
식 이외의 다른 빛을 구합니까?

구루 바차카 코바이, 759절 실재는 자신의 내면에 참나로서 찬란하게
빛나고 있기 때문에, 그러한 참나는 알 만한 가치가 있습니다. 가슴 안
에 정말로 있는 자신의 본성을 탐구하기 위한 가장 최선의 안내는 참나
('나는 이다.')의 거부할 수 없는 진정한 빛입니다.

34 존재-의식으로 고요히 머물러 있지 않고, 왜 '나'를 내세워 고통
스러워합니까?

35 마음이 존재에 확고하게 자리 잡지 않는다면, 강력하며 비열한 자만으로 가득 찬 '나'를 없앨 수 없습니다.

36 진정한 얻음인 존재-의식을 가슴에 소유하지 않는 사람들은 그들의 생명을 잃고는 거짓 세상에 홀려 몰락할 것입니다.

37 마음이 투명할 때, 존재-의식인 스와루파의 희열이 올 것입니다. 그래서 당신의 가슴은 충만해질 것입니다.

38 모든 다른 빛들을 압도하는 빛나는 빛인 자신의 진정한 본성인 존재-의식 안에는 이름이나 형상에 대한 개념들이 결코 존재하지 않습니다.

39 스와루파는 완전한 충만함인 존재-의식으로 빛납니다. 마음이 그 스와루파처럼 되어 그것과 하나가 되는 것이 요가(합일)입니다.

40 알기 쉬우며 그리고 알 가치가 있는 존재-의식의 아름다움이 순수한 존재로 빛나고 있습니다.

질문 사람은 언제 참나를 깨달으며, 그때 그가 무엇을 보게 됩니까?
바가반 아무런 봄이 없습니다. 봄은 오직 존재입니다. 소위 말하는 참나 깨달음의 상태는 새로운 어떤 것을 얻거나 멀리 있는 어떤 목표에 도달하는 것이 아니라, 항상 있으며 그리고 항상 있어 왔던 자기 자신이 그저 되는 것입니다. 필요한 모든 것은 사실이 아닌 것을 사실로 여기는 당신의 이해를 버리는 것입니다. 모든 사람은 실재가 아닌 것을 실재인 것으로 이해하고 있습니다. 우리 쪽에서 이 버릇을 포기해야 합니다. 그러면 우리는 참나를 참나로 깨닫게 될 것입니다. 다른 말로 하자면, "참나로 존재하라."는 말입니다. 너무나도 자명한 참나를 발견하고자 애썼던 자신의 모습에 대해 어느 날 웃을 것입니다. 그러므로 우리가 이러한 질문에 뭐라고 말할 수 있겠습니까?[2]

41 마음의 진정한 본성을 열심히 탐구하여 알 수 있는 힘을 가진 사람들에게, 그것은 순수한 존재-의식으로 빛날 것입니다.

42 이제 그것 자체로 고요히 머무르십시오. 그리하면 스와루파이며 존재인 당신의 의식의 경험은 평화와 하나가 될 것입니다.

43 자신의 존재(삿)인 그 의식(칫)은 시작과 끝이 없이 있는 가슴 안에 있는 희열(아난다)입니다.

44* 칸단과 더불어 신과 여신이 하나가 되는 것이 장애물이 없는 삿, 칫, 아난다입니다.

　신과 여신은 쉬바와 파르바티이고, 칸단(무루간 혹은 수브라마니아로도 알려져 있음)은 그들의 둘째 아들이다.

사하자 의식의 상태

'사하자'는 '자연스러운'이라는 의미이다. 라마나스라맘 문헌에서 이 용어는 종종 어떠한 차이들이나 구별들이 없는 참나의 직접적인 경험인 니르비칼파 사마디를 칭하는 형용사로 나타난다. 사하자 니르비칼파 사마디는 항상 참나를 완전히 자각하면서도 보통의(자연스러운) 삶을 살 수 있는 명확한 깨달음의 상태이다.

45 활동을 하고 있을 때조차도 지고의 실재에 대한 의식의 상태에 머물고 있는 것이 사하자입니다.

질문 스와미지께서는 사마디에 2가지 종류, 즉 케발라 니르비칼파와 사하자 니르비칼파가 있다고 말씀하셨습니다. 그 특징들은 무엇입니까?

바가반 자연스럽게 명상에 들어 명상의 희열을 즐기는 사람은 무슨 외적인 일을 하든, 무슨 생각이 떠오르든 관계없이 사마디의 상태를 잃지 않을 것입니다. 그것을 사하자 니르비칼파 사마디라 합니다. 완전한 나사(파괴)와 라야(억압)라는 둘이 있습니다. 나사는 사하자 니르비칼파이고, 라야는 케발라 니르비칼파입니다. 라야의 사마디 상태에 있는 사람은 때때로 마음을 통제해야 합니다. 마음이 파괴된 경우에는, 마음은 다시 일어나지 않을 것입니다. 그때 마음은 기름에 튀겨진 씨앗과 같아질 것입니다. 그러한 사람들이 행하는 것은 무엇이든 우연적인 것입니다. 그들은 그들의 고조된 상태에서 내려오지 않습니다. 케발라 니르비칼파 사마디 상태에 있는 사람들은 깨달은 존재(싯다)들이 아닙니다. 그들은 그저 사다카들입니다. 사하자 니르비칼파 상태에 있는 사람들은 바람이 없는 곳의 등불 혹은 파도들이 없는 바다와 같습니다. 즉 아무런 움직임이 없습니다. 그들은 어떠한 것도 그들 자신과 다름을 발견하지 못합니다. 그러나 그 상태에 도달하지 못한 사람들에게는 모든 것이 그들 자신과 다른 것으로 보입니다.[3]

바가반 사하자 사마디에서는 활동들, 프라나와 마음, 그리고 세 상태들은 파괴되어 결코 다시 나타나지 않습니다. 그러나 다른 사람들은 갸니가 먹고 말하며 움직이는 것과 같은 활동을 하고 있는 것으로 봅니다. 다른 사람들은 갸니의 활동들을 자각하는 반면에, 갸니 그 자신은 그것들을 자각하지 못합니다. 그러한 활동들은 그의 신체에 속하는 것이지 그의 진정한 참나인 스와루파에 속하는 것이 아닙니다. 그 자신에게서 그는 마치 잠자는 승객과 같고, 혹은 깊은 잠에 빠져 자신이 우유를 먹은 것을 기억하지 못하는 어린아이와 같습니다. 다음 날 아이는 그가 우유를 달라고 하지 않았으며 우유를 먹지 않고 잠이 들었다고 말합니다. 사하자 사마디도 이러합니다.[4]

46 신체와 동일시하는 자아가 죽지 않는다면, 어느 누구도 가슴 안에 있는 자연스럽고 영속적인 상태를 깨닫기는 불가능할 것입니다.

47 사하자 상태가 가슴 안으로 들어가 가슴과 하나가 되기 전에는, 다른 어떤 상태들을 경험하든 지바에게는 아무런 해방이 없습니다.

바가반 "나는 명상을 하지 않았고, 그 대신에 일을 하였다."라고 왜 생각합니까? "나는 했다.", "나는 하지 않았다."라는 생각을 버리면, 모든 행위들은 명상으로 끝날 것입니다. 그러면 명상은 포기될 수 없습니다. 명상을 포기하더라도 명상은 우리를 떠나지 않을 것입니다. 이것이 정말이지 사하자 사마디의 상태입니다.[5]

48 희열이 충만한 당신의 자연스러운 상태를 알고 당신이 그 안에 있다면, 어떻게 괴로운 생각이 고개를 들 수 있겠습니까?

49 바깥으로 나가려는 마음의 경향성을 반전시켜, 마음으로 하여금 자신의 근원과 하나가 되게 하십시오. 그렇게 함으로 자연스러운 희열의 상태를 얻으십시오.

의식의 행복

50 의식의 평온을 얻지 못한 가슴에는, 의식의 감로인 참나 경험은 존재하지 않습니다.

51 마음을 통하여 향유할 수 있는 여러 가지 다양한 즐거움들은 브라만의 희열의 바다의 표면에 있는 거품들에 지나지 않습니다.

  바가반께서는 인간이나 인간보다 더 높은 브라마와 같은 신들에 이르기까지의 10등급의 존재들이 향유할 수 있는 지고의 행복이 있기는 하지만, 그것들은 참나의 희열의 홍수라는 큰물에 비하면 거품과 같다고 설명하셨다.

건강하고 원기 왕성한 나이에 있으며 엄청난 부, 권력 및 지성을 포함한 다른 모든 재능들을 소유한 한 남자가 아름답고 헌신적인 아내와 결혼하였다고 상상하고서, 그가 누릴 수 있는 행복을 생각해 보십시오.

인간 이상의 높은 존재들은 아래 등급의 존재들이 느끼는 행복보다 수백 배나 더 클 수 있습니다. 그러나 11개의 등급에 속하는 모든 존재들이 느낄 수 있는 최고의 행복은 신성한 희열의 바다에 비하면 오직 거품에 불과합니다.[6]

52* 쉬바 의식의 상태에 있는 깨달은 현자에게는, 의식의 행복이 풍족하고 영구적이며 부단한 경험이 될 것입니다.

질문 바가반께서 평소에 취하는 아사나(자세)는 무엇입니까?

바가반 무슨 아사나 말입니까? 가슴의 아사나라고 할 수 있습니다. 쾌적한 곳이라면 어디든 나의 아사나가 있는 곳입니다. 그것은 수카사나 즉 행복의 아사나입니다. 가슴의 아사나는 평화로우며 그리고 행복을 줍니다. 그 아사나에 있는 사람들에게는 다른 아사나가 필요하지 않습니다.[7]

바가반 당신은 자신과 분리된 어떤 것과 접촉할 때에만 행복을 얻을 수 있다고 생각합니다. 그러나 그렇지 않습니다. 아난다(희열)는 참나의 본성입니다. 당신이 다른 것들로부터 얻는 행복은 아트만의 행복의 일부입니다. 그것은 완전한 행복이 아닙니다. 행복을 얻기 위하여 외부의 대상이 요구되는 한, 불완전함이 느껴집니다. 아트만만이 거기에 있다고 느낄 때, 변하지 않는 행복이 머무를 것입니다.

당신에게 아난다의 경험을 주고 있는 상태에 있다면, 그때 당신은 실제로는 아트만 안으로 뛰어들고 있습니다. 이렇게 아트만 안으로 뛰어들기 때문에 당신은 아트만의 희열을 갖습니다. 그러나 부적절한 생각들과 연합하여, 당신은 아난다의 원인을 외적인 것들에서 온다고 투사합니다. 아난다를 경험할 때, 당신은 알지도 못하면서 아트만으로 들어가고 있습니다. 아트만인 자신의 진정한 본성에 대한 진리는 그것이 나누어지지 않은 하나라는 것입니다. 자신의 진정한 실재는 아난다입니다. 그것이 진정한 당신입니다. 당신이 이런 경험에서 나온 확신을 지니고, 알면서 아트만 안으로 들어간다면, 그때 참나의 상태가 경험될 것입니다.[8]

53* 마음의 한계가 완전히 파괴된 상태에서, 추론의 생각 너머에 있는 의식의 행복의 진리는 선명해질 것입니다.

바가반은 행복이 추구되거나 이르러야 하는 대상이 아니라고 가르쳤다. 대신에 행복은 모든 인간 존재들의 자연스러운 타고난 상태라고 하였다. 그는 《나는 누구인가?》라는 책에서 이 질문에 이 입장을 설명하고 있다. 그의 설명은 "행복은 무엇입니까?"라는 질문에 의해 촉발되었다.

소위 행복이라는 것은 다만 참나의 본성입니다. 행복과 참나는 다르지 않습니다. 참나의 행복만이 존재하고 있습니다. 그것만이 실재합니다. 세상의 만물 중 어느 것에도 행복은 존재하지 않습니다. 아비베카(식별력의 결여, 무엇이 옳은지를 알지 못함)로 인해 우리는 세상에 있는 사물들로부터 행복을 얻는다고 믿습니다. 그러한 마음이 외부로 향하면, 마음은 고통을 경험합니다. 진실은, 우리의 사고(즉, 욕망)들이 충족될 때마다 마음이 자신의 근원으로 돌아와 참나의 행복을 경험한다는 것입니다. 이러한 방식으로 마음은 참나를 버리고 나와 쉬지 못하고 방황하다가 나중에 안으로 돌아갑니다.

의식의 숭배

54* 의식의 숭배는 마음이 다른 대상들로부터 분리되고서, 의식 안에 확고히 자리 잡는 것입니다.

55 의식이 참나가 아닌 것을 갈망하지 않는 상태는 참나로부터 분리되지 않고서 참나를 숭배하는 것입니다.

56 미덕이 번창하는 순수한 투명인 의식이 아닌, 숭배할 가치가 있는 다른 신은 없습니다.

구루 바차카 코바이, 417절 의식이야말로 진실로 지고의 실재이므로, 의식을 통해 가슴속에 있는 지극히 순수한 의식의 형상이자 의식의 황금 사원인 쉬바를 아는 사람들만이 진리를 숭배하고 있습니다.

57 순수한 존재 의식만이 거대한 지바들의 무리에 의해 숭배를 받을 가치가 있는 진정한 신입니다.

58 의식은 쉬바의 진정한 본성이므로, 의식 안으로의 탐구만이 쉬바에 대한 진정한 숭배입니다.

구루 바차카 코바이, 204절 깊은 평화의 상태는 생각이 없는 생각을 통하여 의식인 아트마 스와루파, 충만, 실재와 분리 없이 조화 속에 있는 것입니다. 이것이 완전무결한 쉬바 푸자임을 아십시오.

59 순수 의식인 신의 발을 찬양하는 숭배의 마음으로, 개별적인 대상들을 알고자 하는 탐닉은 완전히 파괴될 것입니다.

세상의 토대인 의식

60 세상은 자신의 비길 데 없는 그리고 견고한 지지로서 지고자인 의식을 가지고 있습니다. 의식은 어떤 지지도 받을 필요 없이 빛나고 있습니다.

61 세상은 당신의 존재를 통하여 빛나고 있지만, 그러나 당신의 존재는 세상의 존재에 의존하지 않고 있습니다.

62 당신은 드라마의 배우가 아니라, 드라마의 무대로서 빛나고 있는 존재-의식임을 명심하십시오.

63 순수한 의식인 아트마 스와루파만이 지바의 진실한 지주입니다.

마음으로 상상한 모든 영상은 거짓 그림자입니다.

64 의식의 유희의 범위 안에 있는 이 모든 것(이원성, 삼원성)들은 그 것들의 진정한 본성으로 의식을 가지고 있음을 깨달으십시오.

65 일어나고 지속되고 그리고 사라지는 세상은 전적으로 의식의 힘 (칫 샥티)의 유희임을 아십시오.

66 마음에 의해 구별되는 지각과 무지각의 범주에 속하는 것들은 순 수한 존재-의식의 유희에 불과함을 기억하십시오.

67 불완전한 몸과 세상은 의식으로서 의식에 의해 일어나, 의식 안 에 머물다가, 의식 안으로 사라집니다.

68 모든 것으로 나타나는 것은 의식이기 때문에, 의식의 진리를 안 사람들은 모든 것의 진리를 알았습니다.

69 무니(현자)에게는, 앞에 보이는 각양각색의 모든 광경들이 항상 존재하고 있는 순수 의식으로 그냥 보일 것입니다.

제4절
참나의 동의어

모우나

통상적으로 '침묵'으로 해석되는 모우나는 신체적이거나 마음의 시끄러움이 없다는 것을 의미하는 것이 아니다. 침묵은 그 무엇도 침범하지 않고 있는, 움직임이 없는 지극히 고요한 존재의 중심을 말한다.

1   진정한 깨달음은 자신의 이해로, 아무런 방해 없이 존재하는 모든 것의 첫 번째 원인이며 해방인 모우나를 소중히 간직하는 것입니다.

2   뿌리인 자아가 파괴되어 버린 완전한 모우나가 스와루파입니다. 스와루파는 결코 사라지지 않을 것입니다.

질문 무엇이 모우나(침묵)입니까?

바가반 말과 생각을 초월한 상태가 모우나입니다. 존재하고 있는 그것이 모우나입니다. 모우나가 어떻게 말로 설명될 수 있겠습니까?

현자들은 '나'라는 생각이 조금도 일어나지 않는 상태만이 스와루파라 합니다. 그것이 모우나를 의미합니다. 침묵하고 있는 참나는 오로지 신입니다. 참나만이 지바입니다. 참나만이 이 오래된 세상입니다.

모든 다른 지식들은 보잘것없는 평범한 지식입니다. 침묵의 경험만이 진정하고 완벽한 지식입니다.[1]

3   위대하고 강력한 모우나의 상태는 움직임이 없는 축인 참나의 상태를 얻음으로 이를 수 있습니다. 그 얻음은 가슴 안에서 일어납니다.

4   갸나의 마지막 지점인 모우나만이 진정한 비전입니다. 그것이 베단타의 심원한 진리입니다.

5   모우나의 상태에 있는 사람은 '나-나'로서 있습니다. 이것이 없이는 생각도 아는 것도 없습니다.

6   고귀한 직접적인 경험이 흘러넘침으로 참나 지식이 트리푸티들을 떠나게 할 때, 모우나가 스스로 나타날 것입니다.

트리푸티들이란 아는 자, 아는 과정, 대상, 즉 보는 자, 보는 과정, 대상이라는 셋을 말한다. 그것들이 실제이며 올바른 구분들처럼 보인다.

그러나 참나를 경험하게 되면 그것들이 모우나라는 바탕 위에 있는 그릇된 심리적인 덧붙임이라는 것이 밝혀진다. 트리푸티들은 순수한 의식에는 나타나지 않으며, 의식에서 반사된 빛인 치다바사에만 나타난다.

7 모우나에서 트리푸티들이 침묵에 가라앉으면, 그때 희열이 일어날 것입니다.

8 모우나의 빛을 경험한 마음은 다른 빛(치다바사)에서 나타나는 트리푸티들로 구성된 개념들로 만들어진 드라마를 쉽게 받아들이지 못할 것입니다.

9 불완전하다는 느낌이 있을 때 사라지는 것이 마음입니다. 모우나의 충만함 속에는 오로지 의식이 있을 뿐이며 생각들은 존재하지 않습니다.

10 침묵에서 커 가는 그 희열은 다른 곳에서는 얻거나 경험할 수 없습니다.

11 모우나의 빛을 본 사람들은 세상에 대한 애착이 없습니다. 세상에 대한 애착은 카르트루트바에서 나온 미혹시키는 덫에서 생긴 것입니다.

카르트루트바는 내가 행위자라는 생각이나 느낌이다. 즉 육체를 통하여 행위하고 있는 사람이 있다는 생각이나 느낌이다. 이 생각은 침묵의 상태에서 사라진다.

12 늘 젊은 채로 있다는 느낌은 진리의 꽃인 모우나에서만 얻어집
니다.

13 부족하다는 느낌을 일으키는 것은 생각이기 때문에, 오로지 생각
으로부터 자유로운 모우나가 풍부함입니다.

14 사다카들이 얻을 가치 있는 지고의 모우나 상태를 얻기 위해서는
개별감을 잃어야 합니다.

15 지고의 해방의 상태는 다른 곳이 아니라 모우나의 상태를 얻은
마음 안에만 존재한다는 것을 알아야 합니다.

16 거대한 모우나의 텅 빔에 개념들로부터 자유로운 상태가 올 것입
니다. 그것을 경험함으로 기만적 고착인 자아 망상이 종지부를
찍습니다.

17 모우나인 참나를 직접적으로 경험하는 것이 모든 것의 축입니다.
이것은 최정상이며, 최상의 선입니다.

18 모우나라는 바다 안으로 깊이 들어간 사람들은 지고의 산의 정상
에, 광활하게 펼쳐진 의식에 살 것입니다.

평화

19 위대한 존재(갸니)들이 브라만의 환희로 소중히 하는 것은 무한한 만족인 평화의 희열입니다.

20 뛰어난 사람들은 카이발야(단일성)를 지고의 희열의 상태로 경험하고 크게 기뻐합니다. 그 단일성은 오로지 평화입니다.

21 차별이라는 장애는 자아에서 옵니다. 차별 없이 빛나고 있는 평화가 무한한 지식입니다.

22 행복과 비참함은 인류에게 자연스럽지 않습니다. 희열의 삶인 평화만이 자연스럽습니다.

    질문 평화를 얻기 위한 방법은 무엇입니까?
    바가반 목표가 있고 그것에 이르는 길이 있다는 생각은 잘못입니다. 우리는 항상 목표이자 평화입니다. 우리가 평화가 아니라는 개념을 버리는 것이 필요한 전부입니다.[2]

23 아무런 생각들이 일어나지 않는 진정한 깨달음의 상태에 들어가는 것이 자연스러워지면, 평화가 넘쳐흘러 당신을 채울 것입니다.

    타밀어에서 이 구절이 의미하는 바는 "생각이 없이 참나 안에 머무르는 정도만큼 평화가 빛날 것이다."라는 것이다.

바가반 내가 이미 말했듯이, 존재하고 있는 것은 평화입니다. 해야 할 모든 일은 오로지 고요를 지키는 것입니다. 평화가 우리의 진정한 본성입니다. 우리는 평화를 망치고 있습니다. 필요한 것은 평화를 망치는 일을 그만두는 것입니다. 평화는 새롭게 만들어야 하는 것이 아닙니다. 홀의 공간을 예로 들어 봅시다. 우리는 그 공간을 여러 물건들로 채웁니다. 공간을 원한다면, 온갖 물건들을 치우는 것입니다. 그러면 공간을 얻습니다. 이와 마찬가지로 마음에 있는 온갖 잡동사니들인 생각들을 없애면, 평화가 나타날 것입니다. 평화를 방해하고 있는 것은 제거되어야 합니다. 평화가 유일한 실재입니다.[3]

24 가슴속의 평화가 진정한 갸나의 표시입니다. 마음속의 불안은 그릇되고 망상적인 삶의 표시입니다.

질문 평화를 얻는 방법은 무엇입니까?

바가반 평화는 자연스러운 상태입니다. 마음은 본래부터 있는 평화를 방해합니다. 탐구는 오직 마음속에만 가능합니다. 마음을 탐구하십시오. 그러면 마음은 사라질 것입니다. 마음이라 부르는 실체는 존재하지 않습니다. 생각이 일어나므로, 생각들이 무엇인가로부터 일어났다고 추측합니다. 그 무엇을 '마음'이라 합니다. 마음이 무엇인지 알아보고자 탐구하면, 마음이라는 것은 어디에도 존재하지 않습니다. 마음이 사라지면, 평화가 늘 있어 왔다는 것을 발견할 것입니다.[4]

가슴

25 '가슴'과 '아트마 스와루파'는 서로 다르지 않습니다. 사용되는
단어들만 다를 뿐입니다.

슈리 라마나 기타 5장, 2, 3, 5절:

바가반 몸을 지닌 존재의 모든 생각이 흘러나오는 곳을 가리켜 가슴이
라고 합니다. 가슴에 대한 모든 설명은 단지 마음의 개념들일 뿐입니다.

　'나'라는 생각은 모든 생각들의 근원입니다. 간단히 말해서 '나'라는
생각은 가슴에서 일어납니다.

　이 가슴은 혈액 순환 기관이 아닙니다. 흐리다얌 즉 가슴은 '만물을
흡수하는 중심'을 뜻하는 흐릿과 '이것'을 뜻하는 아얌을 합친 말로서
참나를 의미합니다.

26 아트마 스와루파가 가슴 안에 가슴으로서 존재하고 있습니다. 실
재에 대한 선명한 지식을 지니고 있는 현자들은 이것을 확신하고
있습니다.

질문 슈리 바가반께서는 가슴을 의식의 자리라 하시며, 또한 이것은
참나와 동일하다고 말씀하십니다. 가슴이 의미하는 바는 정확히 무엇
입니까?

바가반 가슴에 관한 질문이 일어난다는 것은 의식의 근원을 찾는 데
관심이 있다는 말입니다. 깊이 생각하는 마음을 지닌 모든 사람들은

'나'와 '나'의 본질을 탐구하는 것이 억누를 수 없는 매력을 지닙니다.

그것을 신, 참나, 가슴 또는 의식의 자리라는 이름으로 부를 수 있지만, 이 모든 말들은 동일한 것입니다. 이해해야 할 요점은 '가슴'이 바로 존재의 핵심이라는 것입니다. 그것 없이는 아무것도 존재하지 않습니다.[5]

27 가슴으로서 가슴 안에 빛나고 있는 아트마 스와루파의 범람하는 꿀을 마시는 사람들은 진실로 현명합니다. 그들은 만족감을 느낍니다.

28 마음과 지성의 움직임은 가슴의 침묵에서만 그칩니다. 그러면 순수한 의식의 특유한 빛이 나타나 밝게 타오를 것입니다.

29 생각은 상상으로 만들어집니다. 생각으로부터 자유로운 아트마 스와루파인 가슴이 순수 의식인 실재입니다.

30 당신의 가슴은 완전함으로 있습니다. 그런데도 왜 당신은 완전함이 아닌 곳에 있음으로 평정을 잃습니까?

31 가슴이 지바 사마디입니다. 진정한 헌신자의 영혼은 희열의 의식으로 늘 그곳에 있습니다.

어떤 요기들은 삶의 마지막에 '지바 사마디'를 얻는다. 이는 그들이 살아 있는 채 사마디 장소에 묻히거나 동굴 또는 이와 비슷한 곳에 들어가고 난 뒤 그곳을 벽으로 둘러싸는 것을 의미한다. 이 구절은 지바가 참나의 희열을 영원히 만끽할 수 있는 곳은 가슴 안에 영구히 매장된 상태라고 설명하고 있다.

32 끊임없는 노력으로 가슴은 실재의 본성에 대한 진정한 자각을 얻습니다. 그러면 가슴은 깊고 그리고 늘 있는 희열의 보고가 될 것입니다.

33 자신이 의식의 거대한 확장이라는 것을 깨달은 가슴은 칠흑 같은 무지의 어둠으로 빛을 잃는 것이 불가능합니다.

가슴 안에 거주함

34 참나의 희열을 주는 진정한 갸나는 자아를 정복하여 지극히 고요로 있는 가슴 안에서 자신을 드러낼 것입니다.

35 가슴에 이르러 그곳에 자리를 잡지 않는 한, 마음의 동요를 없애고 평화를 얻기는 불가능합니다.

36 치우침이 없는 평정의 상태에 거주한다는 것은 확고한 참나 자각으로 가슴 안에 이르러 머무는 것입니다. 참나를 확고하게 자각하는 것이 진정한 갸나 스와루파입니다.

37 당신에게 붙어 있는 생각들이 없이 가슴 안에 있으면서 빛나는 것이 자신의 진정한 성품인 모우나 사마디입니다.

38 무엇인가가 당신으로부터 떠나면 떠나게 두십시오. 그 대신에 가 슴 안에 영원히 거주하고 있는 것을 알아 의식 안에 사십시오.

39 선하고 현명한 사람들이 진정한 타파스를 받아들이게 하십시오. 진정한 타파스란 그들의 가슴 안에 있는 진리를 깨달아 그것으로 서 확고하게 거주하는 것입니다.

40* 의식을 가짐으로 오는 지고의 이득은 가슴 안에서 즐거워하는 것, 즉 참나와의 결합을 경험하는 것입니다.

41 환영인 현상들로부터 자유롭게 해 주는 진정한 타파스를 함으로 오는 이익은 가슴입니다. 가슴은 방해받지 않고 영원히 진정한 삶으로 가득 차 있으며 그리고 의식으로 있습니다.

마음을 가슴 안에 자리 잡게 하기

42 오직 가슴만이 정복하여 가질 가치가 있습니다. 왜냐하면 가슴은 형언할 수 없는 지고의 희열을 생산하는 나라의 주권을 주기 때 문입니다.

43 가슴 안에 자리 잡은 고요한 마음은 해방의 영역을 보호하는 울
타리입니다.

44 생각들로부터 자유로운 가슴 안에 머무는 마음은 순수 희열이며
진정한 지식입니다. 이것은 이루기 어렵습니다.

45 의식의 모습으로 있으며 천상의 은총의 확장인 가슴 안에 확고하
게 머무는 방식으로 자신을 다스리십시오.

46 마음이 가슴 안에 확고하게 자리 잡지 않는다면, 실재는 마음이
라는 거짓에 가려질 것입니다.

질문 마음은 얼마나 오랫동안 가슴 안에 머물게 하거나 붙잡아 둘 수
있습니까?
바가반 그 기간은 수행으로 연장됩니다.
질문 그 기간이 끝나면 무슨 일이 일어납니까?
바가반 마음은 보통의 상태로 돌아갑니다. 가슴 안에 있던 유일성의
지각은 다양한 현상들로 대체됩니다. 이것을 바깥으로 나가는 마음이
라 합니다. 가슴으로 가는 마음을 휴식하는 마음이라 합니다.[6]

47 당신의 본성인 진정한 희열의 삶을 얻기 위하여, 당신 자신을 가
슴에 자리 잡게 하고서 그곳에 흔들림 없이 있으십시오.

48 자기 자신의 본성으로서 가슴 안에 있으면서 빛나는 자신의 진리

는 망상으로 가득한 마음에 의해 가려집니다.

49 가슴 안에 잠겨 그곳에서 거주하십시오. 그러면 요란한 소리를
    내면서 부서지는 마음으로 혼란되지 않으며 또 비난 너머에 있게
    됩니다.

    바가반 대상들을 보기 위해서는 마음의 반사된 빛이 필요합니다. 가슴
    을 보기 위해서는 마음이 가슴을 향하는 것만으로 충분합니다. 그러면
    마음은 저절로 사라지고 가슴이 밝게 빛납니다.[7]

50 일점 지향의 마음으로 가슴 안으로 들어가면 갈수록 그 정도만큼
    의 희열을 경험할 것입니다.

51 그렇게 함으로써 소란스럽고 무자비한 자아 망령인 마음은 흔적
    없이 소멸할 것입니다.

신

신의 상태

52 사랑받을 권리를 가지고 있는 것은 자신의 아트마 스와루파이며,
    신의 상태인 지고의 희열을 지니고 있는 실체입니다.

53 신으로 있는 상태는 선명해지며 그래서 가슴에 머무는 것입니다. 그것은 어떤 종류의 활동도 없는 상태입니다.

54 시작을 모르는 망상인 자아의식이 없이 있는 그것이 진정한 신의 상태입니다.

55* 신의 상태는 일점 지향의 마음으로 자신 안을 탐구함으로 얻어져야 합니다.

56 마음이 정화되어 신의 상태에 고정된다면, 지바의 삶은 완전한 완벽을 얻을 것입니다.

57 이룰 수 없는 신의 상태는 참나 거주의 경험이 있을 때 얻어지게 됩니다.

신을 보기, 신을 알기

58 비록 당신이 숭배할 가치가 있는 신들의 굉장한 비전들을 본다 할지라도, 당신이 얻은 이런 비전들은 실제로 그렇게 중요하지 않습니다.

울라두 나르파두, 20절:

보이는 대상들을 보는 자인 자신을 보지 않고 신을 본다는 것은 심상을 보고 있는 것입니다. 토대(자아)를 잃음으로 자신의 근원인 참나를 보는 사람만이 신을 보고 있습니다. 왜냐하면 참나는 신과 다르지 않기 때문입니다.[8]

질문 저는 전에 한번 슈리 바가반께, 제가 힌두교로 개종할 무렵 어떻게 쉬바의 비전을 보았는지 말씀드린 적이 있습니다. 비슷한 체험이 쿠르탈람에서도 있었습니다. 이러한 비전들은 일시적입니다. 그러나 그것들은 큰 희열을 안겨 줍니다. 어떻게 하면 그것들을 영원하며 지속적인 것으로 할 수 있는지 알고 싶습니다. 쉬바가 없이는 제 주위에서 무엇을 보아도 아무런 생명이 없습니다. 쉬바를 생각하면 저는 그저 행복합니다. 어떻게 하면 쉬바의 비전이 저에게 영원히 지속될 수 있겠는지 부디 말씀해 주십시오.

바가반 당신은 쉬바의 비전에 대하여 말하고 있습니다. 비전이란 항상 대상에 대한 것입니다. 그것은 주체가 있다는 것을 의미합니다. 비전의 가치는 그것을 보는 자의 가치와 동일합니다. 다시 말해서, 비전의 본질은 그것을 보는 자의 본질과 같은 차원의 것입니다. 나타난다는 것은 사라진다는 것을 또한 뜻합니다. 무엇이든지 나타난 것은 반드시 사라집니다. 비전은 결코 영원할 수 없습니다. 그러나 쉬바는 영원합니다.

눈에 보인 프라티약샤(쉬바의 비전)는 보기 위한 눈, 봄 뒤에 있는 붓디(지성), 지성과 봄 뒤에 있는 보는 자, 마지막으로 보는 자 아래에 있는 의식이 있음을 뜻합니다. 이 비전은 본질적이지도 고유하지도 않기 때문에 생각하는 것만큼 실제적이지 않습니다. 이 비전은 직접적이지 않습니다. 이는 의식의 여러 연속적인 단계들을 거쳐 만들어진 결과입니다. 이러한 단계들 중에서도 의식만은 변하지 않습니다. 그것은 영원합니다. 그것이 쉬바입니다. 그것이 참나입니다.

비전은 보는 자가 있다는 것을 뜻합니다. 보는 자는 참나의 존재를 부인할 수 없습니다. 의식으로서의 참나가 존재하지 않는 순간은 없으며, 보는 자는 의식과 떨어져 있을 수도 없습니다. 이 의식이 영원한 존재이며 유일한 존재입니다. 보는 자는 그 자신을 볼 수 없습니다. 그러나 그가 비전을 볼 때처럼 자기 눈으로 자신을 보지 못한다고 해서 자기 자신의 존재를 부인할 수 있습니까? 아닙니다. 따라서 비전이란 봄을 의미하는 것이 아니라, 있는 것을 의미합니다.

'있는 것'이 깨닫는 것입니다. 그래서 "나는 스스로 있는 자이다."가 쉬바입니다. 쉬바 없이는 아무것도 존재할 수 없습니다. 일체 만물이 쉬바 안에서, 그리고 쉬바로 인해 자신의 존재를 갖습니다.

그러므로 "나는 누구인가?"를 탐구하십시오. 내면으로 깊이 가라앉아 참나로 머무르십시오. 그것이 존재로서의 쉬바입니다. 그의 비전들이 자꾸 나타나기를 바라지 마십시오. 당신이 보는 대상들과 쉬바 간에 어떤 차이가 있습니까? 쉬바는 주체이며 동시에 대상입니다. 당신은 쉬바 없이는 존재할 수 없습니다. 쉬바는 지금 여기에 항상 깨달아져 있습니다. 만약 당신이 아직 쉬바를 깨닫지 못했다고 생각한다면 그것은 잘못입니다. 이것은 쉬바를 깨닫는 데 장애입니다. 그 생각조차 놓아 버리면 깨달음이 있습니다.[9]

59 자아-마음의 헛된 창조물을 완전히 버리는 것이 모든 개념들을 초월하여 있는 신을 진정으로 보는 것입니다.

울라두 나르파두, 21 및 22절:

경전들이 '참나를 보는 것'과 '신을 보는 것'에 대하여 논할 때, 그것들이 의미하는 진리는 무엇입니까? 참나를 보는 방법은 무엇입니까? 참나는 둘이 아닌 하나이기 때문에 참나를 본다는 것은 불가능합니다. 신을 보는 방법은 무엇입니까? 신을 본다는 것은 신에 의해 소멸되는 것입니다.

마음 안에 빛나고 있으며 마음의 모든 빛에게 자신의 빛을 빌려 주는 신의 빛 즉 신 속으로 몰입됨이 없이, 우리가 어떻게 마음의 빌려 온 빛으로 빛들 중의 빛을 알 수 있겠습니까?[10]

바가반 신을 본 적이 없는 사람은 존재하지 않습니다. 신의 비전은 모두에게 자연스럽습니다. 진리의 이 자연스러운 경험을 자각하지 않는 것은 무지입니다. 그릇된 지식은 "나는 곧 몸이다."라는 사고방식인 자아에게만 있습니다. 그러므로 자아를 잃으면 신을 얻는다는 의미입니다. 자신을 아는 것이 신을 아는 것입니다. 신을 안다는 것은 다만 참나로 있는 것입니다. 참나를 깨닫는 것이 신을 깨닫는 것입니다. 참나와 신은 다르지 않습니다.[11]

60 신으로 거주함으로 오는 완벽하고 진정으로 기쁨에 넘치는 상태를 잊어버리고 그릇되고 무익한 악어 같은 자아의 입 속에 갇혀 버리는 것, 이것은 정말로 가련한 일입니다.

61 의식인 파담은 말합니다. "자신의 본성이 참나라는 사실을 모르

는 실수를 하고서 신 또는 자신에 대하여 불평합니다. 이것은 가련한 일입니다."

62 "신이 어디에 있습니까? 신은 눈으로 볼 수 없습니다."라고 질문하는 사람들은 먼저 "나는 누구인가? 나는 어디에 있는가?"를 탐구하여 그 답이 발견되는 곳에서 신을 만나야 합니다.

63 가슴의 공간에서 홀로 나타나 빛을 발하는 것 그리고 거기에서 마주치는 것이 신의 모습입니다.

64 당신 앞에 펼쳐져 있는 세상의 장면들은 마음이 만든 개념임을 깨달으십시오. 그렇지 않으면 세상을 신의 모습으로 보십시오.

65 보이는 모든 것이 거대한 신의 모습이라면, 어떻게 매력이나 혐오가 적절할 수 있겠습니까?

질문 아루나찰라 판차라트남의 다섯 번째 절에 '모든 것에서 당신의 형상'을 본다는 말이 있습니다. 여기에서 말하는 형상이란 무엇입니까?
바가반 그 구절이 의미하는 바는 마음을 완전히 복종시켜 안으로 향하게 하여 안에 있는 참나인 '당신'을 본 다음에 모든 것에서 '당신'의 참나를 보아야 한다는 말입니다. 내면에 있는 참나를 본 후라야 모든 것에 있는 참나를 볼 수 있을 것입니다. 먼저 참나 외에는 아무것도 없으며 자신이 참나임을 깨달아야 합니다. 그때서야 참나의 형태로 있는 모든 것을 볼 수 있습니다.[12]

66* 신의 비전이란 보이는 모든 것을 신의 유희로 보고, 그 결과로 평
온해지는 것입니다.

질문 신을 어떻게 볼 수 있습니까?

바가반 안에서 볼 수 있습니다. 마음을 안으로 향하면, 신은 내면의 의
식으로 나타납니다.

질문 신은 우리 주변에 보이는 모든 대상들 안에 있습니다. 그 모두의
안에서 볼 수 있어야 한다고 말합니다.

바가반 신은 만물의 안과 보는 자 안에 있습니다. 그것 외의 어느 곳에
서 신을 볼 수 있습니까? 신은 바깥에서 찾을 수 없습니다. 신은 안에
서 느껴져야 합니다. 대상들을 보기 위해서는 마음이 필요합니다. 대
상들 속에서 신을 본다는 것은 마음의 작용입니다. 그것은 진실이 아닙
니다. 마음이 정화되면, 내면의 의식이 신으로 느껴집니다.[13]

67 진정한 신의 지식인 모우나 갸나만이 유일한 것입니다. 많은 차
별들은 대상들에 대한 지식 안에서만 존재합니다.

68 눈부시게 빛나는 신(파라데바타)의 거처(파란다마)에서 거주하는
자만이 파라데시입니다.

파라데시는 일반적으로 이방인 또는 방랑하며 탁발하는 수도자를
뜻한다. 그러나 이 구에서 바가반은 '파라데시'라는 단어를 전혀 다르
게 사용하고 있다. '파라'는 '최상'을 '데사'는 '나라'를, '데시'는 '그
지역의 주민'을 의미한다.

69 존재의 의식이며 부마(내면의 실재)로 밀려오는 눈부시게 빛나는
    거처(파란다마)만이 비이원의 참나인 절대자입니다.

바가반 부마만이 존재하고 있습니다. 그것은 무한합니다. 그것으로부
터 제한하는 우파디(부가물)를 취하여 이 유한한 의식이 일어납니다.
이것이 아바사 즉 반사입니다. 이 개별적 의식을 지고의 하나 안으로
녹이십시오. 이것을 해야 합니다.

질문 부마는 지고의 의식의 속성입니다.

바가반 내면의 실재가 지고자입니다. 야트라 나야트 파스야티 야트라
나야트 스루노피 사 부마(아무것도 보지 못하고, 아무것도 듣지 못하는
곳, 그것이 부마입니다). 내면의 실재는 정의할 수도 형언할 수도 없는
것입니다. 그것은 있는 그대로 있습니다.

질문 거대한 체험이 있습니다. 아마도 그 체험은 부마에 아주 근접해
있는 것 같습니다. 그렇지 않습니까?

바가반 부마만이 있습니다. 그 밖의 아무것도 존재하지 않습니다. 이
모든 것을 말하는 것은 마음입니다.[14]

쉬밤

쉬밤의 본성

쉬바의 숭배자들은 신의 의인화의 모습으로의 쉬바와 쉬바의 진정

한 본질인 형상 없는 의식이요 실재인 쉬밤을 구별한다.

70 쉬바를 '세 개의 빛나는 실체(태양, 달 및 불)를 다스리는 3개의 눈
    을 가진 분'이라고 부르는 것은 의식인 쉬밤을 모욕하는 것입니다.

71 가슴 안에 있는 의식의 미묘한 공간이 오로지 쉬바의 모습입니
    다. 언어로 설명하는 그 밖의 모든 것들은 개념입니다.

72* 이 진리를 자기 자신의 진정한 본성으로 깨달은 이는 틀림없이
    쉬밤의 모습입니다.

73 존재하고 있는 자신에 대한 진리는 아주 귀한 것입니다. 그것은
    상서로운 쉬밤처럼 망각하지 않고 기억해야 할 것입니다.

74 극히 순수하고 투명한 쉬바의 경험은 가슴 안에 있는 생각으로부
    터 자유로운 의식 안에 있습니다.

75 순수 의식인 참나를 깨닫는 것은 마음의 불순으로부터 자유로운
    쉬바의 성품을 깨닫는 것입니다.

76 이르기 어려운 쉬밤과 하나가 된 상태는 오로지 존재로서 빛나고
    있습니다.

77 쉬바, 쉬바의 헌신자들 및 그들의 위대함을 설명하고 있는 푸라

나들 간에는 조금의 차이도 없습니다.

이것은 바가반(신), 바가반의 박타들과 바가바탐이 모두 같다는 유명한 바이슈나바의 생각과 유사하다. 바가반은 자신의 저작물에 대한 질문에 답할 때 이 점을 넌지시 비쳤다.

질문 저는 다섯 찬가들을 읽고 있는 중입니다. 저는 이 찬가가 아루나찰라에게 바치는 것임을 알게 되었습니다. 당신은 아드바이틴입니다. 그렇다면 어떻게 신을 개별적인 존재로 지칭할 수 있습니까?
바가반 헌신자, 신 및 찬가 이 모두는 참나입니다.[15]

쉬밤을 아는 것과 쉬밤이 되는 것

78 감각들에는 존재하지 않지만 의식을 통해서 지각할 수 있는 쉬밤은 실재로서, '나'로서 빛나고 있습니다.

바가반 의식이 없는 존재는 없으므로 쉬바이지 않은 사람은 없습니다. 자신이 쉬바일 뿐만 아니라, 자각하거나 자각하지 못하는 모든 존재들도 쉬바입니다. 그런데도 완전한 무지 속에서 다양한 모습의 우주를 본다고 생각합니다. 그러나 자신의 참나를 보면, 자신이 우주로부터 분리되어 있지 않음을 압니다. 사실 개별적인 존재로서의 자신과 여러 실체들은 비록 그것들이 모습을 가지고 있더라도 사라집니다. 쉬바는 우주로서 보여집니다. 그러나 보는 자는 배경 자체를 보지 못합니다. 옷

감만을 볼 수 있고 이것을 이루고 있는 면화를 보지 못하는 사람, 스크린에 비치는 그림을 볼 수 있으나 그 배경인 스크린 자체를 보지 못하는 사람, 종이 위의 글은 볼 수 있으나 글이 쓰인 종이를 볼 수 없는 사람을 생각해 보십시오. 그러므로 대상들은 의식이자 형상들입니다. 보통 사람들은 우주에 존재하는 대상들은 볼 수 있으나, 이러한 형상들로 존재하는 쉬바는 보지 못합니다. 쉬바는 이러한 형태들을 취하고 있는 존재이며, 이러한 형태들을 보는 의식입니다. 말하자면, 주체와 객체 둘의 바탕을 이루고 있는 배경입니다. 다시 말하면, 쉬고 있는 쉬바와 행위 중에 있는 쉬바, 혹은 쉬바와 샥티, 즉 신과 우주입니다. 무엇이 존재하고 있더라도, 움직이고 있거나 고요 속에 있거나 간에, 그것은 오로지 의식입니다. 의식이지 않은 사람이 있습니까? 그러므로 누가 깨닫지 않았습니까? 그렇다면 깨달음에 대한 질문과 깨달음을 바라는 질문이 어떻게 있을 수 있겠습니까? 만약 '나'가 나에게 직접적으로 경험되지(프라티약사) 않는다면, 그때 나는 쉬바는 직접적으로 경험되지 않는다고 말할 수 있습니다.[16]

79 '나'가 없이 있으면, 갸나 스와루파인 쉬밤의 경험이 당신과 함께 할 것입니다.

80 쉬밤이라는 존귀하며 영속적인 경험을 하지 못하게 하는 것은 '나'로 알려져 있는 자아가 일어나는 것입니다.

81 자신의 진정한 본성 안에 생명인 빛이 쉬밤으로 있습니다. 마음의 변덕으로 그렇지 않다는 느낌을 가집니다.

82 은총을 얻는 방법은 쉬바 이외의 다른 것을 보지 않고 오직 쉬바를 숭배하는 것입니다.

83 의식 안에 확고히 뿌리를 내리지 않고 의식의 주위를 배회하는 마음으로는 존재의 충만함인 순수한 쉬밤을 아는 것이 가능하지 않습니다.

84* 쉬밤을 묵상한다는 것은 생각들로부터 자유로운 지바의 자연스럽고 조용한 마음 상태에 있는 것입니다.

    바가반 지바가 쉬바입니다. 쉬바가 지바입니다. 지바가 쉬바 이외의 다른 것이 아니라는 것은 사실입니다. 곡식이 껍질 내부에 숨겨져 있을 때를 벼라 하고, 껍질이 벗겨졌을 때 쌀이라 합니다. 이와 마찬가지로 카르마가 남아 있으면 지바이고, 무지의 끈이 끊어지면 그 사람은 신인 쉬바로 빛납니다. 경전에 그렇게 적혀 있습니다. 따라서 마음인 지바는 실제로는 순수한 참나입니다. 그러나 이 진리를 잊어버리고, 지바는 자신을 개인적인 영혼이라 상상하고는 마음이라는 모습에 묶입니다.[17]

85 마음이 쉬밤 안에서 기뻐하는 대신에 무의미하게 자신의 삶을 낭비하는 것은 큰 불행입니다.

86 쉬밤 안에 자신을 희생하지 않는 사람들은 삼사라 안에 던져져 강렬한 고통을 받을 것입니다.

87 복종하는 마음에 지고의 쉬밤의 홍수가 흘러들어 와 마음의 고뇌의 불을 끄면서 마음과 하나가 될 것입니다.

쉬바 갸나

88 찬란한 파담은 다음과 같은 비밀스러운 실마리를 우리에게 줍니다. "삼사라의 강력한 끈을 잘라 버릴 수 있는 칼은 쉬바 지식밖에 없습니다."

89 쉬바 지식이란 개별적 자아는 소용이 없는 지식이라는 것을 자신 안에서 깨닫는 것입니다.

90 세상이 주는 사악한 탐닉에 떨어지지 말고, 고귀한 쉬바 지식의 영광스러운 보물을 얻으십시오.

91 궁극인 침묵의 상태에 있기 위하여, 쉬바 지식의 삶에 확고하게 자리 잡으십시오.

92 쉬바 지식 안에 거주함으로 오는 마음의 고요에는, 악에 집착하여 세상의 삶으로 가는 것이 불가능합니다.

93 안과 밖의 삶이 조화를 이루는 곳에서만, 쉬바 지식의 선명한 빛을 가두어 저장할 수 있습니다.

제3장
구루와 갸니

은총을 베푸는 지고의 존재로 서 계시는 아루나찰레스와라 신께서 브라만을 아는 구루의 모습을 취하셨습니다. 그분의 유일의 소망은 헌신자들의 삶을, 무지가 없는 밀려드는 지식을 지닌 희열의 삶으로 변형시키는 것입니다.[1]

아무리 열심히 공부하더라도, 무슨 타파스들을 하더라도, 어느 누구도 자신의 자아를 소멸시킬 힘을 지니고 있지 않습니다. "어떻게 해야 제게도 이러한 일이 가능합니까?"라고 나에게 묻는다면, 나는 대답할 것입니다. "이 놀라운 일은 위대하고 참을성 있는 사자 같은 구루가 그의 빛나는 눈으로 오게 할 것입니다."[2]

모든 악을 떨쳐 버렸고, 모든 미덕을 확고히 했고, 모든 관계를 끊어 버렸고, 샤스트라들에서 말하는 모든 금욕을 준수하였다 할지라도, 과연 그가 갸나 구루를 만나지 않고 영원한 희열에 이를 수 있겠습니까?[3]

제1절
구루

구루의 진정한 모습

1   구루의 진정한 모습은 구루의 은총으로 자신의 진정한 본성을 깨
     달을 때만 알 수 있습니다.

질문 어떠한 사람을 훌륭한 구루라 할 수 있습니까? 구루의 스와루파
는 무엇입니까?

바가반 당신의 마음이 그에게 맞춰지면, 그는 훌륭한 구루입니다. "어
떤 사람을 훌륭한 구루라고 할 수 있습니까, 그리고 구루의 진정한 모
습은 무엇입니까?"라고 묻는다면, 그가 고요, 인내, 용서, 그리고 자석
처럼 꾸밈없는 눈으로 사람을 매료시키는 여러 미덕들, 그리고 모든 존
재들에 공평함을 지니고 있다면, 이는 진정한 구루입니다. 진정한 구
루의 스와루파를 알고자 한다면, 자기 자신의 스와루파를 먼저 알아야

합니다. 자기 자신의 스와루파를 먼저 알지 않는다면, 어떻게 그가 진정한 구루의 스와루파를 알 수 있겠습니까? 진정한 구루의 본성을 보기를 원한다면, 먼저 온 우주를 구루 루파(구루의 모습)로 보기를 배워야 합니다. 모든 존재들 즉 모든 만물을 구루로 바라보아야 합니다. 신도 이와 마찬가지입니다. 당신은 모든 대상들을 신의 모습으로 바라보아야 합니다. 자신의 참나를 깨닫지 못한 사람이 어떻게 신의 모습과 구루의 모습을 이해할 수 있겠습니까? 그가 무슨 수로 그것들을 정의내릴 수 있겠습니까? 그러므로, 무엇보다도 먼저 그대 자신의 진정한 스와루파가 무엇인지 아십시오.[1]

2 구루의 진정한 모습을 새장 안에 가두지 말고 내면을 향하여 계속 탐구하여, 구루는 형태가 없으며 모든 곳에 퍼져 있는 의식의 확장임을 깨달으십시오.

3 구루의 형상 속에 풍부하게 있는 신성한 은총만이 어지럽게 선회하는 미친 마음을 멈추게 할 수 있습니다.

　　쉐이바 시단타의 전통에 따르면, 세 가지 불순물이 있다. 그것들은 아나바(자아), 카르마 및 마야(환영)이다. 이것들은 헌신자들이 궁극적 목적인 쉬바 신의 의식과 하나가 되는 것을 방해한다. 세 가지 불순물(말라)들을 모두 가지고 있는 사람은 사다쉬밤 즉 쉬바의 의식을 깨닫기 위해 인간 스승을 필요로 한다. 단지 자아와 카르마로 인하여 고통을 겪는 헌신자들은 그들 앞에 쉬바 신이 인간의 모습으로 나타나면 사다쉬바에 도달할 수 있다. 페리아푸라남에 있는 많은 헌신자들이 이 범주에 속한다. 자아라는 하나의 불순물만을 가지고 있는 사람들은 세 번째 범주에 속하는 사람들로서, 이들은 인간 스승을 필요로 하지도 않고 또한 외부에 있는 신을 보는 것 없이도 내면의 참나의 힘을 통하여 깨달음을 얻을 수 있다. 마하리쉬가 오직 참나의 힘을 통하여 깨달음을 얻은 사람의 좋은 예다. 두 번째와 세 번째 범주에 속하는 헌신자들은 매우 드물기 때문에, 인간 스승의 필요성이 강조된다.

위의 설명은 슈리 라마나 달사남의 118쪽에 있는 편집자 주에서 발췌해 온 것이다. 이 세 범주의 구분이 시사하는 바는 인간 구루야말로 은총이 작용할 수 있게 하는 가장 강력한 수단이라는 것이다. 무루가 나르는 마하리쉬의 깨달음에 대하여 다음과 같은 글을 써서 이러한 쉬바파의 철학적 관점에 동의하였다.

전생에 수련하였던 결과로 바가반의 마음속에 "나는 누구인가?"라는 물음이 자연스럽게 생겨났다는 점, 그리고 단지 그 물음을 통하여 매우 쉽게 완전한 절대 경지에 올랐다는 점, 이러한 사실로 미루어 보았을 때 식별력이 있는 사람들은 오직 자아라는 흔적이 마지막 탄생이 있게 한 이유라는 것을 알 수 있다.[2]

무루가나르는 같은 글의 앞 부분에서 바가반에 대하여 비슷한 말을 남겼다. "전생에서 수행한 타파스의 결과로, 약간의 자아의 불순물이 남아 있었는데, 이는 파리의 날개만큼이나 얇은 것이었다."

다른 곳에서 무루가나르는 다음과 같이 썼다. "신은 대부분의 사람들에게 은총의 구현인 신체의 모습으로 나타나 진리를 드러냈다. 몇몇 사람들에게는 내면에서 빛나는 참나로서 나타나는데, 그것은 마음을 지탱하고 있는 순수 의식이다. 신이 자신을 드러내는 방식은 구도자에게 얼마나 적합한가에 달려있다."[3]

4* 지고의 참나로 내면에 거주하고 있는 그것은 보이는 구루의 모습으로 당신 앞에 나타나 유희하는 그것과 하나입니다.

구루 바차카 코바이, 656절 진리를 깨닫지 못한 사람들은 실재는 아무런 형상을 가지지 않는다고 단언합니다. 당신은 진리로서 살아가는 사람, 진리를 탐구하여 깨달은 사람의 형상이 무엇인지 깨달아야 합니다. 사실, 있는 그대로의 의식의 공간을 깨달은 사람이야말로 진리의 모습입니다.

주석 바가반은 여기서 진리는 어떠한 형상도 가지지 않는다는 사실을 부인한다. 어떻게? 진리를 있는 그대로 깨달아 자연스러운 상태에 있는 그리고 그것으로 거주하고 있는 사람은 그 진리와 다르지 않을 것이기 때문이다. 그러므로 그는 정말이지 진리의 모습이다. 이 구절은 "갸니는 참나 그 자체이다."라는 문장을 설명한 것이다.

5 크나큰 은총을 주시는 갸나 구루의 형상이 바로 쉬밤입니다. 그는 순수 의식으로 그 자신 안에 머물고 있습니다.

바가반 진정한 갸나는 외부로부터 주어지는 것도 아니며, 다른 사람으로부터 받는 것도 아닙니다. 그것은 모든 사람들이 각자 자신의 가슴의 중심으로부터 깨달아질 수 있습니다. 모든 사람의 갸나 구루는 "나는 이다. 나는 이다."라는 존재 의식으로부터 매 가슴 내에 항상 그것 자신의 진리를 드러내고 있는 오직 지고의 참나입니다. 그에 의한 존재-의식의 허락이 갸나에 입문하는 것입니다. 구루의 은총은 각 사람의 진정한 본성인 이 참나를 자각하는 것입니다. 그것은 존재-의식입니다. 이것을 통하여 그는 자신의 존재를 끊임없이 드러냅니다. 이 신성한 우파데사(가르침)는 모든 사람 안에 자연스럽게 늘 진행되고 있습니다. 이 우파데사만이 자신의 경험을 통하여 자연스러운 참나의 성취를 드러내기 때문에, 성숙한 사람들은 갸나 우파데사를 얻기 위하여 외적 존재들의 도움을 찾아다닐 필요가 없습니다. 음성, 몸짓과 생각 등의 형태로 외부로부터 얻은 우파데사 이 모두는 오직 마음의 개념들일 뿐입니다. 우파데사(우파+데사)라는 단어의 의미는 "참나 안에 머무르다." 또는 "참나로서 머무르다."는 뜻입니다. 이것이 자신의 진정한 본성이기 때문에, 외부로부터 참나를 찾으려고 하는 한, 참나는 얻어질 수 없습니다. 당신 자신이 존재 의식으로서 가슴 안에서 빛나고 있는 실재이기 때문에, 당신 자신의 진정한 본성을 깨달은 스티타 프라갸나(지혜에 자리 잡고 있는 사람)로 항상 존재하고 있습니다. 이렇듯 참나의 경험 안에 변함없이 머무르는 것에 대하여 우파니샤드에서는 '마하바키야들의 의미'인 '지고의 침묵', '고요로 있기', '마음의 정지', '자신의 진정한 본성을 깨달음'과 같은 말로써 설명하고 있습니다.[4]

구루에 대한 숭배와 복종

6   구루의 형상은 이슈와라가 모습을 취한 것으로서, 사실상 은총이

육체화한 신의 형상이기 때문에, 그 형상은 숭배할 가치가 있습니다.

7   쉬바-갸나-요가는 진정한 갸나를 주는, 결코 줄어들지 않는 구루의 은총을 통하여 늘 있습니다.

질문 스승님 곁에 앉아 있는 동안, 저희가 스승님의 참나를 전해 받기 위해서는 어떠한 마음을 지녀야 합니까?
바가반 당신의 마음을 계속 침묵하게 하십시오. 그것으로 충분합니다. 당신이 당신 자신을 고요하게 한다면 당신은 이 홀에 앉아 영적인 도움을 얻게 될 것이다. 모든 수행들의 목표는 모든 수행들을 그만두기 위한 것입니다. 마음이 고요해지면, 참나의 힘을 경험하게 될 것입니다. 참나의 물결은 어디에나 충만하게 스며 있습니다. 마음이 평화로움에 있으면, 그것들을 경험하기 시작할 것입니다.[5]

8*   구루를 쉬바 신의 진정한 모습이라 명상하면서 숭배에 몰입한다면 은총이 자연스럽게 가슴 안으로 흘러들 것입니다.

질문 구루의 축복 없이 깨달음을 얻는 것이 가능합니까? 어렸을 때는 총명하지 못하였던 라마조차도 그의 구루의 도움만으로 깨달은 영혼이 되었습니다.
바가반 그렇습니다. 거기에 어떻게 의심이 있을 수 있겠습니까? 구루의 은총은 절대적으로 필요합니다. 그렇기 때문에 타유마나바르는 그의 찬가에서 자신의 구루를 찬미하였던 것입니다. 다른 이는 또한 말하기를, "오 구루데바시여, 당신께서 바라보시면, 호랑이가 염소와 같이 얌전해지고, 뱀이 다람쥐 같이 되며, 악한 자가 선한 자로 바뀝니다. 어떠한 일인들 일어나지 못하겠습니까? 당신이 은총의 눈길로 바라보시면 모든 것이 변하여 선해집니다. 당신의 위대함을 제가 어찌 다 설명하겠습니까?" 구루의 은총은 특별하다고 그는 그렇게 노래하였습니다.[6]

9* 훌륭한 제자들이 지닌 위대한 점은 그들이 구루의 형상을 은총의 구현이라 가슴으로 믿고 신뢰함으로써 순수 지식을 얻는다는 것입니다.

10 구루의 은총을 얻음으로 가슴 깊이 기뻐하는 훌륭한 제자들은 공포와 절망을 가지지 않습니다.

질문 구루 크리파(구루의 은총)란 무엇입니까? 그것이 어떻게 참나 깨달음으로 인도합니까?

바가반 구루는 참나입니다. 사람은 일생을 살다가 때때로 불만족을 느끼고 자기가 소유한 것에 만족하지 못합니다. 그는 신께 기도 등을 하여 그의 욕구들을 충족시키려 합니다. 그의 마음은 점점 정화되어 신을 알고자 열망하게 되어, 그는 세상의 욕구들을 채우려 노력하기보다는 신의 은총을 얻고자 열망하게 됩니다. 그때 신의 은총이 나타나기 시작합니다. 신은 구루의 형상을 취하고 헌신자들에게 나타나 그들에게 진리를 가르치고 더 나아가 마음을 정화시킵니다. 헌신자의 마음은 강해져서 내면으로 향할 수 있게 됩니다. 명상을 통하여 마음은 한층 더 정화되고 조금의 동요도 없이 고요하게 됩니다. 고요의 확장이 바로 참나입니다.

구루는 '안'과 '밖' 둘 다에 있습니다. 구루는 '바깥'으로 향했던 마음을 안으로 향하도록 밉니다. 그는 마음을 끌어당겨 참나로 향하게 하고 마음이 고요해지도록 돕습니다. 그것이 구루 크리파(구루의 은총)입니다. 신, 구루, 참나 간에는 아무런 차이가 없습니다.[7]

11 구루에게 자신을 완전히 맡긴 제자는 행운을 주는 진정한 갸나의 삶을 얻을 것입니다.

12 여신 우마처럼 당신이 자신의 절반만 구루에게 맡긴다면 그것은 갸나를 얻기에 충분하지 않을 것입니다.

나는 여기서 바가반이 비꼬아 말했다고 생각한다. 우마는 쉬바에게 완전히 자신을 맡겼고, 쉬바는 그의 몸의 절반을 그녀에게 주었다. 대신에, 바가반은 완전한 복종이 효과적이기 위해서는 분리된 실재로서 존재해서는 안 된다고 했던 것 같다. 신과의 결합은 진정한 복종의 목표가 아니다. 목표는 신과 하나가 될 수 있도록 개별적인 존재감을 완전히 소멸시키는 것이다.

바가반 완전한 복종이란 당신에게 '나'라는 생각이 전혀 없는 것을 의미합니다. 그때 당신의 모든 경향성(삼스카라)들이 씻겨 나가 자유롭게 됩니다. 탐구나 복종 어느 쪽이든, 과정의 끝에 당신은 계속 분리된 존재로 있어서는 안 됩니다.[8]

이 해석은 우마에 관한 앞의 구절에 이어 다음 구절에서도 계속된다.

13   흠 없는 진정한 갸나는 오직 당신이 개별감인 자아를 남김없이 포기할 때 빛날 것입니다.

14   자아 복종은 복종함으로 오는 완전한 불멸의 상태와 조금도 같지 않다는 점을 아십시오.

15   자아를 제물로 바치고 참나를 얻는 것은 마치 하나의 거래와도 같습니다. 진실하고 오래되었으며 제일가는 정수를 얻는 대가로 그림자에 불과한 자아를 내주어야 하기 때문입니다.

무루가나르 세상의 삶에서는, 무엇을 얻기 위해서는 대가를 지불하지 않고는 손에 넣을 수 없습니다. 영적인 삶에서도 마찬가지입니다. 모든 것을 떠받치고 있는 자신을 내어 놓지 않는 한, 실재이고 지고의 참나인 원초적이고 완전한 존재-의식-희열을 얻기는 불가능한 일입니다. 누군가가 자기 복종과 자기를 내맡김으로 얻는 실재, 지고의 참나의 위대함을 비교해 본다면, 이 교환의 대가로 지불하는 값이 너무 싸다는 것을 알 것입니다.

샹카라(쉬바)시여! 신께서는 당신을 제게 주시고 교환의 대가로 저를 가져가셨습니다! 누가 더 현명합니까? 저는 영원한 희열을 얻었지만, 당신이 제게서 얻은 것은 무엇입니까? (마니카바차가르)

위대한 성자가 위에서 쓴 것과 같이, 이러한 교환 또는 바꾸기는 극히 유익한 것입니다.[9]

나마스카람

16 나마스카람의 진정한 의미는 구루의 발 앞에 머리를 숙여 자아가 사라지는 것을 의미합니다.

나마스카람은 경의를 표하는 몸동작으로서, 종종 복종을 표현하기 위하여 전신을 바닥에 완전히 엎드린다.

구루 바차카 코바이, 207절 나마스카람의 의미는 다음과 같습니다. 지바 즉 불완전한 존재가 자신의 도도한 머리를 스승의 신성한 발아래 조아리는 것입니다. 그는 '나'라고 말하는 자아의식을 복종시키고 쉬바 의식과 하나가 되는 것입니다. 그때 쉬바 의식은 피어올라 꽃피게 됩니다.

구루 바차카 코바이, 310절, 포리푸라이 무지한 자아는 미혹을 나타나게 하는 원인입니다. 그것은 두 개로 구분되지 않는 절대적 실재인 아트마스와루파와, 구루와 쉬바의 진정한 본성을 구루-제자, 쉬바-지바 등의 둘로 갈라진 것으로 여겨 쓸데없는 구별을 짓게 만듭니다. 어떤 사람이 완전히 자각하면서 그리고 알맞은 방법으로 그들(쉬바와 구루)에게 드리는 나마스카람의 진정한 의미는 무지한 자아가 가슴에서 조금도 일어나지 않는 침묵입니다.

주석 차이감의 지식은 오로지 아갸나이므로, 그것은 쓸모없는 차이감이라고 말할 수 있다. 울라두 나르파두는 "많이 아는 것이 무지이다."고 말한다. 자아감이 먼저 일어나지 않으면, 수많은 차이들이 일어나지 않을 것이다. 그러므로 자아는 모든 차이들이 있게 하는 바탕이다. 자아가 일어나서 구루와 쉬바를 자신과 다른 것으로 구별하기 때문에, 자아를 사라지게 하는 침묵만이 그들(구루와 쉬바)과 가슴이 하나 되게 하는 가르침의 본질이 된다. 오직 침묵만이 나마스카람의 의미라고 말하면서, 이에 덧붙여서 그분(바가반)은 이 구에서 침묵의 본성을 설명하였다. 타유마나바르가 '순수한 침묵'이라 기술한 것은 이러한 침묵이다.

17 자아가 구루의 발 앞에서 완전히 사라졌을 때, 자아는 비길 데 없는 침묵의 바다로 빛날 것입니다.

바가반 실재로서 당신의 가슴에 늘 빛나고 있는 지고의 참나만이 삿구루입니다. 내면의 광명으로 빛나는 '나'인 순수한 자각이 그의 자비로운 발입니다. 이것(내면의 성스러운 발)과의 접촉만이 당신에게 진정한 구원을 가져다줄 수 있습니다. 당신의 개별감(지바 보다)인 반사된 의식(치다바사)의 눈을 진정한 의식인 성스러운 발과 결합하는 것이 '아시'라는 단어의 진정한 의미인 발과 머리의 결합입니다. 이 내면의 성스러운 발은 자연히, 끊임없이, 앞으로도 계속 의식을 내부로 향하게 할 것이기 때문에, 당신 자신의 진정한 본성인 그 내면의 자각에 매달리십시오. 이것만이 속박에서 벗어나지 않고 지고의 진리를 얻기 위한 유일하

고 적절한 방법입니다.[10]

'아시'라는 단어는 마하바키야의 "탓 트밤 아시(그대가 그것이다)."를 언급하고 있는 것이다. 아시는 '이다(are)'라는 뜻이다. 바가반의 비유는, 개별감이 순수 의식의 '신성한 발'과 합쳐질 때 존재의 내적인 상태가 드러난다는 것을 지적하고 있다.

18 "'나마(복종)'라는 말의 의미는 자아가 파괴되고 참나로서 머무는 것"이라는 이 진리를 파담(바가반)께서는 전합니다.

질문 스와미시여, 제 소원은 한 가지뿐입니다. 저의 머리를 바가반의 발 앞에 두고 나마스카라를 행하는 것입니다. 제가 그렇게 할 수 있도록 은총을 베풀어 주십시오.

바가반 오, 그것이 소원이란 말인가요! 그러나, 그렇다면 어느 것이 발이고, 어느 것이 머리입니까?

질문자 (대답이 없음)

바가반 자기가 사라지는 곳, 그곳이 발입니다.

질문 그곳이 어디입니까?

바가반 어디냐고 말입니까? 그곳은 자신의 참나 안에 있습니다. '나'라는 느낌이나 '나'나 자아는 머리입니다. 그 '나' 생각(아함 브리티)이 녹아 버리는 곳, 그것이 구루의 발입니다.[11]

최초의 구루, 닥쉬나무르티

19   최초의 구루이신 닥쉬나무르티가 훌륭한 고행자들에게 준 뛰어난 가르침은 그분의 독특한 방법이었던 모우나였습니다.

바가반   침묵은 끝없는 언어입니다. 음성 언어는 침묵으로 된 언어를 방해합니다. 침묵 속에서는 주변의 것들과 깊이 교제할 수 있습니다. 닥쉬나무르티는 침묵으로 네 명의 성자들의 의심을 물리쳤습니다. 모우나 비야키야 프라카티타 파라 브라마 탓트밤(침묵으로 지고의 브라만의 지식을 설명하는 자). 침묵은 폭로라고 말해집니다. 침묵은 매우 강력합니다.

　　음성 언어를 위해서는 언어 기관들이 필요하고 그것들이 말보다 앞섭니다. 그러나 다른 언어는 오히려 생각 너머에 있습니다. 간단히 말해서, 그것은 초월의 언어 또는 말해지지 않는 언어인 파라 박입니다.[12]

바가반   침묵은 영원히 말하고 있습니다. 그것은 언어의 영원한 흐름입니다. 그것은 말하기에 의해 중단됩니다. 이러한 말들은 침묵의 언어를 방해합니다. 전류가 흐르고 있는 전선이 있습니다. 통로가 방해를 받으면, 그것은 전등으로 빛을 내거나 선풍기를 돌아가게 합니다. 그것은 전선 안에 전기 에너지로 있습니다. 이와 마찬가지로, 침묵은 언어의 영원한 흐름이며, 말에 의해 방해받습니다.

　　수년간 대화를 통해 깨닫지 못했던 것을 침묵의 순간에 또는 침묵 앞에서 깨달을 수 있습니다. 닥쉬나무르티와 그의 네 명의 제자들이 그러한 예를 보여 줍니다.

    침묵은 최고의 그리고 가장 효과적인 언어입니다.[13]

20   침묵의 언어는 제자들에게 지각이 없는 육체와 의식을 연결시키는 매듭을 풀어 주고, 구별 짓는 생각들로 가지를 치는 그들의 마음을 소멸시킵니다.

21   수많은 언어로 된 가르침들로 물리칠 수 없었던 의심들이 침묵을 통하여 없애질 수 있다면, 침묵의 힘이란 얼마나 대단한지!

    닥쉬나무르티의 삶에 대하여 전해 내려오는 설명도 없거니와 그가 한 말도 없다. 그러나 바가반은 종종 닥쉬나무르티가 처음엔 그의 가르침들을 언어로 전달하려고 시도했으나 성공하지 못했다고 말하곤 했다. 네 명의 닥쉬나무르티의 리쉬 제자들이 그의 가르침이 무엇인지 이해하고 참나를 깨달은 것은 오직 그가 침묵 속에 앉아 있을 때뿐이었다. 무루가나르는 어떠한 책에서도 이러한 일이 있었다는 것을 읽지 못하였다. 그래서 이에 대해 말하면서 바가반에게 이 이야기의 출처를 물었을 때, 바가반은 "그러나 이것은 틀림없이 일어난 일입니다."라고 대답하였다.

    이 일을 통하여, 무루가나르는 바가반이 바로 닥쉬나무르티 그 자신이었으며, 그가 이 특별한 사건을 알고 있는 이유는 침묵에 잠긴 채 네 명의 제자들 앞에 앉아 있었던 것이 바로 그였기 때문이라고 결론을 내렸다.[14]

22 어느 누구도 모우나에 머무르고 있는 구루의 은총의 힘을 설명할
능력이 없습니다.

질문 구루의 은총을 알려 주는 표지는 무엇입니까?

바가반 그것은 말과 생각 너머에 있습니다.

질문 그렇다면 제자가 구루의 은총을 통하여 자신의 본성을 깨닫는다
고 어떻게 말할 수 있습니까?

바가반 그것은 꿈속에서 사자를 바라보면서 깨어난 코끼리와 같은 것
입니다. 코끼리가 사자를 그냥 보기만 해도 깨어나는 것과 같이, 제자
는 자비로운 구루의 은혜로운 은총의 눈길을 통하여 무지의 잠에서
깨어나 진정한 의식으로 깨어나게 된다는 것은 역시 틀림없는 사실입
니다.[15]

자격이 없는 스승들

23 어떤 사악한 사람들은 마치 자신이 위대한 갸니인 것처럼 행동과
태도, 옷차림 등을 가장하여 행동함으로써 가짜임을 숨깁니다.

질문 어떤 사람이 구루가 될 만한 자격이 있는지 없는지 어떻게 알 수
있습니까?

바가반 그의 현존 속에서 마음의 평화를 느낄 수 있을 때, 그리고 존중
하는 마음이 느껴질 때 그를 알아볼 수 있습니다.

질문 만일 구루가 자격이 없는 것으로 판명되었을 때, 그를 무조건 신

뢰하며 따르던 제자의 운명은 어떻게 됩니까?

바가반 모든 사람은 그 나름의 장점을 가지고 있습니다.[16]

24 어떤 사람이 가짜 갸니를 진짜 갸니로 착각하여 고통을 받았다
면, 이것은 순전히 그의 미혹하는 프라랍다 때문입니다.

이 문맥에서 '미혹하는 프라랍다'의 의미는 미성숙을 뜻한다.

25 자만한 저 무지한 사람들은 그들의 불완전한 이해로 크게 상처받
을 것입니다.

26 당신의 가슴을 다른 사람들의 스승으로서 번성하고 번창하는 데
고정시키는 이여! 먼저 탐구하는 자가 되십시오. 그리고 그대 자
신의 자기를 탐구하십시오.

27 오직 자신의 본성 안에 있는 환영을 뿌리 뽑은 사람만이 다른 사
람들의 환영을 다루는 갸나 의사가 될 수 있습니다.

28 다른 사람들의 문제를 다루기 전에, 먼저 당신 자신의 문제들이
완전히 사라지게 하십시오. 오직 그렇게 한 후에 다른 사람을 치
료하기 시작하십시오.

구루 바차카 코바이, 804절 오, 의사여! 우리는 자신을 고치는 의사가
되어야 한다고 합니다. 당신이 우리를 다루기 전에, 먼저 당신의 질병

을 치료하고 오시지요.

29 실제로 자기 자신의 병을 진단하고 없애는 방법을 모르는 사람이 어떻게 다른 사람들의 질병을 고칠 수 있겠습니까?

제2절
갸니

갸니는 바로 신이다

1   철저한 탐구를 통하여, 한없이 광대하고 고귀한 참나의 위대함을
     지닌 사람들에게는 그들의 본성이 신성한 이슈와라(신) 그 자신이
     라는 것이 알려질 것입니다.

     바가반 신들과 성자들은 어느 순간에도 그들의 비전이 흐려짐이 없이,
     끊임없고 영원한 무한을 경험합니다. 그들의 마음이 목격자로서 기능
     하는 것이라고 추측할 수도 있지만 사실은 그렇지 않습니다. 그러한 추
     측은 그렇게 단정하는 사람들의 개별감 때문에 생겨납니다. 개별감이
     없으면 마음의 기능도 없습니다. 개별감과 마음의 기능들은 공존합니
     다. 하나가 없으면 다른 것은 존재할 수 없습니다.¹

바가반 신과 갸니는 동일합니다. 신체와 구별되는 순수 의식으로서의 자신을 깨닫기 위해서는 신을 알아야 합니다. 신 의식은 자신의 진정한 본성인 순수 의식과 다르지 않습니다. 신을 아는 것은 오직 참나로 있는 것입니다. 지고의 영(파라브라만)과 참나를 확고히 경험한 갸니는 부가물로부터 자유로운 존재 의식의 경험 때문에 동일합니다.[2]

2   이슈와라는 진정한 갸니들 자신의 스와루파로서 빛나고 있기 때문에, 이슈와라를 향한 사랑은 진정한 갸니들에게는 자연스러워집니다.

3   해방을 얻어 빛나는 쉬바 갸니에게 드리는 봉헌은 쉬바에게 드리는 봉헌입니다.

갸니들의 존재는 온 세상에 유익을 준다

4   하나라는 경지에 도달한 위대한 사람들은 은총의 삶을 위해서뿐만 아니라 세상의 삶을 위해서도 반드시 필요합니다.

바가반 성자들은 진정한 참나로 존재하는 것만으로도 세상에 유익을 줍니다. 세상에 기여하는 가장 좋은 방법은 자아 없는 경지에 도달하는 것입니다.[3]

질문 어떤 사람들은 자신의 해방을 위해 노력하는 것이 이기적이라고 말하면서, 그 노력 대신에 사심 없는 봉사를 다른 사람들에게 베풀어야 한다고 말합니다.

바가반 그러한 사람들은 갸니들은 이기적이고 자기들은 사심 없는 사람이라고 믿습니다. 그러나 이것은 잘못된 믿음입니다. 갸니는 브라만의 경험 안에 살며 이 경험의 효과가 이 온 세상에 퍼지게 합니다. 라디오 전파는 한 곳에서 보내지만, 그 영향력은 온 세상에 느껴질 수 있습니다. 그것을 통해 이익을 얻으려는 사람들은 이익을 얻을 수 있습니다. 이와 마찬가지로, 갸니가 얻은 참나 깨달음은 어디에나 퍼져 나가며 원하는 누구나 그것에 맞출 수 있습니다. 이것은 결코 적은 봉사가 아닙니다.[4]

5 마음을 삼켜 버리고 오로지 침묵을 지키고 있는 갸니들의 존재가 신에 대한 봉사라면, 그들이 해야 할 어떤 다른 일이 있겠습니까?

6 단지 존재하는 것만으로도 큰 유익을 이 세상에 베풀고 있는 갸니의 위대함에 대하여 기술하는 것은 불가능합니다.

바가반 참나를 깨달은 존재는 세상에 유익을 베풀지 않을 수 없습니다. 그의 존재가 바로 최고의 선이기 때문입니다.[5]

바가반 참나를 깨닫는 것이 인류에게 줄 수 있는 가장 큰 도움입니다. 따라서 그들이 비록 숲 속에서 은둔하여 살고 있을지라도, 성자는 유익한 존재입니다. 그러나 잊지 말아야 할 것은, 홀로 은둔하여 산다는 것은 숲 속에서만 할 수 있는 것이 아닙니다. 도시에서도 혼잡한 세상 한가운데서도 그렇게 할 수 있습니다.

질문 성자들이 사람들과 한데 어울려 살면서 그들에게 도움을 줄 필요가 없다는 말씀이십니까?

바가반 오직 참나만이 실재이며, 세상과 그 나머지 것들은 실재가 아닙니다. 깨달은 사람들은 세상을 자신과 다른 것으로 보지 않습니다.

질문 그렇다면, 성자의 깨달음은 인류가 느끼지는 못하지만 인류를 향상시킬 수 있다는 말씀이군요. 맞습니까?

바가반 그렇습니다. 그 도움은 눈에 보이지 않지만 여전히 거기에 있습니다. 성자는 인류가 알지는 못하지만 온 인류를 돕습니다.

질문 그들이 세상 사람들과 함께 어울릴 수 있다면 더 낫지 않을까요?

바가반 함께 어울려야 할 다른 사람들이란 존재하지 않습니다. 참나는 하나이며, 유일한 실재입니다.

질문 참나를 깨달은 사람들이 백 명이 있다면, 세상에 더 유익을 주지 않겠습니까?

바가반 참나라고 할 때 당신은 그것이 무한하다는 뜻입니다. 그러나 당신이 그것에 '사람들'을 덧붙일 때 그 의미는 한정됩니다. 오직 무한한 참나만이 있을 뿐입니다.[6]

갸니들에 대한 숭배

7 그들은 자신의 마음의 망상들을 제거하였으며, 그 결과로 삼사라의 잠으로부터 깨어났습니다. 그러므로 갸니들은 숭배할 가치가 있는 분으로 여기고 존경하여야 합니다.

8   펄럭이는 깃발에 둘러싸여 거대한 신전에 사는 신들보다, 걸어
     다니는 신전인 육체 안에 살고 있는 갸니를 더욱 존경하고 소중
     히 하십시오.

     바가반 그(갸니)들이 어떤 외적인 모습을 하고 있더라도, 시쉬야(제자),
     박타(헌신자), 우데세나(관심 없는 자) 그리고 파파트만(죄인) 등 이 모든
     사람들은 갸니의 은총으로 지켜집니다. 제자는 갸니를 구루로 숭배하
     여 진리를 알고, 묵티(속박으로부터의 자유인 해방)를 얻습니다. 헌신자
     들은 갸니를 신의 진정한 모습으로 여기고 기도를 하여 자신들의 죄에
     서 풀려납니다. 관심 없는 사람들은 구루의 말을 듣고 감격하여 헌신자
     들이 됩니다. 죄인들은 오가는 사람들로부터 구루에 대한 이야기를 듣
     고 자신들의 죄에서 풀려납니다. 이 네 범주의 사람들은 갸니들의 은총
     에 의해 보호를 받습니다.[7]

갸니들과의 교제

9   갸나의 진수를 가짐으로 고귀해진 갸니들과의 교제가 세상 사람
     들로 하여금 고결한 사랑으로 가득한 충만한 행위를 하도록 할
     수 있습니다.

     질문 위대한 영혼인 마하트마를 한 번 바라보는 것으로 충분하며, 성
     상들이나 성지 순례들은 별 효과가 없다고들 합니다. 저는 이곳에 석
     달 동안 머물렀지만, 마하리쉬를 바라봄으로써 어떠한 유익을 얻었는

지 잘 모르겠습니다.

바가반 바라봄은 정화의 효과를 가지고 있습니다. 정화는 눈으로 볼 수 있는 것이 아닙니다. 석탄 한줌을 불타 오르게 하려면 오랜 시간이 걸리고, 장뇌는 짧은 시간이 걸리며, 다량의 화약은 즉시 점화되는 것처럼, 마하트마들을 만나는 사람들에게도 등급이 있습니다.[8]

10 홀림이 파괴된 갸니의 은총을 얻은 운 좋은 사람들은 슬픔이 없는 해방의 희열에 감싸일 것입니다.

11 가슴속의 순수 의식에 조용히 머물러 희열을 즐기고 있는 갸니들과 교제하고 있는 사람들은 덕이 있는 사람들입니다.

바가반 이전의 여러 삶들에서 오랜 기간 동안 신을 예배하고, 자파, 고행, 순례 등을 행했던 사람들은 애쓰지 않아도 삿구루와 동행할 수 있는 기회를 얻게 됩니다. 타유마나바르는 이 점을 지적하는 글을 남겼습니다. "오, 처음과 마지막이신 신이시여! 신상이나 성지, 신성한 강을 적절하게 예배하기 시작한 사람들은 진정한 스승을 만나게 될 것입니다. 그가 그들에게 진리의 말들을 전해 줄 것입니다."

이전의 여러 생에 걸쳐 니슈카미야 푸니야(아무런 보상이나 결과를 바라지 않고 행한 칭찬할 만한 행위)들을 쌓은 사람만이 구루를 참으로 믿게 됩니다. 이런 사람은 구루의 말씀을 믿고 그 길을 따릅니다. 그래서 해방이라는 목적지에 이르게 됩니다.[9]

12 당신의 삶의 행위가 적절한 행동을 하여 갸니의 빛으로 가득한

갸니들의 행위와 조화를 이루도록 하십시오.

삿상

13　화를 오게 하며 해로운 자아에 집착하는 것이 나쁜 결합(두상가)입니다. 그러한 집착을 없애 주는 삿상은 참나 즉 "나는 이다."에 머무는 것입니다.

14　아트마 스와루파, 의식, 지고자와의 결합 속에 있는 것이 삿상입니다. 참나, 지고의 존재와 떨어져 있는 것은 적절하지 않습니다.

　　질문 저는 삿상이 필요한지, 그리고 제가 이곳에 온 것이 도움이 될지 그렇지 않을지를 알고 싶습니다.
　　바가반 우선 당신은 삿상이 무엇인지를 알아야 합니다. 그것은 존재인 삿(존재) 또는 실재와 함께 한다는 의미입니다. 삿을 깨달았거나 아는 사람을 삿이라고 할 수 있습니다. 삿이나 삿을 아는 사람과 함께 하는 것은 모든 사람들에게 절대적으로 필요합니다. 샹카라는 삼계에 삿상만큼 삶과 죽음의 바다를 안전하게 건너게 해 주는 배는 없다고 말했습니다.[10]

15　서늘한 그늘인 참나를 떠날 때만, 당신의 마음을 고문하는 온갖 고통들이 다가와 당신을 말라 죽게 합니다.

16 착각하고 있고, 타락하고, 무지의 상태에 있는 사람들이 가는 길을 그만두려면, 진리를 깨달은 고귀한 사람들과 함께 머무르는 것이 옳습니다.

17 가장 고결한 존재인 갸니들과 교제한다면, 그 진실한 교제가 해방이라는 최고로 유익한 것을 당신에게 가져다줄 것입니다.

한번은 바가반께서 나(데바라자 무달리아르)의 관심을 요가 바시슈타의 한 문장에 집중하게 하셨다. 목샤가 있는 곳에는 네 명의 문지기가 있는데, 그 중 하나가 바로 삿상이라는 것이다. 문지기들 중 하나와 친구가 된다면 쉽게 입장 허락을 받아 낼 수 있을 것이라는 글이었다. 바가반께서는 또한 다음 구절을 인용하면서 나에게 다른 근거를 보여 주셨다.

다름 아닌 지고의 참나인 갸니가 머물고 있는 곳에 머무르는 것이 묵티(해방)입니다. 갸니를 섬기는 사람은 너무나 위대하기에 나는 영원히 나의 머리 위에 그의 발을 둡니다. 어느 누구도 순결하고 지극히 높은 갸니와 평등할 수 없습니다. 쉬바와 비슈누는 물론이고 나도, 브라마도 갸니와 동등하지 못합니다. 누가 그와 동등할 수 있겠습니까?

성자들과 함께 함으로 불완전함이 완전함으로, 위험이 행운으로, 불길함이 상서로움으로 바뀔 것입니다. 이와 같은 교제의 갠지스 강물에 몸을 씻은 사람들에게는 호마와 야그나(이 둘은 베다의 의식들이다), 참회, 자선, 성스러운 강에서 목욕하는 것이 필요 없게 됩니다. 그러므로 위대하고 지혜로운 성자들을 반드시 찾아야 합니다. 그들이야말로 생과 사의 바다를 건너게 해 주는 배입니다.[11]

18 참나 안에 자리 잡고 있어서 슬픔이 없는 희열에 영원히 머물고 있는 진정한 헌신자들과 모임을 가진다면, 당신은 희열의 경지에 도달하게 될 것입니다.

갸니들의 행위

19 갸니의 행위들은 다른 사람들이 세워 놓은 계획이나 일정에 일치할 필요는 없습니다.

갸니들이 때때로 헌신자들의 탄원과 욕구들에 반응하여 행위를 하는 것처럼 보이지만, 그들의 행위는 종종 불합리한 것으로 나타날 수 있다. 다음의 두 인용문들 중 첫 번째의 것은 바가반이 갸니의 행위들 뒤에 있는 몇 가지 요인들을 설명하고 있다. 두 번째 것은 찰람이 바가반의 현존에서 목격한 몇 가지 설명할 수 없는 이상한 일들에 대하여 기록한 것이다.

바가반 프라랍다(이번 생애에 몸이 해야 하는 행위들)에는 이차(개인적 욕구), 아니차(욕구가 없는), 그리고 파레차(다른 이의 욕구에 따르는 것)의 세 범주로 나누어집니다. 자신의 참나를 깨달은 사람에게는 개인적인 욕구에서 오는 프라랍다가 없습니다. 다른 두 가지, 즉 욕구가 없거나 다른 사람의 욕구에 따르는 것만 남습니다. 그가 하는 모든 행위들은 오직 다른 사람들을 위한 것입니다. 다른 사람들을 위해 해야 할 일들이 있다면, 그는 그것들을 행할 것이지만 그 결과는 그에게 아무런 영향을 미치지 못합니다. 그러한 사람들이 하는 모든 행위들에는 푸니야(얽어매는 공덕)도 파파(죄)도 없습니다.[12]

높은 관리, 천한 걸인, 부자, 고행자, 헌신적인 순례자, 우아한 여성 등 여러 부류의 사람들이 바가반을 만나기 위해 왔다. 그들 모두는 바가반의 주목을 받고 싶었지만, 그들 중 그 어느 누구도 주목을 받았다는 것을 확신하지 못했다. 많은 질문들을 가지고 오는 어떤 사람들은 바가반으로부터 한마디의 답변조차도 얻을 수 없었다. 그러나 그들이 그렇게 하고자 애쓰는 동안에도, 바가반께서는 뜻밖에도 다른 사람을 불러 그의 안부를 묻는 등 많은 것들에 대해 그와 이야기를 나누셨다. 때때로 바가반께서는 분명한 이유도 없이 어떤 사람에게 화를 내시고 그를 매우 엄하게 다루는 듯 하였다. 어떤 사람들은 꾸짖음을 받기도 하였다. 함께 있는 모든 사람들이 웃을 정도로 모든 사람들 앞에서 웃음거리가 되기도 하였다.

한번은 이런 일이 있었다. 한 헌신자가 바가반을 방문하고 집으로 돌아갔을 때, 그는 바가반께서 다시 아쉬람으로 돌아오라고 말씀하시는 꿈을 꾸었다. 그 헌신자는 다시 올 형편이 아니었음에도 불구하고 급히 아쉬람으로 되돌아왔다. 그는 곧장 바가반께서 계시는 홀로 갔지만 바가반께서는 그에게 눈길조차 주지 않으셨다. 그 이후로 며칠이 지났지만 바가반께서는 그를 보고 웃지도, 그의 안부를 묻지도 않으셨다. 그 며칠 동안 바가반께서는 다른 많은 헌신자들과는 활발하게 말씀을 나누셨다. 그는 헌신자들에게 크나큰 사랑을 가지고 말씀을 나누셨으며 그들의 안부에 세심하게 관심을 갖고 물으셨으나, 다시 돌아온 그 헌신자는 무시하셨다.

종종 내가 보기에는 바가반께서는 스스로 과시하는 듯한 사람들에게 많은 관심을 주곤 하셨다. 내가 보았던 한 남자는 펜과 노트를 들고서 거만하게 바가반 앞에 앉아 있었다. 그는 바가반께 질문을 하고는 매우 자랑스럽다는 듯이 청중을 둘러보았다. 바가반께서는 놀랍게도 별로 중요하지도 않은 문제에 대하여 매우 길게 말씀해 주셨다. 그러나 그러는 동안에 아주 멀리에서 온 사람들과 서둘러 되돌아가야 할 사람들은 며칠 동안이나 자신들의 의문이 풀리기를 기다려야만 했다.

잘 모르는 사람들이 보기에는, 바가반의 홀에서의 이러한 사건과 행동 그리고 대화들을 이상하고 불합리하다고 여길 것이다. 그러나 일어나야 할 모든 것들을 자연스럽게 일어나게 하는 바가반의 능력을 모르기 때문에 그들은 그렇게 생각하는 것이었다. 설명할 수 없는 우연한 어떤 것이 그 홀 안에 있는 어떤 헌신자에게는 메시지가 될 수 있었다. 그 헌신자는 그 메시지의 중요성을 이해할 것이고 그로 인하여 그의 헌신과 믿음이 자라나게 된다. 이러한 모든 상황들을 모르는 나머지 우리들은 그저 어리둥절할 뿐이다. 또는 다른 경우에, 바가반께서는 앞에 앉아 있는 헌신자의 자아가 일어나는 것을 알아채시고는 그를 꾸짖으셨다. 홀에 있던 다른 사람들은 이를 보고 이유 없는 비난이라고 해석하겠지만, 바가반께서 보시기에는 그것이 그 헌신자가 바로 그때 필요로 하는 것이었다.[13]

20   갸니가 세상에서 때로는 미친 사람처럼 행동할지라도, 그는 항상

자신의 진정한 본성인 의식을 기억하고 있을 것입니다.

바가반은 모범적인 삶을 살았지만, 깨달음의 결과로 사회적으로 수용되는 행동을 꼭 해야 한다는 것은 아니라는 사실을 분명히 하였다. 다음의 이야기는 바가반이 들려준 것으로서, 이 점을 보여 주는 좋은 예이다.

카두벨리 싯다르는 매우 금욕적인 은둔자로 정평이 나 있었습니다. 그는 나무에서 떨어진 마른 잎 위에서 살았습니다. 왕이 그의 이야기를 듣고 그를 만나 보고는 이 사람의 가치를 입증할 수 있는 사람에게 보상을 내려 주기로 하였습니다. 부유한 다시(사원의 춤추는 자)가 그렇게 해 보겠다고 동의했습니다. 그녀는 그 은둔자 옆에서 살면서 그를 따라 수행하는 것처럼 가장했습니다. 그녀는 은둔자가 집어 드는 마른 잎들 곁에 약간의 포파둠 조각들을 두었습니다. 은둔자가 그것들을 먹자, 그녀는 여러 종류의 맛있는 음식을 마른 잎들과 함께 두었습니다. 결국, 그는 그녀가 주는 맛 좋은 음식을 먹었습니다. 그들은 친밀해졌고 그들 사이에서 아기가 태어났습니다. 그녀는 왕에게 그 일을 보고하였습니다.

왕은 그녀가 그들의 관계를 일반 대중들에게 나타내 주기를 원하였습니다. 그녀는 그렇게 하기로 하고는 계획을 세웠습니다. 그녀의 제안에 따라 왕은 일반 대중들에게 그 다시가 춤 공연을 한다며 사람들을 그 춤에 초대하였습니다. 사람들이 그곳에 모여들었고 그녀 또한 모습을 드러냈습니다. 그러나 그녀는 떠나기 전에 아이에게 약을 먹이지 못하여서 집에 있는 성자에게 그 일을 맡겼습니다.

그녀의 춤은 절정에 다다랐습니다. 아기는 엄마를 찾으며 집에서 울고 있었습니다. 아버지는 아이를 안고 공연장으로 왔습니다. 그녀의 춤은 열화와 같은 분위기 속에 공연되고 있었습니다. 그와 아이는 그녀 가까이 다가갈 수 없었습니다. 그녀는 남편과 아이를 발견하였습니다. 그녀는 성자가 있는 곳에 닿기 위하여 자신의 발목 장식을 느슨하게 하고 춤을 추면서 그녀의 한 다리를 일부러 찼습니다. 그녀는 우아하게 발을 들어 올렸으며 그 은둔자가 발목 장식을 묶어 주었습니다. 대중들은 소리치고 웃었지만, 그는 동요하지 않았습니다. 그의 가치를 증명하기 위하여, 그는 타밀어로 된 노래를 불렀습니다.

"승리를 위하여 나의 분노가 가게 하라! 마음이 달아날 때 나는 나의 마음을 놓아준다. 내가 밤낮으로 나의 참나를 확실히 자각하고 있다면, 이 돌상이 두 개로 갈라져 넓은 틈이 생겨라!"

그러자 그 즉시 돌상이 굉음을 내며 갈라졌습니다. 사람들은 매우 놀랐습니다.

슈리 바가반은 이어서 다음과 같이 말씀하셨다. "이렇게 그는 자신이 확실한 갸니임을 스스로 증명하였습니다. 갸니의 겉모습만을 보고 오해해서는 안 됩니다."[14]

21 실재에 대한 지식은 모든 갸니들에게 똑같습니다. 그 밖의 다른 것들은 많은 차이가 있을 수 있습니다.

질문 자나카는 갸니였음에도 불구하고 백성을 다스리는 군주였습니다. 그러나 그의 구루 야그나발키야는 갸니였지만 세상을 등지고 숲 속으로 들어갔습니다. 그렇게 된 이유는 무엇입니까?

바가반 이 모든 것들은 갸니 각자의 운명에 따라 일어납니다. 크리슈나는 쾌락을 즐기는 신이었던 반면에, 수카데바는 금욕주의자였습니다. 자나카와 라마는 왕이었던 반면에, 바시슈타는 행위들을 믿는 사람이었습니다. 그들 모두는 갸니였습니다. 그들의 내적 경험은 동일한 반면에, 그들의 외적 삶은 저마다의 운명에 따라 달랐습니다.[15]

22 식별력이 부족한 불성실한 사람들만이 비밀스러운 삶을 살아갑니다. 갸나를 얻은 사람들의 삶은 펼쳐진 책과 같습니다.

바가반은 삶의 대부분의 시간을 대중들에게 24시간 공개된 곳에서 생활하였다. 1928년부터 1940년대 초반까지, 지금은 '올드 홀'이라고 불리는 곳에서 생활하였는데, 그가 문을 잠그고 방에 들어가 있는 시간은 오직 화장실에 갈 때뿐이었다. 의문이 있는 헌신자들은 심지어 한밤중에도 그를 만날 수 있는 자유가 있었다.

갸니들을 통한 배움

23 더 나은 것을 알지 못하고 있는 무지한 사람들의 길을 따르지 마십시오. 갸니들의 발을 찾아 그것이 그대의 가장 훌륭한 피난처라고 여기십시오.

24 그러한 갸니들을 통해 진리를 배우는 것은 적절합니다. 다른 사람들로부터 진리를 배웠다면, 그것이 옳은 것이 아님을 알게 될 것입니다.

25 갸나를 보고 알게 된 사람들의 입을 통하여 듣고 깨닫는 것 말고는 갸나를 깨닫는 다른 '왕도'가 없습니다.

구루 바차카 코바이, 1158절, 포리푸라이 면밀히 조사해 보면, 진리를 깨달은 갸니와 갸나 경전들에 능통한 학자와는 완전히 다르다는 것을 알 수 있습니다. 따라서 무지의 속박으로부터 자유를 얻고자 하는 사람들이 따라야 하는 적절한 과정은 그러한 학자들을 멀리하고 지고의 경지를 깨달아 참나 안에 머무르는 사람들에 의지해야 합니다.
주석 참나에 머무르고 있는 사람들에게 의지하지 않고는 갸나의 경험을 얻기가 불가능하다. 이러한 이유로 바가반은 그렇게 말하였다. 단순한 경전 지식으로 오는 이점은 유명세와 아첨뿐이다.

26 겸손과 자제는 변화되어 빛나고 있는 존재들의 표지입니다. 그들은 덕의 화신입니다.

구루 바차카 코바이, 332절, 포리푸라이 진리를 깨달은 사람들만이 결점 없는 고결함을 지니고 있습니다. 그들이 아닌 다른 모든 사람들은 천박한 성품을 지니고 있습니다. 따라서 해방이라는 행운을 얻고자 하는 사람은 앞서 언급한 가치를 지닌 사람들, 즉 세상 망상이 없는 실재에 대한 지식을 깨달아 빛나고 있는 사람들을 따라야 합니다.

주석 모든 고결한 덕들이 마음을 정화하여 진리를 깨달은 사람들을 자동적으로 찾아내고는 그들에게 이른다. 따라서 모든 고귀한 특성들로 충만한 사람들만이 칭찬할 만하다는 것을 강조하기 위하여, "오직 진리를 깨달은 사람만이 완벽한 고결함을 지닐 수 있다."라고 말했던 것이다. 참된 갸나를 깨닫지 못한 사람들은 비록 그들이 매우 덕 있는 외적 행위들을 하고 있을지라도, 모든 악의 근원인 자아는 가슴속에 소멸되지 않고 남아 있다. 그러므로 "다른 모든 사람들은 천박한 성품을 지니고 있다."라고 말했던 것이다. 깨닫지 못한 사람들이 여러 것들을 얻을 수 있지만, 평화의 희열, 마음으로부터 자유를 주는 실재에 대한 지식은 이러한 가치 있는 사람들만이 얻을 수 있다. 구루가 될 자격이 있는 사람들에 대해서는 앞서 말했었다.

27 가슴속에 이러한 특성들을 소중히 지녀 구원을 얻도록 하기 위하여, 경전들은 갸니들의 특성에 대해 말하고 있습니다.

28 그러므로 갸니에게 다가가 그분의 형상은 신의 온전한 형상이라는 지식으로 강해져서, 이에 따라 행위하십시오.

29 많은 사람들이 가는 길을 따르지 말고, 오직 고귀하고 위대하며 선량한 갸니들의 길을 따르십시오.

30 고귀한 사람이 되려면, 존재 안에 굳게 서 있는 성자들과 함께 하여 격조 높은 갸나 아차라를 공부하고 배우십시오. 그리고 그것을 헌신적으로 행하십시오.

아차라는 일반적으로 품행 또는 행위를 언급하는 말이다. 여기에서처럼 특별한 경우에는 갸나를 오게 하는 행위 또는 영적 수행을 뜻한다.

31 참나의 경험 안에 자리 잡고 있는 진정한 갸니들의 가르침들은 가슴 안에서 그 가르침들을 명상하는 사람들에게 진리의 빛을 던져 줄 것입니다.

구루 바차카 코바이, 1159절 어둠의 지배 아래 떨어져 오랜 시간 동안 현혹되어 있던 지바들에게, 실재의 은총의 힘으로 모든 것을 지탱하고 있는 실재를 안 갸니들이 하는 말들은 언제나 의지할 수 있는 구원의 의지처일 것입니다.

싯디(초자연적 힘)들과 갸니들

32 8개의 대단한 싯디들이, 가슴이 자연스럽게 참나에 거주하고 있는 사람들에게 나타나 유희할 것입니다.

33 쉬밤 안에 침잠하여 즐거워하는 사람들은 슬픔만을 일으킬 뿐인 싯디들에 조금의 관심도 기울이지 않을 것입니다.

구루 바차카 코바이, 221절 지고의 헌신의 강렬한 불꽃으로 타오르는 불이 가슴에 있는 사람들에게 모든 싯디들이 자연적으로 옵니다. 그러나 진정한 헌신자들은 자신이 섬기는 신의 발아래 완전한 희생이 되기를 열망하는 까닭에, 그들은 그러한 싯디들에 조금의 욕구도 느끼지 않습니다.

34 스스로 눈부시게 빛나는 쉬바 갸나를 얻으면, 모든 싯디들은 결점이 있는 것으로 보여 말없이 사라질 것입니다.

35* 많은 대단한 싯디들이 다가온다 할지라도, 진정한 갸니들의 가슴 속에는 그것들에 아무런 관심이 없습니다.

36 마음을 초월하여 파도처럼 밀려오는 갸니의 깨달음의 상태를 그의 싯디들로 묘사한다는 것은 마음의 미혹입니다.

구루 바차카 코바이, 1168절 묵티만이 스와루파의 성취이기 때문에, 지반묵타는 싯디들과 관계하고 있든 떨어져 있든 간에, 참나 상태 안에서 빛납니다. 진리가 아니고 오로지 싯디들만으로 판단의 표준으로 삼을 때, 지반묵타의 위대함은 과소평가될 것입니다. 싯디들을 존중하는 무지한 사람들은 지반묵타의 위대함을 알지 못할 것이라는 사실을 알아야 합니다.

구루 바차카 코바이, 1169절 세상에는 그들의 무가치한, 무지한 그리고 미혹된 관점으로, 지극한 초월에 쉬면서 빛나고 있는 갸니의 위대함을 평범하게 여기는 미치광이들로 가득합니다.

구루 바차카 코바이, 1170절 참나로 빛나고 있는 완전한 사람의 위대함을 싯디들을 지니고 있느냐 없느냐로 보는 것은 집 안으로 들어온 밝은 태양 광선 안에서 보이는 수많은 입자들의 대단함을 묘사함으로써 완전한 밝음으로 빛나고 있는 태양의 위대함을 지나칠 정도로 찬양하는 것과 같다는 사실을 알아야 합니다.

깨달은 삶

자아로부터 자유로운 삶

37   '나'라고 알려져 있는 불명예스러운 미혹을 정복한 성자에게서만, 행해진 모든 행위들은 요가가 됩니다.

  이 문맥에서 요가는 어떠한 것을 성취하고자 하는 노력을 의미하는 것이 아니다. 여기서 요가란 참나와 하나가 된 상태에 머무는 것을 의미한다. 바가반도 비슷한 뜻으로 이에 대해 다른 곳에서 말하기를, 갸니들의 모든 행위들은 숭배의 행위라고 하였다.

38   '나'를 완전히 버린 깨달음을 얻은 사람들만이 은총을 베푸는, 이익을 주는 행위들을 할 수 있습니다.

39   참나를 잊게 만드는 자아가 소멸되었을 때, 그는 아트마 스와루

파로서 부활합니다. 참나의 삶은 불멸입니다.

질문 갸니에게 있어서, 자아는 사트바의 모습으로 있기 때문에 실재하는 어떤 것으로 나타나는 것이 아닙니까?

바가반 아닙니다. 갸니에게나 아갸니에게나 자아는 어떤 형태로든 자신을 드러냅니다. 그러나 깨어 있는 상태와 세상이 진짜라는 환영에 현혹된 아갸니에게 자아 또한 실재하는 것으로 나타납니다. 갸니가 다른 사람들처럼 행동한다고 보기 때문에 그도 역시 갸니가 개별성을 가지고 있다고 단정하여 거북함을 느낍니다.

질문 그러면 갸니에게 있어서 아함 브리티('나'라는 생각)는 어떤 기능을 합니까?

바가반 그에게는 그것이 전혀 기능을 하지 않습니다.[16]

40 쓸모없는 자아를 없애고 세상을 살아가는 것은 아래를 잘 내려다 볼 수 있는 산 정상에서 발정 난 코끼리들의 싸움을 내려다보는 것과 같습니다.

발정 난 코끼리들이란 깨닫지 못한 사람들의 자아를 말한다. 이 비유의 또 하나의 의미는 갸니는 산의 잘 보이는 지점에 있어서 안전하고 위험이 없이 있는 반면에, 깨닫지 못한 사람들은 위험에 완전히 노출되어 있다는 것이다. 갸니는 이 세상의 모든 싸움들과 전쟁들에서 멀리 떨어져서, 그것들을 궁극적으로 실재가 아닌 투사로서 바라본다.

바가반 깨달은 사람에게는 외부 세계는 한 편의 영화입니다. 그것은 무료이며 밤낮으로 상영됩니다. 그는 세상 안에 살고 일하지만, 세상에 있는 대상들과 육체들은 환영으로 나타난 것임을 알고 있습니다. 그것은 마치 평범한 사람이 극장의 영화에 나오는 장면들과 인물들 모두가 환영의 것들이며 실제로는 존재하지 않는다는 것을 알고 있는 것과 같습니다. 보통의 사람이 일상의 삶에서 보이는 외적 대상들을 진짜라고 생각하는 것과는 달리, 깨달은 사람은 그것들을 환영인 영화의 장면들로 볼 뿐입니다.[17]

41 자신의 자아들을 파괴시키고 파담 안에 거주하고 있는 사람들은 진정한 헌신자들이며, 산처럼 고정되어 있습니다.

깨달은 사람의 관점

42 안과 밖이 조화를 이룬 자연스러운 삶에서는, 세상의 삶과 신의 삶이 하나가 될 것입니다.

질문 바다(baddha)와 묵타, 즉 속박되어 있는 사람과 자유로운 사람의 다른 점은 무엇입니까?

바가반 보통의 사람들은 가슴속에 있는 자신을 자각하지 못하고 머릿속에서 삽니다. 갸나 싯다(갸나를 얻은 사람)는 가슴 안에서 삽니다. 돌아다니며 사람들이나 일들과 관계할 때, 그는 그가 보는 것이 브라만이며 자신의 지고의 실재와 다르지 않다는 것을 압니다. 그는 브라만을 그 자신의 참나로 가슴 안에서 깨닫습니다.

질문 보통의 사람들은 어떻습니까?

바가반 금방 말했듯이 그는 사물들을 그 자신의 바깥에 있는 것으로 봅니다. 그는 세상으로부터, 그 자신 속의 더욱 깊은 진리로부터, 그와 그가 보고 있는 것들을 지지해 주고 있는 진리로부터 분리되어 있습니다. 그 자신의 존재에 대한 지고의 진리를 깨달은 사람은 그 자신 뒤에, 세상 뒤에 있는 것이 하나의 지고의 실재라는 것을 깨닫습니다. 사실, 그는 유한하고 변하기 쉬운 모든 것들 속에서 실재로서의 하나를, 모든 자기들 속에 있는 실재인 참나를 자각하고 있습니다.[18]

43* 브라만의 거대한 조망 때문에, 카르마(행위, 활동)는 브라만과 다르지 않습니다.

44 참나로 사는 것이 모든 다르마들의 정수입니다. 다른 모든 다르마들은 그것 안에 포함됩니다.

구루 바차카 코바이, 705절 나누어지지 않는 것, 비이원의 것, 진정한 갸나는 모든 다르마들을 준수하기 위한 피난처로서 빛나고 있기 때문에, 갸니만이 모든 다르마들을 준수하는 사람이 됩니다.

주석 비이원의 갸나만이 모든 다르마들을 위한 피난처로서 빛나기 때문에, 그러한 경지에 자동적으로 서 있는 갸니들만이 결점 없이 모든 다르마들을 준수하는 사람이 된다. 참나 안에 확고히 서 있는 것보다 더 위대한 다르마는 없다. 흔들리지 않는 의식을 소유한 갸니의 모든 행위는 신의 행위이다.

45 가정을 가진 사람들은 세상과 조화를 이루면서, 그들 자신의 참
    나 본성이라는 안전한 관점으로부터 행위를 할 것입니다.

46 이 세상에서 승리하여 우뚝 서 있는 위대한 사람들은 그들의 가
    슴 안에 의식이라는 모습으로 있는 한 분을 완전히 깨달은 사람
    들입니다.

47 위대한 성자들이 최종적인 해방의 상태라고 얻은 그 무한한 존재
    는 가장 적절하고 뛰어난 상태입니다.

48* 고귀한 길인 삿의 길에서 벗어남이 없이 행위를 하는 사람들에
    게, 매 상태는 같으며 즐겁게 받아들일 만한 것입니다.

49 어떤 맛있는 음식과 음료도 침묵의 달콤한 맛을 즐기고 있는 묵
    타들의 가슴을 사로잡을 수 없습니다.

    '맛있는 음식과 음료'라는 구절은 타밀어로 그 외의 다른 모든 감각
    들의 의미를 내포하고 있다.

50 심지어 자신까지도 아니얀(떨어져 있는 것)으로 보고 행위를 하는
    것이 참나 즉 의식 안에 거주하는 삶을 살아가는 것입니다.

    여기서 '다른, 떨어져 있는 것'이라고 번역된 아니얀이라는 단어는
    문맥상으로 보아, 육체로부터 완전히 분리된 것을 의미한다.

바가반 욕구들을 가지고 있는 사람만이 자신을 육체와 동일시합니다. 그러나 성자는 "나는 몸이다."라는 생각으로부터 자유롭습니다. 성자는 자신의 몸을 마치 다른 사람의 몸인 양 바라봅니다.[19]

갸니들은 자신이 살아 움직이고 있는 몸이 아니라, 보이지 않는 참나임을 안다. 그러한 관점 때문에 자신의 몸을 때때로 '다른' 어떤 것, 실재가 아니며 자신의 존재의 본질적인 부분이 아닌 것으로 바라본다. 아래의 글은 바가반께서 1946년 2월에 지은 시이다.

> 몸은 유한합니다. 몸이 쉬든 움직이든, 그리고 프라랍다 때문에 몸이 그에게 붙어 있든 떨어져 있든, 참나를 깨달은 싯다는 몸을 자각하지 않습니다. 그것은 마치 술 취한 술주정뱅이가 옷을 걸치고 있는지 없는지 신경 쓰지 않는 것과 같습니다.[20]

다른 경우들을 보면, 바가반은 자신의 몸을 음식을 다 먹은 뒤에 버려지는 나뭇잎 접시로 비유하였고, 또는 노동자가 먼 거리로 운반하는 무거운 짐으로 비유하기도 하였다. 또한 노동자는 자신의 짐을 던져 버리기만을 고대하며, 그것이 '다른 것'이고 그것이 없으면 행복할 수 있다는 것을 알고 있다고 하였다. 다음 구절에서 지적하듯이, 참나는 결코 소멸되거나 버려질 수 없는 진정한 실재이다.

51   진리를 깨달은 사람들은 자신들이 행한 타파스의 결과로 빛나는 그들의 갸나의 힘으로 야마(죽음의 신)까지도 정복하여 복종시킬 것입니다.

52 실재는 소멸될 수 없는 것입니다. 소멸될 수 있는 것은 실재가 아닙니다. 이것이 진리라는 사실을 아는 사람은 지혜로운 사람입니다.

53 참나인 의식 안에 자리 잡고 있으며, 미혹케 하는 자아를 뿌리 뽑은 사람들은 신의 은총으로 태어난 영광스러운 존재로서 살게 될 것입니다.

54 참나 지식의 완전한 성취를 통하여 평화로 가득한 상태가 가장 숭고한 상태이며, 높은 상태들 중에서도 최고의 상태입니다.

55 탐구자들로서, 그들의 가슴 안에 빛나고 있는 자신의 진정한 본성을 깨달은 사람들만이 갸나를 소유한 이들인 브라민들입니다.

56 브라민은 진정한 갸나 경험과 자신의 마음속에 차분한 연민을 지니고 있는 사람입니다.

'브라민'이란 단어는 일반적으로 특정한 신분 계급에 속한 사람을 일컫는 말이지만, 단어의 어원으로 보아 '브라만을 아는 사람'이라는 의미를 가지기도 한다.

57 이 세상의 피상적인 삶을 번창하게 하려고 매일 고군분투하는 사람들은 참된 만족을 주는 갸나의 자연스러운 삶에 대해 생각하지 않습니다.

58* 포기로 확고하게 된 갸니에게는 모든 것이 오로지 좋으며, 싫은 것은 아무것도 없습니다.

59 참나 경험 속에서 기분 좋은 무관심이 일어나서, "해가 어느 쪽에서 뜨든 그것이 나에게 무슨 상관이 있을까?"라는 말을 할 수 있는데, 이것은 정말로 놀라운 일입니다.

60 수많은 여러 모습들로 빛나고 있는 이 세상에서, 진정한 갸니가 즐기는 것은 의식의 빛입니다.

제 4장

마음과 마음의 창조물

오, 마음이여! 당신이 나오는 것은 현명하지 않습니다. 안으로 들어가는 것이 좋습니다. 가슴 안으로 깊이 들어감으로 당신을 바깥으로 나오게 하여 몰락시키는 마야의 속임수를 벗어나십시오.[1]

오, 마음이여! 신기한 것과 쾌락을 좇아 바깥을 배회하며 사느라 당신의 삶을 낭비하지 마십시오. 은총으로 참나를 깨닫는 것, 그리고 그 상태로 가슴 안에 견고하게 머무르는 것만이 가치가 있습니다.[2]

지바들이 다른 모든 집착들을 포기할지라도, 고귀함은 흠이 있는 마음에 대한 집착이 끊어지는 곳에서만 발견됩니다. 위대한 망상인 마음만이 족쇄입니다. 마음이 하는 방식으로 지바를 속박할 수 있는 것은 아무것도 없습니다.[3]

마음을 초월할 수 있다면, 마음과 떨어져 있지 않은 다른 모든 것들 또한 초월됩니다.[4]

제1절
마음

고집이 센 마음

1   원래 순수한 당신의 참나가 쓸모없는 마음 때문에 오염되었습니다.

2   당신을 미혹시키며, 당신을 몸 안에 가두어 착각하게 하며, 또 괴롭히는 것은 마음입니다.

3   헤아릴 수 없으며 또 끊임없이 다양한 모습을 취하는 마음의 유혹에 넘어가는 사람들은 속박의 그물 안에 갇혀 있는 것입니다.

4   태초부터 끊임없이 소용돌이치는 타락한 마음이 하나를 다른 것으로 왜곡시킵니다.

5 마음의 결점으로 한 사물이 다른 사물로 보입니다.

6 하나를 붙잡고 있다가 그것을 버리고 다른 것으로 끊임없이 옮겨 가는 마음의 장난을 그만두게 할 때만 기쁨을 경험할 수 있습니다.

7 구원이라는 희열의 즐거움을 주는 참나를 나타나지 못하게 하는 것은 마음이라는 가면을 통하여 바깥 세상에 빠지는 것입니다.

8 의식을 무시하고 존경하지 않는 마음은 거짓 세계를 돌고 돌다가 결국에는 혼란에 빠질 것입니다.

9 천하고 무지하고 현혹된 사람들은 수축되고 제한되고 그리고 기만하는 마음의 어릿광대춤에 맞추어 춤을 추고 있습니다.

10 공상 등에 빠져 마음이 주는 우유를 마시는 데 기뻐하는 사람들은 은총을 주는 난디니의 우유를 마심으로 오는 지혜를 가지지 못할 것입니다.

난디니는 신성한 존재인 천상의 소이다. 이 비유에서 천상의 소는 참나를 의미한다.

11 마음은 결함이 있는 것입니다. 마음이 있는 한 완전한 충족감을 얻기는 불가능할 것입니다.

무루가나르 실제로 인간은 불멸입니다. 그러나 마음이라 알려져 있는 술에 취해 미혹의 상태에 빠져 있습니다. 얼마나 가여운 일인가요! 그래서 죽어야 할 존재들로서 고통스럽게 살다가 죽습니다. 이 술 중독에서 빠져나온다면, 그날로 즉시 그들은 빛나게 될 것이며, 그들의 자연스러운 불멸의 상태를 다시 얻게 될 것입니다. 마음은 죽음입니다. 마음은 참나 망각을 오게 합니다. 이것이 마하리쉬께서 발견한 진리입니다. 신은 인류 최초의 남자와 여자였던 아담과 이브를 자신의 모습을 따라 창조하였습니다. 그러나 그들은 신의 명령을 어기고 금단의 열매를 먹고 말았습니다. 그리하여 그들뿐만 아니라 모든 후손들은 그들의 신성한 본성을 잃고 영원히 타락하게 되었습니다. 구약성경에 나오는 이 이야기에서 말하는 금단의 열매는 바로 마음입니다. 불가능한 것을 가능한 것처럼 보이도록 만들고, 선을 악으로, 악을 선으로 혼동하게 만드는 것은 놀라운 마야 샥티인 마음입니다. 자신의 진정한 본성인 영원한 진리를 마음으로 하여금 결정하게 할 수는 없습니다. 마음과의 연결은 완전히 파괴되어야 합니다.[1]

12* 부족감은 마음이 지닌 결핍 때문에 일어납니다. 사실을 말하자면, 우리에게는 아무런 부족이 없습니다.

13 진정한 갸나는 세상에 대한 집착과 양립할 수 없습니다. 세상에 대한 집착은 마음의 결함인 잘못된 미혹으로부터 일어납니다.

14 파담은 다음과 같이 조심하라고 합니다. "미혹하여 마음-의식을 진리로 받아들이는 사람들이 실재가 무엇인지를 가려낸다는 것

은 정말로 어렵습니다."

15 개념들로 가득 차 있는 마음으로, 모든 개념들을 초월하여 빛나고 있는 자신의 진정한 본성을 어떻게 이해할 수 있겠습니까?

악마인 마음과의 결합

16 사랑에 빠지도록 남자들을 유혹하는 여신처럼 일어나는 마음과 연합하지 마십시오. 참나 안에 머무름으로 마음을 파괴하십시오.

17 마음의 마법에 굴복하여 마음을 받아들인다면, 아아! 그것은 당신을 교만의 중독에 빠트리게 하여 당신의 삶을 파괴할 것입니다.

18 그와 같은 악마인 마음은 거짓된 구실로 당신을 요염하게 쓰다듬으면서 매우 능숙하게 유혹합니다.

19 이 경고를 따르십시오! 지금부터 극히 죄 많은 마음으로부터 완전히 떨어지며, 심지어 마음이라는 말조차도 입에 올리지 않겠다고.

20 마음이라는 이 여인은 껴안는 모든 사람들에게 죽음을 안겨다 주는 위대한 악마입니다.

21 이 여인은 어떻게 해서든 모든 사람들을 기만하여 그들을 자신의

힘 아래에 들어오도록 합니다. 마음이라는 이 여인은 매우 교활하며, 속임수에 능한 도둑입니다.

22   살인자이며, 이 아름답고 매혹적인 여인은 수많은 수행자들의 삶을 완전히 파괴한 비열한 죄인입니다.

23   그녀는 당신의 합법적인 아내인 평화를 미워하고 괴롭히는 사악하고 비천한 여인입니다.

마음을 이해하여 초월하기

24   의식이 실재입니다. 실재를 이해하기 위하여 마음의 움직임들과 연합하는 것이 왜 필요합니까?

25   거짓 개념인 세상 안을 방랑하는 마음을 지니고 있는 사람들은 지고자인 의식을 알지 못할 것입니다. 비록 그들이 의식을 안다 할지라도, 그들은 의식에 혼란스러워할 것입니다.

26   탐구해 본다면, 기억, 망각 등과 같은 모든 것들이 마음에 속한다는 것을 알게 될 것입니다. 그것들은 참나 안에 있지 않습니다.

27   안다거나 모른다는 것은 참나 아닌 것을 경험하고 있는 마음에게만 있습니다. 안다거나 모른다는 것은 참나에 속하지 않습니다.

28 자신을 마음에 내맡겨 슬퍼할 것이 아니라, 자신이 바로 실재라는 것을 깨달아 내면의 평화에 들어가십시오.

29 마음을 실재하는 어떤 것이라 여겨 싸우지 마십시오. 내면을 탐구하여 마음이 무엇인지 안다면, 마음은 존재하기를 그칠 것입니다.

바가반 마음에게 마음을 죽이라고 하는 것은 도둑더러 경찰이 되라고 하는 것과 같습니다. 도둑은 당신과 함께 가서 도둑을 잡는 체 가장하지만, 아무것도 얻을 수 없을 것입니다. 그러므로 내면으로 향하여 마음이 어디로부터 일어나는지 보아야만 합니다. 그때 마음은 존재하기를 그칠 것입니다.
질문 마음을 내면으로 향하게 하여 자신의 근원을 찾도록 하는 것 역시 마음에게 시키는 것이 아닙니까?
바가반 물론 우리는 마음에게 시킵니다. 마음의 도움으로 마음이 죽을 수 있다는 것은 잘 알려져 있는 사실입니다. 그러나 마음이 있다고 전제하고 나서 마음을 죽이려 하는 대신에, 마음의 근원을 찾기 시작한다면, 마음이 전혀 존재하지 않는다는 사실을 알게 될 것입니다. 마음이 외부로 향하면, 생각들과 대상들이 됩니다. 마음이 내면으로 향하면, 마음은 바로 참나가 됩니다.[2]

질문 마음과 참나의 차이점은 무엇입니까?
바가반 아무런 차이가 없습니다. 마음이 내면으로 향하면 참나가 되고, 외부로 향하면 그것은 자아와 온 세상이 됩니다. 면화로서 다양한 옷들을 만들고, 우리는 그것들에 여러 이름들을 붙입니다. 금으로 다양한 장신구들을 만들고 우리는 그것들에 여러 이름들을 붙입니다. 그러나 그 모든 옷들은 다 면화이며, 모든 장신구들은 다 금입니다. 하나가 실재입니다. 많은 것들은 그저 이름들과 형태들일 뿐입니다.

마음은 참나와 떨어져서 존재하지 않습니다. 즉, 마음은 독립된 존재가 아닙니다. 참나는 마음 없이 존재하지만, 마음은 참나 없이는 절대로 존재할 수 없습니다.[3]

질문 어떻게 하면 마음의 본성, 즉 그것의 궁극의 원인 혹은 그것이 나타나는 본체를 발견할 수 있습니까?

바가반 생각들을 가치 있는 순서대로 배열해 본다면, '나'라는 생각이 가장 중요한 생각입니다. 성격이 모든 다른 생각들의 뿌리 혹은 줄기입니다. 왜냐하면 각각의 개념들이나 생각들은 누구의 생각으로 일어나지 자아와 독립해서 존재하는 것이 아니기 때문입니다. 그러므로 자아는 생각의 활동들을 있게 합니다. 2인칭과 3인칭은 1인칭이 없으면 생길 수 없습니다. 2인칭과 3인칭은 오로지 '나'라는 1인칭이 나타난 이후에 생기지만, 셋 모두가 함께 일어나고 가라앉는 것처럼 보입니다. 그러므로 궁극적인 원인인 '나' 또는 성격을 추적하십시오.[4]

30 자신의 진정한 본성이 불변의 지고의 실재임을 깨닫지 못한 사람들에게는 마음의 소용돌이가 그치지 않을 것입니다.

마음을 가슴에 가라앉게 하기

31 가슴에서 진정한 본성을 탐구할 때 마음을 사용하지 마십시오.

32 마음이 자신이 일어났던 근원으로 가라앉을 때, 절대적으로 완벽한 존재의 경험이 곧바로 당신과 하나가 될 것입니다.

33 지극히 미묘한 순수 존재의 상태 안에 확고히 자리 잡고 있는 성숙한 마음은 세상의 올가미에 걸려들지 않을 것입니다.

34 마음이 자신의 본성이요 의식인 실재만 붙잡고 있을 때, 이것이 진리의 삶입니다.

죽은 마음

35 미혹으로 가득 찬 마음은 삼사라와 당신이 하나가 되게 합니다. 마음이 완전히 소멸될 때만 그것이 멈출 것입니다.

구루 바차카 코바이, 920절, 포리푸라이 참나에 주의를 주는 것 말고는 다른 어떤 방법들로도 마음은 사라지지 않을 것입니다. 이와 마찬가지로, 꿈처럼 보이는 비참함으로 가득한 세상도 마음을 완전히 파괴시키는 것이 아닌 다른 어떤 방법들로는 파괴되지 않을 것입니다.
주석 모든 것의 토대로서 있는 실재이며 나누어지지 않는 의식인 아트마 스와루파에 대한 지식을 통하지 않고는 거짓되며 환영인 몸과 자아의 파괴는 가능하지 않을 것이다. 이와 마찬가지로, 세상은 전적으로 마음(마노마야)이기 때문에, 마음이 소멸되지 않고는 세상이라는 개념은 그치지 않을 것이다.

36 마음이 소멸되면, 해로운 망상의 모습으로 당신에게 붙어 있던 세상은 순수 의식으로 빛나며 서 있을 것입니다.

37 천상에 있는 신들조차도 마음을 죽여 깊은 고요에 들어 있는 빛나는 사람들을 움직이게 할 수 없습니다.

바가반 태어남과 죽음, 즐거움과 고통, 간단히 말해서 세상과 자아는 마음 안에 있습니다. 마음이 소멸되면 이 모든 것들도 소멸됩니다. 마음을 잠재적인 상태로 두는 것이 아니라, 반드시 소멸시켜야 한다는 사실을 아십시오. 왜냐하면 마음은 잠잘 때 잠재적인 상태로 있기 때문입니다. 그것은 아무것도 알지 못합니다. 잠에서 깨어나면, 당신은 이전과 같은 채로 있습니다. 슬픔의 끝이 보이지 않습니다. 마음이 완전히 소멸되면, 슬픔은 배경을 잃을 것입니다. 슬픔은 마음과 더불어 사라질 것입니다.[5]

38* 존재인 순수 의식 안에서 죽은 마음은 부마(모든 것에 스며들어 있는 실재)로 부활할 것입니다.

무루가나르 자연스러운 상태를 진정한 죽음이라 여기게 하여 사람들을 놀라게 만드는 것은 개별성의 형태로 있는 거짓 지식입니다. 이러한 이유 때문에 순수 의식이며 실재인 해방을 얻기에 앞서 무지를 없애야만 합니다. 해방의 마지막 수단들인 '자아의 파괴', '자기 복종', '자아의 잃음', 마음의 파괴(마노마샴)와 바사나들의 파괴(바사나 크샤야) 등과 같은 말로 칭송되는 것은 이 죽음임을 아십시오. 티루바차캄에서 애도의 글 "나는 아직 죽지 않았습니다."라는 말은 이것을 두고 하는 말입니다. 성자 파티나타르 역시 "마치 죽은 사람처럼 돌아다녀라."고 가르칩니다. 위대한 사람들이 이와 같은 생각을 표현한 것은 셀 수 없이 많습니다.[6]

39 모든 것이 의식으로 빛나게 될 때만 마음의 불순물이 사라졌다고 할 수 있습니다.

40 진정한 갸나, 즉 죽은 마음 안에 일어나는 쉬밤의 경험은 하늘까지 확장되어, 모든 것을 뛰어넘고 초월하게 될 것입니다.

참나는 구나로부터 자유롭다

여기의 다음 5개의 구절들은 구나 없는 존재로서의 깨달음의 상태를 설명하고 있다. 구나들은 마음의 세 가지 양식 혹은 성질, 즉 사트바(조화 또는 순수), 라자스(흥분 또는 활동), 그리고 타마스(나태 또는 무기력)로 이루어져 있다. 세 구나들은 인도 철학의 여러 가르침에서 마음과 마찬가지로 물질로 나타나는 기본 구성 원소들로 여겨지고 있다. 앞서 언급한 구절들에서 분명하게 밝혔듯이, 마음이 죽으면 결과적으로 세상도 사라지게 된다. 세상과 마음 둘 다 같은 구나들로 이루어져 있기 때문이다.

세상과 마음을 구나들의 상호작용의 이론으로 통합시키려는 생각에서 어떤 학파들은 사트바의 상태는 참나의 상태이고, 마음의 동요는 사실상 라자스와 타마스만을 의미하는 것이라고 주장한다. 이러한 주장에 대하여 바가반 자신도 몇몇 자신의 답변에서 이러한 견해를 취했다. 그러나 나는 바가반이 오로지 이러한 견해에 동의하는 사람들에게 말할 때, 또는 사실상 마음의 죽음이라는 개념을 불편하게 느끼는 사람들에게 말할 때에만 그런 태도를 취했다고 생각한다. 나는 다음에 기술된 5개의 구절이 이 주제에 관한 바가반의 진정한 입장을 잘 설명해 주고 있다고 생각한다.

41* 세 구나들의 모습을 취하는 마음이 죽은 사람들의 가슴 안을 제외하고는, 속성으로부터 자유로운 참나가 머물 곳이 없습니다.

42 속이기를 잘 하는 마음을 포기한 사람은 세 구나들을 버렸습니다. 그는 망상의 홍수를 완전히 빠져나와 진정한 비전 안으로 온 것입니다.

43 침묵의 무한한 확장을 보고 감싸 안지 못하는 사람은 세 구나들에 의하여 함정에 빠질 것이며 타락한 세상 안에서 괴로워할 것입니다.

44 분출하여 스와루파를 묻어 버리는 구나-마음을 파괴한 사람만이
    구나티타(세 구나들을 초월한 사람)입니다.

45 마음을 초월한 숭고한 삶은 어떤 구나들에 의해서도, 그 어떤 방
    법으로도 어지럽혀지지 않습니다.

마음 죽이기

46 마음이 파괴되지 않는 한, 신의 은총 안에 사는 삶인 투명의 행운
    을 얻는 것은 불가능합니다.

47 자신의 진정한 본성인 참나를 깨닫는 방법은 '나'로 알려져 있는
    저급한 마음을 죽이는 것입니다.

    바가반 아트만은 무루타 마나스(죽은 마음), 즉 생각들이 없으며 내면
    으로 향해진 마음에 의해 깨달아집니다. 그때 마음은 그 자신의 근원을
    보고 그것(참나)이 됩니다. 그것은 대상을 보는 주체는 아닙니다.[7]

48 천한 프라마다(참나 망각)를 없애는 직접적인 방법(비차라)은 마음
    을 파멸시키는 것임을 아십시오.

49 생각을 활성화시키는 힘을 내면 깊은 곳으로 가게 하여 소멸시키
    지 않는 한, 갸나의 경험을 즐기는 것은 불가능합니다.

바가반 탐구로, 당신은 생각의 힘을 더욱 깊은 곳으로 가게 하여 생각의 근원에 이르고는 그 안으로 들어가 그것과 하나가 될 것입니다. 그러면 안으로부터 오는 반응을 느끼게 될 것입니다. 그러면 처음이자 마지막으로 당신의 모든 생각들을 소멸시키고 거기에 들어가 쉬고 있음을 발견합니다.[8]

50 해로우며 환영의 연합을 일어나게 하는 유혹에 빠뜨리는 마음을 죽이지 않는 한, 희열은커녕 좋은 행위도 없을 것입니다.

무루가나르 어떠한 것도 마음과 겨룰 수 없습니다. 마음의 지각과 증거는 신뢰할 만한 것이 도무지 못 됩니다. 마음의 본성은 마음 자신을 타락시키는 것입니다. 수행자를 속이기에 알맞은 순간을 찾으면, 마음은 바깥으로 튀어나와 감각 대상들을 향합니다. 마음이 있는 한, 이러한 본성은 바뀌지 않을 것입니다. 그러므로 끊임없는 명상과 탐구를 하여 마음을 뿌리째 소멸시켜야 합니다. 마음이 완전히 소멸되지 않는 한, 분별 있는 구도자는 누구도 만족을 느끼지 못할 것이며, 자신이 해야 할 모든 일을 했다는 생각도 들지 않을 것입니다.[9]

51 식별을 지닌 탐구를 하여 마음이 죽을 때만, 자신이 '쉬보함(나는 쉬바이다.)'으로 빛날 것입니다.

52 내면으로부터 자아를 몰아내 그것을 죽이는 데 탐구보다 효과적인 방법은 없습니다.

구루 바차카 코바이, 885절 신비로운 단서(아함 브리티, '나'라는 생각) 안으로 탐구하는 길을 가지 않고, 카르마(박티, 요가와 갸냐)와 같은 다른 길들을 따라가면서 아무리 많은 노력을 하여도, 가슴속에서 빛나고 있는 보석인 참나를 얻어 기쁨을 누릴 수는 없습니다.

53 탐구를 하여 가슴 안에서 참나를 깨달을 때만, 거짓에 사로잡힌 마음이 파괴될 것입니다.

질문 마음을 어떻게 소멸시킬 수 있습니까?

바가반 마음을 찾으십시오. 찾으면 마음은 사라질 것입니다.

질문 이해가 되지 않습니다.

바가반 마음이란 단지 생각들의 묶음일 뿐입니다. 생각이란 생각하는 사람이 있기 때문에 생겨납니다. 생각하는 사람은 자아입니다. 찾으면, 자아는 저절로 사라질 것입니다. 자아와 마음은 같습니다. 자아는 다른 모든 생각들을 오게 하는 뿌리 생각입니다.

질문 마음을 찾는 방법은 무엇입니까?

바가반 안으로 뛰어드십시오. 이제 마음이 안으로부터 올라온다는 것을 자각합니다. 그러므로 안으로 들어가서 찾으십시오.[10]

54 수치심도 없이 육체를 맹목적으로 사랑하는 타락한 마음에게 어떠한 애정도 보이지 않음으로 마음을 소멸시킨다면, 진정한 삶을 얻을 것입니다.

55 진정한 갸냐이며 지고의 의식인 쉬밤을 경험함으로 죽게 된 마음

은 이제 지고의 존재로 빛날 것입니다.

56 죽어 모든 형상을 초월하게 된 극히 미묘한 마음은 자신의 참나
    로 빛나면서 나타날 것입니다.

제2절
수타리부

수타리부는 거짓 의식이다

수타리부란 타밀어로서, 실재하지 않는 가짜 의식을 의미하는데, 자신을 지각의 대상들과 그것들을 바라보는 주체로 구분하여 나눈 의식이다. 여기서는 종종 '대상화시키는 의식', '대상화된 의식', '대상적지식' 또는 '상대적 지식' 등으로 번역된다. 그럼에도 불구하고 본래의뜻을 항상 드러내지 못하고 있는데, 영어에는 그것을 표현할 수 있는간결한 말이 없기 때문이다. 그것은 보통 정신적으로든 물질적으로든지각되는 대상들을 아는 사람에 의한 지식을 의미한다. 진정한 지식즉 갸나가 있을 때, 의식은 아는 자와 아는 대상, 혹은 보는 자와 보이는 대상으로 구분되지 않는다.

1   수타리부는 고약한 자아와 마음에서 일어나는 속이는 의식입니

다. 그것은 개념화하려는 마음의 술책입니다.

2 아트마 스와루파가 자신의 진정한 본성이지만, 그것을 얻기 어려운 이유는 수타리부가 만들어 낸 강력한 환영 때문입니다.

3 존재하고 있는 것은 오로지 하나의 의식뿐입니다. 개념들로 이루어진 다양한 대상화된 의식은 있는 것에서 빚어낸 상상의 개념일 뿐입니다.

4 수타리부를 실재한다고 결론짓고 그 속으로 빠져 들어가는 사람들에게, 참나는 더럽혀지고 그들의 의식은 혼란에 빠질 것이며, 그들의 마음은 숨이 막혀 헐떡거릴 것입니다.

5 아트마 스와루파인 의식으로부터 구분되어 있는 것처럼 보이면서 당신에게 붙어 있는 대상화된 자각은 속임수입니다.

6 실재가 당신과 다르다고 가정한다면, 그렇게 생각하는 의식은 거짓입니다.

7 아무런 대상화가 없는 지고의 실재가 텅 빔이라는 것에 의심을 받아들이는 것은 거짓이며, 수타리부가 저지른 속임수입니다.

8 무한한 참나의 광채가 텅 빔으로 보이는 것은 수타리부에 현혹되었기 때문입니다.

9   참나 의식이 비실재(아삿)이고 생명이 없는 것(자다)이라면, 어떻게
     수타리부가 당신에게 존재하고 있는지 나에게 말하여 보십시오.

   여기서 바가반은 거짓 의식인 수타리부가 존재하기 위해서는 진정
한 의식에 의지해야 한다고 말한다. 그리고 그는 수타리부가 있다는
것은 보다 더 영원한 의식이 있다는 것을 지지하고 인정하는 간접적인
증거라는 견해를 내세우고 있다.

수타리부를 통해 참나를 찾는 것은 헛되다

10   감각 대상들은 수타리부를 통하여 아는데, 이러한 방식으로 참나
     를 알고자 애쓰는 것은 어리석은 일입니다.

11   눈으로 눈을 보는 것은 불가능합니다. 이와 마찬가지로 수타리부
     로 참나를 보는 것은 불가능합니다.

12   가슴 안에서 이원성 너머에 존재하며 빛나고 있는 자신의 진정한
     본성은 혼란스러운 마음의 눈에는 드러나지 않을 것입니다.

13   감각들을 통하여 얻은 대상적 지식은 망상과 괴로움을 낳습니다.
     이러한 지식으로 참나를 깨닫고자 애쓰는 것은 정말로 이상한 일
     입니다.

14 참나는 당신으로 빛나고 있고 또 당신과 다른 것이 아니기 때문에, 당신의 수타리부로 참나를 얻으려는 것은 그냥 불가능한 일입니다.

15 참나의 진정한 본성이 어떻게 자신을 스스로 드러내 수타리부를 빛낼 수 있는지를 나에게 말해 보십시오.

수타리부의 제거 필요성

16 수타리부가 가라앉아 참나의 빛의 먹이가 될 때까지, 태어남이라는 고통은 결코 끝나지 않을 것입니다.

17 마음의 대상화 경향성을 완전히 불태우고 철저히 소멸시키지 않는 한, 참나 깨달음을 조금도 얻을 수 없을 것입니다.

18 참나 아닌 것을 빛나게 하는 수타리부 뒤에 있는 실재인 자신의 진정한 본성을 깊이 생각하지 않는 것은 영적 빈곤입니다.

19 진정한 갸나 사마디인 오점 없는 희열의 경험은 수타리부가 소멸된 가슴 안에 있을 것입니다.

수타리부 끝내기

20 속박을 없애기 위한 방법들을 알고자 한다면, 그 방법은 완전한 지혜를 통하는 길입니다. 그 지혜 안에서 대상화하는 마음의 경향성은 완전히 소멸됩니다.

21 아는 자의 실재에 대한 지식이 참나 아닌 것을 아는 마음 - 의식, 즉 수타리부를 끝냅니다.

22 수타리부인 마음의 소용돌이와 혼란은 내적 포기가 아니고는 그치지 않을 것입니다.

23 속박을 오게 하는 마음에 고개를 돌리고, 아무런 굴레가 없으며 진리의 빛으로 가득 차 있는 순수 의식과 하나가 되십시오.

24 수타리부인 날뛰는 마음은 생각하는 사람의 진정한 본성에 대한 진리를 알지 않고는 사라지지 않을 것입니다.

25 대상화하는 의식이 참나의 힘 아래로 온다면, 이전에 대상으로 알았던 그 모든 것들이 지바와 하나가 될 것입니다.

트리푸티

트리푸티, 즉 보는 자, 봄과 보이는 대상, 그리고 아는 자, 앎과 아는 대상이라는 셋은 나누어진 의식인 수타리부의 피할 수 없는 결과이다. 의식 안에 오로지 의식으로서 머무를 때, 이 모든 구분들이 실재가 아님을 깨닫게 된다.

26　자신을 아는 자로 여겨 혼란스러워지는 한, 당신은 아는 자의 진정한 본성에 대한 진리를 경험할 수 없습니다.

27　다음의 비밀을 잘 들어 보십시오. 의식으로부터 떨어져 있는 둘이나 셋으로 나누어진 모든 의식들은 혼란입니다.

　　울라두 나르파두, 9절:

　　　'둘' 혹은 '셋'이라는 것은 오직 자아라는 것에 의존하고 있습니다. 가슴 안에서 "이 자아란 무엇인가?"하고 묻고 이것을 찾으면, 이것들은 슬그머니 달아납니다. 이것을 발견한 사람들만이 진리를 알고 있으며, 그들은 결코 혼란에 떨어지지 않을 것입니다.[1]

28*　지고의 진리는 보이는 대상들뿐만 아니라 보는 자와 봄의 근원으로 있습니다.

29　순수 존재의 상태인 지고자와 하나가 된 관점에서 본다면, 트리

푸티들은 실재입니다. 그러나 지고자와 분리된 것으로 보았다면, 그것들은 거짓입니다.

30 트리푸티들은 교묘하게 속여 있게 하는 마술과 같이 마음의 거울에 비친 그림자처럼 나타납니다.

31 세상을 자신의 참나로 보지 않고 그리고 그것의 토대가 되는 사람들은 트리푸티들에 말려들게 됩니다. 그러면 그들은 품위가 없는 망상으로 대상화된 의식들에 집착하게 될 것입니다.

'그것의 토대가 되는'의 의미는 세상이 나타나게 하는 스크린이 된다는 의미이다.

32 무지의 어둠인 오직 거짓 혼수상태에서만 트리푸티의 분리된 조각들이 일어날 수 있습니다.

바가반 자아가 일어날 수 있으려면 어두워야 합니다. 밝은 낮 동안에는 밧줄이 뱀으로 보이지 않습니다. 칠흑 같은 어둠 속에서는 밧줄이 아예 보이지도 않기 때문에 그것을 뱀으로 착각할 수조차 없습니다. 오직 어둠 속에 희미한 빛이 있을 때, 빛이 그림자로 어두워지거나 어둠이 희미한 빛으로 비칠 때에만, 밧줄을 뱀으로 오인하는 실수를 하게 됩니다. 이와 마찬가지로 자아로 일어나는 빛나는 순수한 존재도 마찬가지입니다. 오직 순수 존재의 빛이 어둠에 의해 흩뜨려질 때만 자아가 일어날 수 있습니다.[2]

바가반 영화를 볼 때, 아주 희미한 불빛 즉 어둠 속에서만 영상을 볼 수 있습니다. 반면에 모든 불이 다 켜졌을 때 영상은 사라져 버립니다. 이와 마찬가지로, 지고의 아트만의 조명 속에서는 모든 대상들이 사라집니다. 깊은 수면에서처럼 깊은 무지의 어둠 속에서나 혹은 참나 깨달음이나 사마디에서와 같은 완전한 참나의 빛 속에서는 세상이 보이지 않습니다.[3]

33 모든 트리푸티들은 비참한 망상(모하)으로부터 일어나 춤을 춥니다. 비참한 망상은 탐구가 없는 무지로 일어납니다.

34 망상이란 실체가 없는 그림자들이기 때문에, 갸나 비차라의 빛이 그것들을 비추면 그것들은 즉시 사라집니다.

35 모든 감각 대상들이 오로지 의식이라는 것이 알려지고 그리고 트리푸티들에 의해 야기된 혼란이 그치면, 이것이 갸나입니다.

구분들과 차이들은 실재하지 않는다

구분들과 차이들은 수타리부와 그것에 내재하고 있는 트리푸티들이 기능할 때만 지각된다. 진정한 지식이 그것들을 사라지게 할 때, 구별들과 차이들은 사라진다.

36 왜곡된 마음 혼란의 결과인 기쁨과 괴로움 같은 상반되는 쌍들로

일어나는 느낌은 비이원의 갸나에는 존재할 수 없습니다.

37 당신의 의식이 맑아지면, 모든 차이들은 사라지고 모든 것이 당
    신 자신의 나(탄마야)로 나타날 것입니다.

38 생명이 있다거나(체타나) 생명이 없다는(아체타나) 구분들은 빛나
    는 참나 의식에서는 없습니다.

    질문 우파데사 사람의 시작 구절에서는 생명 있는 것(칫)과 생명 없는
    것(자다)을 구별하고 있습니다.
    바가반 우파데사는 듣는 사람의 입장에서 말하고 있습니다. 생명이 없
    는 것(자다)에는 아무런 진리가 없습니다. 하나의 완전한 의식만이 홀
    로 널리 퍼져 있습니다.[4]

39 왜 당신 자신을 마음이라 여겨, 모든 차이들을 지각하고서 놀랍
    니까?

40 차이들은 자아에 의해서만 지각됩니다. 자아가 떠나면, '다른 것'
    으로 보이는 것은 아무것도 없습니다.

41 차별감(베다 붓디)이 일어나지 않는 투명이 존재의 의식으로 있는
    지극한 완전(파리푸르나)입니다.

감각 대상들을 보고 따라가기

42 너무나 멋져 보이는 이 세상은 단지 이름들과 형태들로 이루어져 있습니다. 그것들은 거품처럼 덧없는 것이며, 오직 다섯 감각들의 수준에서만 존재하고 있습니다.

43 당신에게 붙어 있는 다섯 감각의 인상들은 흥분한 마음이 자신의 번성하는 존재를 지키려고 만들어 낸 터무니없는 구조물입니다.

44 당신의 관심을 세상인 개념에 있도록 하지 마십시오. 감각 대상들을 보기를 그만두고 세상이 단지 꿈에 불과하다는 점을 아십시오.

45 어찌하여 상상에 불과한 미천한 감각적 쾌락을 추구하느라 놀라운 평화의 경험을 포기합니까?

46* 마음의 확장으로 일어나는 다섯 감각의 대상들에 대한 욕망이 떠나면, 마음은 브라만이 됩니다.

47 저차원의 의식은 다섯 감각 지각들에 주의를 주어 그것들을 대상들로 봅니다. 반면에 고차원의 의식은 그것 자신에게 주의를 주어 그것 자신과 하나가 된 채로 있습니다.

48 자신의 진정한 본성을 알아, 사마디의 탁월한 희열을 즐기는 사람들은 거짓된 것에 현혹되지 않을 것이며 그래서 다섯 감각들에

의하여 지각되는 대상들을 찾지 않을 것입니다.

구루 바차카 코바이, 947절, 포리푸라이 "나는 누구인가?"라는 안으로의 탐구를 하여, 자신은 단지 단어로만 존재하는 사라지는 자아가 아니라, '나'의 진정한 의미인 아트마 스와루파라는 것을 직접적인 경험을 통하여 권위 있게 압니다. 그 후에 무엇을 갈망할 수 있으며, 누구를 위하여 할 것입니까? 그 진정한 지고의 갸니가 자신과 떨어져 있는 어떤 쾌락을 갈망함으로써 정신적 번민을 경험하겠습니까?

주석 갸니는 나누어지지 않는 희열인 비이원의 아트마 스와루파이기 때문에 어떠한 지바도, 어떠한 희열도 그 자신으로부터 떨어져 있지 않다. "무엇을 갈망할 수 있으며, 누구를 위하여 할 것입니까?"라고 말하는 이유는 바로 이 때문이다.

티루쿠랄 368절에서는 다음과 같이 말하고 있다. "갈망이 없는 사람들에게는 고통이 더 이상 존재하지 않습니다. 갈망이 있다면, 고통은 점점 더 그리고 끊임없이 생겨날 것입니다."

그러므로 갈망이 없으면 고통은 일어나지 않을 것이다. 따라서 위에서 "그 진정한 지고의 갸니가 자신과 떨어져 있는 어떤 쾌락을 갈망함으로써 정신적 번민을 경험하겠습니까?"라고 말했던 것이다. 이것은 갸니가 참나 외에는 어떠한 것도 알지 못하는 완전함(푸르나)의 경지에 올랐다는 것이다.

49　걱정으로부터 자유롭고 스와루파의 희열을 가슴속에서 즐기는 사람들에게 다섯 감각들에 의하여 지각되는 대상들에 아무런 즐거움이 없을 것입니다.

시간

　바로 이 시점에서 시간에 관한 부분을 포함시키는 것이 이상하게 여겨질 수도 있을 것이다. 그러나 반드시 기억해야 할 것은, 바가반의 가르침에서, 시간과 공간, 그리고 그들 안에 내재된 필연적인 구분들은 모두 거짓 세상을 투사시키며 동시에 그것을 바라보는 자가 있는 거짓 의식 즉 수타리부라는 것이다.

50　존재하고 있는 것은 오직 현재입니다. 과거와 미래는 현재를 무시했을 때 마주치게 됩니다. 그것들은 현재의 반대편에 있습니다.

　울라두 나르파두, 15, 16절:

　　과거와 미래는 현재에 의존하여 존재합니다. 그것들 역시, 일어나는 동안에는 현재였거나 현재일 것입니다. 그러므로 세 가지 시간 중에서 현재만이 존재하고 있습니다. 현재라는 진리를 알지 못하고 과거와 미래를 알고자 하는 것은 마치 숫자 하나 없이 숫자를 세려는 것과 같습니다.
　　유심히 살펴보면, 분명히 알려져 있는 존재하고 있는 실재인 '우리'를 제외하고 시간이 어디에 있고, 공간이 어디에 있으며, 어떤 것이 어디에 있습니까? 우리가 육체라면, 우리는 시간과 공간 속에 관련될 것입니다. 그러나 우리가 육체입니까? 우리는 지금, 그때, 그리고 늘 하나이며, 공간의 여기, 저기 그리고 모든 곳에 있는 하나이므로, 시간과 공간을 초월한 '우리'만이 있습니다.[5]

두 번째 절에 있는 대명사 '우리'는 참나를 의미한다.

51 시간과 공간으로 지각되는 것은 다름 아니라 순수 의식인 참나이
    자 실재입니다.

52 파괴는 시간과 공간이 있을 때만 일어납니다. 지고의 실재인 참
    나에는 결코 어떠한 움직임도 없습니다.

    질문 푸라나들에는, 칼리 유가가 수천 년 동안으로 이루어져 있으며,
    그것의 얼마만큼이 지나갔으며, 그것의 얼마만큼이 아직 남아 있다고
    쓰여 있습니다. 이 유가가 언제 끝나는지 제가 알 수 있습니까?
    바가반 나는 시간이 실재라고 생각하지 않습니다. 따라서 나는 그러한
    문제들에 관심이 없습니다. 우리는 과거에 대해서나 과거에 있었던 유
    가들에 대해서 아무것도 모릅니다. 그뿐 아니라 우리는 미래에 대해서
    도 모릅니다. 그러나 우리는 현재가 존재한다는 것은 압니다. 이것을
    먼저 알아야만 합니다. 그러고 나면 모든 의심들은 사라질 것입니다.
    (잠시 말이 없다가) 시간과 공간은 늘 변합니다. 그러나 영원하며 변하지
    않는 것이 있습니다. 예를 들면, 세상과 시간, 과거와 미래 같은 것들은
    잠자는 동안에는 존재하지 않습니다. 그러나 우리는 존재합니다. 우리
    는 변하지 않고 늘 존재하는 것을 찾으려 노력해야 합니다. 칼리 유가
    가 몇 년도에 시작하여 지금으로부터 몇 년 후에 끝나는지 안다고 해서
    그것이 우리에게 어떤 유익을 줄 수 있습니까?[6]

53 허구이며 결코 존재하지 않고 있는 '내일'을 영원히 포기하십시

오. 그리고 오늘의 진리를 깨달으십시오.

54 가슴속에서 진리인 현재를 확실히 깨닫지 못하는 사람들은 기쁨
    과 고통을 통하여 시간, 과거와 미래와 같은 것들에 빠지게 될 것
    입니다.

제3절
개인적인 정체감

지바의 성품

1   지바의 성품은 존재하지 않는 실체입니다. 무지한 자아는 순수하
     고 진실한 갸나 비차라 안에는 남아 있지 않습니다.

 개인적 자기인 지바는 가공의 실체이며 잘못된 결합으로 존재하게
된다. 락슈만 사르마는 이 주제에 대한 바가반의 가르침을 아래와 같
이 요약하였다.

     396 지바라 부르는 것은 존재하지 않는다는 것이 확실합니다. 그러므
          로 어떻게 우리가 그것으로부터의 속박이나 해방에 대해 생각할
          수 있겠습니까? 변함없는 전체로 홀로 있는 진정한 참나에게는
          속박도 해방도 없습니다.

278 제4장 * 마음과 마음의 창조물

397 옳게 식별하지 못하였기에 영혼(지바)이 실제로 있는 것처럼 여겨지게 되었습니다. 이러한 일은 시간과 공간에 한정된 육체와, 시공의 제한을 받지 않으며 오직 의식으로 있는 참나를 동일시하는 잘못을 저지를 때 일어납니다.

398 우선 우리는 하나의 특정한 육체를 '나'라고 생각합니다. 그리고 그 육체가 실제라고 여깁니다. 일단 이러한 일이 일어나면, 무지한 사람들은 다른 육체들을 실제로 존재하는 것으로 보며, 그들 안에서 여러 지바들을 봅니다.

402 자신의 진정한 참나를 경험하지 못하고 "나는 이 몸이다."라고 생각하는 사람은 자신을 문법의 일인칭인 '나'라고 여깁니다. 그는 다른 사람을 바라보면서 '너'라고 부르며, 제삼자들을 가리켜 '그'라고 말합니다.

403 이러한 세 가지의 구분된 사람들은 실재가 아닙니다. 그들은 "나는 육체이다."라는 잘못된 관념으로부터 생겨나는 것입니다. 진정한 참나를 탐구함으로써 자아가 사라졌을 때, 진정한 참나인 의식만이 홀로 빛나게 될 것입니다.

404 자신을 지바 또는 육체라고 생각하는 사람에게는 여러 지바들이 나타날 것입니다. 그러나 이 무지함에서 벗어난 성자들에게 지바는 나타나지 않을 것입니다.[1]

2* 나는 육체라는 잘못된 생각인 지바의 환영이 소멸된다면, 지바의 본성은 진정한 희열의 모습인 쉬밤이 될 것입니다.

악샤라마나말라이, 73절:

당신은 마법의 가루약을 뿌려 저를 마비시키시고, 저의 지바 성품을 강탈하시고, 당신의 쉬바의 본성을 드러내셨습니다.[2]

3   자아와 결별한 지바는 우주의 가장 먼 끝들을 초월하여 있는 지고의 의식의 공간에서 빛날 것입니다.

마음과 결합한 지바

4   당신의 지바에게, 유일하며 진실한 연결은 희열의 상태와의 연결입니다. 그때 어떻게 고통에 찬 세상과 연결이 있겠습니까?

질문 지바가 본래 참나와 같다면, 지바가 자신의 진정한 본성을 깨닫는 것을 가로막는 것은 무엇입니까?
바가반 그것은 지바의 본성을 잊어버리는 것입니다. 이것은 베일로 감추는 힘이라고 알려져 있습니다.
질문 지바가 그것 자신을 잊어버렸다는 것이 사실이라면, 어떻게 모두에게 '나'-경험이 일어나는 것입니까?
바가반 그 베일은 지바를 완전히 숨기지는 못합니다. 그것은 단지 참나 본성만을 감추고 "나는 육체다."라는 개념을 투사합니다. 그러나 그것은 '나'이고, 실제이며 영원한 것인 참나의 경험은 숨기지 못합니다.[3]

5   여러 믿음들을 가지고 있는 그 어떤 추종자라도 마음과의 연합이라는 미혹이 어떻게 지바에게 일어나게 되었는지를 설명할 수 없

습니다.

6 어릿광대인 마음과 밀접하게 결합하였기에 지바는 바보처럼 고통을 겪는다는 것을 아십시오.

7 지바의 의식을 통하여 작용하는 감각의 활동들이 완전히 멈추기 전까지는, 참나의 희열인 신성한 의식과 합일을 얻기는 극히 어려울 것입니다.

8 끊임없이 자신의 모습을 바꾸며 살아가는 지바로서의 존재 상태는 매우 부끄러운 일입니다.

9 이제 당신은 이 놀라운 권리 침해를 보고 알았습니다. 적어도 지금부터는 진리의 삶을 포용하는 것이 적절할 것입니다.

10 삶의 근원으로서 빛나고 있는 빛을 보는 데 실패함으로써 시간을 헛되이 보내는 것은 정말로 지바에게 큰 불행입니다.

자신의 근원으로 되돌아가는 지바

11 자신의 본질적인 성품이 비할 데 없는 희열이라는 것을 깨달을 때까지, 지바는 마치 사향노루처럼 혼란을 겪게 될 것입니다.

구루 바차카 코바이, 1028절 사향노루는 자신의 몸속에 향기가 나는 사향을 가지고 있습니다. 이 사실을 모르고 그 향기가 자신의 외부로부터 온다고 믿고서 사슴은 그 향기의 근원을 찾아 온 천지를 헤매고 다닙니다. 이와 마찬가지로, 그들 자신의 스와루파가 희열이라는 사실을 깨닫지 못하는 사람들은 혼란을 겪게 되며, 감각 대상들을 찾아다니면서 그것들이 행복을 가져다주는 근원이라고 상상합니다. 그러나 그들의 스와루파를 적절히 깨달을 수 있는 사람들은 세상을 좇지 않고 그들 자신의 참나의 상태 안에 머무를 것입니다.

12 만약 지바가 의식의 투명과 교제를 버린다면, 지바는 다른 어떤 곳에서도 친밀함을 찾을 수 없을 것입니다.

13 자신에 대한 비길 데 없는 진리만이 지바에게는 천국이 될 수 있습니다. 이것 말고 다른 진리는 언제 어느 곳에도 존재하지 않습니다.

지바들에 의하여 경험되는 출생과 더불어 시작되는 모든 고통과 악의 원인은 그들이 왔던 길을 잊어버렸기 때문이다. 이것은 다음의 이야기에 잘 묘사되어 있다.

바가반께서 달샨을 주곤 하셨던 홀 안에는 굴뚝이 하나 있었다. 그 굴뚝은 바닥을 제외하고는 모든 곳이 철망으로 막혀 있었다. 어느 날, 아름다운 작은 새가 그 안으로 들어와 그 굴뚝에 갇히게 되었다. 새는 자신이 자유롭게 날 수 있는 광대한 공간이 있는 자연 환경과는 전혀 상반되는 상황에 갇혔다는 것을 알게 되었다. 굴뚝 안에 들어온 그 순간부터, 새는 미친 듯이 빠져나가려고 몸부림쳤지만 모든 노력은 허사였다. 왜냐하면, 그 새는 들어왔던 길을 잊어버리고 막혀 있는 다른 길로 빠져나가려고 반복해서 애를 썼기 때문이다. 슈리 바가반께서는 이 기회를 빌어 위대한 진리를 나타내셨다.

"이 새는 자신의 자연스러운 거주지인 사방에 퍼져 있는 공간을 포기하였습니다. 그는 자신의 본성과는 정반대인 제한된 공간 안으로 들어왔습니다. 이 감옥에서 어떻게 탈출할지 알지 못한 채, 그는 흥분하고 두려워합니다. 이 새와 마찬가지로, 지바들 역시 자신의 자연스러운 거주지인 의식의 광대한 공간을 포기하였습니다. 무지라는 망상으로 인하여 그들은 육체라는 감옥에 갇히게 되었습니다. 어떻게 벗어나야 할지 방법을 모른 채, 그들은 다양한 고통의 원인들로 인하여 괴로워합니다. 그가 살았던 원래의 장소로 돌아가고자 하는 새의 계속된 노력은 성공하지 못하고 있습니다. 왜냐하면 자신이 들어왔던 아래쪽으로 향하는 대신에, 굴레에 갇히는 방법인 위쪽으로 곧장 향했기 때문입니다. 이와 마찬가지로 자유를 얻으려는 지바의 끊임없는 노력이 성공하지 못하는 이유는 그들 역시 그들이 왔던 내면으로 향하는 대신에, 속박의 길인 외부로 향하기 때문입니다. 위로 향하려는 새의 타고난 경향은 심지어 자유를 얻으려는 시도에서조차도 고집을 부리는 것입니다. 마찬가지로, 외부 세계를 두리번거리는 지바들의 타고난 경향은 해방을 향하여 노력할 때조차 고집을 부리는 것입니다. 이것이 지바의 타고난 경향성입니다. 만일 진정한 식별과 자각을 통하여, 지바의 외부를 향하던 시각으로부터 내면을 향하는 시각으로 돌아오게 된다면, 그리고 만일 거기에 고정되어 머무른다면, 단언컨대 그 즉시 그는 해방을 얻을 수 있을 것입니다."[4]

14 지바에게는 진리 이외에는 어떠한 안식처도 없습니다. 그러므로 당신에게 지극히 가까이 있는 당신 자신의 진리를 탐구하여 아십시오.

15 오직 지바의 삶이 마침내 쉬밤으로 꽃필 때만 지바는 아무런 고통을 모르는 진정한 사랑을 얻을 가능성이 있을 것입니다.

16 지바가 마음의 프라사드인 투명으로 가득 차 있지 않다면, 다른 프라사드들이 무엇을 할 수 있겠습니까?

17 만일 지바가 수타리부 없이 있다면, 그 상태에서는 지바는 한계들이 없는 완벽하고 순수한 스와루파로 자신을 보게 될 것입니다.

구루 바차카 코바이, 646절 수타리부로 보았을 때는 은총이 빛나지 않다가 수타리부가 없어진 후에는 빛을 발합니다. "내가 나의 사랑하는 사람을 열렬히 바라볼 때, 그녀는 땅을 봅니다. 그러나 내가 그녀를 보지 않을 때, 그녀는 나를 보고 미소 짓습니다."

위 인용문의 뒷부분은 티루쿠랄 1094절에서 발췌한 것이다.

18 마음이 자신의 본성을 망각하고 어디를 배회하더라도, 그것의 최후의 목적지는 오직 참나뿐입니다.

아루나찰라 아슈타캄, 8절:

바다에서 올라가 구름이 되어 내려오는 빗방울은 온갖 장애물에도 불구하고, 다시금 그들의 고향인 바다에 도착할 때까지 쉴 수 없습니다. 스스로 선택한 여러 방법들을 통하여 나아간 몸을 가진 영혼은 한동안 정처 없이 방황할 것이지만, 근원인 당신 자신과 다시 만나기 전까지는 쉴 수가 없습니다. 새는 공중의 여기저기를 맴돌지만, 하늘 중간에 머물러 있을 수는 없습니다. 그것은 자신의 쉬는 장소인 지상을 찾아 반드시 되돌아와야 합니다. 그렇듯이, 오, 아루나 산이시여! 영혼은 당신에게로 되돌아와 희열의 바다인 오직 당신 안에 다시금 합쳐져야 합니다.[5]

19 지바가 해야 할 주된 의무는 참나 아닌 것을 아는 수타리부가 참나 안에 흡수되는 것, 즉 무지를 소멸시키는 것입니다.

20* 망상이 완전히 깨끗해지는 침묵을 제외하고는, 지바가 참나와 합일하는 것은 불가능합니다.

지바의 해방

21* 지바가 해야 하는 영적 수행은 자아를 근원까지 완전히 파괴하는 것입니다.

22* 불꽃 안에 있는 나방처럼 스와루파의 눈부신 빛이 지바 위로 떨어지면, 지바는 사라지고 지고의 존재가 될 것입니다.

23 자신이 몸이 없는 존재임을 깨닫는 아트마 갸나의 경험은 자기 자신을 몸이라고 여기는 지바를 해방시킵니다.

24 진리를 깨달은 지바에게, 진리 그 자체가 지바를 해방과 하나 되게 도울 것입니다.

25 오직 '나'가 죽은 사람만이 풍부하며 둘이 아닌 경험인 지고자와 지바의 연합을 알 것입니다.

26* 순수 의식인 참나 안에서 지바가 자아에 사로잡힌 마음을 소멸시키는 데 성공한다면, 지바는 스스로 지고자 의식이 될 것입니다.

27* 은총인 갸나를 얻은 선한 지바에게는, 무지의 어둠인 그 어떤 프라마다도 결코 존재하지 않습니다.

28 지고의 경지인 아트마 스와루파에서는, 프라마다는 지바에게 항상 완전히 어리석은 것입니다.

29 지바가 가슴 안으로 들어가서 어떤 이유로도 아무런 생각이 일어나지 않고 있는 것, 이것이 지바의 주인인 참나의 힘이며 은총입니다.

자아는 실재하지 않는다

30 이 세상뿐 아니라 다른 어느 세상에서도 자아처럼 해로운 적은
    없습니다.

31 내면을 탐구하여 자아의 근원을 깨달으면, 자아는 떠나고 아트마
    스와루파의 경험이 밀려옵니다.

32 만일 당신이 당신의 내면을 탐구하여 강력한 자아 유령의 본성을
    안다면, 가짜 신랑의 들러리가 그러하듯이, 그것은 떠나 사라질
    것입니다.

바가반 힌두의 결혼 예식에서는 축하연이 닷새 혹은 엿새 동안 계속됩
니다. 신부 측 사람들이 한 이방인을 신랑의 들러리로 오인하여 그를
특별히 존중하여 대접하였습니다. 그가 신부 측 사람들에게서 특별한
대우를 받는 것을 보고, 신랑 측에서는 그가 신부 측과 관련 있는 중요
한 인물일 것이라고 생각했습니다. 그리하여 그들 역시 그를 특별한 예
의를 갖추어 대접하였습니다. 그 이방인은 함께 즐거운 시간을 보냈습
니다. 또한 그는 내내 실제 상황을 알고 있었습니다. 한번은 신랑 측에
서 그에게 어떤 점에 대하여 물어보고자 했습니다. 그래서 그들은 그에
게 물었습니다. 그는 문제가 생겼음을 감지하고 슬쩍 빠져나갔습니다.
바로 이러한 것이 자아입니다. 찾으면 자아는 사라집니다. 그렇지 않
으면 계속해서 문제를 일으킵니다.[6]

바가반 실재는 간단히 말해서 자아를 잃는 것입니다. 자아의 정체감을 찾음으로 자아를 파괴하십시오. 자아는 아무런 실체가 없기 때문에 자동적으로 사라지며, 그 결과로 실재가 스스로 빛나게 될 것입니다. 이것이 직접적인 방법입니다. 반면에, 다른 모든 방법들을 하더라도 자아는 여전히 남아 있습니다. 그러한 길들에서는 수많은 의심이 일어나고 영원한 질문은 마지막으로 다루어지기 위하여 남아 있습니다. 그러나 이 방법에서 궁극적인 질문은 오직 하나이며, 그것은 바로 시작부터 일으켜집니다. 이 탐구를 하는 데는 어떠한 사다나도 필요치 않습니다.

이보다 더 대단한 미스터리는 없습니다. 즉, 우리 자신이 실재의 모습으로 존재하면서, 우리는 실재를 얻고자 합니다. 우리는 우리의 실재를 숨기고 있는 무엇이 있다고 생각하고, 실재를 얻기 전에 그것이 사라져야 한다고 생각합니다. 그것은 웃을 일입니다. 당신이 스스로 했던 과거의 노력들에 웃을 날이 올 것입니다. 당신이 그날에 웃을 것은 지금 여기에도 있습니다.[7]

33 양파처럼, 자아는 많은 타트바들의 조합으로 만들어진 실재하지 않는 것입니다. 자아를 탐구해 보면, 자아에게는 아무런 스와루파도 존재하지 않는다는 것이 발견될 것입니다.

양파의 모든 껍질이 벗겨져 나갔을 때, 양파는 더 이상 남아 있지 않다. 여기서 스와루파의 의미는 '영원히 현재이며 떨어질 수 없는 본성'이라는 것이다.

34 자아가 존재하고 있다면, 어떻게 작게 조각난 마음을 가지고 자
    신에 대한 진리를 볼 수 있겠습니까?

자아 - 유령

35 수많은 움직이는 영상들 속에 휩싸여 동요되어 그 결과로 고통을
    겪고 있는 자아는 아무런 가치가 없는 환영입니다.

36 불결한 것을 담고 있는 깨끗하지 못한 그릇인 육체 안에서 유령 같
    은 자아가 추는 어릿광대춤은 불멸의 삶을 폐허로 만들 것입니다.

37 하나를 다른 것에 단단히 매어 놓는 것이 무지한 유령인 마음이
    하는 일입니다.

    올라두 나르파두, 25, 26절:

    얼마나 놀라운 일인가요! 형상이 없는 이 유령 같은 자아는 하나의
    형상을 붙잡음으로써 존재하게 됩니다. 형상을 붙잡음으로 그것은 지
    탱합니다. 자신이 붙잡고 있는 형상에 먹이를 주면서 그것은 더욱 커집
    니다. 하나의 형상을 떠나고 그것은 다른 형상을 잡습니다. 찾았으면
    그것은 뛰어오릅니다. 이런 식으로 아십시오.
    만일 뿌리인 자아가 존재하게 되면, 다른 모든 것들도 존재하게 될
    것입니다. 만일 자아가 존재하지 않는다면, 다른 모든 것들 역시 존재

하지 않게 될 것입니다. 정말이지, 자아가 모든 것입니다! 그러므로 "이것이 무엇일까?" 하고 유심히 조사하는 것은 실제로 모든 것을 포기하는 것입니다. 이렇게 아십시오.[8]

38   은총의 영향력 아래에 들어온 진정한 헌신자들은 유령 같은 자아에 홀리거나 현혹되지 않을 것입니다.

39   유령 같은 자아만큼이나 떠나기를 거부하며 견고하게 자리 잡고 있는 가공의 것은 없습니다.

40   유령 같은 자아가 행사하는 주도권으로 이 세상에서 경험하는 고통은 상상하기 불가능합니다.

41   갸나 비차라의 비부티를 통해서만 그 유령을 내쫓을 수 있을 것입니다.

    인도의 어떤 곳에는 귀신 쫓아내는 의식에 비부티를 사용한다. 바가반은 여기서 참나 탐구, 진정한 의식의 탐구가 효과적으로 자아 유령을 사라지게 할 귀신 쫓는 의식이라고 말하고 있다.

42   자아는 몰아내어질 뿐만 아니라, 바로 당신의 눈앞에서 목이 달아나 없어질 것입니다.

자아와의 연합

43 당신에게 붙어 있는 그냥 생각일 뿐인 자아와 연합함으로 당신은 무슨 이익을 얻었습니까?

44 품위 없는 사람의 자아 -마음에게는, 의식이요 지고자인 아트마 스와루파가 아주, 아주 멀리에 있습니다.

45 품위 없는 찬달라인 자아를 보는 것은 모욕입니다. 심지어 그에 관한 말을 듣는 것조차 모욕입니다. 그는 불가촉천민입니다.

　찬달라는 카스트 바깥의 천민이다. 바가반 시대에 그런 사람들은 '불가촉천민'으로 여겨졌고, 모든 카스트 사람들이 꺼려 하였다. 여기에서 바가반의 조언은 사회가 네 카스트 이외의 천민을 취급하는 것과 같은 방식으로 자아를 다루어야 한다는 것이다. 그렇게 함으로써 잘못된 연합에서 유래된 격하와 모욕을 피할 수 있다. 《슈리 라마나 마하리쉬와의 대담》의 대담 308번에서, 그는 "비참나는 접촉하지 말아야 합니다. 사회적 불가촉천민은 인간이 만든 것이지만, 다른 불가촉천민은 자연스러우며 신성합니다."라는 견해를 말하였다.

46 자기 자신을 목격자로 알지 못한다면, 자아의 모습을 취하고 있는 무지는 사라지지 않을 것입니다.

고통의 원인인 자아

47 건망증을 일어나게 하여 당신을 현혹시키는 자아는 당신의 불변
   의 적이 되어 당신을 어지럽게 할 것입니다.

48 욕망과 애착에 사로잡힌 자아 유령이 춤추는 삶은 타락과 파멸이
   있는 황폐한 지옥입니다.

   바가반 참나의 희열은 항상 당신과 함께 있습니다. 당신이 진지하게
   그것을 찾으면, 당신 스스로 그것을 발견할 것입니다. 비참함의 원인
   은 삶의 바깥에 있는 것이 아닙니다. 그것은 자아로서 당신 안에 있습
   니다. 당신은 스스로에게 한계들을 부과하고는 그 한계들을 초월하려
   고 헛된 노력을 하고 있습니다. 모든 불행은 자아에 기인합니다. 그것
   과 더불어 모든 말썽이 옵니다. 정말로 당신 안에 있는 비참함의 원인
   을 삶의 사건들로 돌리는 것이 무슨 가치가 있습니까? 무슨 행복을 당
   신의 바깥에 있는 것들로부터 얻을 수 있습니까? 그것을 얻었을 때, 그
   것이 얼마나 오래가겠습니까?
   　만약 거절하고 무시함으로써 자아를 시들게 한다면, 당신은 자유로
   울 것입니다. 자아를 받아들인다면, 자아는 당신에게 한계를 지울 것
   이고 그리고 자아를 초월하려는 헛된 몸부림을 치게 만들 것입니다. 도
   둑이 자나카 왕을 '파멸'시키려고 시도하였던 것은 바로 그 방법이었
   습니다.
   　정말로의 자기인 참나가 되는 것이 늘 당신의 것으로 있는 희열을
   깨닫는 유일한 방법입니다.[9]

49 자아가 완전히 죽고 부활하여 참나 지식이 확실해진 곳에는, 마음의 고뇌가 완전히 그칩니다.

50* 자아의 흔적인 '나'가 존재한다면, 참나 경험은 차단될 것입니다.

51 자아가 세상 삶의 그물에 걸려 의식의 빛을 잃을 때, 자아는 몰락하는 것 말고 그 밖의 무엇을 얻을 수 있겠습니까?

52 발정기의 코끼리(자아)는 사실은 자신의 그림자인 산을 적으로 여겨 죽이려 합니다.

53 일렁이는 자아-의식은 삼사라의 비참함이며, 거짓 굴레이며, 마음의 창조물들입니다.

54 당신이 그 적을 찾아 파괴하여 없앨 때까지, 비난과 죄악의 모든 습관은 당신에게 있을 것입니다.

55 자아가 존재하는 한, 집 밖으로 줄지어 나오는 날개 달린 흰개미들처럼 수많은 장애물들이 계속 생길 것입니다.

죄의 원천인 자아

56 모든 미덕의 원천이 진정한 '나'인 것처럼, 죄 축적의 원천은 현

혹시키고 속이는 '나'입니다.

57 악의 구현인 자아는 모든 죄들이 더불어 머무르는 거대한 바다입니다.

58 파담은 다음과 같이 질문합니다. "자신을 몸이라고 습관적으로 잘못 믿게 만드는 도둑 같은 자아가 무슨 죄를 저지르지 못할 것입니까?"

59 자아는 모든 죄들을 모으면서 서 있기에, 자아를 파괴하는 것이 모든 덕입니다.

자아의 파괴

60 자아 '나'가 완전히 파괴된 후에야 참나 경험이 일어날 것입니다.

61 자아를 강력한 독이라 여겨 완전히 뿌리 뽑지 않는 한, 가슴속에는 아무런 희열이 없을 것입니다.

62 모든 행운들 중 최고의 것인 자아 없음이라는 비길 데 없는 위대함을 달성한 사람들에게는 더 이상 바라거나 얻어야 할 것이 없습니다.

63* 거짓 자아가 다르마를 타락시킵니다. 거짓 자아의 파괴만이 빼어
    난 쉬바 다르마입니다.

64 진정한 깨달음은 미혹하고 있는 자아인 망각의 근원이 죽음으로
    오는 확고한 강함을 지닌 확신의 상태입니다.

65 해를 끼치는 자아를 뿌리째 뽑아 던져 버리는 순간, 해방의 세계
    가 가슴에 넘쳐 날 것입니다.

자아 죽이기

66 "저를 죽이세요. 그러지 않으면 제가 이제 당신을 죽일 것입니
    다." 이런 식으로 도전하며 자아는 일어날 것입니다.

67 자아가 당신을 죽이기 전에, 잔인하게 당신을 지배하고 있는 끔
    찍한 자아를 죽이십시오.

    질문 자아를 죽이는 가장 좋은 방법은 무엇입니까?
    바가반 각 사람에게 가장 쉽고 매력적인 방법이 최고입니다. 모든 방
    법들이 똑같이 좋습니다. 그것들은 자아를 참나 안으로 들어가게 하는
    같은 목표로 나아가게 합니다. 박타들이 복종이라 부르는 것을, 비차
    라를 하는 사람들은 갸나라 합니다. 둘 다 오직 자아를 자신이 일어난
    원천으로 되돌아가게 하여 그것과 하나가 되게 하려는 것입니다.[10]

68 자아를 완전히 전멸시켜 그것이 존재하지 않도록 하지 않는 한, 당신은 평화가 주는 희열을 조금이라도 경험하지 못할 것입니다.

69 자아가 살아 있는 한, 자아는 죽음입니다. 자아의 죽음이 살아 있는 것입니다. 이 수수께끼는 정말로 이해하기 어렵습니다.

70 가슴 안에 가라앉아 죽은 자아는 참나의 위대함을 얻으며 그것은 거대한 바다처럼 밀려들 것입니다.

71 자아가 파괴될 때, 참나의 진리가 우주의 네 방향의 저 멀리 끝까지 나누어지지 않으며 빛날 것입니다.

72 무지스러운 오만을 행하여 비참함을 초래케 하는 자아를 죽이는 대신에 왜 신을 비난합니까?

칫-자다

산스크리트인 칫-자다의 글자 뜻 그대로의 의미는 '둔한 의식'이다. 바가반은 둔한 육체가 아니라 의식을 묶거나 제한하는 허구적인 구속이나 매듭을 묘사하기 위해 이 말을 종종 사용하였다. 그러한 것인 둔한 의식은 자아 혹은 '나'-생각과 공존하면서, 거짓 연합을 통하여 정체감을 특정 모습으로 제한한다.

73 두 개의 대조되는 실체들인 칫과 자다가 결합한 개인의 삶은 마음(마노마야)이라는 것으로 나타납니다.

74 삿도 아삿도 아닌, 칫-자다 자아는 친구로 가장한 적처럼 당신의 가슴 안에 머물고 있습니다.

75 '나'로 알려져 있는 칫-자다 자아는 마음 혈통의 기초를 다진 조상입니다.

76 칫 자다의 족쇄를 조각내 해방되는 것이 인간의 진정한 성품에 대한 진리의 지식으로 나아가게 하는 탐구입니다.

질문 자아에 조금도 의지하지 않으면서 무조건적으로 있는 순수 참나의 존재를 깨닫는 것이 목표인데, 아함-브리티(나-생각)의 형태로 있는 자아 탐구가 무슨 소용이 있습니까?

바가반 기능적인 관점으로 본다면, 자아는 오직 하나의 특성을 가지고 있습니다. 자아는 순수 의식인 참나와 둔하고 감각이 없는 신체 사이의 매듭으로 기능합니다. 그래서 자아는 의식과 몸의 연결(칫 자다 그란티)을 해 주는 매듭이라 불립니다. 아함 브리티의 원천을 탐구하면, 당신은 자아가 지니고 있는 칫(의식)의 양상을 취하게 됩니다. 이러한 이유로 탐구는 참나의 순수 의식의 깨달음으로 틀림없이 나아가게 합니다.[11]

77* 몸으로 존재하는 낮은 상태인 몸과 영혼을 결합시키는 매듭을 분

리시키는 것 이외의 다른 방법은 없습니다.

78* 진정한 생일 축하는 칫 자다 매듭을 풀어 자아를 죽게 하여 브라마-스와루파로 태어나는 것입니다.

79 밤에 닫히는 연꽃과 달리, 품위 없는 매듭이 풀린 후에 피는 영적 가슴의 연꽃은 다시는 닫히지 않을 것입니다.

구루 바차카 코바이, 1124절, 포리푸라이 어느 땐가 모든 속박의 원천인 칫 자다의 매듭이 잘라졌다면, 다시는 결코 삼사라의 속박에 갇히지 않을 것입니다. 신의 상태, 힘의 소유 그리고 깊은 평화, 이 모든 것들은 정말로 스와루파로서 빛나고 있는 상태 안에 진실로 있습니다.
주석 한 분(One)에게 속하는 삿, 칫, 아난다라는 이 셋이 여기에서는 각기 신의 상태, 힘의 소유, 그리고 깊은 평화로서 묘사되고 있다.

아래의 주석은 바가반의 저작 전집에 있는 아루나찰라 판차라트나의 시구에 보인다. 작가가 누구인지는 모르지만, 바가반 자신의 것은 아닌 것 같다.

늪의 저수지에서 자라는 연꽃 봉오리가 동틀 녘에 피듯이, 오염된 마음 뒤에 있는 가슴은 모든 사람들의 참나이며 바깥에서는 아루나찰라로서 보이는 신의 은총에 의하여 피어납니다. 그러나 이 태양은 한 번 떠 오른 후에는 다시는 결코 지지 않습니다. 깨달은 영혼의 가슴은 처음이자 마지막으로 핍니다.

나는 몸이라는 생각

80   몸과 세상 속에 산다는 느낌이 존재-의식인 확고한 스와루파의 삶을 파괴합니다.

81   몸을 '나'로 받아들이는 것이 아트마 스와루파와 하나 되어 있는 브라만을 사라지게 하는 실수를 저지르는 것입니다.

82   완전한 배우인 기만적인 자아를, 죽이는 일을 일삼고 있는 야비한 살인자로 아십시오.

   브라만은 실제로 파괴할 수 없는 존재일지라도, 바가반은 종종 브라만을 알아차리지 못하고 있는 헌신자들을 브라만을 '죽인' 혹은 브라만을 '살해한' 사람이라고 종종 말하였다.

83   지각이 없는 우파디(몸)와 동일시함으로써 생긴 망상인 자아만이 속박을 일어나게 합니다.

84   선명히 알아야 할 것은 의식인 참나입니다. 파괴되어야 할 것은 몸에 대한 집착입니다.

   울라두 나르파두, 17절:

   참나를 알지 못하는 사람들에게나 아는 사람들에게나 간에, 몸은

'나'입니다. 그러나 참나를 알지 못하는 사람들에게 '나'는 몸에 의해 제한되어 있습니다. 반면에 몸 안에 있으면서 참나를 아는 사람들에게 '나'는 무한히 빛납니다. 그것이 그들 간의 차이점입니다.[12]

85 몸과 세상 속에 사는 미혹된 삶은 죽은 시체에 불과한 몸을 소중히 여기는 '나' 감각의 산물입니다.

질문 갸니에게는 데하트마 붓디("나는 몸이다."라는 생각)가 없습니까? 예를 들어, 슈리 바가반께서 곤충에 물렸다면, 감각이 없습니까?
바가반 감각은 있으며 나는 몸이라는 생각도 있습니다. 나는 몸이라는 생각은 갸니에게도 아갸니에게도 있습니다. 차이는 아갸니는 오직 몸만이 자신이라고 여기는 반면에, 갸니는 모든 것이 참나이다(아트마 맘 샤르밤)라는 것을, 혹은 이 모든 것이 브라만이다(샤르밤 칼비담 브라마)라는 것을 압니다. 고통이 있다면 그것을 있는 그대로 두십시오. 그것 또한 참나의 일부입니다. 참나는 완전(푸르나)합니다.[13]

86 파담은 질문합니다. "의식인 당신이 왜 자신을 육체라 여겨 스스로를 비참하게 만듭니까?"

나는 몸이라는 생각의 원인

87 자신이 몸이라는 잘못된 생각은 자신의 진정한 본성을 보기 전에 감각 대상들을 먼저 볼 때 일어납니다.

88 잘못된 생각으로 진주조개의 진주층을 은이라 여기듯이, 마음의 혼란으로 몸을 '나'라고 여깁니다.

89 마음의 혼란으로 다섯 감각들이 지각한 것을 진짜라고 여깁니다. 이것은 지각 대상을 향한 갈망을 불러일으켜 다투게 만듦으로 마음을 혼란케 합니다.

자신이 몸이라는 생각을 버리기

90 당신 자신을 진정한 본성이 지닌 완벽한 완전에 자리 잡게 하십시오. 당신 자신을 (몸) 우파디로 한정짓지 마십시오.

91 직접적인 경험이라는 드문 약이 아니고는 자신이 몸이라는 병을 피하기는 불가능합니다.

92* "나는 몸이다."는 개념이 완전히 파괴되지 않는다면, 참나에 대한 진정한 지식은 가능하지 않습니다.

93 몰두를 일으키는 잘못된 이해인, 자신이 몸이라는 개념이 사라지는 것이 아트마 스와루파의 경험입니다.

94 나는 몸이라는 망상인 자아가 그친 상태에서만, 요가와 보가(향락)는 둘이 됨이 없이 하나가 됩니다.

구루 바차카 코바이, 62절 다섯 감각 지각과 연합함으로 일어나는 세상의 현현을 지고인 의식 즉 참나로 알고 있는 사람은 다섯 감각들을 통해 같은 스와루파를 알고 경험합니다.

주석 이 시구는 사하자 상태가 외부의 지각들에서조차도 경험된다는 것을 설명하고 있다. 감각 지각들이 그 자신의 참나라는 것을 정말로 아는 사람에게, 세상은 장애물이 아니다. 그는 모든 보는 것들에서 그 자신의 참나를 경험하고 즐기며 그리고 속박이 전혀 없이, 내적 외적 둘 다를 동일하게 즐긴다.

'나'와 '나의 것'

95 타마스적인 마음이 어두운 세속적 굴레(파삼)로 온통 뒤덮여 있으며, 그리고 자신의 성품이 '나'와 '나의 것'에 사로잡힌 이들을 어리석은 사람이라 합니다.

96 가슴 안에서 첫 번째로 일어나는 '나'라는 생각이 '나의 것'과 '나를 위한'이라는 생각들의 원인입니다.

97 영원한 것인 궁극의 실재는 '나'와 '나의 것'이 없이 있는 그냥 존재입니다.

98 내적 집착이 전염병처럼 수많은 생애들을 통하여 당신을 괴롭힐 것이기 때문에 내적 집착을 그만두십시오.

타밀어에서, '내적 집착'이란 '나'를 몸에 국한된 내적이며, 축소시킨 느낌을 의미한다. 반면에 '외적 집착'이란 어떤 것들을 '나의 것'이라 하는 것이다.

99 참나 경험이 당신에게 온다면, '나'와 '나의 것'이라는 천박한 망상이 사라질 것입니다.

개별적 정체감의 포기

100 최상의 포기는 마음을 스와루파에 단단히 묶고 있는 상태에 머무는 것입니다.

101 지속되고 있는 진리인 자신의 진정한 본성을 아는 것은 본성을 가리고 있는 트리푸티들에 매달리는 것을 그냥 포기하는 것입니다.

102 당신이 내적 포기에 통달하게 되면, 외적 포기는 전혀 중요하지 않게 될 것입니다.

내적 포기는 자아의 포기인 반면에, 외적 포기는 소유물들을 포기하는 것이다. 깨달음을 오게 하는 것은 전자이다. 바가반은 때때로 자신의 왕국을 포기하고 깨달음을 얻기 위하여 숲에 은둔했던 시키디바자 왕을 예로 들어 이것을 설명하였다.

바가반 그가 왕국을 다스리고 있을 때 자아를 소멸시키는 지점까지 바이라기야(무집착)를 하였더라면, 참나를 깨달을 수 있었을 것입니다. 그는 그렇게 하지 못했고 따라서 숲으로 가서 타파스의 시간을 가졌습니다. 18년 동안 타파스를 했지만 아무런 향상이 없었습니다. 그는 자신이 만든 생각의 희생물이 되었습니다. 그의 깨달은 아내인 추달라는 그에게 자아를 포기하여 참나를 깨달으라고 충고하였습니다. 그는 그렇게 했고 해방되었습니다.

추달라의 이야기에서 분명한 것은 자아를 가지고 있으면서 집착하지 않는 것은 가치가 없는 반면에, 자아가 없는 사람이 가지고 있는 모든 소유물들은 문제가 되지 않는다는 것입니다.[14]

103 자아-마음을 포기한 사람들에게, 포기해야 할 다른 무엇이 있겠습니까?

구루 바차카 코바이, 837절 큰 노력을 하여 자아의 포기를 성취한 사람들에게 달리 포기해야 할 것들은 이제 없습니다.

104 영광스럽고 오점 없는 포기란 순수하지 못한 자아-마음을 완전히 근절하는 것입니다.

105 자아-마음을 포기한 사람들만이 진정으로 포기하였습니다. 자아 이외의 모든 다른 것들을 포기한 사람들은 실제로 무엇을 포기하였습니까?

카르트루트바(행위들의 행위자라는 느낌)

106 당신이 관계하고 있는 품위 없는 홀림인 카르트루트바는 행위와 인지의 도구들을 '당신'으로 여기는 혼란한 마음에서 온 것입니다.

107 행위(카르마)들이 당신의 적이 아니라, 카르트루트바가 당신의 적입니다. 그러므로 그 적을 완전히 포기하고서, 당신의 삶을 사십시오.

108 은총에 먼저 의지하면서 모든 활동들을 한다면, 자아라는 망상은 완전히 파괴될 것입니다.

바가반 당신이 행위하는 사람이라고 생각하는 한, 어쩔 수 없이 행위의 결과들을 거두어들여야 합니다. 반면에 완전히 복종하여 당신의 개별적 자기를 높은 힘의 도구로 여긴다면, 그 힘은 행위의 결실뿐만 아니라 당신의 일도 떠맡을 것입니다. 당신은 더 이상 그것들에 영향을 받지 않으며 일들도 방해받지 않고 잘 진행될 것입니다. 당신이 그 힘을 알든 모르든 일들의 흐름은 변경되지 않습니다. 오직 관점의 변화만이 있습니다. 기차 여행을 할 때 왜 머리 위에 짐을 져야 합니까? 짐이 당신의 머리 위에 있든 기차 바닥에 있든 기차가 당신과 당신의 짐을 운반합니다. 당신의 머리 위에 짐을 지고 있다 하더라도 당신은 기차의 부담을 덜어 주지 않습니다. 오히려 불필요하게 당신 자신을 긴장시키고 있을 뿐입니다. 이 세상에 살고 있는 사람들의 행위자라는 느낌도 이와 비슷합니다.[15]

109 사다카들이 하는 수행의 과정도 행위자라는 느낌이 그칠 때까지 항상 수행을 해야 합니다.

110 "행위자라는 느낌을 그만두는 것이 자기 복종입니다." 파담은 이 것을 마음에 새기라고 강조하여 말합니다.

> 질문 "내가 하고 있다."라는 행위자 느낌이 없다면 일은 행해질 수 없 습니다.
>
> 바가반 일은 행해질 수 있습니다. 집착 없이 일을 하십시오. 일은 당신 이 행위자라는 느낌을 가지고 일을 했을 때보다 훨씬 더 잘 진행될 것 입니다.
>
> 질문 무슨 일을 해야 하고 무슨 일은 하지 말아야 할지 저는 모르겠습 니다.
>
> 바가반 걱정하지 마십시오. 이번 생애에 당신에 의해 행해지도록 운명 지어진 일은 당신이 그것을 좋아하든 그렇지 않든 당신에 의해 행해질 것입니다.
>
> 질문 아르주나가 말했듯이, 각자에게 행해지도록 운명 지어진 일이 있 으며 우리가 아무리 그것을 하기를 원치 않거나 그것을 하기를 거절하 더라도 우리는 결국 그것을 하게 된다면, 자유 의지가 없는 것이 아닙 니까?
>
> 바가반 우리에 의해 행해지도록 되어 있는 일은 우리에 의해서 행해질 것이라는 것은 사실입니다. 그러나 우리에게는 우리 자신을 몸이나 일 을 하는 것과 동일시하지 않음으로 기쁨이나 고통, 유쾌하거나 불쾌한 결과들에서 자유롭도록 열려져 있습니다. 당신의 참된 본성을 깨달아

일을 하는 것이 당신이 아님을 안다면, 운명이나 과거의 카르마 혹은 신의 계획 또는 당신이 그것을 어떤 이름으로 부르든 간에, 그것에 따라 몸이 개입한 일을 통해 나온 결과들에 영향을 받지 않을 것입니다. 당신은 항상 자유롭고 그 자유에는 아무런 한계가 없을 것입니다.[16]

111 행위자가 있다는 느낌이 그치는 순간, 그 사람은 해야 할 모든 일을 하게 되면서도 구원될 것입니다. 이 이후에는 더 이상 노력이 없습니다.

질문 자신이 행위자라는 느낌이 조금이라도 남아 있는 한, 참나 지식이 얻어질 수 없다고 합니다. 그러나 가정을 가지고 있는 사람이 이 느낌 없이 자신의 의무를 적절히 하는 것이 가능합니까?

바가반 행위가 행위자라는 느낌에 의존해야 한다는 규칙이 없기 때문에 행위가 행위자 없이 일어날 수 있는지에 의문을 가질 필요는 없습니다. 비록 정부의 국고를 다루는 공무원이 다른 사람들의 눈에는 자신의 의무를 하루 종일 세심하게 책임을 다하면서 하는 듯이 보일지라도, "나는 이 모든 돈과 아무런 관련이 없다."라고 생각하며 자신의 마음을 여기에 관여시키지 않고 집착 없이 일을 할 수 있습니다. 이와 마찬가지로, 슬기로운 가장도 자신의 카르마에 따라 자신의 몫으로 떨어진 가정의 여러 의무들을 다른 사람의 손에 있는 도구처럼 집착이 없이 할 수 있을 것입니다. 행위와 지식은 서로 간에 장애물이 되지 않습니다.[17]

112 카르트루트바를 던져 버린 사람들은 해야 할 필요가 있는 모든 것들을 하면서, 자신 안에 유쾌함을 느낄 것입니다.

행위의 결과들에 대한 기대

113 실재 안으로의 통찰을 가리는 것은 행위들의 결과를 바라는 태도
   입니다. 그러므로 아무런 결과를 바라지 않는 이해를 연마해야
   합니다.

114 *아주 강한 마음의 청렴 없이는, 결과를 바라지 않고 주어진 의무
   를 행하는 것은 불가능합니다.

115 카르마 요가를 할 수 있는 사람들을 제외하고는, 모든 이들에게
   카르마는 모하(심취)로 끝날 것입니다.

행한 행위들에 대한 책임

116 "나는 행위자이다."라는 믿음을 버리지 않는 한, 행위들에 대한
   책임은 오로지 당신에게 있다는 점을 명심하십시오.

"나는 행위자이다."라는 생각이 지속되는 한, 새로운 카르마가 축적
될 것이며 그리고 자신이 행위자라고 생각하는 사람에 의하여 경험될
것이다. 이 생각이 끝날 때, 새로운 카르마는 축적되지 않는다. 바가반
은 개인적인 사람이 있다는 감각이 사라지는, 참나에 대한 직접적인
깨달음이 있기 전까지는 자신의 행위들에 대한 책임을 면할 수 없다고
말한다.

질문 간통하고, 도둑질을 저지르고, 알코올 중독이 되는 등을 하더라도, 그들의 죄가 자파를 함으로써 씻어질 수 있습니까? 아니면 죄가 그들에게 붙어 있습니까?

바가반 "나는 자파를 하고 있다."는 느낌이 없다면, 저지른 죄들은 그에게 붙지 않을 것입니다. "나는 자파를 하고 있다."는 느낌이 있다면, 왜 나쁜 습관들로부터 일어나는 죄가 붙지 않겠습니까?

질문 자파를 행하는 데서 오는 푸니야(공덕)가 죄에서 오는 파팜(결과)들을 소멸시키지 않을까요?

바가반 "내가 하고 있다."라는 느낌이 거기에 있는 한, 좋든 싫든 행위의 결과를 경험해야 합니다. 한 행위를 다른 행위로 지워 없애는 것이 어떻게 가능합니까? "내가 하고 있다."라는 느낌을 잃을 때, 아무것도 그 사람에게 영향을 끼치지 못합니다. 참나를 깨닫지 않는 한, "내가 하고 있다."라는 느낌은 결코 사라지지 않을 것입니다.[18]

구루 바차카 코바이, 570절, 포리푸라이 무지한 사람들은 자신이 몸이라는 망상을 통하여, '나'는 완전하고 극히 충만으로 있는 신과 분리되어 있다고 생각합니다. 자신을 개별적인 존재라고 믿는 한, 그 사람은 자신이 행위자라는 자아 느낌을 통하여 좋은 행동과 나쁜 행위들을 번갈아 행하게 될 것입니다. 그래서 필연적으로 기쁨과 비참의 모습으로 있는 그들의 결과들을 받아들이고 경험해야 합니다.

구루 바차카 코바이, 668절 지바의 모든 행위들이 오직 쉬바의 행위들임을 인정한다면, 지바는 독립성과 개체성을 잃게 하는 완전한 자기복종을 통하여 쉬바와 다르지 않게 되어야 합니다. 쉬바와 다르게 존재한다면, 그의 모든 행위는 자신의 행위이지 쉬바의 행위가 아닙니다. 그래서 그는 독립적인 행위자로 간주될 것입니다.

주석 이것은 매우 미묘한 요점이다. 지바의 모든 행동들이 쉬바의 행동들이라는 것이 용인될 때, 그때 지바와 쉬바는 다르지 않다. 행위들을 하고 있다는 느낌을 잃은 지바는 바로 그때 쉬바가 된다. 이러한 방식으로 복종하는 것은 자아를 양보하는 것이 아니라, 자아의 완전한 파괴이다. 그러나 "모든 것은 쉬바가 한다."고 말하면서 자신의 자아로 행위를 하는 이들은 정말로 포기하지 않고 있다.

117 책임감과 거짓 느낌은 참나 깨달음이라는 진정한 상태 안에는 존재하지 않습니다.

118 *이 자아에 기초한 책임감이 파괴될 때, 참나의 희열은 파도처럼 밀려와 넘칠 것입니다.

카르타비야(반드시 해야 한다는 생각)

119 카르타비야라는 생각은 카르트루트바가 가슴에 있는 한 그치지 않을 것입니다.

120 당신이 해야 할 일(카르타비야)이 있다고 맹목적으로 믿어, 왜 마음으로 혼란을 경험해야 합니까?

121 실재에 대한 확고한 지식이 얻어질 때, 자아에 의하여 만들어진 '의무'라 불리는 굴레가 그칠 것입니다.

질문 저는 저의 진리, 저의 실재(타트바)와 저의 의무들을 알고 싶습니다.
바가반 당신의 실재를 먼저 알고 난 다음에야 당신의 의무가 무엇인지를 물을 수 있습니다. 당신은 당신의 의무를 알고 행하기 위하여 존재해야 합니다. 당신의 존재를 깨닫고 난 다음에 의무를 물으십시오.[19]

122 신의 상태에 녹아 존재하기를 그치게 된 마음은 해야 할 필요가 있는 어떤 행위도 자각하지 못할 것입니다.

123 자신이 행위들의 행위자라는 생각이 완전히 사라질 때, 어떤 것을 이룰 필요가 있다는 생각이 그칩니다.

124 해야 할 일을 하면서 그것을 의무로 보지 않는 사람들은 무한한 만족을 주는 평화의 희열을 얻을 것입니다.

제4절

아바스타들

아바스타들은 깨어 있는 상태, 꿈꾸는 상태, 잠자는 상태를 말한다.

마음과 아바스타들

1   마음이 아바스타들에 말려들게 되는 이유는 지바가 그 자신의 진리인 쉬바 의식을 저버리고 참나 아닌 것을 탐구하기 때문입니다.

2   쉬밤을 잊은 마음이 현혹되어 아바스타들에 주의를 기울이게 되어 자신에게 큰 해를 일으킵니다.

바가반 갸니들에게는 세 가지 상태들 모두는 똑같이 실재하지 않습니다. 그러나 아갸니들은 이것을 이해할 수 없습니다. 아갸니들에게 실재의 기준은 깨어 있는 상태에 있는 반면, 갸니들에게는 실재의 기준이 실재 그 자체에 있기 때문입니다. 순수 의식의 이 실재는 그 본질상 영원합니다. 그러므로 그것은 당신이 깨어 있는, 꿈꾸는, 잠자는 상태라 부르는 그 동안에도 동등하게 지속합니다. 실재와 하나가 된 사람에게는 마음도 마음의 세 가지 상태들도 없습니다. 그러므로 내향성이나 외향성도 없습니다.

그는 언제나 깨어 있는 상태에 있습니다. 왜냐하면 그는 영원한 참나에 깨어 있기 때문입니다. 그는 언제나 꿈꾸는 상태에 있습니다. 왜냐하면 그는 세상이 반복적으로 제시되는 꿈의 현상 이상의 것이 아니라는 것을 알기 때문입니다. 그의 상태는 언제나 잠자는 상태입니다. 왜냐하면 그는 늘 "이 몸이 나다."라는 의식이 없이 존재하기 때문입니다.[1]

3   모든 곳에 그리고 모든 아바스타들에 있는 의식만이 진리입니다.

바가반 의식, 자각 혹은 존재라는 하나의 상태만이 있습니다. 깨어 있는, 꿈꾸는, 잠자는 상태라는 세 가지 상태들은 실재일 수 없습니다. 그것들은 단순히 오고 갑니다. 실재는 항상 존재할 것입니다. 이 모든 세 상태들에 늘 지속하고 있는 '나' 혹은 존재가 실재입니다. 다른 셋은 실재가 아닙니다. 그러므로 그것들이 그렇고 그런 실재의 정도를 가지고 있다고 말하는 것은 가능하지 않습니다. 우리는 대략 이렇게 말할 수 있습니다. 존재나 의식이 유일한 실재입니다. 의식에 깨어 있음을 더한 것을 깨어 있음이라 합니다. 의식에 잠을 더한 것을 잠이라 합니다. 의식에 꿈을 더한 것을 꿈이라 합니다. 의식은 모든 그림들이 오가는 화면입니다. 스크린이 실재입니다. 그림들은 단지 그것 위를 지나가는 그림자에 불과합니다. 오랜 습관으로 인해 우리는 이 세 상태들을 실재라 여겨 왔습니다. 그래서 자각이나 의식의 상태를 네 번째 상태라 부릅니다. 그러나 네 번째 상태란 없고, 오직 하나의 상태만이 있습니다.

질문 그러나 왜 이 세 상태들이 진정한 상태인 참나의 스크린 위를 왔다 갔다 합니까?

바가반 누가 이 질문을 합니까? 참나가 이 상태들이 왔다 갔다 한다고 말하고 있습니까? 이 상태들이 오고 감을 보는 자가 말하고 있습니다. 보는 자와 보이는 것이 함께 하여 마음을 만듭니다. 마음이라는 것이 있는지 보십시오. 그때 마음은 참나 안으로 들어갑니다. 그래서 보는 자도 보이는 대상도 없습니다. 그러므로 당신의 질문에 대한 진정한 답은 "그것들이 오고 갑니까? 그것들은 오지도 가지도 않습니다."입니다. 참나만이 늘 있는 그대로 존재하고 있습니다. 세 상태들은 아비차라(탐구하지 않음)로 있으며 탐구하면 끝납니다. 그러나 아무리 많이 설명할지라도, 자신이 참나 깨달음을 얻고 그리고 어떻게 그가 자명한 존재인 그것에 그렇게 오랫동안 눈이 멀었는지를 알아 놀라기 전까지는 그 사실이 선명하지 않을 것입니다.[2]

깨어 있는 상태와 꿈꾸는 상태

4   깨어 있는 상태가 꿈의 상태처럼 나타났다가 사라지기 때문에, 견고하며 차이들로 가득한 것으로 보이는 깨어 있는 상태 또한 가공의 것입니다.

《나는 누구인가?》라는 책에서 발췌한 아래 내용은, "깨어 있는 것과 꿈꾸는 것 간에 차이가 없습니까?"라는 질문에 대한 원래의 답이다.

우주를 꿈과 같다고 여겨야 합니다. 깨어 있는 것이 길고 꿈꾸는 것이 짧다는 것을 제외하면, 두 상태들 간에는 아무런 차이가 없습니다. 깨어 있는 동안에 일어나는 모든 사건들이 그때에는 실재처럼 보이듯이, 꿈에서 일어난 사건들도 그때에는 실재인 것처럼 보입니다. 꿈에서, 마음은 다른 몸을 가집니다. 꿈꾸는 상태와 깨어 있는 상태 둘 다에, 생각들과 이름들 및 형상들이 동시에 존재하게 됩니다.

구루 바차카 코바이, 553절 갸나 드리슈티(진정한 지식에서 오는 비전)를 가진 사람들은 탐구를 하는 깨어 있는 상태와 꿈꾸는 상태 둘 다가 불완전하다고 말합니다. 가치 있다고 생각하는 깨어 있는 상태의 세상도 꿈의 상태처럼 사라지는 것이 아닙니까?

구루 바차카 코바이, 555절 갸니들은 깨어 있는 상태와 꿈꾸는 상태 둘 다가 마음의 혼란으로 빚어진 것이라고 선언합니다. 꿈꾸는 상태와 깨어 있는 상태 둘 다에서, 생각들, 이름들 및 형상들과의 관계가 동일하다고 결론지어야 합니다.

5   혼란스러운 깨어 있는 상태와 꿈꾸는 상태는 무지의 혼미 상태에 빠졌을 때를 제외하고는 일어나지 않습니다.

6   깨어 있는 상태를 강박적인 마음으로 나타나 모습을 취하고 있는

꿈이라고 여겨 단념하십시오.

7   꿈들이 깨어 있는 상태에 그치듯이, 깨어 있는 상태도 진정한 갸
     나에서 자취를 감출 것입니다.

   같은 생각이 다음 절에도 나타나지만, 보다 비유적인 방식에서 나타
난다. 즉 참나에 '깨어날 때', 무지스러운 잠은 사라지고, 세상에 대한
망상의 꿈의 비전 또한 사라진다.

8   수면이 사라질 때 일어나는 깨어 있는 의식을 통하지 않고는, 미
     혹한 꿈의 비전을 파괴하는 것은 가능하지 않습니다.

9   아무런 불변성(비야바스타)이 없는 깨어 있는 상태를 갈망함으로
     써 자신의 순결을 잃는 것은 실수입니다.

   바가반과 무루가나르는 종종 마음이나 지바를 참나인 자신의 남편
에 정성을 쏟음으로 부부 간의 정절을 지킬 필요가 있는 아내에 비유
한다. 만약 그녀의 관심이 세상에 빠진다면, 그녀는 세상의 실재하지
않는 사건들에 휘말려 들어 그녀의 순결을 잃게 된다.

수면 동안의 존재와 탐구

   이번 장 요약의 첫 두 절은 잠을 자는 동안에 그들의 존재를 자각하

지 못한다고 주장하는 사람들에게 준 바가반의 답변이다. 바가반은 순수한 존재는 진정한 실재이며 이 존재는 모든 세 상태들의 토대로 있으며 경험된다고 가르쳤다. 많은 질문자들은 그들이 잠자는 동안에 아무런 자각을 가지지 못한다고 말하였다.

> **질문** 저는 잠자는 동안에 자각하지 않습니다.
>
> **바가반** 사실, 몸이나 세상에는 자각이라는 것이 없습니다. 그러나 당신은 "나는 잠자는 동안에 자각하지 않았습니다."라고 이제 말하기 위해 잠자는 동안에도 존재해야만 합니다. 누가 지금 그렇게 말합니까? 깨어 있는 사람입니다. 잠자는 사람은 그렇게 말할 수 없습니다. 다시 말하면, 이제 참나를 몸과 동일시하는 사람이 그러한 자각이 잠 속에서는 존재하지 않았다고 말합니다.
>
> 당신이 개인으로서 거기에 있지 않았고 그래서 세상도 있지 않았기 때문에 잠자는 상태는 둔하게 보입니다. 그러나 사실은 무엇입니까? 모든 세 가지 상태들에는 존재의 연속성은 있지만, 개인과 대상들에는 연속성이 없습니다.[3]

10 트리푸티들이 관계하는 장면들이 존재하기를 그치는 곳인 무의식의 수면 상태에서조차도 당신은 당신 자신이 존재하고 있음을 받아들여야 합니다.

> **구루 바차카 코바이, 356절** '나'라는 생각이 조금도 일어나지 않는 존재가 탄(진정한 '나')으로 알려진 최상의 실재인 참나입니다. '나'라는 생각이 일어나지 않았다고 해서, 누가 잠 속에서 비존재가 되었습니까?

11   잠자는 동안에도 당신이 존재하고 있다는 사실을 받아들이지 않는다면, 그 지식이 당신에게 어떻게 왔습니까?

12   잠은 마음과 지성이 없는 빛나는 순수 의식이기 때문에, 그 신비로운 경험은 마음과 지성으로 탐구될 수 없습니다.

숫다(순수한 상태)

'숫다'는 '순수'를 뜻한다. 타밀어에서 그 단어는 또한 아바스타들에 의하여 감추어진 참나를 이루는 상태인 '순수한 상태'를 의미한다. 바가반은 때때로 이 순수한 상태는 잠이 끝나고 깨어 있는 상태가 시작되려는 그 사이에 있는 매우 짧은 간격에 나타난다고 말하였다. 또한 이따금 한 생각이 끝나고 다른 생각이 시작되는 이런 짤막한 간격이, 참나의 본성을 알 수 있는 기회의 창문이라고 바가반은 가르쳤다.

13   두 생각들 간의 간격을 예리하게 관찰함으로써, 당신 자신의 진정한 본성인 숫다를 아십시오.

구루 바차카 코바이, 760절 늘 있는, 지고의, 진정한 스와루파는 두 생각들 사이에 있는 마음과 동일하다는 것을 탐구하여 알고서, 이 방법으로 가슴에 확고히 머무는 것이 비길 데 없는 상태입니다.

바가반 순수한 상태에 있는 자아는 두 상태들이나 두 생각들 간의 틈에서 경험됩니다. 자아는 다른 것을 잡은 후에야 잡고 있던 곳을 떠나는 벌레와 같습니다. 자아의 진정한 본성은 대상들이나 생각들과 접촉하지 않을 때 알려집니다. 세 상태들, 즉 자그라트(깨어 있는 상태), 스와프나(꿈꾸는 상태), 수슙티(잠자는 상태)를 탐구하여 얻은 확신으로, 이 틈을 늘 있으며 변화하지 않는 실재인 당신의 진정한 존재로서 깨달아야 합니다.[4]

깊은 잠과 깨어 있음이 만나는 마음이 없는 의식이 어떻게 해서든 지속된다면, 그때 밝아 오는 상태를 현자들은 해방의 상태라 선언하였습니다.[5]

14   아바스타들의 바탕이 되는 근원으로 빛나고 있는 존재-의식의 이 순수한 상태인 참나는 완전하며 나뉘지 않고 있습니다.

15   고요로 있는 것(숨마 이루탈)이 숫다라고 알려져 있는 진리의 상태입니다. 예리한 탐구로 이 뛰어난 경험을 하도록 하십시오.

잠과 깨어 있는 잠

16*   '나'라는 망상이 없이 가슴 안에 있으면서 자신의 본성으로 빛나고 있는 것이 텅 빔과 같은 수면입니다.

바가반은 참나의 상태를, 마음과 세상이라는 이 둘이 없기 때문에 때때로 잠자는 상태에 비유하였다. 그러나 그것들 사이에 결정적인 차이점이 있다고 다음의 대화에서 바가반이 설명하였다.

질문 깨어 있는 상태에 있을 때보다 깊은 잠을 잘 때 순수 의식에 더 가깝습니까?

바가반 잠자는 상태, 꿈꾸는 상태, 깨어 있는 상태는 고정되어 있으며 단순한 자각의 상태이기도 한 참나 위에 나타난 현상에 불과합니다. 어느 누가 한 순간이라도 참나와 떨어져 있을 수 있습니까? 이 질문은 그것이 가능할 때만 일어날 수 있습니다.

질문 깨어 있는 상태에 있을 때보다 깊은 잠을 잘 때가 순수 의식에 더 가깝다고 종종 말하지 않습니까?

바가반 질문은 다음과 같을 수 있습니다. 깨어 있는 상태에 있을 때보다 잠자는 상태에 있을 때가 저 자신에게 더 가깝습니까?

질문 상대적으로 말하면, 깨어 있는 상태보다 잠자는 상태가 순수 의식에 더 가깝지 않습니까?

바가반 다음의 의미에서 그러합니다. 잠에서 깨어 있는 상태로 나아갈 때 '나' 생각이 시작하게 됩니다. 마음이 작용하기 시작하여, 생각들이 일어납니다. 그 다음에 마음의 기능들이 작용하기 시작합니다. 이 모든 것들이 함께 하여 우리는 깨어 있다고 말합니다. 이 모든 전개가 없는 것이 잠의 특성입니다. 그러므로 잠자는 상태가 깨어 있는 상태보다 순수 의식에 더 가깝습니다.

그렇다고 해서 항상 잠자고 있기를 희망해서는 안 됩니다. 먼저 그렇게 하기는 불가능합니다. 왜냐하면 그것은 어쩔 수 없이 다른 상태들과 번갈아 일어나기 때문입니다. 두 번째로 그것은 갸니들이 있는 희열의 상태는 아닙니다. 갸니들이 있는 상태는 영구하며 변화하지 않기 때문입니다. 더구나 잠자는 상태는 자각으로 있는 상태라고 인정받지 못하고 있습니다. 현자는 늘 자각하고 있습니다. 그러므로 잠자는 상태는 현자들이 자리 잡고 있는 상태와는 다릅니다.

더욱이, 잠자는 상태는 생각들과 그들의 인상으로부터 자유롭습니다. 잠자는 상태의 조건에서는 노력이 불가능하기 때문에 그것이 자신의 의지에 의하여 변경될 수 없습니다. 비록 순수 의식에 더 가까이 있다 하더라도, 잠자는 상태는 참나를 깨달으려는 노력에 적합하지 않습니다.

깨달으려는 노력은 깨어 있는 상태에서만 일어날 수 있고, 노력 또한 깨어 있을 때만 할 수 있습니다. 깨어 있는 상태에 있는 생각들이 잠의 고요를 얻으려는 데 장애가 된다는 것을 배웁니다. "고요하라. 그리고 내가 신임을 알라." 그러므로 고요는 구도자의 목표입니다. 잠시 동안 일지라도 생각을 고요히 하려는 단 한 번의 노력이라도 고요의 상태에 이르는 먼 길로 가게 합니다. 노력이 요구됩니다. 노력은 깨어 있는 상태에서만 가능합니다. 여기에 노력이 있습니다. 여기에 자각 또한 있습니다. 생각들이 고요합니다. 그래서 얻어진 수면의 평화가 있습니다. 이것이 갸니의 상태입니다. 그것은 잠도, 깨어 있는 상태도 아니며, 그 둘 사이에 있는 것입니다. 깨어 있는 상태의 자각과 잠의 고요가 있습니다. 그것을 자그라트 수숩티(깨어 있는 잠)라 합니다. 그것을 깨어 있는 잠, 잠자고 있는 깨어 있음, 잠이 없는 깨어 있음 혹은 깊이 잠든 잠이라 하기도 합니다. 그것은 따로 있는 잠이나 깨어 있는 상태와 같지 않습니다. 그것은 아티자그라트(깨어 있음 너머에 있는) 또는 아티수숩티(잠 너머에 있는)입니다. 그것은 완벽한 자각과 완벽한 고요가 결합된 상태입니다. 그것은 잠과 깨어남 사이에 있습니다. 그것은 생각들이 솟아오르는 원천입니다. 수면으로부터 깨어날 때 우리는 그것을 봅니다. 다른 말로 하자면, 생각들은 잠의 고요에 그 근원을 가지고 있습니다. 생각들은 잠의 고요와 깨어남의 소란 사이의 모든 차이를 만듭니다. 생각들의 뿌리로 가서 당신은 잠의 고요에 도달합니다. 그러나 당신은 탐구의 온 힘으로 즉 완전한 자각으로 그것에 도달합니다.[6]

17 프라랍다로부터 노력 없이 당신에게로 오는 음식을 먹으면서, 스와루파의 희열의 수면에 당신이 자리 잡는 데 무슨 문제가 있습니까?

질문 잠 없는 잠에 있다는 것의 의미는 무엇입니까?
바가반 그것은 갸니의 상태입니다. 잠에서 우리의 자아는 가라앉고 감각 기관들은 활동하지 않습니다. 갸니의 자아는 죽었습니다. 그는 자발적으로 혹은 자신이 행위자라는 개념을 가지고 활동에 빠지지 않습니다. 동시에 그는 잠에서와 같이 무의식에 있는 것이 아니라, 참나 안의 완전한 자각에 있습니다. 그러므로 그의 상태는 잠이 없습니다. 이 잠이 없는 잠, 깨어 있는 잠은, 혹은 그것을 무엇이라 부르든, 참나의 투리야(네 번째) 상태입니다. 스크린 같은 것 위로 아바스타들, 즉 깨어 있음, 꿈 그리고 수면이 아무런 흔적을 남기지 않고 지나갑니다.[7]

18 팽이처럼 회전하는 마음을 정지시키기 위하여, 가슴속에서 잠자는 사람이 되십시오. 그래서 진리를 깨달으십시오.

19 세상에 잠들고 참나에 깨어 있는 방식으로 가슴 안으로 들어가 가슴과 하나가 되십시오.

20 인정 많은 파담께서는 사랑스럽게 다음과 같이 말합니다. "여기 지금에 있는 존재의 빛을 보고 가슴 안에 잠드십시오."

21 깨어 있는 상태를 파괴하여 그것을 '깨어 있는 잠의 상태'로 변형 시키는 것이 미혹의 잠을 압도하여 파괴시키는 것입니다.

22 마음이 죽은 영광스러운 상태에서는, 깊은 잠조차도 신 의식이 될 것입니다.

구루 바차카 코바이, 461절, 포리푸라이 깨어 있는 상태에 대한 갈망이 발달된 지성 속에서만, 온통 희열로 있는 깊은 수면의 탁월한 상태가 무지의 상태로 분류될 것입니다. 그 무지의 상태에서 "나는 잠자는 동안에 아무것도 보지 못했다."고 말합니다. 늘 같은 상태로 존재하고 빛나는 진정한 경험을 탐구하여 깨닫는 데 실패한 사람만이 미혹되어 "나는 깨어 있는 사람이다."고 생각합니다. 깨어 있는 상태에서 경험되는 무지인 강력한 지성의 덮개가 "나는 깨어난 사람이 아니다."라는 지식으로 나아가게 하는 갸나의 칼로 파괴되면, 그 수면의 탁월한 상태는 그것의 무지가 파괴되면서, 순수 희열로 있으며 빛날 것입니다.

구루 바차카 코바이, 457절 수면을 하나의 코샤(덮개)로 분류하는 것은 깨어 있는 상태를 프라갸나(지식)의 상태로 생각하는 사람들이 만든 참나 망각의 어리석은 결과입니다. 만약 깨어 있는 상태가 가치 있고 프라갸나(지식)의 진정한 상태라는 개념이 잃어지면, 수면 그 자체가 유일한, 비이원의 실재로서 빛날 것입니다.

사두 나타나난다가 1917년에 처음으로 바가반을 방문하여 은총을 청하였을 때, 바가반은 무지한 잠의 상태를 참나의 경험으로 바꾸라고 충고하였다.

바가반 은총을 얻으려 하는 것은 몸이 아닙니다. 그러므로 여기에서 '당신'으로 빛나고 있는 것은 자각입니다. 당신의 본질인 자각은 잠자는 동안에는 몸, 감각, 생명력(프라나) 및 마음과는 아무런 연결이 없습니다. 잠에서 깨어나면, 당신이 알지도 못한 채, 당신은 그것들과 동일시합니다. 이것이 당신의 경험입니다. 앞으로 당신이 해야 할 모든 것은 그것들과 동일시하지 않는 것입니다. 깨어 있거나 꿈꾸는 상태에서 깊은 수면의 상태처럼 있도록 노력해야 합니다. 당신은 본질상 집착이 없기에, 형상이 없고 집착이 없이 있는 무지의 깊은 수면의 상태를 의식이 있는 깊은 수면으로 바꾸어야 합니다. 이렇게 함으로 당신은 당신의 진정한 본성에 자리 잡은 채 있을 수 있습니다. 이 경험은 긴 수행을 통하여 온다는 점을 결코 잊지 말아야 합니다. 이 경험은 당신의 진정한 본성이 신의 본성과 다르지 않다는 점을 선명히 해 줄 것입니다.[8]

투리야와 투리야티타

깨어 있는 상태, 꿈꾸는 상태, 잠자는 상태라는 세 가지 상태들은 '네 번째'를 뜻하는 투리야라는 상태에서 나타난다. 어떤 체계에서는 '네 번째의 초월'이라는 의미인, 또 다른 상태인 투리야티타라는 다른 상태가 있다고 한다. 바가반이 이 주제에 관하여 말하였을 때, 그는 대개 유일한 하나의 상태가 있으며, 참나의 견지로 볼 때 투리야와 투리야티타라는 구분과 차별들은 옹호할 수 없는 것이라고 말하였다.

23　수타리부의 힘이 미치는 범위 너머에 있는 투리야는 가슴 안으로 들어가 하나가 될 것입니다. 거기에서는 사악한 마음의 익살들이 완전히 그칩니다.

24　깨어 있는, 잠자는, 꿈꾸는 상태라는 아바스타들이 거짓인 것으로 드러나 끝날 때, 독특한 근원의 상태로서 퍼지는 투리야는 아티타(초월의 상태) 그 자체입니다.

바가반　꿈꾸는 상태와 깨어 있는 상태 간에는 꿈꾸는 상태가 짧고 깨어 있는 상태가 길다는 점을 제외하고는 아무런 차이가 없습니다. 둘다 마음의 결과로 나타난 것입니다. 깨어 있는 상태가 길기 때문에, 그것이 우리의 진정한 상태라고 상상합니다. 사실 우리의 진정한 상태는 항상 있는 그대로 있는 투리야 혹은 네 번째 상태라 부르는 것이며, 깨어 있음, 꿈 그리고 수면이라는 세 상태들 그 어느 것도 알지 않습니다. 우리가 이것들을 세 가지 상태들이라고 부르기 때문에 우리는 네 번째 상태를 투리야 상태라고 합니다. 그러나 그것은 상태가 아니라, 우리의 참나의 상태입니다. 이것을 깨달을 때, 그것이 투리야 혹은 네 번째 상태가 아님을 압니다.[9]

25 무지한 사람들이 격찬하고 있는 투리야티타라는 것은 자신의 본성으로 있는 깊은 평화의 잠입니다.

26 가까이 있는 것들보다 가장 가까이 있는 것으로 빛나는 자신의 진리는 가장 초월하여 있는 것보다 더 초월하여 있는 아티타(초월의 상태)입니다.

27 초월의 상태에 머무르고 있는 사람들은 신들조차 능가할 것이며 그리고 모든 곳에 퍼져 있는, 빛나는 천상의 왕국(파란다마)에 지배권을 행사할 것입니다.

28 확고한 갸나가 얻어진 상태에서는 투리야는 아티타(초월의 상태)가 됩니다. 그 상태가 순수한 모우나입니다.

제5장
수 행

지바 안에 '나'로서 빛나는 유일한 섬광이 실마리로서 존재하고 있습니다. 지바가 지칠 줄 모르게 그 섬광의 근원을 찾아 거슬러 올라가 가슴까지 추적한다면, 지바는 지고의 존재를 발견할 것이며 그래서 지바의 굴레는 끝 날 것입니다.[1]

경이로운 갸나 비차라는 안을 부드럽게 하여 녹임으로 마음의 순수를 얻은 사람들에게만 있다는 점을 아십시오. 마음의 이 부드러움과 누그러짐이 없이 신의 발을 생각하더라도 몸에 붙어 있는 '나'에 대한 집착은 존재하기를 그치지 않을 것입니다.[2]

망각한 사람들은 태어남이라는 환영이 우리를 유혹하고 있는 가슴에 두려움 같은 강한 공포를 지니고 있습니다. 자기 자신의 진정한 본성을 강력히 탐구하는 것이 아니고 무슨 방법으로 그 탄생을 없앨 수 있겠습니까?[3]

우리의 능력의 한계까지 사다나를 한다면, 신은 우리의 능력 너머에 있는 것을 성취시켜 주실 것입니다. 우리의 재능 안에 있는 것조차 행하는 데 실패한다면, 신의 은총이 오지 않아도 신에게 조금의 잘못도 없습니다.[4]

속박, 해방 및 망상은 존재하지 않는다

1 실재로서 빛나는 파라마르타 스와루파 안에는 망상이 존재하지
   않습니다. 망상은 그냥 상상입니다.

  파라마르타는 '최상의 진리'를 뜻한다. 바가반에 따르면, 최상의 진
리는 개별적 존재들과 그들이 지닌 상상에서 나온 여러 문제들이 실제
로는 존재하지 않기 때문에 아무도 깨닫지 못하고 있는 것은 아니라고
말한다. 이 입장을 가장 잘 알려주는 글이 가우다파다의 시구에 있다.
바가반은 산스크리트로 된 그 시구를 타밀어로 번역하여 그의 저작물
에 포함시켰다.

  아무런 창조도, 아무런 파괴도, 아무런 굴레도, 아무런 찾음도, 노력

도, 자유를 얻음도 없습니다. 이것이 지고의 진리임을 아십시오.[1]

2 은총의 공간인 파라마르타 스와루파(최상의 진리의 본성) 안에, 마음의 결점으로 굴레가 자라고 있습니다.

3 자신의 진정한 갸나 스와루파 안에는 속박과 자유라는 생각들이 존재하지 않습니다.

4 자신의 상상(바바나) 속을 제외하고는, 지고의 진리인 궁극의 상태 안에는 속박으로부터 해방을 얻는다는 것은 없습니다.

바가반 묵티(해방)에 관한 모든 질문은 불가능합니다. 왜냐하면 묵티는 굴레로부터 해방을 의미하며, 그 말은 지금 굴레에 있다는 것을 의미합니다. 아무런 굴레가 없습니다. 그러므로 해방 또한 없습니다.
질문 샤스트라들은 해방과 해방의 등급에 관해 말합니다.
바가반 샤스트라들은 현자들을 위한 것이 아닙니다. 그들은 그것들을 필요로 하지 않습니다. 또 무지한 사람들은 그것들을 원하지 않습니다. 무묵슈(해방을 열망하는 사람)들만이 경전들을 존중합니다. 샤스트라들은 지혜를 위한 것도 무지를 위한 것도 아니라는 의미입니다.[2]

바가반 우리 모두는 실제로 삿-칫-아난다입니다. 그러나 우리는 우리가 속박되어 있으며 그리고 이 모든 고통들을 겪고 있다고 상상합니다.
질문 왜 우리가 그렇게 상상합니까? 왜 이런 무지 즉 아갸나가 우리에게 왔습니까?

바가반 이 무지가 누구에게 왔는지를 탐구한다면, 무지가 당신에게 결코 오지 않았으며 당신은 삿-칫-아난다로 늘 있어 왔다는 것을 알게 될 것입니다. 사람들은 이미 있는 것이 되고자 온갖 고행들을 합니다. 모든 노력은 자신이 제한되어 있으며 삼사라의 고통을 받고 있다는 비파리타 붓디(잘못된 인상)를 그냥 없애는 것입니다.[3]

질문 힌두 샤스트라들은 묵티에 대하여 말하지 않습니까?
바가반 묵티는 참나와 같은 말입니다. 지반묵티(살아 있는 동안의 해방)와 비데하묵티(몸이 죽은 이후의 해방)는 모두 무지한 사람들을 위한 것입니다. 갸니는 묵티나 반다(굴레)를 의식하지 않습니다. 속박, 해방 그리고 해방의 순서들 모두는 무지를 떨쳐 버리게 하기 위하여 아갸니들에게 말하여진 것입니다. 오로지 해방이 있을 뿐 그 밖의 것은 없습니다.[4]

5 많은 길들을 방랑하며 노력하여 해방을 얻겠다는 지바들의 습성은 속박되어 있다는 잘못된 생각으로 일어난 것입니다.

바가반 우리의 진정한 본성은 묵티입니다. 그러나 우리는 늘 자유로 있으면서도 속박되어 있다고 상상하고서 자유롭게 되고자 다양한 힘든 시도들을 합니다. 이것은 우리가 그 단계에 도달할 때만 이해될 것입니다. 우리가 항상 있어 왔으며 또 늘 있는 어떤 것을 얻으려고 광적으로 노력했다는 것을 알고 놀라게 될 것입니다. 실례를 들면 이 점이 분명해질 것입니다. 한 사람이 이 홀에서 잡니다. 그는 세상을 유랑하는 꿈을 꿉니다. 언덕과 골짜기, 숲과 시골, 사막과 바다, 여러 대륙들

을 가로질러 방랑하며, 수년 동안을 지치고 힘든 여행을 하고 난 뒤에
이 나라로 되돌아와 티루반나말라이에 이르고, 아쉬람에 들어와 홀 안
으로 걸어 들어옵니다. 바로 그 순간 잠에서 깨어나 보니 자신이 일 인
치도 움직이지 않은 채 그 자리에 자고 있었음을 발견합니다. 큰 노력
을 한 후에 되돌아온 것이 아니었습니다. 그는 홀 안에 항상 있었으며
지금도 있습니다. 해방도 정확히 이것과 같습니다. 우리가 "왜 자유로
우면서 굴레에 있다고 상상합니까?"라고 누가 묻는다면, "이 홀에 있
으면서, 왜 당신은 언덕과 골짜기, 사막과 바다를 건너는 세계 탐험을
한다고 상상을 하였습니까?"라고 나는 답을 합니다. 그것은 모두 마음
혹은 마야입니다.[5]

6   본래 존재하지 않고 있는 속박과 해방이라는 생각들은 프라마다
    (참나 망각)의 상태에서 나타납니다.

    울라두 나르파두, 39절:

        미친 사람처럼 "나는 묶여 있다."라고 생각하는 한, 속박과 해방에
    대한 생각들이 있을 것입니다. 그러나 "이 속박된 사람은 누구인가?"
    를 물어 자신을 알면, 영원히 해방되어 있으며 늘 얻어져 있는 참나만
    이 있을 것입니다. 속박에 대한 생각이 있을 수 없을 때, 해방에 대한
    생각이 있을 수 있겠습니까?[6]

7   속박과 해방이 마음의 창조물이라면, 수타리부를 통하여 나타난
    경험들과 상태들 모두도 마찬가지로 개념들입니다.

8   속박과 해방이라는 개념들이 일어나는 기원은 상반되는 것들의 쌍을 일으키는 원인이며 속임수인 자아 안에 있습니다.

상반되는 쌍들 즉 비반다 붓디들은 일반적으로 뜨거움과 차가움, 기쁨과 비참함 등과 같은 짝을 말한다. 이 말에 속박과 해방 또한 포함될 것이다.

9   헛된 자아인 마음은 습관적으로 속박되어 있다고 생각합니다. 그래서 해방을 얻으려는 열광적인 노력이 일어납니다.

10   지바의 무지로 분리와 결합이라는 것이 존재합니다. 갸나인 진정한 본성에는 그것들이 존재하지 않습니다.

11   참나 안으로 탐구를 하여 참나를 알게 되면, 참나의 비전 안에는 속박이라는 해묵은 착각은 오래 전에 잊혀진 이야기가 될 것입니다.

질문 이 몸 안에 있으면서도 목샤를 얻는 것이 가능합니까?

바가반 목샤란 무엇입니까? 누가 그것을 얻습니까? 해방이 없다면, 어떻게 목샤가 있을 수 있습니까? 그 속박을 누가 가지고 있습니까?

질문 저입니다.

바가반 당신은 정말로 누구입니까? 어떻게 하여 속박되게 되었습니까? 그리고 왜 그렇게 되었습니까? 당신이 이것을 안다면, 그때 우리는 이 몸 안에 있는 동안에 목샤에 이른다는 생각을 할 수 있습니다.[7]

해방은 늘 얻어져 있다

12 탐구를 하여 있는 그대로의 실재를 알게 된 사람들의 가슴속에는, 해방은 영원히 선명하게 얻어져 있습니다.

13 희열인 해방은 모든 사람에게 항상 자연스럽게 있습니다. 속박 속에 있다는 것은 거짓 감각과 마음이 일으킨 기만입니다.

바가반 속박이 정말로 있다면, 해방과 해방의 경험에 관한 내용이 검토되어야 합니다. 참나(푸루샤)에 관한 한, 네 가지 상태들(깨어 있는, 꿈꾸는, 잠자는 세 가지 상태들과 투리야라는 바탕이 되는 상태) 그 어디에도 아무런 속박이 없습니다. 베단타 학설의 단호한 선언에 따르면, 속박은 단지 언어적 가정입니다. 아무런 속박이 없는데, 속박의 문제에 의존하고 있는 해방의 질문이 어떻게 일어날 수 있습니까? 이 진리를 알지 못하고서, 속박과 해방의 본성을 탐구하는 것은, 존재하지 않고 있는 높이, 색깔, 임신하지 못하는 여성의 아들이나 토끼의 뿔에 관해 탐구하는 것과 같습니다.

질문 그렇다면 경전들에서 보이는 속박과 해방의 묘사들이 부적절하거나 거짓이라는 말입니까?

바가반 아닙니다. 그것들은 그렇지 않습니다. 그 반대로, 태곳적부터 있어 온 무지로 인해 생긴 속박이라는 망상은 지식으로만 제거될 수 있습니다. 이 목적으로 '묵티'라는 용어가 보통 받아들여지고 있습니다. 이것이 전부입니다. 해방의 특징들이 여러 방식으로 묘사되고 있다는 점이 그것들이 상상이라는 것을 증명하고 있습니다.

질문 그렇다면, 듣고 묵상하는 등과 같은 모든 노력들이 쓸데없습니까?

바가반 그렇지 않습니다. 속박도 해방도 없다는 견고한 확신이 모든 노력들의 지고의 목표입니다. 직접적인 경험으로, 굴레와 해방은 존재하지 않는다는 것을 대담하게 아는 것은 앞에서 말한 수행들의 도움이 없이는 얻을 수 없기 때문에, 이런 노력들은 가치가 있습니다.

질문 속박도 해방도 없다고 말하는 것은 어떤 권위를 두고 하는 말입니까?

바가반 경험의 힘에 의해 하는 말이지 경전들의 힘에 의한 것은 아닙니다.

질문 그것이 경험된다면 어떻게 경험됩니까?

바가반 '속박'과 '해방'은 단지 언어상의 용어들입니다. 그것들은 그들 자신의 실재를 가지고 있지 않습니다. 그러므로 그것들은 자발적으로 기능할 수 없습니다. 변형들을 일어나게 하는 어떤 기본적인 것이 있다는 것을 받아들이는 것이 필요합니다. 만약 "누구에게 속박과 해방이 있습니까?"라고 묻는다면, 대답은 "그것들은 저에게 있습니다."라고 말할 것입니다. "나는 누구입니까?"라고 묻는다면, '나'라는 그러한 것이 없음을 알게 될 것입니다. 그러면 남아 있는 것이 자신의 진정한 존재임이, 자신의 손 안에 있는 아말라카 과일처럼 분명해질 것입니다. 단지 언어적인 토론을 멀리하고 스스로 안으로 탐구하여 이 진리가 선명하고도 자연스럽게 경험된다면, 모든 깨달은 사람들은 진정한 참나에 관한 한, 똑같이 속박도 해방도 보지 않고 있다는 데 아무런 의심이 없을 것입니다.[8]

14 자아만이 속박입니다. 자아의 오염으로부터 자유로운 자기 자신

의 스와루파가 묵티입니다.

15* 자기 자신의 본성으로 늘 있는 해방이 나중의 단계에서 얻어질 것이라고 믿는 것보다 더 큰 기만은 없습니다.

16 해방을 위한 갈망조차도 망상의 작용입니다. 그러므로 고요히 있으십시오(숨마 이루).

바가반 해방이 바로 우리의 본성입니다. 우리는 그것입니다. 우리가 해방을 바란다는 바로 그 사실이 모든 굴레로부터의 자유가 우리의 진정한 본성이라는 것을 보여 주고 있습니다. 그것은 새롭게 얻어지지 않습니다. 필요한 모든 것은 우리가 묶여 있다는 그릇된 생각을 버리는 것입니다. 그것을 얻었을 때, 어떤 생각도 욕망도 없을 것입니다. 해방을 바라는 한, 그 사람은 속박되어 있다고 볼 수 있을 것입니다.[9]

17 있는 그대로 있는 것, 실재, 아트마 스와루파를 탐구하여 깨닫는다면, 해방이 영원히 얻어져 있다는 것을 선명히 알게 될 것입니다.

18 세 겹의 비참함을 주는 고통(타파트라야)들을 가게 하는 진정한 묵티는 어떤 것을 얻는 것이 아니라 모든 것을 버리는 것입니다.

세 겹의 비참함이란 자신에 의해 초래된 것들, 자연스런 사건들과 운명의 결과로 일어나는 것들이다.

질문 우리는 목샤를 얻으려는 같은 목적으로 여기에 와서 머무르고 있습니다. 더 이상의 것을 원하지 않습니다. 당신이 우리에게 목샤를 주신다면 그것으로 충분합니다.

바가반 모든 것을 포기하고 버린다면, 남는 것이 오로지 목샤입니다. 다른 사람들이 당신에게 줄 무엇인가가 있습니까? 그것은 항상 거기에 있습니다. 그것은 있습니다.

질문 우리는 그 모든 것을 알 수 없습니다. 바가반 자신께서 우리에게 목샤를 주셔야 합니다. (그러고 나서 질문자는 홀을 떠났다.)

바가반 내가 목샤를 주어야 한다고 그들은 말합니다. 해방만이 그들에게 주어진다면, 그것으로 충분합니다. 그 말 자체가 욕망이 아닙니까? 가지고 있는 모든 욕망들을 버린다면, 남는 것이 오로지 목샤입니다.[10]

의식을 아는 것이 해방이다

19 해방으로 가는 길은 의식을 알아서 의식으로부터 벗어나지 않고 거기에 머무는 것입니다.

20 가슴 안에 머무는 것이 해방이며, 진정하며 한계가 없는 지고의 희열입니다. 오직 존재-의식을 통하여 당신은 구원을 얻게 될 것입니다.

21 투명한 의식이 탁월한 평화입니다. 탁월한 평화만이 강력한 희열을 가져다주는 해방의 위대함입니다.

22 자신의 스와루파인 순수 의식의 경험이 해방의 희열입니다. 속박의 비참함은 전적인 무지에서 나온 것입니다.

23 무지와 망상이 갸나에 의해 완전히 파괴되지 않는다면, 아무런 해방이 없을 것이라는 점은 확실합니다.

24 나는 몸이라는 망상에서 일어나는 속박의 느낌을 단절하는 것이 해방의 세계의 주권이며, 참나의 자유이며, 순수 의식이며 지고 자입니다.

숨마 이루

이 장의 제목인 숨마 이루는, "고요히 있어라.", "고요히 머물러라.", 또는 "그저 있어라."를 뜻한다. 그것은 바가반의 가장 유명한 가르침들 중 하나였다. 무루가나르는 그 자신의 깨달음이 바가반께서 이 가르침을 주었기 때문에 왔다고 말하였다.

25* 고요히 있다면, 지고의 해방이 아트마-스와루파로서 빛날 것입니다.

이 시구는 달리 생각할 수 있지만, 바가반은 이 진술문에서 놀라움을 표현하고 있음을 가리키는 단어 '암마'로 시작하고 있다.

26* 부드러운 미소를 머금으시면서, 눈부신 파담께서는 기쁨에 차서 다음과 단언하셨습니다. "왜 고통이 있습니까? 그냥 고요히 있음으로 행복하십시오."

바가반 당신의 의무는 존재하는 것이지, 이것 혹은 저것이 되는 것이 아닙니다. "나는 스스로 존재하고 있다."가 모든 진리의 요체입니다. 방법은 "고요히 있어라."로 요약됩니다.

고요가 뜻하는 것이 무엇입니까? 그것은 '당신 자신의 파괴'를 의미합니다. 왜냐하면, 모든 이름과 형상이 고통의 원인이기 때문입니다. '나-나'는 참나입니다. "나는 이것이다."는 자아입니다. '나'가 오직 '나'로서 유지될 때, 그것이 참나입니다. 그것이 갑자기 옆으로 빗나가서 "나는 이것 또는 저것이다, 나는 이러이러한 사람이다."라고 말할 때, 그것은 자아입니다.

질문 그렇다면 신은 누구입니까?

바가반 참나가 신입니다. "나는 이다."가 신입니다. 신이 참나와 떨어져 있다면, 그 신은 자기가 없는 어리석은 신임에 틀림없습니다. 참나를 깨닫기 위해 요구되는 모든 것은 고요히 있는 것입니다. 그것보다 더 쉬운 것이 무엇이 있겠습니까? 그러므로 아트마 비디야는 도달하기가 가장 쉽습니다.[11]

27 참나 상태 안에 자리 잡는 것이 얻어야 할 수단과 목표 둘 다이니, 고요히 있으십시오.

비록 그것이 바가반의 가장 높고 가장 단순한 우파데사였지만, 그는 많은 이들에게 그것이 실행 불가능하다는 것을 인정하였다.

질문 당신이 충고한 대로 생각들에서 자유롭게 있기 위하여 무엇을 해야 합니까? 오로지 "나는 누구인가?"를 탐구하면 됩니까?
바가반 오로지 고요히 있으십시오. 그렇게 하고 보십시오.
질문 그것은 불가능합니다.
바가반 그렇습니다. 그래서 "나는 누구인가?"라는 탐구를 권하게 됩니다.[12]

바가반 모든 해묵은 바사나들은 마음을 외부로 향하게 하고서 외부의 대상들에 관계하게 합니다. 그런 모든 생각들은 포기되고 마음은 내부로 돌려져야 합니다. 그것을 위해, 노력이 대부분의 사람들에게 필요합니다. 물론 모든 사람들과 모든 책들은 이 "숨마 이루.", 즉 "고요하라. 조용히 있어라."고 말합니다. 그러나 이것은 쉽지 않습니다. 이것이 모든 사람에게 노력이 필요한 이유입니다. 숨마 이루가 지적하는 '침묵' 즉 지고의 상태에 즉시 이르는 사람을 발견한다 하더라도, 당신은 그 사람이 필요한 노력을 이미 전생에서 끝냈다고 말할 수 있습니다.[13]

28 지고의 단어 '숨마 이루'의 놀랄 만한 의미는 "나는 누구인가?"를 탐구하여 아트마 스와루파에 휴식하는 것입니다.

29 고요히 머무는 것(숨마 이루탈)을 제외하고 무슨 위대한 타파스들로 아트마 스와루파가 가슴 안에 얻어질 수 있겠습니까?

바가반 사람들은 어떤 정교한 사다나를 함으로 참나가 어느 날 그들에게 굉장히 크고 거대한 영광으로 내려와 소위 말하는 삭샤트카람(직접적인 경험)을 줄 것이라고 생각하는 것처럼 보입니다. 참나는 더할 나위 없이 삭샤트(직접적)이지만, 그것에 대한 카람이나 크리탐은 없습니다. 다시 말하면, 행위하는 사람이 없고, 행해지고 있는 행위들도 없습니다. 단어 '카람'은 무언가를 하는 이라는 의미가 있습니다. 그러나 참나는 어떤 것을 함으로써가 아니라 어떤 것을 하지 않음으로써, 고요히 있고 단지 진정한 자신으로 있음으로써 깨달아집니다.[14]

30 마음이 소멸되어 사라져 고요히 있지 않으면, 소나찰라(아루나찰라) 신의 발과 하나가 되는 것은 불가능합니다.

바가반 고요함은 개체성의 아무런 흔적이 없는 전적인 복종입니다. 고요는 퍼질 것이며 마음의 동요도 없을 것입니다. 마음의 동요는 욕망, 행위자 의식과 성격이 그 원인입니다. 그것들이 멈추어지면 고요가 있습니다.[15]

31 참나에 대한 명상인, 움직임이 없이 빛남으로 온갖 탁월한 이로움이 생깁니다.

32 참나 이외의 다른 것을 생각하지 않고 고요히 있는 것이 참나에게 마음을 바치는 것입니다.

33 고요히 있는 것이 스와루파 갸나의 경험입니다. 감각들로 지각되

는 것은 무엇이나 거짓으로, 착각으로 나타난 것입니다.

34 의식으로서 조용히 있으면서 쉬는 것이 충만한 평화와 하나가 되
    는 것입니다.

35 그것(That)을 아는 것은 그것으로 있는 것입니다. 그러므로 대상
    화를 하지 않고 고요히 있음으로 빛나십시오.

모우나를 통한 해방

이것은 이전의 장의 연속이라고 생각할 수 있다. 왜냐하면 침묵인 모
우나는 '고요히 있는 것'과 같을 수 있기 때문이다.

36 헌신의 황홀경 속에서 노래하고 춤출 수 있습니다. 그러나 해방
    에 유익한 것은 침묵입니다.

37 해방, 쉬바 스와루파, 마음 초월의 상태에 가라앉는 것이 침묵입
    니다.

38 존재 의식으로 빛나고 있는 침묵은 가장 높고 가장 강력한 타파
    스의 영광을 지니고 있습니다.

39 해방으로 가는 수단일 뿐만 아니라 해방 그 자체의 본성으로 있

는 침묵은 비길 데 없는 장엄함을 지니고 있습니다.

40 해방으로 가는 수단인 침묵의 길에 있다면, 아무런 고통이 없을 것입니다.

41 해방인 지고의 실재는 완벽한 침묵으로만 경험됩니다. 생각들에 대한 탐닉은 침묵을 쫓아 버립니다.

42 침묵의 문인 해방을 얻음으로, 분리된 '나'로 일어나는 자아는 완전히 파괴됩니다.

침묵의 여인(레이디 모우나)

43 해방의 여인이요, 신성한 침묵의 여인의 사랑스럽고 빛나는 미소가 굴레의 어두움을 추방할 것입니다.

44 어떤 어려움을 겪더라도, 그 희열의 여인의 빛나는 발에 대한 당신의 숭배를 순수한 황금처럼 소중히 여기십시오.

45 그녀의 자비로운 은총의 눈길로, 부, 재산 및 가족의 끈이라는 망상들이 존재하기를 그칠 것입니다.

46 늘 젊은 그 처녀를 기쁜 마음으로 숭배하는 것이 모든 다르마들

에 가장 적합한 것입니다.

47   가장 고상한 브라마차리야가 되어 이 침묵의 여인과 하나 됨으로
      오는 더없이 기쁜 가정의 삶을 소중히 하십시오.

      브라마차리야는 일반적으로는 독신주의를 말하지만, 바가반은 그것
      은 또한 브라만 안에 사는 것이라는 더욱 높은 의미를 지니고 있다고
      자주 언급하였다.

48   그 신성한 침묵의 여인의 현존에서는 '나'라는 머리를 들지 마십
      시오.

49   '나'를 조금이라도 들어 올린다면, 그 여인은 자신의 얼굴을 조금
      도 보여 주지 않을 것입니다.

50   자연스럽게 그녀의 권위에 복종한 채 있으면, 그녀는 쉬바 상태
      의 깨달음을 건네주면서 당신과 결합할 것입니다.

51   그 부드러운 여인을 포옹하고서, 조화롭게 즐겁게 영원히 당신의
      가슴 안에 사십시오.

52   그녀의 매력에 매혹되고, 더없는 기쁨을 주는 하나의 상태에 살면
      서, 당신의 삶이 다른 사람들에게 기쁜 본보기가 되게 하십시오.

53 당신이 그녀가 되고, 그녀가 당신이 됨으로써, 서로 하나가 되어 가슴 안에 하나로 녹으십시오.

54 더없는 희열을 주는 이 가정의 다르마는 훌륭한 다르마입니다. 진정한 사랑인 쉬밤으로 머무르십시오.

평화

평화의 위대함

55 사두들의 머리 위에 놓일 가치가 있는 황금 왕관은 오로지 평화인 고요입니다.

56 그 고귀한 미덕인 평화로 그들은 지고의 희열의 위대함을 지닌 삶의 은혜를 얻을 것입니다.

구루 바차카 코바이, 796절 평화보다 더 위대한 성취는 없습니다. 평화보다 더 큰 힘은 없습니다. 평화보다 더 훌륭한 타파스는 없습니다. 평화에 사는 삶보다 더 위대한 불멸의 삶은 없습니다.

주석 여기에서 평화라 부르는 것은 고요한 마음의 상태이다. 고요한 마음의 상태는 끊임없는 탐구로만 얻어질 수 있다. 거절하거나 수용할 것이 사실 아무것도 없다는 것을 마음이 알 때, 마음은 활동을 잃고 지고의 평화에 머무를 것이다. 그러한 평화는 자연스러운 상태의 씨앗이다. 그러므로 그러한 평화를 '불멸의 삶'이라 한다.

평화로서 머묾

57   실재와 결합하여 실재를 안다면, 강력하고 확고한 평화가 가득할 것입니다.

58   초월의 감로와 하나가 된 곳에서, 왜 그 평화를 버리고 다른 향락을 그리워하겠습니까?

59   진정한 상태를 깨달아 가슴 안에 머무른다면, 평화는 결코 중단되지 않을 것입니다.

60   자신의 진정한 본성과 하나 됨으로 오는 내적 평화를 아십시오. 확고한 마음으로 그 평화에 머무르십시오.

평화를 얻음

61   감각들의 도취로 오는 불건전한 불꽃을 버리고, 평화의 거대한 물결에 잠기고는 자신을 새롭게 하십시오.

62 무엇을 얻거나 잃을지라도, 마음 안에 평화를 확고히 자리 잡게 하십시오.

63 불변의 평화를 얻기 위해서는, 세상의 활동에 대한 강박적 탐닉이 버려져야 합니다.

64 참나인 자신의 진리와 하나가 되면, 평화로 오는 희열의 삶이 가슴 안에 풍부히 물결칠 것입니다.

바가반 샨티(평화)는 원래의 상태입니다. 외부로부터 오는 것을 거절하면 남는 것이 평화입니다. 그러면 없애거나 하나 된다는 것이 어디에 있겠습니까? 오직 외부로부터 들어오는 것만 버려져야 합니다. 마음이 성숙한 사람들에게 간단히 스와루파가 샨티라고 하면, 그들은 갸나를 얻습니다. 미숙한 사람들에게는 듣기(스라바나)와 묵상(마나나)이 처방되지만, 성숙한 사람들에게는 그러한 것들이 필요치 않습니다.[16]

65 세상과 세상의 방식들을 좇느라 상처받지 말고, 가슴으로 바로 달려가 샨티를 얻으십시오.

샨티의 경험

66 소박한 헌신자들이 그들의 가슴 안에서 경험하는 샨티는 대단한 것을 지니고 있는 신성한 부입니다.

67 가슴에 있는 갈망과 혐오를 없앰으로 샨티를 경험하는 것이 신성한 초연이라는 고귀한 상태입니다.

질문 스와미지여! 영혼이 어떻게 샨티를 얻습니까?
바가반 (웃으시며) 무엇이라고요! 영혼을 위한 샨티란 무엇입니까?
질문 아닙니다. 아닙니다! 저는 마음을 의미합니다.
바가반 오! 마음을 위한 것이라고요! 바사나들이 억제되면 샨티를 얻습니다. 그렇게 하기 위해서는, 자신이 누구인가를 탐구하여 깨달아야 합니다. 먼저 샨티가 무엇인지를 묻지 않고서, "나는 샨티를 원한다, 나는 샨티를 원한다!"라고 말만 한다고 샨티를 얻을 수 있습니까? 이미 존재하고 있는 것을 먼저 알고 깨닫도록 노력하십시오.[17]

샨티를 원하고 붙들기

68 샨티가 아닌 것을 갈망하고 또 마음에 흔적이 남을 정도로 그것에 주의를 기울인다면, 그것은 해롭습니다.

69 무엇을 잃을지라도 희열인 샨티를 확고히 붙들어, 지금 그것을 소중히 하십시오.

70 샨티를 얻은 사람들은 그것과 더불어 다른 모든 것들도 얻습니다. 그 샨티를 잃은 사람들은 모든 것을 잃었습니다.

여인 샨티

71* 빛나는 파담께서는 갸니들이 샨티라고 늘 찬양하는 행운의 여인과 합일에 있습니다.

72 그 깊은 샨티는 불모의 사막을 감로의 바다로 변형시킬 수 있는 현존을 지니고 있습니다.

73 고요에 있음으로써, 지고자요, 샨티의 멋이 깃들어 있는 희열이며, 아름답고도 성스러운 여인을 즐기십시오.

74 내가 낳은 딸인 아름다운 보석을 두른 샨티와 결혼한 당신이 지고의 즐거움 속에서 번창하기를.

75 희열을 얻기 위하여, 여인들 중의 여왕인 그녀를 가장 소중한 연인이라 여기면서 가슴 안에서 하나가 되십시오.

76 당신의 가슴속에서, 여인 샨티와 깊은 포옹의 희열을 즐기면서, 다른 모든 것들을 완전히 잊으십시오.

77 끝없는 지고의 희열이라고 갸니들이 존중하고 찬양하는 것은 다름 아니라 그 아름다운 여인인 샨티의 희열입니다.

78 그녀는 아주 고요하며, 극히 아름다운 외모를 가지고 있으며, 숭

배받을 가치를 지녔으며, 한없이 매혹적입니다.

79 자신을 그녀에게 닥쉬나(선물)로서 바치십시오. 격조 높고 고결한
    자질을 지닌 비길 데 없는 바다인 그녀와 하나가 되십시오.

80 고귀한 분인 샨티와 결혼할 수 있는 행운을 가지고 있다면, 당신
    의 삶은 풍성해질 것입니다. 그것은 당신이 묻어 놓은 보물을 발
    견하는 것과 같습니다.

81 싯다들은 그녀에게 그냥 봉사하기 위하여, 자신들의 시선을 그녀
    의 발에 확고하게 고정시킨 채 그녀를 대단히 경외하고 존중할
    것입니다.

82 그녀가 주는 은총의 눈길에 닿은 사람은 헤아릴 수 없는 희열을
    경험할 것입니다.

83 그녀가 당신의 여왕이 된다면, 그녀의 권능 하에 당신은 비길 데
    없는 영광을 얻을 것입니다.

84 그녀는 부드러운 젊은 여인입니다. 그녀의 모습은 브라만의 희열
    에서 방울져 나온 극히 완벽한 절대자입니다.

85 그 희열의 여인인 샨티의 현존 하에서 살아가는 사람들은 신들의
    희열의 영역들에 눈길조차 주지 않을 것입니다.

86 여인 샨티와 하나가 된 삶으로 들어온 사람들은 다른 아름답게
    꾸민 여인들과 함께 하는 삶을 멀리할 것입니다.

제2절

참나 탐구

참나 탐구의 필요성

1   자신 속으로 자신을 샅샅이 탐구하지 않는다면, 당신 자신의 참
     나와 하나가 되는 것은 불가능할 것입니다.

2   정밀한 갸나 비차라가 아니고는, 지고의 희열의 상태를 얻는 효
     과적인 다른 방법은 없습니다.

3   안으로 탐구하여 자신의 참된 본성을 알기 전에는, 마음이 경험
     하는 동요는 그치지 않을 것입니다.

4   주의 깊은 탐구로 자신의 진정한 본성을 깨닫지 않은 사람들은
     마음의 프라사다인 희열을 얻을 수 없습니다.

5   당신의 진정한 상태를 위해 자신의 본성인 가슴 안으로 녹아들기 위해서는 그 진정한 상태를 탐구하여 알아야만 합니다. 이것이 유일한 길입니다.

6   해방의 길인 참나 탐구의 길을 떠나, 무수한 숲길을 따라 방황하는 사람들은 오직 혼란만을 만날 것입니다.

'무수한 숲길'은 참나 탐구를 제외한 다른 영적 수행들이다.

7*   참나의 상태는 자신이 왔던 길로 되돌아감으로써 이르게 됩니다. 자신이 어디로 여행을 하였던 간에, 그 여행은 당신을 여기로 데려와야 하고 여기에서 피난처를 찾아야 합니다.

이 구에서 단어 '여기'는 참나 또는 참나 탐구의 길로 언급할 수 있다. 바가반은 마음은 자신이 일어난 길을 경유하여 원천으로 되돌아가야 한다는 것을 빗대어 말하면서, '왔던 길로 되돌아가는 것'이 참나 탐구라고 많은 경우들에 말하였다. 바가반은 또한 모든 다른 영적인 길들이 결국 탐구로 오게 될 것이라고 말하였다. 이것이 '어디로 여행을 하였던 간에'의 의미이다.

바가반 '나'에게 주의를 주는 이 길은 직접적인 길입니다. 다른 모든 길들은 간접적인 길입니다. 첫째의 길은 참나에게로 가게 하고, 그 밖의 다른 길들은 다른 곳으로 가게 합니다. 그리고 후자가 참나에 이르게 한다면, 그 의미는 후자도 결국에는 첫 번째 길로 가게 하여 목표에 이르게 된다는 것입니다. 그러므로 결국, 구도자들은 첫 번째 길을 채택해야 합니다. 왜 지금 그렇게 하지 않습니까? 왜 시간을 낭비합니까?[1]

일어나는 '나'

8 첫 번째 생각인 '나' 생각이 일어나는 곳은 가슴, 참나, 존재의 의식입니다.

9 "자아와 그 나머지 모든 것들의 나타남의 원천인 이 '나'가 누구인가?"를 가슴속에서 탐구하십시오.

첫 인용은 바가반의 책 《나는 누구인가?》에서 따온 것이다.

물질적인 몸 안에서 '나'로 일어나는 것은 마음입니다. "몸 안의 어떤 장소에서 이 '나'가 처음으로 일어나는가?"를 탐구한다면, 그것은 가슴(흐리다얌) 안에 있다고 알려질 것입니다. 그것이 마음의 출생지입니다. 그칠 새 없이 '나, 나'를 생각하여도, 그것은 그곳으로 안내할 것입니다. 마음에서 일어나는 모든 생각들 중 '나'라는 생각이 첫 번째 생각입니다. 이 생각이 떠오른 후에야 다른 생각들이 일어납니다. 1인칭 대명사가 일어난 이후에만 2인칭, 3인칭 대명사가 일어납니다. 1인칭이 없다면, 2인칭과 3인칭은 존재할 수 없습니다.

바가반 가슴이라는 말은 '나'라는 개념이 일어나는 장소를 지칭하기 위하여 베다들과 경전들에서 사용되고 있습니다. 그것이 몸이라는 것에서 솟아납니까? 그것은 우리 존재의 바로 중심 어딘가에서 솟아납니다. '나'는 아무런 위치가 없습니다. 모든 것은 참나입니다. 오직 참나만이 있을 뿐입니다. 그러므로 가슴은 '나'로 지각되는 우리 자신들과 온 우주 전체의 몸이라고 말해져야 합니다. 그러나 수행자(아비야시)를 돕기 위하여 우리는 우주 또는 몸의 분명한 부분을 지적해야 합니다. 그래서 이 가슴을 참나의 자리라고 지적하여야 합니다. 그러나 사실 우리는 어디에나 있고, 우리는 존재하는 모든 것이며, 그리고 그 밖의 것은 존재하지 않습니다.[2]

10 왜 지금 당신은 잠자는 상태에서 경험되는 참나의 희열을 잃고, '나'로서 일어나 괴로워합니까?

11 생각하는 '나'를 반복적으로 일어나고 가라앉게 함으로 당신 자신을 파멸시키지 마십시오. 존재의 '나'로 있음으로 진정한 삶을 얻으십시오.

질문 이 '나'-생각은 나로부터 일어납니다. 그러나 저는 참나를 알지 못합니다.

바가반 이 모든 것들은 오로지 마음의 개념들입니다. 당신은 지금 당신 자신을 '나'-생각인, 잘못된 '나'와 동일시하고 있습니다. 이 '나'-생각은 일어나고 가라앉는 반면에 '나'의 진정한 의미는 둘 너머에 있습니다. 당신의 존재는 중단이 있을 수 없습니다. 자고 있던 당신이 지금은 깨어 있습니다. 당신의 깊은 잠에서는 불행이 없었습니다. 반면에 지금은 불행이 있습니다. 이 차이가 경험되기 위하여 지금 일어난 것은 무엇입니까? 당신의 잠 속에서는 '나'-생각이 없었던 반면에, 지금은 있습니다. 진정한 '나'는 겉으로 나타나지 않지만, 거짓 '나'는 자신을 과시합니다. 이 거짓 '나'는 당신의 올바른 지식에 방해물입니다. 이 거짓 '나'가 일어나는 곳을 찾으십시오. 그러면 그것이 사라질 것입니다. 당신은 있는 그대로의 당신, 즉 절대적 존재가 될 것입니다.

질문 그것을 어떻게 합니까? 저는 여태껏 성공하지 못했습니다.

바가반 '나'-생각의 근원을 자세히 살피십시오. 그것이 해야 할 모든 것입니다. 우주는 '나'-생각 때문에 존재합니다. 그것이 끝나면 비참함 또한 끝납니다. 거짓 '나'는 그것의 근원이 찾아질 때만 끝날 것입니다.[3]

12   '나'-생각이 일어나서 그것이 어떤 거짓 우파디(동일시)에 달라붙는 것을 멈추게 하십시오.

바가반 불꽃이 불에서 일어나듯이, 개별성은 절대적 참나로부터 나옵니다. 그 불꽃을 자아라 합니다. 아갸니의 경우에, 자아는 일어남과 동시에 자신을 대상과 동일시합니다. 대상들과의 그런 연합이 없이는 자아는 있을 수 없습니다.

이 연합은 아갸나 때문입니다. 무지의 파괴가 노력의 목표입니다. 대상들과 동일시하려는 이 경향성이 파괴되면, 자아는 순수해지고 그래서 자신의 근원으로 들어갑니다. 자신을 몸과 거짓된 동일시를 하는 것이 "나는 몸이다."라는 생각(데하트마-붓디)입니다. 이것은 좋은 결과들이 올 수 있기 전에 사라져야 합니다.[4]

13 '나'로서 일어나지 않고, 가슴 안에 자연스럽게 있는 것이 품위 있는 다르마입니다.

14 당신이 독립적인 존재인 척 하면서 '나'를 내세우는 것은 어리석은 것이며, 하찮은 것이며, 말꼬리 잡고 늘어지는 것입니다.

나는 이다

15 파담께서는 다음과 같이 선언합니다. 자기 자신을 정확하게 탐구하여 알기 위해서는, "나는 이다(I am)."라는 의식을 제외하고는 아무것도 필요치 않습니다."

바가반 아함 브리티('나'-생각)의 실마리를 추적하는 참나 탐구는 자신의 후각으로 주인을 추적하는 개와 같습니다. 주인은 어느 먼 알 수 없는 장소에 있을 수도 있지만, 그것은 개가 주인을 추적하는 데 아무런 방해가 되지 않습니다. 주인의 냄새는 그 동물에게는 절대로 오류가 없는 실마리이며, 주인의 옷, 체격, 신장 등과 같은 다른 것들은 전혀 고려하지 않습니다. 주인을 찾는 동안에, 개는 주의가 빗나가지 않도록 그 냄새에 매달립니다. 결국 그 개는 주인을 추적하는 데 성공합니다.

   참나를 향한 당신의 탐구도 이와 마찬가지입니다. 하나의 오류 없는 실마리는 당신의 경험의 일차적인 정보인 "나는 이다(아함 브리티)."입니다. 다른 단서는 당신을 참나 깨달음으로 직접적으로 안내할 수 없습니다.[5]

질문 제가 슈리 바가반의 저서들을 읽을 때, 저는 탐구가 깨달음을 위한 하나의 방법이라는 것을 발견합니다.

바가반 그렇습니다. 그것은 비차라입니다.

질문 어떻게 그것을 해야 합니까?

바가반 질문자는 자신의 자기를 인정해야 합니다. "나는 이다."라는 것이 깨달음입니다. 깨달음을 얻을 때까지 그 실마리를 추적하는 것이 비차라입니다. 탐구와 깨달음은 동일합니다.

질문 종잡을 수 없습니다. 무엇을 명상해야 합니까?

바가반 명상은 명상해야 할 대상을 필요로 하는 반면에, 비차라에는 대상은 없으며 오로지 주체만이 있습니다. 명상은 이 점에서 탐구와 다릅니다.

질문 명상이 없이 탐구가 홀로 가능할까요?

바가반 탐구는 과정이자 목표입니다. "나는 이다."는 목표이자 마지막 실재입니다. 노력으로 그것을 잡는 것이 탐구입니다. 자발적이고 자연스러울 때 그것이 깨달음입니다.[6]

바가반 수행자가 일어날 수 있는 의심을 일소할 수 있도록 하기 위하여, 나는 그에게 '나'임 혹은 '나는 이다'임의 '단서'나 실마리를 잡아 그것의 원천까지 그것을 추적하라고 말합니다. 왜냐하면 첫째로 자신의 '나'라는 개념에 대하여 의심을 받아들이는 것은 누구라도 가능하지 않기 때문입니다. 둘째로 하고 있는 수행이 무엇이든 간에, 최종 목표는 당신 경험의 일차적 자료인 '나는 이다'임의 근원에 대한 깨달음입니다.

그러므로 당신이 아트마 비차라를 한다면, 당신은 참나인 가슴에 이

를 것입니다.[7]

16 당신의 주의의 유일한 피난처로서 바탕의 의식인 "나는 이다."를 잡고서, 당신의 삶을 사십시오.

바가반 "나는 있다."는 모든 사람에게 불변의 그리고 자명한 경험입니다. "나는 이다."만큼 자명한(프라티약샤) 것은 없습니다. 사람들이 자명하다고 부르는 것은, 다시 말해 그들이 감각들로부터 얻는 경험은 자명한 것과는 거리가 먼 것입니다. 참나만이 그것입니다. 자명한 것(프라티약샤)은 참나의 다른 이름입니다. 그러므로 자기 분석을 하여 "나는 이다."가 되는 것이 해야 할 유일한 것입니다. "나는 이다."는 실재입니다. 나는 이것이다 혹은 저것이라는 것은 실재가 아닙니다. "나는 이다."는 진리이며 참나의 다른 이름입니다. "나는 신이다."라는 것은 진리가 아닙니다.[8]

바가반 비록 '나'임 또는 '나는 이다'임의 상태가 관례상 아함 브리티로 알려져 있다 하더라도, 그것은 마음의 다른 브리티(마음의 변형이나 활동)들과 같은 브리티는 아닙니다. 왜냐하면, 아무런 내적인 연관을 지니지 않고 있는 다른 브리티들과는 달리, 아함 브리티는 마음의 모든 브리티들과 본질적으로 연관을 맺고 있기 때문입니다. 아함 브리티가 없으면 다른 브리티는 있을 수 없습니다. 그러나 아함 브리티는 마음의 어느 다른 브리티들에도 의존하지 않고 스스로 존재할 수 있습니다. 그러므로 아함 브리티는 다른 브리티들과 근본적으로 다릅니다.[9]

17 지성의 근원으로 빛나고 있는, "나는 이다(삿-보다)."인 존재의 자각은 고결한 갸나의 성취를 가능케 하는 신성한 은총입니다.

방법

18 찾는 것이 평화라면, '나' 안을 탐구하여 갸나 사마디 안에 머무르십시오.

   질문 '나'를 깨닫는 방법을 말씀해 주십시오. "나는 누구인가?"를 자파(만트라의 반복)로 만들어야 합니까?
   바가반 자파를 의미하는 것이 아닙니다.
   질문 "나는 누구인가?"를 생각해야 합니까?
   바가반 당신은 '나'-생각이 솟아 나오는 곳을 알았습니다. '나'-생각을 붙잡고는 그것의 근원(물라)을 찾으십시오.
   질문 제가 그 방법을 알 수 있습니까?
   바가반 방금 들은 대로 해보십시오.
   질문 제가 무엇을 해야 할지 모르겠습니다.
   바가반 그것이 객관적인 어떤 것이라면 방법을 객관적으로 보여 줄 수 있습니다. 이것은 주관적인 것입니다.
   질문 그러나 저는 이해하지 못합니다.
   바가반 무엇이라고요! 당신이 있다는 것을 당신은 이해하지 못합니까?
   질문 방법을 일러 주십시오.
   바가반 당신 자신의 집 안에 있으면서 그 방법을 보여 주는 것이 필요

합니까? 이것은 당신 안에 있습니다.[10]

19 당신의 진리는 탐구로 경험되어야 합니다. 탐구란 진정한 길인 비차라의 길을 붙드는 것입니다.

질문 당신은 자기를 탐구함으로써 자기를 깨달을 수 있다고 말씀합니다. 이 탐구의 특징은 무엇입니까?

바가반 당신은 마음이거나, 당신을 마음이라고 생각합니다. 마음은 다름 아닌 생각들입니다. 각각의 모든 생각 뒤에 당신 자신인, '나'라는 일반적인 생각이 있습니다. 이 '나'를 첫 번째 생각이라 합시다. 이 '나' 생각에 매달리고 그것이 무엇인지 발견하기 위하여 그것에 질문하십시오. 이 질문이 당신에게 강하게 붙어 있을 때, 다른 생각들을 당신은 할 수 없습니다.

질문 제가 이처럼 하고 '나' 생각인 나의 자기에 매달릴 때, 다른 생각들이 오고 갑니다. 그러나 저는 제 자신에게 "나는 누구인가?"라고 말하지만, 대답은 없습니다. 그런 것입니까?

바가반 종종 사람들이 범하는 실수가 이것입니다. 당신이 참나를 진지하게 탐구하면 '나' 생각이 사라지고, 깊은 곳으로부터 어떤 것이 당신을 붙잡습니다. 그것은 질문을 시작할 때의 '나'는 아닙니다.

질문 이 어떤 것은 무엇입니까?

바가반 그것은 '나'의 의미인, 진정한 참나입니다. 그것은 자아는 아닙니다. 그것은 지고의 존재입니다.[11]

20 생각을 멈추고 주의 깊은 탐구로 자신의 본성으로 가슴 안에 있는 실재를 아십시오.

21 외적 대상들을 놓아 버리고, 그것들에 등을 돌리고, 가슴 안에서 빛나고 있는 찬란한 진리를 예리한 탐구로 깨달으십시오.

질문 탐구를 시작할 때 다른 생각들을 거부해야 된다고 종종 말씀하셨지만, 그러나 생각들은 끝이 없습니다. 한 생각을 거부하면 다른 생각이 오고 전혀 끝이 없는 듯 보입니다.

바가반 생각들을 계속해서 거부해야 한다고 말하지 않습니다. 당신이 당신 자신에게, 말하자면 '나' 생각에 매달린다면, 그래서 당신의 관심이 그 하나의 생각에 유지된다면, 다른 생각들은 거부되어 자동적으로 사라집니다.

질문 그러므로 생각들의 거절이 필요하지 않습니까?

바가반 아닙니다. 한 때나 다른 때 동안에는 그것이 필요할 것입니다. 생각이 일어날 때 매 생각을 거절한다면 끝이 없을 것이라고 당신은 공상합니다. 아닙니다. 끝은 있습니다. 방심하지 않고, 생각들이 일어날 때마다 거절하기 위한 단호한 노력을 한다면, 당신이 당신의 내적 자기 속으로 더욱 깊이 들어가고 있음을, 그리고 거기에서는 생각들을 거절하려는 아무런 노력이 필요 없다는 점을 곧 발견할 것입니다.

질문 그러면 노력 없이, 긴장 없이 있는 것도 가능하군요!

바가반 오직 그렇지는 않습니다. 어떤 정도의 너머에서는 노력을 한다는 것이 불가능합니다.

질문 저는 더욱 깨닫기를 원합니다. 제가 전혀 노력을 하지 않아야 합니까?

바가반 여기에서는 노력 없이 있는 것이 불가능합니다. 더욱 깊이 들어가면, 어떤 노력을 만드는 것이 불가능합니다.[12]

나–나

22 "나는 누구인가?"라는 질문의 대답은 가슴에서 '나–나'로 빛나는 고요한 갸나뿐입니다.

울라두 나르파두의 30절에서 바가반은 어떻게 '나–나' 경험이 참나 탐구의 결과인지 설명하였다.

> 마음 안에서 "나는 누구인가?"를 질문하여, 가슴에 이를 때, 개별적인 '나'는 기운 없이 가라앉고, 즉시 실재가 그 자신을 '나–나'로서 드러냅니다. 그것이 그것 자신을 이렇게 드러낼지라도, 그것은 자아로서의 '나'가 아니라 완벽한 존재, 절대적 참나입니다.[13]

바가반은 비차라 상그라함에서 보다 상세한 설명을 하였다.

> 그러므로 실제로 시체에 불과한 송장과 같은 몸을 떠나 입으로 단어 '나'를 말하지 않으면서, 지금 예리하게 "'나'로서 일어나는 그것이 무엇인가?"라고 탐구한다면, 그때 가슴 안에서 소리 없는 스푸라나 즉 '나–나'가 스스로 밖으로 빛날 것입니다. 그것은 단일의 나누어지지 않

는 자각이며, 많고 나누어져 있는 생각들은 사라집니다. 그것이 떠나지 않고 고요히 있다면, 자아의 모습인 "나는 몸이다."라는 개별감은 완전히 사라지고, 심지어 스푸라나조차도 장뇌에 붙은 불꽃처럼 결국에는 스스로 사라질 것입니다. 오로지 이것이 위대한 사람들과 경전들이 말하는 해방입니다.[14]

23 "나는 누구인가?"라는 질문을, 지금 당신을 에워싸고 있는 의심들을 깨끗하게 단절시켜 주는 도끼로 여기십시오. 미래에도 그렇게 하십시오.

24 가슴 안에서 '나-나'로 빛나는 그것, 침묵, 참된 갸나가 해방 그 자체입니다.

진정한 '나' 경험

25 두 개의 '나'가 있다고 상상하여 그 결과로 고통을 받고 한탄하지 마십시오. 참나 안에 당신 자신을 굳게 자리 잡게 하여, '나'를 하나로 알고 즐기십시오.

26 '카라'가 없는 자아(아함카라)의 경험은 날카롭고 강한 갸나의 검입니다.

산스크리트 카라가 명사나 전치사에 붙을 때, '……을 하는' 또는

'……을 행하는'을 뜻한다. 그러므로 아함카라는 '자신을 행위들의 행위자라고 여기는'을 의미한다. 보다 일반적으로는 '자아'라 번역된다. 진정한 '나'(아함)를 자아(아함카라)로 변형시키는 것은 접미사 카라이다.

> **바가반** 원래의 개인에게는 개인 측에서 아무런 노력이 없이 모든 일이 항상 자연스럽게 진행됩니다. 그 이름이 아함 즉 '나'입니다. 그러나 나타날 때, 그것은 자아인 나(아함카라)로 나타납니다.[15]

27 모든 당신의 골칫거리들 한가운데 있음으로 자신을 망치지 마십시오. 그 대신에 당신의 가슴 안에 '나'로 머물고 있는 참나의 진리가 되는 것을 자신의 목표로 삼고 그것에 매달려 참나의 희열을 얻으십시오.

비차라의 길에는 이원성이나 모순이 없다

28* 탐구 이외의 다른 길에서는 두 개의 진리가 있지만, 자신을 탐구한다면 하나의 진리가 빛날 것입니다.

바가반은 탐구를 제외한 모든 다른 영적 길에는 명상을 하는 사람과 명상되는 목표라는 인위적으로 만든 둘이 있다고 단언하였다. 진정한 참나 탐구에는 모든 연합들과 대상들에서 완전히 자유로운, 주체인 '나'로 있는 것을 의미한다.

바가반 당신은 주체와 대상을 하나로 깨닫는 것을 배워야 합니다. 구체적이든 추상적이든 간에 대상을 명상할 때, 당신은 하나라는 감각을 무너뜨리고 둘을 만듭니다. 오직 참나를 명상하십시오.[16]

질문 왜 참나 탐구만이 진정한 갸나로 가는 직접적인 방법이라 생각해야 합니까?

바가반 아트마 비차라를 제외한 모든 수행은 수행을 하는 도구로 마음을 지키는 것을 전제로 삼고 있습니다. 따라서 마음이 없이는 수행이 행해질 수 없습니다. 자아는 자신의 수행의 여러 단계들 중에서 다르고 더욱 미묘한 형태를 취할 수도 있으나 마음 자체는 결코 파괴되지 않습니다.

아트마 탐구 이외의 수행들로 자아나 마음을 파괴하려는 시도는, 도둑을 잡으려는 경찰이 사실은 도둑인 것과 같습니다. 아트마 탐구만이 자아도 마음도 실제로 존재하지 않는 진리를 드러내어, 참나 혹은 순수한 절대자와 나누어지지 않는 존재를 깨닫는 것을 가능하게 합니다.[17]

29 실재는 오직 하나이기 때문에, 진정한 갸나 요가는 직접적인 길입니다. 아무런 둘이 없기 때문에, 다른 길은 없습니다.

30 지름길인 스와루파 비차라의 길에는 참나가 비이원이기 때문에 아무런 두려움이나 혼란이 일어나지 않습니다.

구루 바차카 코바이, 393절, 포리푸라이 뛰어나고, 바로 나아가는 길인 "나는 누구인가?"라는 갸나 비차라로 들어온 사람들은 결코 혼란되거나 길을 잃지 않습니다. 그 이유는 이렇습니다. 그 길은 태양의 빛이 그것을 받으려는 사람들에게 바로 드러내듯이, 태양의 빛과 같은 성질을 지니고 있기 때문입니다.

주석 참나가 둘이 아니기 때문에, 다른 길들과 달리 탐구는 참나만을 목표로 하며, 바로 참나를 향하여 항상 나아가는 정확함을 가지고 있다. 더구나 그것은 혼란을 일으키는 곁가지를 만들지 않는다. 이 때문에 탐구는 곧고 직접적인 길이라 한다.

그러나 다른 길들에서 아무리 진보를 할지라도, 그들은 아주 짧은 순간이지만 비차라를 함으로 참나에 이르게 된다. 그러므로 모든 다른 길들에 비해 비차라가 우수함을 지니고 있기 때문에 여기에서 뛰어난 길로 묘사되고 있다.

참나를 해로, 탐구를 햇빛으로 받아들이라.

31 의식을 정화시키고 평온에 도달하게 하는 비차라의 길을 가는데 마음이 어떻게 힘을 잃거나 비정상이 될 수 있겠습니까?

구루 바차카 코바이, 745절 다음의 것을 알아야 합니다. 본질이 의식인 신, 참나로부터 떨어지지 않고 있는 완전무결한 참나 머무름을 수행했던 사람이 당황하고 미치고 황폐해진다고 말하는 것은 어떤 사람이 불멸을 주는 감로를 들이킴으로 죽었다고 말하는 것과 같습니다.

32 실재를 정말로 있는 그대로 탐구하여 아는 것인 갸나 비차라의 길에는, 결점인 장애물들이 존재하지 않습니다.

비차라는 책들을 공부함으로써 이루어질 수 없다

33 베다들과 아가마(쉬바파 경전)들을 내려놓고, 순수 의식인 당신의
    본성에 초점을 맞춘 채 탐구하십시오.

34 베다들과 아가마들의 모든 가르침들 중에서, 오로지 참나와의 결
    합만이 얻을 가치 있는 위엄을 지니고 있습니다.

    구루 바차카 코바이, 146절 베다들과 아가마들을 버리고, 존재-의식
    을 자신의 안내자로 택하여 자신을 탐구하는 사람들만이 존재가 빛나
    게 됩니다. 그러면 감각 대상들에 대한 욕구가 시들고 그것들에 대한
    욕구가 완전히 그칠 것입니다.

    주석 베다들과 아가마들이 주는 진정한 이익은 자신 안으로 뛰어드는
    탐구에 자리 잡게 하는 것이다. 그러므로 베다들과 아가마들을 지나치
    게 읽는 것을 그만두라. 왜냐하면 그 경전들은 자신과 떨어져 있으며
    그 경전들의 정수가 스와루파의 도달에 있기 때문이다. 참나는 자신의
    안에서 얻어지기 때문에, 참나를 알기를 원한다면, 참나 아닌 것에서
    참나를 찾는다는 것은 의미가 없다. 탐구를 통하여 행운의 참나를 얻은
    사람들만이 정말로 욕망을 그 뿌리까지 정복하였다.

35 신뢰할 수 있는 탐구는 책의 공부나 다른 이들로부터의 가르침
    안에 있는 것이 아니라 자기 자신의 '나'(아함)의 안에 있습니다.

    구루 바차카 코바이, 391절 탐구로 가슴 안에 들어가 다섯 겹(몸) 안에

자리하고 있는 참나를 보지 못한 사람들은 그 대신에 유명한 갸나 경전 (샤스트라)들을 탐구하고자 합니다. 그들은 오직 경전을 탐구하고 있습니다. 그것이 참나 탐구일 수 있습니까? 아닙니다.

질문 독서가 해방을 바라는 사람들에게 어떤 쓸모가 있습니까?

바가반 모든 경전들은 해방을 얻기 위해서는 마음이 고요해져야 한다고 말합니다. 그래서 책들의 최종적인 가르침은 마음이 고요해져야 한다는 것입니다. 이것이 이해된다면 끝없는 독서는 필요하지 않습니다. 마음을 고요하게 하기 위하여 자신 안에서 자신이 누구인지를 탐구해야 합니다. 이 탐구를 어떻게 책에서 할 수 있습니까? 자신의 지혜의 눈으로 자신의 참나를 알아야 합니다. 자기는 다섯 겹(몸) 안에 있지만, 책들은 그것들의 바깥에 있습니다. 참나는 다섯 겹들을 버리면서 안을 탐구하는 것인데, 책 안에서 참나를 찾는 것은 소용이 없습니다. 배웠던 모든 것을 잊어야 할 때가 올 것입니다.[18]

구루도 어느 누구도 당신을 대신하여 탐구할 수 없다

36 가르침을 반복해서 말하다 지치게 되었는데도, 미혹에 물든 마음을 지닌 사람들은 질문하기를 아직 그치지 않고 있습니다.

37 구루가 아무리 많은 가르침을 주더라도, 영적 구도자들을 진정으로 지지해 주는 것은 그들 자신의 참나 안으로 행하는 탐구입니다.

38 주위를 방황하고 있는 당신이, 자신이 누구인지를 탐구하지 않고, "다른 사람의 지나간 역사가 무엇인가?"를 탐구하는 것은 잘못입니다.

39 자신의 안에서 "나는 누구인가?"를 탐구해야 합니다. 다른 사람들에게 물어보는 것이 무슨 소용이 있습니까?

질문 대답이 없이 "나는 누구인가?"를 계속해서 물어야 합니까? 누가 누구에게 묻습니까? 탐구를 할 때 마음속에 어떤 바바나(태도)를 지녀야 합니까? '나', 자기 혹은 자아는 무엇입니까?

바가반 "나는 누구인가?"라는 탐구에서, '나'는 자아입니다. 질문은 이 자아의 근원이나 원천이 정말로 무엇인가, 입니다. 마음 안에 어떠한 태도도 가질 필요가 없습니다. 요구되는 모든 것은, 당신이 이런저런 이름을 가진, 이런저런 말 등으로 설명할 수 있는 몸을 가지고 있다는 태도를 포기하는 것입니다. 당신의 진정한 본성에 대하여 태도를 가질 필요는 없습니다. 그것은 항상 존재하는 대로 존재하고 있습니다. 그것은 진정한 것이며, 어떤 태도가 아닙니다.[19]

질문 "나는 마음, 지성, 몸 등이 아니다."라고 말하지 않아야 합니까?

바가반 탐구 과정에서 마음에게 대답을 주지 않아야 합니다. 안에서 답이 나오도록 허락해야 합니다. 개인적인 '나'가 하는 대답은 진짜가 아닙니다. 갸나 마르가의 방식으로 답을 얻을 때까지 탐구를 계속하십시오. 이 탐구를 명상이라 부릅니다. 이 상태에서 일어나는 활동하지 않는, 평화로운, 지식으로 가득한 경험이 진정한 지식입니다.

질문 저는 누구입니까? 저는 어디로부터 온 것입니까? 끊임없이 마음을 사용하는 자파를 해야 합니까, 아니면 마음 앞에 한두 번 질문하고 나서, '나'의 깊은 뿌리로 가 거기서 세상의 모든 생각들을 멈춰야 합니까?

바가반 "나는 누구인가? 나는 누구인가?"를 자파로 해서는 안 됩니다. 마음 앞에 질문을 한 번 던지고는, '나'의 뿌리를 탐구하고 다른 생각들은 멈추게 해야 합니다. 이름이 데사이라면, "나는 데사이다, 나는 데사이다."라고 그 사람이 반복할 필요는 없습니다. 이와 마찬가지로, "나는 브라만이다, 나는 브라만이다."와 같은 어구를 반복할 필요는 없습니다. 모든 사다나들에서 마음은 고요를 지켜야 합니다. 그러나 자파를 하는 동안에는 마음이 조용하지 않을 것입니다. 이처럼 수행하는 대신에, 목격자를 뜻하는, 마음을 보는 자가 브라만의 형태로 경험되어야 하고 브라만은 목격자로서 경험되어야만 합니다.[20]

탐구의 시간

40 좋은 행동인 참나 탐구를 할 가장 좋은 날을 주의 깊게 결정해야 한다면, 오늘과 같이 좋은 날은 없습니다.

구루 바차카 코바이, 755절 지바가 조금의 시간도 낭비하지 않고 탐구를 행한다면, 그의 삶은 결국 굉장한 탁월성을 가지게 될 것입니다. "나는 초라한 이 육체적 존재이다."라는 생각은 그칠 것이고 지고의 희열의 바다가 안에서 풍부히 넘칠 것입니다.

구루 바차카 코바이, 518절, 포리푸라이 주관하는 별들, 행성의 위치들, 점성학상의 결합이 무엇이든, 그리고 무슨 길하거나 불길한 기간이 우세하든, 그것들 모두는 결코 지지 않는 존재의 빛인 신을 경배하는 데 좋은 호의적인 별들, 위치들, 결합들, 기간들입니다.

주석 별과 행성의 위치들 같은 시간상의 모든 차이들은 마음의 지배를 받는 세속적인 행동들에게만 나쁜 영향을 끼칠 수 있다. 그것들은 마음의 개념들을 초월하는 신의 숭배를 조금도 막을 수 없다. 별과 행성의 위치들은 헌신자들을 괴롭힐 수 없다는 갸나삼반다르와 아루나기리나타와 같은 헌신자들의 시구를 연구하는 것이 여기서 적절할 것이다. 그것들이 신의 은총의 영향 아래에 있는 헌신자들의 행위들에 영향을 끼칠 수 없다면, 그것들과 구분되어 있는 그분의 숭배에 행성들이 해를 끼치는 것이 전적으로 불가능하다는 것을 알아야 한다.

41 기회 있을 때마다 조금도 놓치지 않고 참나 탐구를 한다면, 삶은 튼튼하고 강해질 것입니다.

질문 아침과 저녁에 아트마 비차라를 하는 데 어느 정도의 시간을 쓰면 충분합니까? 아니면 늘 해야 합니까? 말하자면, 글을 쓰거나 걸을 때조차도?

바가반 지금 당신의 진정한 본성은 무엇입니까? 그것은 글쓰기입니까, 걷기입니까, 아니면 존재입니까? 유일한 불변의 실재는 존재입니다. 순수한 존재의 상태를 깨달을 때까지 탐구를 해야 합니다. 일단 그 안에 자리가 잡혀지면, 더 이상 걱정은 없을 것입니다.

생각들이 떠오르지 않는다면 어느 누구도 생각들의 근원을 탐구할

필요가 없을 것입니다. "내가 걷고 있다.", "내가 쓰고 있다."라고 생각
하는 한, 누가 그것을 하는지 탐구하십시오.[21]

질문 얼마나 오랫동안 탐구를 해야 합니까?

바가반 마음속에 대상들의 흔적이 있는 한, 그만큼 "나는 누구인가?"
라는 탐구가 요구됩니다. 생각들이 떠오르자마자 즉시 탐구를 하여 그
것들의 근원인 바로 그 장소에서 파괴되어야 합니다. 참나가 얻어질 때
까지 중단 없이 참나에 관한 묵상에 의지한다면, 그것만이 할 것입니
다. 요새 안에 적들이 있는 한, 그들은 돌격해 올 것입니다. 그들이 나
타날 때마다 파괴한다면, 요새는 우리의 손 안에 떨어질 것입니다.[22]

42 당신이 죽어 가고 있을지라도 당신은 참나 탐구라는 그 하나를
    마음으로 붙잡고 결코 놓치지 않은 채 방심하지 않고 있어야 합
    니다.

43 깨어 있는 동안에 끊임없이 비차라를 하여 잠의 라야로 가게 하
    는 마음의 망각을 파괴하십시오.

라야는 무아경이나 잠처럼, 마음이 일시적으로 두절된 상태이다.

바가반 마음의 파괴만이 타파스입니다. 오로지 이것만이 자신의 의무
입니다. 일을 하고 있는 사람은 다른 사람의 일에 관심을 기울이지 않
을 것입니다. 참나에 대한 생각으로부터 벗어날 수 있는 여지를 결코
두어서는 안 됩니다. 아무리 많은 의무들을 가지고 있을지라도, 그 모

든 시간에 의무들을 행하라는 뜻이 아니라, 오직 참나 탐구를 해야만 한다는 뜻입니다. 서 있는 동안, 앉아 있는 동안, 음식을 먹는 동안 탐구를 할 수 있습니다. 할 수 없습니까? 마음이 바사나들 때문에 "나는 누구인가?"라는 탐구를 망각한다면, 마음이 탐구를 기억할 때, 탐구를 붙잡기를 놓치지 않도록 노력해야 합니다.[23]

비차라의 이점

44 오직 비차라만이 감각들이 주는 수많은 즐거움에 대한 욕망들이 실체가 없는 것이라는 것을 드러나게 해 주어 그것들을 버리게 합니다.

45 오직 유익한 비차라만이 당신에게 지고의 희열의 무한한 확장인, 당신 자신의 모습을 당신에게 줄 것입니다.

    슈리 라마나 기타, 7장, 6절:

      참나 탐구의 결과는 모든 고통으로부터의 자유입니다. 이보다 더 높은 것은 없습니다.

46 안으로 "나는 누구인가?"를 물어 들어가는 갸나 비차라를 통하여, 집착과 "나는 몸이다."라는 생각의 망상이 파괴될 것입니다.

47 탐구로 진정한 갸나를 얻으면 실재를 분명히 경험하게 됩니다. 그러면 더 이상 얻어야 할 것이 없습니다.

48 "나는 누구인가?"라는 탐구를 통하여 참나에 대한 지식을 찾는 것이 모든 질병들을 치유할 수 있는 완전한 치유력을 가진 약초 입니다.

49 약초인 비차라는 근원의 질병인 자아에서 유래하는 모든 병들을 공격해서 파괴합니다.

슈리 바가반께서는 종종 다음과 같이 말씀하셨다. "요가 수행이 육체의 질병을 물리쳐 집중력 등을 수행할 수 있도록 순수하고 건강하게 해 준다는 하타 요기들의 주장과는 대조적으로, 만약 마음을 한 점 지향에 맞춘 채 탐구의 방법을 정확히 따른다면, 무슨 병원균이 어디에서 언제 발생하든 그것들 모두를 삼켜 버릴 수 있습니다."[24]

질문 하타 요가 수행법들은 질병을 효과적으로 떨쳐 버리게 하며 갸나 요가의 준비에 필요하다고 말합니다.
바가반 그것들을 옹호하는 사람들이 그것들을 하도록 내버려두십시오. 여기서는 하타 요가를 하지 않고 있습니다. 모든 병들은 끊임없는 참나 탐구로 효과적으로 소멸될 것입니다.[25]

제3절
복종, 사랑 및 헌신

자기 복종

1   자신을 당신 자신의 근원(아다라 샥티)인 힘에게 조건 없이 바치십
     시오.

    바가반 자신을 복종시키는 것으로 충분합니다. 복종은 자기 존재의 본
    래 원인에게 자기 자신을 주는 것입니다. 당신의 바깥에 어떤 신인 근
    원이 있다는 상상으로 착각하지 마십시오. 당신의 근원은 당신 자신의
    내부에 있습니다. 당신 자신을 그것에게 양도하십시오. 당신이 근원을
    찾아 그것과 하나가 되라는 의미입니다.[1]

    이것은 복종에 관한 바가반의 가르침의 핵심이 들어가 있는 인용문
    이다. 개별적 자기의 근원을 찾음으로 복종해야 한다고 말함으로써,

그는 사실상 참나 탐구의 수행을 복종과 동일시한다. 이 관계는 바가반의 다음의 답에 보인다.

> **바가반** 무엇이 진정한 복종인지를 완전히 알고서 할 때만 복종은 효과가 있을 수 있습니다. 그러한 지식은 탐구와 숙고 뒤에 오며 필연적으로 자기 복종에서 끝이 납니다. 생각, 말, 행위로 신에게 절대적으로 복종하는 것과 갸나 간에는 아무런 차이가 없습니다.[2]

2   죽음이 더 이상 없는 눈부신 불멸의 삶을 얻으려면 복종 이외의 다른 방법은 없습니다.

울라두 나르파두, 두 번째 축복의 시구:

> 죽음에 관한 강렬한 내적 공포를 가지고 있는 성숙한 영혼들은 그들의 피난처로서 탄생과 죽음이 없는 지고의 신의 발아래에 이릅니다. 그들의 이런 복종으로, 그들은 죽습니다. 이제 죽음이 없고 영원한 존재인 그들이 죽음에 대한 생각을 다시 가질 수 있습니까?[3]

3   자아를 포기한다는 것은 자신의 자기를 복종 안에서 바치는 것이기 때문에, 자신을 '나'라고 선언하는 품위 없는 자아-마음을 내쫓으십시오.

> **질문** '나' 또한 환영이라면, 그때는 누가 환영을 내쫓습니까?
> **바가반** '나'는 '나'의 환영을 내쫓습니다만, 그래도 '나'로서 남아 있습

니다. 그런 것이 참나 깨달음의 역설입니다. 깨달은 사람들은 그것 안에 아무런 모순도 보지 않습니다. 박티(헌신)의 경우를 들어 봅시다. 나는 이슈와라에 다가가 그분 안에 흡수되기를 간청합니다. 그때 나는 믿음과 집중으로 나 자신을 복종합니다. 나중에 무엇이 남습니까? 원래 '나'의 자리에, 완벽한 자기 복종은 '나'를 잃은 곳 안에 신의 잔재를 남깁니다. 이것이 가장 높은 헌신(파라 박티), 프라파티, 복종, 혹은 최고의 바이라기야입니다.

당신은 '나의' 소유물들 중 이것저것을 포기합니다. 그러는 대신에 '나'와 '나의 것'을 포기한다면, 모든 것이 단번에 포기됩니다. 소유의 바로 그 씨앗을 잃게 됩니다. 이렇게 되어 악의 봉오리를 따 버리거나 싹 그 자체를 뭉개 버립니다. 초연(바이라기야)은 이것을 할 정도로 매우 강해야 합니다. 그것을 하려는 열의는 물 속에 있는 사람이 살기 위해 수면 위로 올라오려는 노력과 같아야 합니다.[4]

4 이 자아의 파괴, 이 개별성의 잃음, 참나 아닌 것에 대한 집착이 발판을 찾지 못하는 상태가 자기 복종입니다.

5 자기 복종을 통하여, 침묵이라는 비이원의 상태에 흡수되는 것이 지고의 진리입니다.

6 참나에게 자기 자신을 바친다는 것은 '나'로 알려져 있는 거짓된 기만적인 마음으로부터 자유로운, 빛나는 삶을 사는 것입니다.

질문 슈리 오로빈도의 견해로는, 복종이 주된 사다나입니다.

바가반 그 복종은 여기에서도 받아들여집니다. 그러나 포기가 완전할 때, 아무런 구분이 없을 것입니다. 복종에서는 자신의 마음을 포기해야 하고, 그 마음이 버려지고 나면, 아무런 이원성이 없을 것입니다. 신으로부터 분리된 채 있는 사람은 복종하지 않고 있습니다.[5]

7 "무엇이 일어나든 간에, 일어나도록 내버려두십시오. 무엇이 일어나지 않든 간에, 일어나지 않도록 내버려두십시오." 이 태도를 지닌 마음은 참나 안에서 잘 자리 잡을 것입니다.

신에게 복종

8 지바에게 고귀함을 주는 신에게의 복종은 해야 하는 것이기에, 그것을 하기를 게을리 함으로 시간을 낭비하지 않도록 해야 합니다.

바가반 복종하십시오. 그러면 모든 것이 잘 될 것입니다. 모든 책임을 신에게로 던지십시오. 짐을 스스로 지지 마십시오. 그러면 운명이 당신에게 무엇을 할 수 있겠습니까?

질문 복종은 불가능합니다.

바가반 그렇습니다. 완전한 복종은 처음에는 불가능합니다. 부분적인 복종은 분명히 모두에게 가능합니다. 시간이 지나면 부분적인 복종은 완전한 복종으로 나아가게 할 것입니다. 글쎄요, 포기가 불가능하다면, 무엇을 할 수 있을까요? 아무런 마음의 평화가 없습니다. 당신은 평화를 오게 하는 데 속수무책입니다. 평화는 복종으로만 일어날 수 있

습니다.[6]

9   은총인, 전능한 신의 상태와 하나 되지 못한 사람들의 가슴에는
     충만함이 결코 오지 않을 것입니다.

10   파담(신)은 질문합니다. "나에 의해 창조된 이 세상의 짐은 나의
     것인데, 왜 당신이 짐에 대한 생각을 가지고 있어야 합니까?'

11   많은 세상들을 다루고 보호하는 분은 신이십니다. 그냥 반사들일
     뿐인 지바들이 세상의 짐을 지려는 것은 우스운 일입니다.

     울라두 나르파두 아누반담, 17절:

        신이 세상의 짐을 떠받치고 있는데, 탑을 지탱하느라 얼굴을 찌푸리
     는 모습을 하고 있는 탑에 조각된 상처럼, 가짜 자아는 그 짐을 지고 있
     는 것처럼 가장합니다. 무슨 무게든지 나를 수 있는 기차를 타고 있는
     여행자가 짐을 바닥에 내려놓지 않고 고통스럽게 머리에 이고 있다면,
     이것은 누구의 잘못입니까?[7]

12   "나는 그분을 위한 적절한 도구이다."라는 생각조차 버리고 침묵
     하십시오(숨마 이루).

     구루 바차카 코바이, 471절, 포리푸라이 합일(요가 니슈타)의 상태에 있
     으면서도, "쉬바께서 세상을 구원하시는 데 저를 도구로 사용하여 주

십시오."라는 의도로 탁월한 타파스를 하는 것은 신에 대한 봉사 속에 있는 지고의 상태인, 참나에 완전한 복종을 하는 데 장애가 됩니다.

주석 합일에 있는 그 타파스가 비록 본래의 탁월함을 소유하고 있을지라도, 이 탁월함이 타파스의 수행자라는 이기적인 욕망에 의해 파괴된다는 것을 보여 주기 위하여, 그 타파스는 '탁월한' 타파스라고 놀림을 받아 왔다.

구루 바차카 코바이, 472절 스와루파에 거주하는 것은 노예로 있는 것을 그만두게 합니다. 그것은 심지어 "나는 노예다."라는 생각도 일어나게 하지 않은 채로 있습니다. 그것은 아무런 마음의 움직임이 없는, 완전한 고요, 자아 없는 침묵입니다. 이 상태에 있는 빛나는 무한한 의식이 진정한 의식입니다.

13 행운을 주는 신의 발에 선한 마음을 바침으로, 완전하며 그리고 결코 줄어들지 않는 희열이 얻어질 것입니다.

14 가슴속에서 사랑스럽게 행하는 자기 복종으로, 달콤한 은총의 모습으로 희열이 당신에게로 옵니다.

질문 어떻게 은총을 얻을 수 있습니까?
바가반 참나를 얻는 것과 비슷합니다.
질문 실제로, 어떻게 해야 합니까?
바가반 자기 복종으로써.
질문 은총은 참나라고 알려져 있습니다. 그러면 제가 저의 참나에 복종해야 합니까?

바가반 그렇습니다. 은총이 나오는 그분에게 복종해야 합니다. 신, 구루 및 참나는 단지 모습들만 다를 뿐 같습니다.

질문 제가 이해할 수 있도록 설명을 해 주십시오.

바가반 자신을 개인이라고 생각하고 있는 한, 당신은 신을 믿습니다. 신을 경배하면 신은 당신에게 구루로서 나타납니다. 구루를 섬기면, 그는 참나로서 나타납니다. 이것이 그 설명입니다.[8]

15　아무런 욕망이나 그 자신의 견해 없이 행위하는 존재-의식을 지니는 것이 신의 의지 안에서 즐기는 것입니다.

질문 전체적이며 완전한 복종을 하기 위해서는 자신 속에 해방이나 신에 대한 욕망조차도 남기지 말아야 하지 않습니까?

바가반 완전한 복종은 당신 자신의 욕망을 가지지 말 것을, 즉 신의 욕망만이 당신의 욕망이고 당신은 욕망을 가지지 않을 것을 요구합니다.

질문 이제 그 점에서는 저는 만족하고 있습니다. 제가 복종에 이를 수 있는 단계들이 무엇인지를 알고 싶습니다.

바가반 두 가지 방법이 있습니다. 하나는 '나'의 근원을 살펴 그 근원과 하나가 되는 것입니다. 다른 하나는 "저는 제 스스로는 아무런 힘이 없습니다. 오직 신만이 모든 힘을 가지고 계십니다. 제 자신을 그분에게 전적으로 던지는 것 외에 저에게 다른 안전의 방법들은 없습니다."라고 생각하여 신만이 존재하고 자아는 중요하지 않다는 확신을 서서히 키워 가는 것입니다. 두 방법 모두는 같은 목표로 나아가게 합니다. 완전한 복종은 진정한 지식 혹은 해방의 다른 이름입니다.[9]

16 안으로 철수하여 신에게로 향하는 것이 이기적이라 여기는 우리의 주변 사람들은 의식을 모르고 있는 사람들입니다.

17 크나큰 고귀함이 깊이 스며들어 있는 자아 복종을 이기적이라고 하는 사람들은 오염된 자아를 지니고 있는 사람들입니다.

18 "무엇이나 신의 의지이니, 그것이 일어나는 그대로 두십시오." 최고의 마음 자세는 이것을 간절히 바라는 것입니다.

19 순수하지 못한 자아의 속박을 끊게 하고 지고의 희열을 주는 것은 이 태도입니다.

바가반 그분이 나타나든 사라지든 그분에게 복종하며 그분의 의지를 따르며 또 그분의 기쁨을 기다리십시오. 그분에게 당신이 좋아하는 대로 해 주기를 청한다면 그것은 그분에게 복종하는 것이 아니라 그분에게 명령하는 것입니다. 그분을 당신에게 복종하게 할 수 없는데도 불구하고 당신은 이미 복종했다고 생각합니다. 그분은 최선이 무엇인지 그리고 언제 어떻게 그것을 해야 하는지를 아십니다. 모든 것을 그분에게 맡기십시오. 짐은 그분의 것입니다. 당신은 더 이상 걱정할 필요가 없습니다. 당신의 모든 걱정들은 그분의 것입니다. 그러한 것이 복종입니다. 이것이 박티입니다.

아니면, 이러한 질문들이 누구에게 일어나는지를 탐구하십시오. 가슴속 깊이 뛰어들어 참나로 머물러 있도록 하십시오. 이 두 방법 중 하나가 구도자에게 열려 있습니다.[10]

20 당신이 신 이외의 누군가에게 당신의 믿음을 바친다면 당신은 평화를 잃을 것이고 당신의 마음은 아플 것입니다.

21 신의 은총이 우리에게 행위하도록 하는 것은 무엇이나 기쁜 마음으로 복종하면서 행위하는 것은 즐거운 일입니다.

신에 대한 봉사

22 신에게 굉장한 봉사를 드리고 있다 하더라도 가슴속에 그분을 향한 진실한 사랑이 없는 사람들의 봉사는 아무런 소용이 없습니다.

23 신에 대한 봉사를 통해 얻은 은혜는 그 봉사에 함유된 진정한 사랑에 비례할 것입니다.

24 신 혹은 구루의 헌신적인 노예가 되어 보지 못한 사람들은 자아 유령인 욕망의 노예가 될 것이며 그래서 세상에 의해 고통을 받을 것입니다.

25 신 혹은 구루의 헌신적인 하인이라는 태도를 가지고 있다면, 잔인한 자아로부터 일어나는 미혹은 자신의 힘을 잃을 것입니다.

26 기부를 받을 가장 최고의 자격을 지니고 있는 이슈와라에게 드리는 봉헌물은 무한한 푸니야(공덕)로 쌓일 것입니다.

27 신의 은총을 얻기 위해 봉사하는 사람들의 자격은 현혹시키는 오 감의 해악을 완전히 파괴시키는 것입니다.

28* 나는 행위자라는 생각에 익숙해진 탐욕스러운 마음의 태도를 완전히 파괴한다면, 모든 행위들은 신에게 바치는 봉사가 될 것입니다.

29* 개별성을 잃어버린 상태에서는, 모든 생각들은 신에 대한 생각들이 되며 모든 행위들은 신에게 바치는 봉사가 됩니다.

신에 대한 경배와 명상

30 신을 숭배한다고 신에게 어떻게 유익이 가겠습니까? 유익은 오직 경배자에게 갑니다.

31 가슴 안에 있는 자신의 진정한 본성을 확고하게 탐구하는 것이 신의 발을 부단히 명상하는 것입니다.

32* 바사나들의 파괴로 오는 마음의 소멸만이 쉬바 파담에 대한 올바르고 부단한 경배입니다.

33 신성한 형상들에 대한 경배는 자아, 즉 나는 몸이라는 자만심인 자아를 완전히 파괴할 것입니다.

슈리 라마나 기타, 16장, 5 6, 7절:

바가반 하나의 지고의 실재가 여러 이름들과 형상들을 지닌 다양한 우주로 나타나 있다는 것을 알지 못하고 자신을 한정된 개인이라 생각하고서, 고통으로부터 구원받기 위하여 모든 곳에 퍼져 있는 지고의 존재 대신에 특정한 이름들과 형상들을 지닌 신을 숭배해도 결국에 그는 오로지 지고의 신에게 도달합니다. 최고의 사람이여! 지고의 신에게 특정한 이름들과 형상들을 덧붙이더라도, 그 사람은 그 이름들과 형상들을 통하여 모든 이름들과 형상들을 넘어서게 됩니다.

구루 바차카 코바이, 659절 존재의 의식, 자연스러운 빛(나는 이다.)이 부족하고 그리고 무지로 카르마와 고통의 주문 하에 들어온 사람들도, 사랑스러운 신의 형상을 명상함으로 그들의 미혹은 끝나고 지고의 실재인 참나에 이를 것입니다.
주석 참나에 거주함으로 실재를 묵상하거나 고요에 머무르는 자연스러운 방법을 모르는 사람들과 무지의 마법 아래에 들어와 고통을 받는 사람들도 인위적인 방법인 신의 형상에 대하여 명상을 하면, 그들의 무지는 없어질 것이고 궁극의 실재인 아트마 스와루파로 되돌아오게 될 것이다.

34 굳은 마음이 부드러워지고 녹아 사라지지 않는다면, 헌신의 경전들을 찬송하는 것이 지바에게 무슨 이득을 주겠습니까?

신의 이름의 자파 수행

35* 파담은 올바른 혀로 신의 이름을 노래하는 의로운 사람들의 가슴 속에 어두운 타마스들이 쌓이는 것을 막고 밝은 사트바를 일으킵니다.

> **질문** 나마 자파(이름의 암송)를 어떻게 해야 합니까?
> **바가반** 헌신의 느낌이 없이 기계적이면서 피상적인 방식으로 신의 이름을 사용해서는 안 됩니다. 신의 이름을 사용하기 위해서는 신을 열망하고 신에게 자신을 전적으로 복종시키면서 신을 불러야 합니다. 그런 복종이 있을 때만 신의 이름은 그 사람과 늘 함께 합니다.[11]

36 지고의 유일자의 이름들과 형상들을 마음으로 단단히 붙잡음으로 이름들과 형상들에 대한 당신의 낮은 생각들을 파괴하십시오.

이 시구의 '낮은 생각들'이란 말은 일반적인 이름들과 형상들을 말하는 것이지 신의 이름들과 형상들을 말하는 것이 아니다.

바가반은 종종 신성한 이름이나 구절의 암송인 자파는 수행자가 효과적인 참나 탐구를 할 수 있게 해 주는 예비 수행이라고 가르쳤다. 《나는 누구인가?》에서 인용한 아래 글은 이 태도의 예를 보여 주고 있다.

> 호흡조절처럼, 신의 형상에 대한 명상, 신성한 단어들의 암송과 음식의 조절은 단순히 마음을 조절하기 위한 도움들에 불과한 것입니다. 신의 형상에 대한 명상을 통해 그리고 신성한 단어들의 암송을 통해 마

음은 한 점에 초점이 맞추어집니다. 코끼리의 몸통은 항상 이리저리 움직입니다. 그러나 그 몸통에 사슬을 매어 움직이지 못하도록 하면 코끼리는 자신의 길을 갈 것이지만, 다른 물건을 잡으려 하기보다는 그 사슬을 자신의 일부로 받아들이는 데 익숙해질 것입니다. 이와 마찬가지로, 항상 방황하는 마음에게 신의 이름이나 형상을 잡도록 훈련하면, 마음은 그것에 매일 것입니다. 마음은 수많은 생각들로 나누어지기 때문에, 각각의 생각의 힘은 매우 약해집니다. 생각들이 더욱더 가라앉을 때, 마음의 집중이 얻어집니다. 이런 식으로 힘을 얻은 마음은 참나 탐구에 쉽게 성공합니다.

37 이것(이름과 형상)들은 지바의 시야 안에서만 존재합니다. 이것들은 신, 순수 의식의 모습으로 있는 신 안에는 아무런 진정한 존재를 가지지 않습니다.

이 시구 속의 '이름들과 형상들'은 세상의 이름들과 형상들, 그리고 신의 이름들과 형상들 어느 하나를 의미하거나, 혹은 그 둘 다를 의미할 수 있다.

38* 신의 형상에 바쳐지는 경배도 형상이 없는 참나인 파담의 영역에 도달합니다.

"이름이 없으며 형상이 없는 신을 숭배한다면, 그 사람은 이름들과 형상들에 기인한 속박에서 해방될 것입니다." 슈리 라마나의 가르침은 그러합니다.

신성한 기질을 지니고 있는, 형상을 가진 신에 대해 헌신의 명상을 하는 사람은 무형인 신을 명상하는 사람이 얻는 것과 같은 구원의 상태를 얻을 것입니다.[12]

39 자파가 아자파가 될 때까지 진정한 사랑으로 당신의 가슴속에서 자파를 하십시오.

'무의식적으로 일어나는 자파'라는 의미의 아자파는 그 단어나 구 그 자체가 마음 안에서 아무런 노력 없이 반복될 때 일어난다.

> **질문** 싯디(깨달음)를 얻기 위해서는 얼마나 많이 만트라를 반복해야 합니까?
> **바가반** 당신이 그것을 하고 있다는 의식이 사라질 때까지 반복을 계속해야 합니다. 그렇게 할 때 당신은 자신이 만트라를 반복하고 있지 않다는 것을 깨닫습니다. 이 상태에서 만트라는 당신의 노력 없이도 그것 스스로 반복됩니다. 그것이 사하자 스티티(자연스러운 상태)입니다. 그것이 싯디입니다.[13]

다른 경우에 바가반은 참나 그 자체가 가슴속에서 '나', '나'로서 나타나기 때문에 진정한 자파는 '나', '나'라고 지적하였다.

> **바가반** 참나는 그것 자체가 '아함 아함'('나', '나')을 반복하고 있을 것입니다. 그것이 아자파입니다. 그런 것이 아자파라고 알고 있기에, 입으로 반복하는 것이 어떻게 아자파가 될 수 있습니까? 그것 스스로 자

발적으로 하고 있으며 기(ghee)가 끊임없이 흘러내리듯 결코 끊어짐이 없는 흐름으로 자파를 하고 있는 진정한 참나의 비전이 아자파, 가야트리 및 모든 것입니다.

질문 입으로 자파를 하는 것은 전혀 이점이 없습니까?

바가반 누가 없다고 말했습니까? 그것은 칫타 숫디(마음을 정화시키는) 수단이 될 것입니다. 자파를 반복적으로 할 때 그 노력은 결실을 맺고 조만간에 올바른 길로 나아가게 합니다.[14]

'쉬바야 나마' 찬송

'쉬바에게 복종'을 의미하는 '쉬바야 나마'는 쉬바파들에게 가장 강력하며 신성한 만트라이다. 이것은 종종 '판차크샤리' 즉 '다섯 음절'이라 불리기도 한다.

40* 은총을 통해, 파담께서는 '쉬바야 나마'를 명상하면서 그들의 가슴속에 머무르는 사람들에게 아무런 위험이 결코 없다는 점을 보증합니다.

41 당신이 명상하는 만트라 '쉬바야 나마'는 당신의 가슴속에 그것 자체를 드러내어 당신의 아버지와 어머니가 될 것입니다.

이 시구에서 아버지는 삿 즉 쉬바인 존재를, 어머니는 샥티 혹은 칫인 의식을 의미한다.

42* '쉬바, 쉬바'라는 자파를 하는 마음은 나중에 자동적으로 아자파 속에서 마음 그 자신을 잃을 것입니다.

바가반은 만트라들을 거의 주지 않았지만, 줄 때는 대개 '쉬바, 쉬바'를 권했다. 안나말라이 스와미, 랑간(바가반의 어린 시절의 친구)의 형제, 이름을 잘 모르는 한 하리잔을 포함한 몇몇 헌신자들에게 주었듯이, 무루가나르 그 자신도 바가반으로부터 이 만트라를 받았다.

43 가슴이 쉬밤 안에 굳건히 자리 잡는 상태는 가슴이 끊임없이 판차크샤리에 머물 때 일어납니다.

바가반 삼반다르는 쉬바의 헌신자입니다. 그는 한 시에서 신 쉬바의 이름인 판차크샤리 자파를 하는 방법을 설명하였습니다. 그 의미는 나바드와라, 몸에 있는 아홉 개의 구멍, 즉 두 눈, 두 귀, 두 콧구멍, 입, 항문 및 생식 기관들을 닫고, 즉 그것들을 잠그고, 그것들을 밀봉해야 한다는 의미입니다. 그렇지 않으면 마음은 달아날 것입니다. 아홉 개의 문을 밀봉한 후 판차크샤리를 합니다. 감각들을 통제함으로 마음이 통제되어 가라앉으면, 남는 것은 참나입니다. 자신의 참나를 명상하는 사람에게는 자파는 그 사람 자신의 참나가 됩니다.[15]

갸나 삼반다르는 6세기 타밀 현자이다. 그의 시와 자서전은 지금 쉬바 경전 속에 포함되고 있다.

사랑

44 진리 의식 속에 있을 때를 제외하고는, 아름다움이 있는 삶인 진정한 사랑의 현현이 있기는 불가능합니다.

45 갸나의 장엄함을 선언하는 파담은 다음과 같이 말합니다. "진정한 사랑으로부터 나오는 희열은 오직 진정한 지식을 통해서만 일어날 것입니다."

  바가반의 말에서 진정한 지식을 의미하는 타밀어는 아람이다. 이 말은 일반적으로 '다르마'를 의미하지만 갸나는 그것의 두 번째 의미들 중 하나다.

46 오직 진정한 지식의 경험의 장 안에서만 사랑인 참나의 기쁨이 뿌리를 내리고 성장할 수 있습니다.

47 모든 사람 내에는 자신을 향한 진정한 사랑이 자신의 본성으로 존재하고 있습니다. 그러므로 자신의 진정한 본성은 희열입니다.

48 그러므로, 지고의 희열을 얻고자 하는 사람들이 해야 할 일은 철저한 탐구를 통하여 자신의 진정한 본성을 아는 것입니다.

49 의식만이 진정한 사랑의 경험입니다. 의식이 아닌 감각적 경험들은 그 사랑의 거짓된 겉모습일 뿐입니다.

50 순수한 의식의 모습으로 있는 진정한 사랑만이 갸나인 충만을 얻
게 해 주는 쉬바 박티입니다.

슈리 라마나 기타, 16장, 4절:

참나를 바라지 않더라도 사랑이 기름의 흐름처럼 끊어지지 않은 채
신에게 흐르면 그 사람의 마음은 어쩔 수 없이 참나에게로 나아갑니다.

51* 의식을 알 때까지는, 진정한 사랑과의 관계인 헌신의 본성을 아
는 것은 불가능합니다.

52* 분리(비박티)를 버리는 것만이 순수한 쉬밤 속에서 즐기는 것이라
고 말할 수 있습니다.

53 참나는 그것의 본성으로 희열을 가지고 있기 때문에, 참나를 향
한 사랑은 지바가 자신의 진정한 본성으로 존재하는 것입니다.

다음과 같은 말이 나오는 한 원고를 바가반에게 읽어 주었다. "완전
한 헌신이 있을 때만, 신은 헌신자에게 응답하고 보살펴 주신다." 이것
은 다음과 같은 문답을 일어나게 하였다.

질문 완전히 헌신해야 한다는 것은 신이 은총을 보여 주는 데 선행 조
건입니까? 헌신적이든 아니든 신은 자신의 은총 안에서 당신의 자녀들
에게 자비롭고 친절하지 않을까요?

바가반 어떻게 하면 헌신적이 될 수 있을까요? 모든 사람들은 자신을 사랑합니다. 그것이 경험입니다. 참나가 자신의 가장 고귀한 대상이 아니라면, 사람은 참나를 사랑할까요? 참나 혹은 신은 다른 곳에 있는 것이 아니라 우리들 각자의 내면 안에 그리고 자신을 사랑하는 것 안에 있으므로, 사람들은 오직 참나를 사랑합니다.[16]

무루가나르 모든 존재는 자연스럽게 자신을 향하여 흐르는 사랑을 가지고 있으므로, 참나는 수카 스와루파(진정한 본성의 행복)입니다. 자아가 없는, 있는 그대로의 아트마 스와루파(자신의 진정한 본성)를 깨달은 사람들에게 지고의 신은 그들 자신의 참나로 빛납니다. 사랑은 당연히 그 궁극의 신을 향하여 녹아내리기 때문에, 아트마 갸나(자신의 진정한 지식)는 파라박티(궁극의 헌신)이기도 합니다. 따라서 파라박티와 아트마 갸나는 서로 다르지 않습니다.[17]

54* 참나를 스와루파로서 사랑하지 않는다면, 가슴 안에 있는 실재로 머무는 것은 불가능합니다.

바가반 사랑 자체가 신의 진정한 모습입니다. "나는 이것을 사랑하지 않는다. 나는 저것을 사랑하지 않는다."고 말하면서 당신이 모든 사물들을 거부한다면, 남아 있는 것은 스와루파 즉 본래의 참나입니다. 그것은 순수 희열입니다. 그것을 순수 희열, 신, 아트마 혹은 당신이 부르고 싶은 대로 부르십시오. 그것이 헌신입니다. 그것이 깨달음이고 그것이 모든 것입니다.[18]

헌신

55 당신의 가슴속에서 퍼져 나가는 희열의 은총의 합은 당신으로부
터 신에게로 끊임없이 흐르는 진정한 헌신의 합에 비례합니다.

질문 그러면 진정한 헌신(박티)은 무엇입니까?
바가반 내가 하고 있는 것 혹은 자신이 하고 있다고 생각하는 그 모든
것은 실은 신이 하고 있는 것입니다. 자신에게 속해 있는 것은 사실 아
무것도 없습니다. 나는 신에게 봉사하기 위해 여기에 있습니다. 봉사
의 이 정신이 사실 지고의 헌신입니다. 진정한 헌신자는 지고의 존재를
모든 것 안에 내재하고 있는 신으로 봅니다. 이름과 형상으로 그분을
경배함으로써 그 사람은 모든 이름과 형상을 넘어서게 됩니다. 완전한
헌신은 지고의 지식 속에서 절정을 이룹니다.

박티가 처음에는 세속적인 욕망들에 의해 행해지더라도, 그 박티는
욕망들이 채워진다 하더라도 그것으로 끝나지 않습니다. 헌신은 흔들
리지 않는 믿음으로 완전히 성장하여 궁극적인 깨달음의 상태에 이를
때까지 계속 증가합니다.[19]

56 찾으려 하는 목표인 진정한 깨달음을 성취하기 위한 적절한 수단
은 신 쉬바에게 헌신하는 것입니다.

57 자아가 파괴되는 참나와의 합일의 상태는 오로지 신 쉬바에 대한
영광스러운 헌신이라는 맑은 상태입니다.

58 완전한 헌신은 온갖 기쁨인 아트마 스와루파로서 가슴속에 빛나
는 신을 볼 때 일어날 것입니다.

질문 박티는 묵티로 이어집니까?

바가반 박티와 묵티는 다르지 않습니다. 박티는 스와루파로 존재하는
것입니다. 자신은 항상 참나입니다. 그는 그가 하는 수단들로 깨닫습
니다. 박티는 무엇입니까? 신을 생각하는 것입니다. 그것은 다른 모든
생각들이 없이 오직 한 생각이 우세해지는 것을 의미합니다. 그 생각은
참나인 신에 대한 생각입니다. 아니면 그것은 신에게 복종한 자기입니
다. 신이 당신을 받아들일 때 아무것도 당신을 괴롭히지 못할 것입니
다. 생각 없음이 박티입니다. 그것은 또한 묵티입니다.

갸나의 방법은 비차라라고 알려져 있습니다. 그것은 다름이 아니라
'지고의 헌신(파라박티)'입니다. 그 차이는 오직 말에만 있을 뿐입니
다.[20]

59 쉬바 다르마를 따름으로 가슴속에 축적되는 쉬바 박티는 갑옷처
럼 영혼을 보호할 것입니다.

60 비이원이라는 실재의 경험을 가지기 위해서는 헌신의 아홉 단계
들을 졸업해야 합니다.

락슈만 사르마는 슈리 라마나 파라비디야 우파니샤드의 구와 주석
에서 아홉 가지 유형의 의미들을 설명하였다.

현자들은 헌신으로 자신을 신에게 바치는 것을 '자기 복종'이라는 이름으로 부릅니다. 따라서 해방을 얻으려는 구도자들은 듣기 등 아홉 가지로 되어 있는 신에 대한 헌신을 수행해야 합니다.

아래에 있는 글은 아홉 가지 헌신의 유형을 바가바탐에서 따온 것이다.

신의 영광에 대한 이야기를 듣기, 그 이야기들을 말하고 기억하기, 신의 발아래로 나아가기, 숭배, 복종, 봉사의 행위들, 신을 친구로 소중히 대하기, 자신을 그분에게 바치기.[21]

61 데하트마 붓디(자신이 몸이라는 생각)의 장애물이 완전히 사라지면, 에카 박티(하나의 실재에 대한 헌신)가 자신의 본성으로 자신의 가슴속에 자리하게 될 것입니다.

바가반 어떤 종류의 명상도 좋습니다. 그러나 만약 분리감을 잃고 그리고 알아야 할 아무것도 없이 명상의 대상이나 명상하는 사람만이 뒤에 남는다면, 그것이 갸나입니다. 갸나는 에카 박티라고 알려져 있습니다. 갸니는 자신이 참나가 되어 더 이상 할 일이 남아 있지 않기 때문에 마지막입니다. 그는 또한 완전해서 두려움이 없는 즉 '드위티야트 바이 바얌 바바티'입니다. 두 번째 존재가 있을 때 두려움이 일어납니다. 앞의 것이 묵티입니다. 이것은 또한 박티입니다.[22]

62 망각의 방해를 받지 않는 참나 경험만이 진정한 헌신입니다. 사

실 이것은 지바의 신인 참나와의 관계에서 순결한 방식으로 행위를 하는 것입니다.

제4절
사다나에 대한 조언

진지한 사다나의 필요

1   당신의 마음을 굳건히 하기 위해서는, 사다나를 하는 당신의 의
    무에 전적으로 집중하십시오.

2   사다나를 피상적으로 하기보다는, 당신의 마음이 완전히 몰입할
    수 있도록 온 힘을 다하여 하십시오.

3   모우나 이외의 아무런 다른 최종적 목표를 가지고 있지 않은, 지
    고의 의식이라는 맑은 창공을 향한 열망만이 가장 값진 노력입
    니다.

4   은총은 박쥐와 같은 마음과는 결합하지 않습니다. 하나(의 길)를

고수하십시오.

　박쥐는 과일을 하나 갉아먹다 말고 갉아먹을 다른 과일을 찾아 날아
간다. 이들은 한 곳에서 과일 하나를 다 먹을 때까지 오래 머무는 법이
없다.

5　모든 명상 수행은 아트마 니슈타에 필요한 마음의 힘을 얻을 수
　　있게 해 주는 수단입니다.[1]

　질문 마음을 어떻게 제거할 수 있으며 상대적인 의식을 어떻게 초월할
수 있습니까?
　바가반 마음은 본래 쉬지 않습니다. 마음을 그 쉼 없음에서 벗어나게
하십시오. 마음을 평화롭게 하고, 마음을 혼란스럽지 않게 하고, 마음
으로 하여금 내면을 들여다보게 하는 훈련을 시키십시오. 이런 것들이
습관이 되게 하십시오. 이것은 외부 세계를 간과하고 마음의 평화에 장
애가 되는 것들을 제거함으로써 가능합니다.
　질문 쉬지 못하고 있는 마음을 어떻게 없앨 수 있습니까?
　바가반 외부와의 접촉들 즉 그 자신 외의 대상들과의 접촉이 마음을
쉬지 못하게 합니다. 참나 아닌 것에 대하여 흥미를 잃는 것(바이라기
야)이 첫 번째로 할 일입니다. 그 다음에는 자기 성찰과 집중을 해야 합
니다. 이것들은 외적 감각들과 내적 기능들(사마, 다마 등)을 통제함으
로써 가능합니다. 이 단계들을 거쳐 최종적으로 사마디(흩어지지 않는
마음)에 이르게 됩니다.
　질문 이것들은 어떻게 수행해야 합니까?

바가반 외적 현상의 덧없는 본성의 고찰은 포기(바이라기야)로 나아가게 합니다. 따라서 비차라를 가장 우선적으로 해야 합니다. 비차라가 자동적으로 계속될 때, 부, 명예, 편리함, 쾌락 등이 떠나게 됩니다. 그러면 '나'라는 생각을 보다 명확히 조사할 수 있게 됩니다.[1]

사다나에 대해 올바른 태도를 가지는 것에 대하여

6   자신의 진정한 본성인 브라만을 자신과는 다른 무엇인가로 여긴다면, 브라만은 부끄러움을 느끼고 당신과 떨어지고는 달아날 것입니다.

7   실재를 자기 자신과 다른 것으로 여기면서 실재에 이르려고 노력하는 것은 실재로서 거주하고 있는 비이원의 경험을 아주 멀리 가게 할 것입니다.

8   길에서 넘을 수 없는 장애물을 만났다고 생각하면서 한 순간이라도 머뭇거려서는 안 됩니다. 오히려 자신이 선택한 확실하고 신뢰할 수 있는 방법 즉 참나를 잊지 않는 방법에 부지런한 채로 있으십시오.

바가반 "깨달음은 어렵다." 혹은 "참나 깨달음은 나에게는 요원하다." 혹은 "나는 실재를 알기에는 극복해야 할 어려움들을 많이 가지고 있다."와 같은 생각들은 장애물들이기 때문에 모두 버려야 합니다. 그것

들은 잘못된 자기 즉 자아 때문에 생겼습니다.[2]

9   쉬바의 샥티를 통하여 실재를 명확히 아는 대신에 마음에서 일어
     나는 황홀한 경험들을 중요시 하는 것은 해롭습니다.

효과적인 사다나를 구성하는 것들은 무엇인가?

10   모든 사다나들 중에서 가장 중요한 것은 마음의 침묵입니다. 헌
     신자들이 수행해야 하는 것은 이것입니다.

     바가반 침묵은 네 종류가 있습니다. 말의 침묵, 눈의 침묵, 귀의 침묵,
     마음의 침묵이 그것입니다. 오직 마지막의 침묵이 순수한 침묵이며,
     그것이 가장 중요합니다.[3]

11   다른 것들에 대하여 분명하게 설명하고 있다고 해도 참나를 명확
     히 드러내지 못하는 길들이 얼마나 유용할 수 있겠습니까?

12   자신의 의무는 오직 이미 존재하는 것에 주의를 기울이는 것입니
     다. 그 밖의 모든 사다나들은 단지 거대한 꿈일 뿐입니다.

13   다른 많은 사다나들은 사다카가 먼저 자신의 진정한 본성의 진리
     를 알고 발견하게 될 때 조화를 이룹니다.

14 당신이 할 수 있는 최고의 사다나 즉 가장 적절한 수행의 형태는 당신 자신을 탐구하여 참나로서 확고하게 머무는 것입니다.

육체적 침묵의 중요성

15 사다카들이 배워야 할 우선적이고 가장 중요한 공부는 침묵입니다.

16 (말하지 않기의) 침묵은 미친 사람처럼 아무런 의미 없이 말하는 버릇을 바꿀 수 있게 하는 특효약입니다.

마음을 가라앉히는 것의 중요성

17 쉬지 못하고 있는 마음의 활동을 제어하십시오. 그리고 나서 꼼짝 못하게 하여, 순수 의식 속에서 마음을 파괴하여 소멸시키십시오.

18 마음이 안으로 내려가는 정도만큼 참나의 희열은 밖으로 나와서 그 자신을 드러낼 것입니다.

구루 바차카 코바이, 451절 당신이 가슴속으로 뛰어드는 만큼의 크기로, 당신은 감각적 쾌락들과는 완전히 다른 모습으로 존재하면서 빛나는 분리되지 않는 아트마 스와루파와 합일하는 기쁨을 경험할 것입니다.

주석 진정한 본성의 희열은 가슴속으로 뛰어드는 정도만큼 나타날 것이다. 그것은 '거짓 의식이 줄어드는 크기만큼'이라고 말하는 것이 적절할 것이다. 바가반께서는 욕망하는 쾌락의 대상을 얻을 때조차 마음이 가슴속으로 뛰어들기 때문에 기쁨을 경험할 수 있다고 말한다. 그러므로 그늘을 떠나지 않고 있는 분별력이 있는 사람처럼, 수타리부가 없이 가슴 안에 거주하면, 참나 희열은 저절로 빛날 것이다.

19 마음이 모든 것에 대한 목격자로 거주하지 않고, 다른 방식으로 행위를 한다면, 모든 다른 사다나들이 사다카에게 무엇을 할 수 있겠습니까?

구분들을 포기하기

20 마음이 혼란을 느끼는 이유는 유혹과 중독성을 지닌 상반되는 쌍들이 실재한다는 믿음 때문입니다.

21 거부하거나 받아들이는 것이 불가능한 비이원의 실재 안에 어떻게 좋아함과 싫어함이 있을 수 있겠습니까?

22 논쟁을 포기하십시오. 환영으로부터 일어나는 '나'와 '그것'이라는 분별을 포기하고 영광스러운 전체가 되십시오.

23 차이(베다 붓디)들이 있다는 생각을 없애는 것이 광대한 사다나를 통하여 얻어지는 위대한 성취입니다.

24 모든 차이들의 너머에 있는, 이루 말할 수 없는 희열의 폭포수에 계속 멱 감으며 머무르십시오.

참나 아닌 것을 무시하기

25 무지와 환영 속으로 밀어 넣는 것은 의식이 아닌 다른 어떤 것을 알고자 하는 욕망입니다.

26 의식의 모습이 아닌, 의식과 관계없는 것에 집착하는 것은 놀라운 어리석음입니다. 그것이 바로 중독입니다.

27 의식을 실재로 여겨 평화를 얻으려 하지 않고, 왜 의식과 관계없는 사물들을 실재인 것처럼 여겨 초조해 합니까?

28 평화의 일차적 근원은 참나 아닌 것에 있는 것이 아니라 자기 자신 안에 있다는 것을 알아야 합니다.

29 참나가 아닌 대상들에 대한 생각들이 멈추어지지 않는 한, 자기 자신의 진정한 참나가 주는 본성의 평화는 가슴속에서 깨달아지지 않을 것입니다.

30 참나와 관계없는 것을 버리지 않으며 그리고 그들 자신의 의식의
    모습을 고수하지 않는 미혹에 빠진 사람들은 열광하다가 길을 잃
    을 것입니다.

31 참나 아닌 것(아나트마 타트바)들의 거짓 원리들을 아주 상세하게
    알 수도 있지만, 그것은 모두 헛수고가 될 것입니다.

    질문 해방을 열망하는 사람은 범주(타트바)들의 본성을 탐구할 필요가
    있지 않습니까?
    바가반 쓰레기를 버리고자 하는 사람이 그 쓰레기를 분석하여 그것이
    무엇인지 알아볼 필요가 없는 것처럼, 참나를 알고자 하는 사람들은 범
    주들의 수를 세거나 그것들의 특성을 탐구할 필요가 없습니다. 해야 할
    것은 참나 속에 숨어 있는 범주들을 모두 거부하는 것입니다. 세상을
    꿈과 같은 것으로 여겨야 합니다.[4]

32 참나 아닌 것에 주의를 빼앗겨 방황하지 마십시오. 평화의 희열
    인 자신의 진정한 본성인 충만함 속에 머무르십시오.

    질문 참나 깨달음을 위해 포기가 필요합니까?
    바가반 포기와 깨달음은 같습니다. 그것들은 같은 상태의 다른 양상들
    입니다. 참나 아닌 것을 버리는 것이 포기입니다. 참나 내에 있는 것이
    갸나 혹은 참나 깨달음입니다. 같은 하나의 진리를 두고 하나는 부정적
    으로, 다른 하나는 긍정적으로 본 것입니다.[5]

질문 자각은 무엇이며 어떻게 그것을 얻고 계발할 수 있습니까?

바가반 당신은 자각입니다. 자각은 당신의 다른 이름입니다. 당신은 자각이기 때문에 그것을 얻거나 계발할 필요가 없습니다.

당신이 해야 할 모든 것은 참나 아닌 다른 것들을 자각하는 것을 포기하는 것입니다. 그것들을 자각하는 것을 포기하면 순수 자각만이 남는데, 이것이 참나입니다.[6]

33 왜 지고의 진리인 참나를 포기하고, 그것과 관계없는 것과 놀고 있습니까?

34 참나 아닌 것에 대한 욕망이 완전히 멈추지 않는 한, 지속하고 있는 실재는 얻어질 수 없을 것입니다.

35 참나 아닌 것만을 아는 마음이 참나의 진정한 본성을 알기 위해 무엇을 할 수 있겠습니까?

질문 아트만을 어떻게 찾을 수 있습니까?

바가반 아트만 안으로의 탐구는 불가능합니다. 오직 참나 아닌 것에 대해서만 탐구할 수 있습니다. 참나 아닌 것의 제거만이 가능합니다. 항상 자명한 참나는 스스로 드러나 빛날 것입니다.[7]

36 참나 아닌 것을 찾아서 돌아다니지 말고, 자신의 본성인 갸나와 합일하는 일을 하십시오.

37 파담의 빛이 가슴 안을 관통한 사람들은 불행의 원인인 참나 아
    닌 것을 보지 않을 것입니다.

요가

38 하타 요가에서 이룬 것은 잃어버릴 수도 있기 때문에 그것은 오
    점이 있는 얻음입니다. 그러나 완벽한 성취인 갸나를 얻은 사람
    에게는 결코 아무런 잃음이 없습니다.

    이 문맥에서 하타 요가는 '힘이 들어간 요가' 혹은 노력에 의해서 유
지되는 요가적인 성취를 의미한다.

    바가반 사람들은 종종 마음을 조절할 수 있는 방법을 묻습니다. 나는
    그들에게 "나에게 마음을 보여 주십시오. 그러면 당신들이 어떻게 해
    야 할지를 알게 될 것입니다."라고 말합니다. 사실 마음은 한 다발의
    생각들일 뿐입니다. 그렇게 할 것이라는 생각 혹은 욕망에 의해서 어떻
    게 마음을 소멸시킬 수 있겠습니까? 당신의 생각들과 욕망들은 마음의
    한 부분이거나 한 꾸러미입니다. 마음은 일어나는 새로운 생각들에 의
    해서 쉽게 살이 찝니다. 그러므로 마음을 마음으로 죽이려는 시도는 어
    리석은 일입니다. 그것을 할 수 있는 유일한 방법은 마음의 근원을 찾
    아 그것을 놓지 않는 것입니다. 그러면 마음은 스스로 사라질 것입니
    다. 요가는 치타 브리티 니로다(마음 활동들의 통제법)를 가르칩니다. 그
    러나 나는 아트마 비차라를 말합니다. 이것이 실질적인 방법입니다.

치타 브리티 니로다는 잠, 기절 상태, 아사 상태 등에서 옵니다. 그 원인이 사라지면 즉시 생각들이 일어나게 됩니다. 그러면 그것이 무슨 소용이 있겠습니까? 혼수상태에서는 평화만 있고 고통은 없습니다. 그러나 혼수상태에서 깨어나면 고통은 다시 일어납니다. 그러므로 니로다(조절)는 쓸모가 없고 이로움은 길지 않습니다.[8]

39* 파담은 하타 요가를 통하여 호흡을 통제하려는 고통을 그만두게 하고, 적인 환영을 파괴하고는 진리의 장엄함을 자비롭게 선사합니다.

40　바가반의 은총을 통해서 그들의 진정한 본성인 순수 의식을 알고자 하는 사람들에게 프라나야마(호흡 통제)의 방법은 미혹하게 하는 집착입니다.

　바가반이 프라나야마 수행에 대해 말할 때, 그는 이 두 시절에서처럼 거의 비판적이지 않았다. 대체로 그는 프라나야마는 자신의 마음을 달리 조절할 수 없는 헌신자들에게 유용한 예비적인 도움이 될 수 있다고 말하곤 했다. 그러나 그는 거의 늘 호흡 조절의 효과는 항상 일시적인 것이라고 말하곤 하였다. 이것이 그가 《나는 누구인가?》에서 말하고자 했던 주제이다.

　마음을 가라앉히기 위해서는, 비차라 외에는 적절한 방법이 없습니다. 다른 수단들로 조절한다면, 마음은 겉으로는 가라앉은 상태를 유지하지만, 다시 일어날 것입니다. 예를 들어, 프라나야마를 통해 마음은 가라앉을 것입니다. 그러나 마음은 오직 프라나(몸 속에 있는 생명력)가 조절되는 동안에만 조절 상태를 유지할 것입니다. 프라나가 밖으로 나오면 마음도 나와서 바사나들의 영향 아래에서 돌아다닙니다. 프라나야마는 단지 마음을 조절하기 위한 도움일 뿐입니다. 그것은 마음의 파괴는 가져올 수 없을 것입니다.

긍정과 부정

41 생각이 없이 그것(That)과 하나 되는 대신에, 왜 당신은 만트라처럼 반복해서 "나는 그것이다."라고 생각함으로 피곤해집니까?

바가반은 한 대상에 대한 명상 혹은 집중이라고 정의한 명상과 '나-생각의 근원을 찾는 것 혹은 그 근원에 머무르는 것으로 정의한 참나 탐구를 구분했다. 그는 참나에 대한 생각, 예를 들면, "나는 쉬바이다." 혹은 "나는 브라만이다." 혹은 "나는 그것이다."라고 반복하는 것은 마음을 그 근원으로 데려가는 것이 아니라 마음을 바쁘게 하는 지적 활동이라고 하였다. 《나는 누구인가?》에서 그는 다음과 같이 설명하고 있다.

마음을 항상 참나에 고정시키는 것을 참나 탐구라고 하는 반면, 자기 자신을 삿 칫 아난다(존재-의식-희열)인 브라만이라고 생각하는 것은 명상이라고 합니다. 결국 자신이 배운 모든 것은 잊어져야 할 것입니다.

구루 바차카 코바이, 902절, 포리푸라이 실재인 완전한 유일자는 침묵의 본성으로서 완전히 자리 잡고 있는데, 왜 "나는 그것이다."라는 것을 계속 생각함으로 고통을 당하고 있습니까? 마음이 이 침묵의 상태에 도달하면, 사실 이것은 '나'가 소멸된 궁극의 자리에 자리를 잡는 것입니다. 일단 '나'가 완전히 죽으면, "나는 그것이다."라고 생각할 가능성은 전혀 없습니다.

주석 "말로 표현할 수 없는 기쁨인 실재를 묘사하면서 왜 밤낮으로 '나는 그것이다.'라고 큰 소리로 외칩니까? 상서로운 쉬바 갸나를 얻은 사람들은 진정한 모우나 상태에는 '나'가 없다고 말합니다." (타유마나바르, 28장, 25절)

이 시에서 타유마나바르는 갸나 즉 비이원의 달성을 아름답게 묘사하고 있다.

42 희열의 참나 거주에 머무르지 않고, 왜 "나는 이것이다, 나는 그것이다."라고 생각해야 합니까?

이 시에서 주어진 조언은 앞의 것과 그 주제가 유사하며, 이전에 방문자에 의해서 질문된 것이다.

질문 신에 대한 확언이 "나는 누구인가?"라고 묻는 것보다 효과적이지 않습니까? 확언은 긍정적인 것이지만 반면에 다른 것은 부정적인 것입니다. 게다가 그것은 분리를 나타냅니다.

바가반 깨닫는 방법을 알고자 하는 한, 당신의 참나를 찾으라는 이 충고가 주어집니다. 방법을 찾고 있다는 그 자체가 당신이 분리되어 있음을 보여 주고 있습니다.

질문 "나는 누구인가?"라고 묻는 것보다 "나는 지고의 존재이다."라고 말하는 것이 낫지 않습니까?

바가반 누가 그렇다고 하고 있습니까? 그런 말을 하기 위해서는 어떤 사람이 있어야 합니다. 그 사람을 찾으십시오.

질문 탐구보다 명상이 낫지 않습니까?

바가반 명상은 정신적 심상을 의미하는 반면, 탐구는 실재를 위한 것입니다. 전자는 대상에 관한 것인 반면에 후자는 주체에 관한 것입니다.

질문 이 주제에 대한 과학적인 접근법이 있음에 틀림없습니다.

바가반 비실재를 피하고 실재를 찾는 것이 과학적입니다.[9]

질문 우리가 "나는 실재이다."라고 생각한다면, 그렇게 되지 않을까요?

바가반 모든 생각들은 깨달음과 일치하지 않습니다. 올바른 상태는 우리 자신에 대한 생각들과 모든 다른 생각들을 들어오지 못하게 하는 것입니다. 생각과 깨달음은 전혀 다른 것입니다.[10]

43 자신의 진정한 본성에 대한 진리는 예리한 지성만으로는 깨달아질 수 없습니다. 진정한 본성은 지성으로는 알려지지 않은 채 가슴 안에 홀로 있습니다.

바가반 실제로 단일성이 있지만, 지성이 차이들을 만듭니다. 그렇지만 지성은 참나의 힘입니다. 지성 너머에 있는 원리는 지성에 의해서는 알려질 수 없습니다.[11]

44 갸나 스와루파의 밧줄은 놓아 버리고, 왜 당신은 그 꼬리인, "나
    는 쉬바다."라는 개념을 잡고 있습니까?

이 시구에서 보이는 밧줄은 황소의 목을 돌아 그 코를 관통하여 나오
는 줄이다. 황소는 마음이다. 황소는 밧줄로 쉽게 이끌 수 있다. 그 대신
에 황소의 꼬리를 당기는 것으로는 황소를 통제할 수 없을 것이다.

45 모든 것이 참나라고 선언하는 것은 모든 것을 지각하고 있는 자
    아의 미혹된 견해의 반복일 뿐입니다.

모든 것이 참나라고 말하기 위해서는, 모든 것을 지각하는 '나'가 있
음에 틀림없다. 락슈마나 스와미는 이와 같은 진술들이 직접적인 경험
의 부족을 어떻게 드러내는지 설명하였다.

사람들은 모든 곳에서 참나 혹은 신을 보는 것이 참나 깨달음이라고
말하지만, 그것은 진실이 아닙니다. 모든 곳에서 참나를 발견하기 위
해서는 보는 '나'가 있어야만 하고 그 '나'가 존재하는 동안에는 마음
역시 존재하고 있을 것입니다. 갸니는 그의 안의 보는 자가 죽었기 때
문에 아무것도 보지 않습니다. 참나 속에는 보는 것이 없으며 오직 존
재만이 있습니다. 마음이 아직 존재하고 있을 때 인간은 세상을 참나의
현현으로 볼 수 있는 단계에 도달할 수 있습니다. 그러나 마음이 죽으
면 세상을 보는 자도 없고, 보이는 아무런 세상도 없습니다.
마음을 가지고 있다면, 땅, 하늘, 별들이 존재할 것이고 당신은 그것
들을 볼 수 있을 것입니다. 마음이 죽으면 땅도, 하늘도, 별들도, 세상

도 없을 것입니다. 대상들, 이름들 및 형상들의 세계는 오직 마음입니다. 따라서 마음이 죽으면 세상도 그것과 함께 죽습니다. 그렇게 되면 오직 참나만이 남습니다.

모든 것을 참나로 보는 것은 참나가 모든 곳에 똑같이 편재되어 있다는 인상을 줍니다. 이것 또한 마음속의 생각입니다.

마음이 마침내 죽으면 당신은 아무런 펼쳐짐도 아무런 장소도 없다는 것을 깨닫습니다.[12]

46 지고자의 진정한 의식은 단지 그것에 대하여 생각하는 것만으로 고정되거나 항상적이 되지는 않을 것입니다. 타락한 '나'라는 망상이 없어질 때만 그렇게 될 것입니다.

47 '나, 나'라고 생각하면서 왜 당신은 고통을 당하고 있습니까? 참나로서 고요를 유지하고 있으면, 당신은 희열 그 자체가 될 것입니다.

바가반께서는 이 시구에서 고통과 '나, 나'라는 생각을 같다고 했지만, 다른 경우들에 있어서는 그는 '나, 나'의 반복은 '나'의 근원을 찾을 수 있는 한 방법일 수 있다는 데 동의했다. 그러나 그는 일반적으로 그의 가르침인 참나 탐구가 따르기에 너무 어렵다고 느끼는 헌신자들에게 이 조언을 주었다.

질문 경전들을 배우지 않아 참나 탐구법이 저에게는 너무 어렵다고 느껴집니다. 저는 일곱 명의 아이들과 많은 집안일들을 가지고 있는 여자이기 때문에 명상할 시간이 거의 없습니다. 저는 바가반께 좀 더 간단하고 좀 더 쉬운 방법을 주시기를 간청합니다.

바가반 자신을 알기 위해서는 거울이 필요 없듯이, 참나를 알기 위해서도 경전들에 대한 어떤 공부나 지식은 필요치 않습니다. 모든 지식은 참나 아닌 것으로 결국에는 포기되어야 합니다. 가사 일이나 육아도 전혀 장애가 되지 않습니다. 《나는 누구인가?》에서 조언한 대로 자신에게 최소한 '나, 나'라고만 계속해서 마음속으로 말할 수 있다면, 끊임없이 '나, 나'를 생각한다면 그것이 당신을 참나의 상태로 나아가게 할 것입니다. 앉아 있거나, 서 있거나, 걷고 있거나, 어떤 일을 하고 있거나 간에 계속해서 그것을 반복하십시오. '나'는 신의 이름입니다. 그것은 모든 만트라들 중에서 첫 번째이면서 가장 위대한 만트라입니다. '옴' 조차 그 다음입니다.[13]

48 붓디 비야바라(지적 활동)도 칫타 비야바라(마음의 활동)라는 것을 깨달아야 합니다. 거대한 장애물이기 때문에, 그것은 완전히 제거되어야 합니다.

이 시는 모든 종류의 지적 활동을 말하고 있지만, 그것은 또한 참나를 깨닫기 위해 지성을 이용하려고 시도하는, 긍정과 부정 같은 사다나들을 피하라는 경고이다.

질문 명상을 하려고 합니다. 그러나 우리의 명상에는 진전이 없습니다. 어떻게 깨달아야 하는지 알지 못합니다. 우리가 깨달을 수 있도록 친절하게 도와 줄 수 있습니까?

바가반 어떻게 명상을 하고 있습니까?

질문 저는 저 자신에게 "나는 누구인가?"를 먼저 묻습니다. 그리고 몸은 '나'가 아닌 것으로, 호흡은 '나'가 아닌 것으로, 마음은 '나'가 아닌 것으로 제거합니다. 그리고 나면 더 이상 나아갈 수가 없습니다.

바가반 글쎄요, 그것은 지성이 하고 있는 것 같습니다. 당신의 과정은 오직 지적일 뿐입니다. 사실 모든 경전들은 구도자가 진리를 알 수 있도록 안내하기 위한 과정에 대해서만 말합니다. 진리는 직접적으로 가르칠 수는 없습니다. 따라서 이것은 지적 과정입니다.

알다시피, '나 아닌' 모든 것을 제거하는 사람은 '나'를 제거할 수는 없습니다. "나는 이것이 아니다." 혹은 "나는 그것이다."라고 말하기 위해서는 '나'가 있어야 합니다. 이 '나'는 자아 혹은 '나' 생각일 뿐입니다. 이 '나'라는 생각이 생긴 후 다른 모든 생각들이 일어납니다. 그러므로 '나'라는 생각은 뿌리가 되는 생각입니다. 만약 뿌리가 뽑히면 다른 모든 것들도 동시에 뽑힐 것입니다. 따라서 뿌리인 '나'를 보고, 나 자신에게 "나는 누구인가?"라고 질문하십시오. 그것의 근원을 찾아 내십시오. 그리고 나면 모든 것들이 사라지고 순수한 참나가 영원히 남을 것입니다.[14]

욕망들을 제거하기

49   신성한 파담께서는 '욕망의 대상이 굉장한 것일 것이라고 상상하는 것은 무지한 자아 유령의 행위'라고 말합니다.

50 이 환영의 삶에 대한 욕망으로 애태우고 있는 사람들은 화장터를
    맴돌고 있는 삶입니다.

51 결코 채워질 수 없는 구덩이인 악마적 욕망은 당신의 삶을 결코
    극복할 수 없는 빈곤으로 던져 넣습니다.

    구루 바차카 코바이, 371절, 포리푸라이 욕망하는 대상을 손에 넣기 전
    에는, 격렬한 욕망은 원자조차 거대한 산으로 보이게 합니다. 그러나
    욕망하는 대상이 얻어지면, 이와는 완전히 대조적으로 거대한 산도 작
    은 원자처럼 보이게 합니다. 강한 욕망들이 우리를 영원히 가난하게 합
    니다. 우리는 결코 만족될 수 없는 탐욕스러운 욕망들만큼 채우기가 불
    가능한 바닥없는 심연은 어디에서도 본 적이 없습니다.
    주석 티루발루바르 역시 "욕망이 그러한 것이니 그것은 결코 만족하는
    법이 없다."고 말한다. 진정한 부는 오직 마음의 만족이다. 마음의 만
    족이 없을 때는 아무리 많은 돈을 번다고 해도 가난에서 빠져나와 부자
    가 될 수 없다.

52 카미야 붓디(특정한 결과들을 기대하는 마음)가 떠나고 복되고 탁월
    한 니슈카미야 붓디(결과들에 대한 욕망이 없는 마음)를 가진 가슴은
    희열의 집이 될 것입니다.

53 모든 욕망들이 사라졌을 때 빛나는 휴식의 상태가 강력한 베단타
    경험입니다.

54 욕망으로 시작하는 여섯 개의 환영인 적들이 가슴에서 완전히 파괴되면, 지극히 맑은 진정한 지식의 빛이 빛날 것입니다.

여섯 적들은 욕망, 분노, 탐욕, 환영, 중독 및 질투이다.

질문 포기의 진정한 의미는 무엇입니까? 갈망, 열정, 탐욕 등을 가라앉히는 것은 모든 수행 과정의 필수적이고 예비적인 단계로 공통적인 것들입니다. 열정으로부터의 자유가 포기를 의미하는 것이 아닙니까?

바가반 당신은 이미 그것에 대해 모두 말했습니다. 당신의 질문은 답도 포함하고 있습니다. 열정으로부터의 자유는 반드시 필요한 전제 조건입니다. 그것이 성취될 때, 나머지 모든 것들도 성취됩니다.[15]

질문 열정들을 어떻게 다루어야 합니까? 그것들을 점검해야 합니까? 아니면 그것들을 만족시켜야 합니까? 제가 바가반의 방법에 따라 "이 열정들은 누구에게 존재하는가?" 하고 물으면, 그것들은 죽지 않고 더 강해지는 것 같습니다.

바가반 그것은 제 방법을 올바르게 하지 못하고 있다는 것을 보여 줄 뿐입니다. 바른 방법은 모든 열정의 뿌리, 즉 그것들이 나오는 근원을 찾아서 그것들을 제거하는 것입니다. 그 열정을 점검하면 그것들을 잠시 동안은 억누를 수 있을 것이나 다시 나타날 것입니다. 그것들을 만족시키면 그것들은 잠시 동안은 만족하겠지만 다시 만족을 갈망할 것입니다. 욕망을 만족시킴으로써 그것들의 뿌리를 뽑으려는 것은 불에 석유를 끼얹어 끄려는 것과 같습니다. 유일한 방법은 욕망의 뿌리를 찾아 제거하는 것입니다.[16]

55 욕망 등과 같은 악마들을 쫓아내어 제거한다면, 당신은 해방의
    보물 창고와 하나가 됩니다.

질문 욕망을 다루는 방법으로, 즉 욕망을 제거하는 방법으로, 욕망을
만족시키는 것과 욕망을 억누르는 것 중 무엇이 최선의 방법입니까?
바가반 욕망을 만족시켜서 제거할 수 있다면, 그러한 욕망을 만족시킨
다고 해서 해로울 것은 없을 것입니다. 그러나 욕망들은 일반적으로 만
족으로 뿌리가 뽑히지는 않습니다. 그 방법으로 그것들을 뿌리 뽑으려
하는 것은 불을 끄기 위해 알코올을 붓는 것과 같습니다. 그와 동시에
강제적으로 억압하는 것도 적절한 치료법이 아닙니다. 왜냐하면 그렇
게 억누르는 것은 조만간에 바람직하지 않은 결과들을 수반한 강력한
파동으로 반응하기 때문입니다. 욕망을 제거하는 적절한 방법은 "누가
그 욕망을 가지고 있는가? 그것의 근원은 무엇인가?"를 알아내는 것
입니다. 그것을 발견했을 때 그 욕망은 뿌리가 뽑히고, 그것은 다시 나
타나거나 자라지 않을 것입니다. 먹고, 마시고, 자고 하는 자연의 부름
에 따르는 이런 작은 욕망들은 비록 욕망의 범주에 들지만, 안전하게
그것들을 만족시킬 수 있습니다. 그것들은 당신 마음에 바사나들을 심
어 더 많은 탄생을 요구하지는 않을 것입니다. 이러한 활동들은 단지
생명을 영위시키는 데 필요할 뿐이고, 바사나들 즉 경향성들을 발달시
키거나 뒤에 남기지 않을 것입니다. 따라서 일반적으로 마음에 바사나
들을 만들어 더 많은 욕망들로 이끌지 않을 욕망들은 만족시킨다고 해
도 해로울 것은 없습니다.[17]

56 이 참나의 비전은 오직 욕망의 환영으로부터 자유로운 사람들만

만날 수 있지, 망상에 빠진 마음이 감각 대상들에 대한 욕망들로 가득한 사람들에게는 오지 않습니다.

구루 바차카 코바이, 149절 비이원의 경험은 욕망들을 완전히 포기한 사람들에 의해서만 얻을 수 있을 것입니다. 욕망을 가진 사람들에게는 그것은 지극히 요원한 일입니다. 따라서 욕망들을 가진 사람들은 그들의 욕망들을 욕망이 없는 신에게 향하게 하여, 신을 향한 욕망을 통하여 그들의 망상적인 욕망들을 소멸시키는 것이 적절합니다.

57 지독한 집착들인 강력한 욕망이라는 악마에 빼앗긴 가슴은 날개 달린 흰개미들이 자신의 개미집에서 줄지어 나오는 것처럼 불행들이 끊임없이 이어질 집입니다.

58 모든 것이 하나의 의식으로 인식된다면, 마음속에는 조금의 갈망도 없을 것입니다.

질문 욕망들을 어떻게 약하게 만들 수 있습니까?
바가반 지식에 의해서 그렇게 할 수 있습니다. 당신은 자신이 마음이 아니라는 것을 알고 있습니다. 욕망들은 마음속에 있습니다. 이러한 지식은 그것들을 통제하는 것을 도와 줍니다.
질문 그러나 우리들의 실제 삶에서는 그것들은 통제되지 않습니다.
바가반 욕망을 만족시키려 할 때마다, 지식이 와서 그만두는 게 낫다고 합니다. 당신의 진정한 본성은 무엇입니까? 어떻게 그것을 잊을 수 있겠습니까? 깨어 있는 것, 꿈꾸는 것, 잠자는 것은 단지 마음의 상태일 뿐입니다. 그것들은 참나의 상태가 아닙니다. 당신은 이들 상태의 목격자입니다. 당신의 진정한 본성은 잠자는 동안에 발견됩니다.[18]

바가반 주체로부터 떨어진 대상 즉 이원성이 있는 한, 카마(욕망)가 있을 여지가 있습니다. 대상이 없으면 욕망이 있을 수 없습니다. 욕망이 없는 상태가 목샤입니다. 잠 속에는 이원성도 욕망도 없습니다. 반면에 깨어 있는 상태에는 이원성이 있고 욕망도 있습니다. 이원성 때문에 대상의 획득을 위한 욕망이 일어납니다. 그것은 이원성과 욕망의 토대인 외부로 나가는 마음입니다. 희열이 다름 아닌 참나일 뿐이라는 것을 알게 되면, 마음은 내면을 향하게 됩니다. 참나를 얻으면 모든 욕망들이 충족됩니다.[19]

59 삶 속에서의 욕망들의 확산은 세속적인 집착의 확산에서 비롯됩니다. 이것은 다시 자신의 진정한 본성을 망각하게 하는 파괴적인 결과로 향하게 합니다.

60 사악한 감각 대상들의 불길 속에서 지바가 나방과 같이 파괴되는 것은 놀라운 일이 아닙니다. 끝없는 욕망이 지바에게 파멸을 가져옵니다.

61 마음의 개념들을 파괴함으로써, 자연스럽지 않으며 미혹에서 태어난 세속적인 삶에서 축적된 욕망들은 파괴될 것입니다.

62 욕망의 바람에 의해 크게 흔들리는 마음은 신을 생각함으로 잠시

동안 평화를 발견할 것입니다.

감각적 지각들에 대한 탐닉을 잃기

63 의식만이 완전한 실재입니다. 의식이 아닌 모든 감각들과 감각들의 지각은 무시할 수 있는 잘못된 마음에서 나온 불완전함입니다.

64 가슴속에 있는 그녀의 신을 억누르면서, 다섯 감각들을 통하여 쾌락을 추구하는 마음은 정숙하지 못한 여인입니다.

구루 바차카 코바이, 73절, 포리푸라이 '냐'가 일어나는 날에조차도, 달 같은 개별감인 그녀는 의식의 공간인 가슴 안에 순결한 상태로 갸나의 태양인 참나, 즉 신의 적법한 아내로서 주의 깊게 행위를 하는 것이 의무입니다. 만약 그녀가 그녀의 다르마와 조화의 상태에 있는 참나의 희열을 포기하고 세속적인 쾌락에 빠져서 그 속에서 뒹굴면, 이것은 시작이 없는 오래된 카르마에 기인한 어리석은 열광적 행위일 뿐입니다.
주석 지바와 참나는 여기서 각각 달과 태양으로 불리고 있으며, 그들의 거주지는 가슴 즉 의식의 공간으로 묘사되고 있다.
'참나의 희열' : 이것은 자기 자신의 본성인 지고의 희열이다. 진실로 그것은 마음을 초월하는 탁월성을 지니고 있다.
'세속적 쾌락' : 이것은 오감, 즉 시각, 청각, 미각, 후각과 촉각을 통해 경험하는 쾌락이다.
　두 유형의 쾌락인 참나의 희열과 세속적 쾌락은 산과 강바닥에 있는 작은 웅덩이처럼 크기가 다르다. 그것들은 각각 서로 대립하는 신성한 성취들과 악마적 성취들이다. 이것 때문에 "참나의 기쁨을 포기하고 자신을 세속적인 쾌락에 빠져들게 하고 그 속에서 뒹굴며…… 이것은…… 어리석은 열광적 행위일 뿐이다."라고 말해져 왔다.

따라서 참나 경험의 성취만이 지혜를 소유하고 있는 사람의 보증서가 될 수 있다.

65　영속하는 실재의 지식인 진리 경험은 참나 상태와 말다툼을 하고는 잘못되고 무시할 수 있는 감각들의 길을 간 연인들에게는 가능하지 않습니다.

66　어떻게 아트마 스와루파가 지나친 미혹에 빠진 무딘 마음을 가진 사람의 가슴속에서 빛날 수 있겠습니까?

67　에카트마 스와루파(참나의 실재)로 가는 장애물이 오감의 지각 대상들에 대한 큰 집착이라는 것을 알고서, 그 집착을 제거하십시오.

한번은 한 헌신자가 바가반에게 단식의 의미에 대해 질문하였다. 바가반께서는 자비로운 표정을 지어 보이면서 말씀하셨다. "만약 다섯 인드리야(감각)들의 모든 활동들이 포기된다면, 마음은 한 점 지향이 될 것입니다. 그러한 마음이 신에 집중하게 되면, 그것이 진정한 파바삼(단식)입니다. '우파'는 '가까이 있는'을 의미합니다. '바삼'은 '사는'을 의미합니다. 그는 어디에 살려고 합니까? 그는 자신의 참나 안에 거주할 것입니다. 욕망들은 마음의 음식입니다. 그것들을 포기하는 것이 우파바삼입니다. 욕망들이 전혀 없다면, 마음이라는 것은 없습니다. 그때 남는 것이 참나입니다. 마음을 단식할 수 있는 사람은 몸을 단식할 필요가 없습니다."[20]

68 이 세상에 있는 감각의 대상들에 의해 자신을 쓰러지게 두지 말고, 영적 수행(타파스)의 수련에 굳건히 자리 잡으십시오. 그래서 불행으로부터 전적으로 자유로우십시오.

69 세상에 있는 감각 대상들에 대한 해로운 욕망들이 달라붙지 않도록 모든 가능한 수단들을 동원하여 당신의 마음을 지키십시오.

70 환영인 오감의 대상들에 가치를 두지 말고, 그것들 모두에게 고르게 퍼져 있으면서 빛나는 당신 자신의 의식을 아십시오.

《나는 누구인가?》라는 책에서:

　　오랫동안 되살아나고 있는 비슈아야 바사나(감각 지각에 빠지는 경향성)들은 바다의 파도들처럼 수없이 일어나지만, 자신의 진정한 본성에 대한 명상이 보다 강해지면 모두 사라질 것입니다. "이러한 모든 바사나들을 파괴하고 오직 참나로서 남아 있을 수 있을까?"라고 의심하는 생각의 여지를 주지 말고, 자신의 진정한 본성에 대한 명상을 지속적이고 굳건히 계속해야 합니다. 아무리 큰 죄인일지라도, "아, 나는 죄인이다! 내가 어떻게 자유를 얻을 수 있는가?"라고 슬퍼하지 말고 자신이 죄인이라는 생각마저 완전히 포기하십시오. 자기 자신의 진정한 본성에 대한 명상에 확고한 사람은 분명히 구원받을 것입니다.

71 환영에 빠진 몸과 감각 기관들의 존재는 베단타의 직접적인 경험을 통하지 않고는 사라지지 않을 것입니다.

72 가장 높고 가장 영웅적인 용기의 행위는 감각 지각들의 형상을 취하고 있는 나쁜 적을 갸나의 불길 속에서 재가 될 때까지 태우는 것입니다.

73 감각 지각들을 실재라고 여기고 슬퍼하는 사람들의 마음은 자애로 가득한 갸나의 희열과 합일할 수 없습니다.

74 오감들로 지각되는 무미건조한 대상들을 욕망하는 이유는 자신의 진정한 본성에 대한 탐구가 없는 분별없음(아비베카) 때문입니다.

75 신성한 의식이 지배하는 마음에는 잘못된 것에서 일어나는 탐욕스런 감각 쾌락들에 대한 몰두가 존재하기를 그칠 것입니다.

마음의 정화

76 마음의 순수(칫타 숫디)는 어떤 종류의 영적 수행에도 절대적으로 필요하기 때문에, 그것은 최고로 높은 서열을 지니고 있습니다.

77 칫타 숫디의 위대함은 그것이 모든 고귀한 행위의 어머니라는 것입니다. 이것을 깨닫고, 당신의 마음을 매일 조사하십시오.

78 칫타 숫디는 확고하며 집중된 평온을 얻기 위하여 눈에 띄게 올바르게 행위를 하는 마음에게는 자연스럽게 옵니다.

79 신을 향해서는 마음이 녹아내리고 피조물들을 향해서는 연민을 보내는 것이 마음을 정화하는 수단입니다.

80 자신의 진정한 본성인 의식은 지극히 미묘합니다. 너무나 미묘하기 때문에 말, 마음 또는 지성에 의해서는 알려질 수 없습니다.

81 따라서 그것들(말, 마음 그리고 지성)은 우선 신의 은총의 의식이 비추어짐으로 완전히 바뀌는 것이 적절하며 또 필요합니다.

바사나들

82 마음에 일어나는 생각들은 옛 바사나들과 일치할 것입니다.

바가반 바사나들 그 자체가 마음입니다. 바사나들이 없으면 마음도 없습니다. 존재하는 것은 바로 삿입니다. 삿은 브라만입니다. 그것은 스스로 빛납니다. 그것이 아트만이고 참나입니다.[21]

83 수행에 굳건히 자리 잡으려고 할 때 일어나는 마음의 혼란스러운 동요는 바사나들이 일어남으로 자연스럽게 일어나는 것들입니다.

84 그때 당신을 소유하고 있는 파라 샥티(지고의 힘)라는 은총의 힘을 단단히 붙들면, 마음을 흔들면서 당신을 괴롭히는 바사나는 완전히 파괴될 것입니다.

'당신을 소유하고 있는 파라 샥티의 은총의 힘'은 "나는 이다."라는 느낌이다. 이 느낌은 무루가나르의 용어로는 참나로 안내하는 신성한 은총인 티루바룰이다.

85 모든 바사나들이 파괴되지 않으면, 이슈와라가 해방의 상태를 주는 것도 가능하지 않습니다.

86 결코 비틀거리지 않는, 움직이지 않는 평화의 행복한 상태는 예로부터 내려온 수많은 바사나들을 파괴하여 모든 집착을 끝낸 사람들만이 얻을 수 있을 것입니다.

질문 깨달음이 바사나 크샤야(바사나들의 파괴) 없이는 불가능하다면, 어떻게 하면 바사나들을 효과적으로 파괴할 수 있습니까?
바가반 당신은 지금 그 상태에 있습니다!
질문 그 말은 참나를 계속 붙잡고 바사나들이 나올 때 그것들을 파괴해야 한다는 뜻입니까?
바가반 당신이 당신 자신으로 머물러 있으면 그것들은 스스로 파괴될

것입니다.[22]

87 프라마다(참나에 자신의 주의를 주지 않는 것)는 마음이 원래부터 지
니고 있는 미혹시키는 바사나입니다. 자신이 이렇게 하고 있다는
것은 최고의 수행 단계에서 탐지됩니다.

88 사다나를 통해 아트마 니슈타(참나에 자리 잡는 것)를 얻는 것은 호
된 바사나들로 오는 불행으로부터 자유로운 삶에 도달한다는 뜻
입니다.

바가반 주전자의 물은 주전자라는 작은 한계들 안에서 거대한 태양을
비추듯이, 반영의 매개로 행동하는 바사나들 즉 마음의 잠재적 경향성
들은 가슴에서 일어나 모든 것을 두루 비추는 무한한 의식의 빛을 붙잡
습니다. 이 현상을 마음이라 합니다. 이 반영만 보고, 아갸니는 자신이
한정된 존재인 지바라는 믿음에 빠집니다.
  마음이 아함-브리티('나'-생각)의 근원에 대한 탐구를 통해 내향적으
로 된다면 바사나들은 사라지고, 반영의 매개체가 없는 상태에서, 반
영의 현상인 마음도 실재의 빛인 가슴속으로 흡수되어 사라집니다.
  이것이 구도자가 알아야 할 모든 것이고 본질입니다. 그에게 절대적
으로 요구되는 것은 아함-브리티('나'-생각)의 근원에 대한 진지하고
집중적인 탐구입니다.[23]

89 세속적인 바사나들을 파괴하십시오. 당신의 가슴에 치다카샤(의
식의 공간)의 바사나를 심어 보십시오.

바사나들의 파괴

90   당신의 가슴에 악마(바사나)들이 모이지 않게 하고, 은총인 신의 부를 무한히 모으십시오.

91   이슈와라를 사랑하는 것인 박티 요가의 수행으로 얻어진 계기를 통하여, 당신 가슴 안에 있는 바사나들을 파괴하도록 하십시오.

92   진실로 바사나들은 서로 결합(상가)되어 있습니다. 그러므로 그것들의 소멸은 모든 결합을 온통 포기하는 것이라는 점을 알아야 합니다.

구루 바차카 코바이, 912절, 포리푸라이 가슴에 있는 바사나들의 퇴적이 참나 거주의 장애물이 되는 결합(상가)입니다. 그것은 현자들에 의해 무시되고 버려질 만한 것입니다. 처음에 은거처에 머물면서 참나 거주를 꾸준히 수행하면 결과적으로 마음이 완전히 가라앉습니다. 바사나로부터 자유로운 마음의 고귀함을 얻은 사람이 자신의 프라랍다에 따라 무슨 삶을 살지라도 그에게는 아무런 오점이 생기지 않을 것입니다.
주석 내적 집착들인 바사나들이 존재하지 않는다면, 외적 집착들은 마음을 여기저기로 방황하게 만들 수도 없고, 마음을 참나 거주에 자리 잡는 것을 방해할 수도 없다. 따라서 위대한 고요한 마음을 지니고 있는 사람들은 그들이 살고 있는 환경에 상관없이 어떠한 오점도 초래하지 않는다. 이 말의 의미는 오직 내적 집착만이 진정한 집착이고, 외적 집착은 문제가 아니라는 것이다.

93 불순물들인 바사나들이 뿌리 뽑혀 없어지도록 자신을 참나 안에 자리 잡게 하십시오. 그것이 진정한 행위의 과정입니다.

질문 참나의 깨달음을 방해하는 장애물들은 무엇입니까?
바가반 그것들은 마음의 습관(바사나)들입니다.
질문 마음의 습관(바사나)들을 어떻게 극복할 수 있습니까?
바가반 참나 깨달음으로.
질문 그것은 순환 논법입니다.
바가반 그런 어려움들을 일으키는 장애물들을 만들어 내고는 분명한 역설들로 고통당하는 것은 자아입니다. 누가 질문하는지를 찾아내십시오. 그러면 참나가 발견될 것입니다.[24]

질문 바사나들을 완전히 파괴하기 전에도 참나 깨달음이 있을 수 있습니까?
바가반 두 가지 종류의 바사나들이 있습니다. (1) 무지한 사람을 구속하는 반다 헤투, (2) 기쁨을 주는 보가 헤투가 그것입니다. 후자는 깨달음을 방해하지 않습니다.[25]

94 불길 속의 솜처럼, 진정한 지식의 불인 신성한 은총의 불길이 점화된 사람의 가슴속에서는 모든 바사나들이 완전히 파괴될 것입니다.

제5절
은총, 노력 및 성숙

은총의 필요성

1   누구라도 은총의 힘인 성모(칫 파라 샥티)를 통하지 않고는 존재-
      의식인 실재의 경험에 확고히 자리 잡는 것은 불가능합니다.

2   은총인 성모를 통하지 않고는 아무도 실재이고 진리인 쉬밤의 경
      험을 얻을 수 없습니다.

    '성모'는 종종 여성으로 인격화되는 칫 파라 샥티 즉 '의식, 지고의
힘'을 의미한다.

3   의식의 은총이고 지고의 힘인 저 고귀한 빛을 통하지 않고는, 개
      념화하는 마음의 힘을 초월하기란 불가능합니다.

4   자아는 어둡고 왜곡된 지식(수타리부)에 의해서가 아니라 은총의
     힘에 의해서만 파괴될 수 있습니다.

은총의 작용

5   매우 어렵게 보이는 참나 깨달음은 은총의 힘을 통해 쉽게 얻을
     수 있습니다.

     구루 바차카 코바이, 512절 비이원의 지식을 얻기란 매우 어렵습니다.
     그러나 진정한 사랑인 헌신이 쉬바의 발아래 확고히 자리 잡으면, 그때
     신성한 은총의 지지를 통하여 갸나는 얻기가 극히 쉬워집니다. 신성한
     은총은 환영을 파괴하고 분명하게 밝히는 진리이며 빛입니다.

6   은총이란 무지인 망상을 완전히 파괴할 수 있는 힘을 지닌 순수
     의식의 빛입니다.

7   진정한 헌신자들의 가슴속에 홍수처럼 나타나는 은총은 실재인
     의식의 무한한 확장입니다.

     무루가나르 은총은 덧붙이는 일을 하고 있는 것인 자아가 끝날 때 자
     연적으로 빛나는 바탕인 참나 지식입니다.
        완전한 분인 신은 분리가 없는, 순수한, 비이원의, 공간의 모습을 가
     지고 있기 때문에, 그는 그 자신 이외는 아무것도 모릅니다. 완전히 충

만하고, 자신의 스와루파인 순수 의식은 신성한 은총의 진리입니다.[1]

질문 은총을 어떻게 얻을 수 있습니까?

바가반 은총은 참나입니다. 그것은 또한 얻어지는 것이 아닙니다. 오직 그것이 존재한다는 것을 알기만 하면 됩니다.

태양은 오직 밝음입니다. 그것은 어둠을 보지 않습니다. 그러나 당신은 태양이 접근하면 달아나는 어둠에 대해 말하고 있습니다. 헌신자의 무지도 어둠의 허깨비처럼 구루가 보는 앞에서는 사라집니다. 당신은 햇빛에 둘러싸여 있습니다. 그러나 태양을 보려고 한다면 그 방향으로 돌아서 그것을 보아야 합니다. 은총도 지금 여기에 있지만 적절한 접근에 의해 찾을 수 있습니다.[2]

8 마음 안에 방해 없이 있는 참나에 대한 명상적인 경험을 확고하게 얻는 것이 은총의 삶입니다.

9 욕망하는 것을 이루어 주는 것이 아니라, 마음의 고요를 주는 것이 신의 은총입니다.

구루 바차카 코바이, 753절 여러 수단들을 통하여 다양한 세속적인 부귀를 얻었다고 해서 그것을 신의 은총이라 결론짓지 마십시오. 프라마다를 통하여 일어나는 불안이 없는 청명함, 의식의 깊은 평화로운 청명함만을 신의 은총의 표시로 여기십시오.

10 가슴을 시들게 만들어 버리지 마십시오. 신의 은총에 대한 무한

한 믿음을 지니고 걸으십시오.

바가반 참새가 부리로 알을 물고 날아가다가, 알이 미끄러져 바다에
떨어졌습니다. 참새는 그것을 되찾으려고 바다 속으로 들어갔다 나오
기를 반복하면서 부리로 약간의 물을 입 속으로 빨아들여 해안에 그 물
을 뱉고 날개를 부채처럼 퍼덕였습니다. 그 길을 지나가던 현자 나라다
는 그 참새의 행동을 보고 그 이유를 알고 싶어 다가갔습니다.

"어리석은 참새야! 이것이 네가 성취할 수 있는 일이냐?" 하고 나라
다가 말했습니다.

참새는 "할 수 있든 없든 상관하지 않아요. 제가 줄기차게 계속하면
그 다음의 것은 신의 손에 달려 있어요."라고 대답했습니다.

나라다는 참새의 믿음에 매우 기뻐하며 가루다에게로 가서 그가 본
모든 것을 말했습니다.

그러면서 나라다는 "당신의 피조물인 새는 아주 큰 믿음으로 노력합
니다. 당신이 가만히 있는 것이 적절합니까? 당신이 도와 줄 수 없습니
까?" 하고 말했습니다.

이야기를 들은 가루다는 급히 참새에게로 날아갔습니다. 거기로 가
서 그가 날개를 퍼덕이자 바닷물이 둘로 갈라져 떨어져 있던 참새의 알
이 보였습니다. 참새는 즉시 그 알을 부리로 물고 날아갔습니다.

이와 마찬가지로, 참나에 대해 명상하면서 선한 행위를 하는 사람들
은 "이 일은 너무 거대한 일이야! 아무도 도울 수 없어! 이 일이 내게
가능할까?"라고 느끼지 않고 오직 열심히 일한다면 신의 도움은 자동
적으로 올 것입니다. 참새가 바닷물을 부리로 마셨다가 해변에 뱉어 낸
다고 해서 바닷물이 줄어들겠습니까? 그 참새는 믿음(스라다)과 인내

로 자신의 일을 했습니다. 이와 마찬가지로 누구든지 노력하면 언젠가는 반드시 그 노력의 열매를 맺을 것입니다. 모든 일에서 믿음이 가장 중요합니다. 선한 행위를 하는 사람들이 믿음으로 일한다면 바로 가루다가 했던 것처럼 신이 도와 줄 것입니다. 그때까지 흔들림 없는 믿음으로 전력을 다해 노력해야 합니다.[3]

노력과 은총

11   사다나만으로, 즉 지바의 노력만으로 '나'가 온전히 그리고 완벽하게 사라지지 않습니다.

구루 바차카 코바이, 64절 사랑으로 자신을 신의 발아래 바칠 때 나타나는 신의 은총을 통해서만 참나가 뚜렷이 드러난다는 것을 알아야 합니다. 그러나 이 진리는 너무나 미묘하여, 지바의 지성의 노력으로 알려지거나 깨달아질 수 없습니다.

바가반 복종하려고 할 때마다 자아가 머리를 들기 때문에 그것을 눌러야 합니다. 복종은 쉬운 일이 아닙니다. 자아를 죽이는 일은 쉬운 일이 아닙니다. 신 그 자신이 그의 은총으로 마음을 안으로 끌어당길 때만 완전한 복종을 성취할 수 있습니다. 그러나 이러한 은총은 이생 혹은 전생에서 마음의 소멸과 자아를 죽이기 위한 모든 싸움과 사다나들을 통과한 사람들에게만 옵니다.[4]

12 은총의 밝은 빛이 없다면, 미미한 지바들이 환영의 그물에서 벗어나 투명함을 얻기 위해 무엇을 할 수 있겠습니까?

구루 바차카 코바이, 634절 무지한 상태에서 지바와 결합되어 있는 이 세상에서, 미혹에 들어가 있는 지바가 어두움(수면)의 상태에서조차도 빛나고 있는 의식인, 실재의 희열을 경험하는 것은 신의 은총의 순수한 빛이 없이는 거의 불가능합니다.

주석 은총이 없다면 실재의 달샨은 있을 수 없다. 바가반은 (아트마 비디야 카르타남에서) "은총 역시 필요하다."고 말하였다. 진정한 지식을 그들 자신의 힘으로 도달할 수 있다고 생각하는 사람들이 있으나 은총의 힘 안에 은신처를 얻지 않는 한 그것에 도달할 수 없다.

13 둘(이슈와라와 지바, 혹은 구루와 제자) 간에 늘 존재하는 동일성(에칸마 바바) 때문에 은총과 훌륭한 헌신은 서로 분리되지 않습니다.

참나의 관점에서 그 '둘'은 하나이고 같다. 다음 시편에서 이 동일성의 결과에 대해 상세히 설명하고 있다.

14 "그러므로 어느 한쪽이 다른 한쪽의 원인이라는 말은 모순되지 않습니다." 따라서 완전한 파담은 원숙한 지혜 안에서 무르익는다고 말합니다.

'어느 한쪽'은 은총이 노력을 통해 얻어지는지 아니면 은총이 인간을 노력하게 하는지에 대한 질문을 가리키고 있다.

질문 구루의 은총은 비차라의 진전에 필요하지 않습니까?

바가반 그렇습니다. 그러나 당신이 하고 있는 비차라 그 자체가 구루의 은총 혹은 신의 은총입니다.[5]

질문 그러면 제가 외부의 도움이 필요 없이, 또 제 자신의 노력에 의해서 즉 제 자신에 의해서 보다 깊은 진리 안으로 들어갈 수 있습니까?

바가반 당신이 참나에 대한 질문을 가지고 있다는 바로 그 사실이 아룰 즉 신의 은총의 현현입니다. 그것은 가슴, 내적 존재, 진정한 참나 속에서 빛납니다. 그것은 당신을 내면으로 끌어당깁니다. 당신은 외부에서 내면으로 들어가려는 시도를 해야 합니다. 당신의 시도는 비차라이고, 깊은 내적 움직임은 아룰 즉 은총입니다. 은총 없이는 진정한 비차라도 없고, 비차라 없이는 진정한 은총도 없기 때문입니다. 둘 다 필요합니다.[6]

질문 깨달음을 얻는 데 신성한 은총이 필요합니까, 아니면 인간 스스로의 거짓 없는 노력들로써 삶과 죽음이 없는 상태로 나아갈 수 있습니까?

바가반 신성한 은총은 깨달음을 위해 필수적입니다. 그것은 인간을 신-깨달음으로 나아가게 합니다. 그러나 그러한 은총은 진정한 헌신자 혹은 요가 수행자이면서 자유로 가는 길로 열심히 그리고 부단히 노력하는 이들에게만 주어집니다.[7]

성숙과 미성숙

미성숙한 마음

15 모든 어려운 일들 중에서도 가장 어려운 일은 마음이 감각적 쾌락에 도취된 사람들에게 그들 기쁨의 진정한 근원을 설명하는 것입니다.

16 감각적 쾌락들에 의해 일으켜진 도취가 어느 정도 약해진 후에야 갸나로 인도하는 가르침들이 도움이 될 것입니다.

17 영원히 얻어져 있는 실재로서 존재하고 있는 지고자, 의식의 얼굴 안에서, 마음이 미혹되어 있는 어리석은 사람들의 눈은 멀 것입니다.

18 마음이 시들어 미혹되어 있는 사람들이 상칼파(생각 혹은 의도)들이 전혀 없는 상태에 이르는 것은 불가능합니다.

19 삿구루에게 다가간다는 고귀한 목적을 잊어버리고, 참나 아닌 것에 강박관념을 키우는 것은 무딘 마음을 가진 사람들에게서 보이는 미성숙에서 오는 기만입니다.

   구루 바차카 코바이, 152절, 포리푸라이 램프 불빛은 멀리 떨어져 있는 어둠은 가게 하지만, 램프 바로 아래의 어둠은 가게 하기가 어렵습니다. 이와 마찬가지로 구루와 멀리 떨어져 있는 제자들은 시공간에 의해서 한계 지워질 수 없는 갸나 구루를 가슴으로 경배함으로써 구원될 수 있습니다. 그렇지만 그림자처럼 신체적으로 구루와 가까이 머물 수 있는 행운을 누리는 일부 제자들은 그들의 자아 어두움을 잃게 하는 갸나로 성숙하지 못하고 나이가 들어 죽습니다. 이것은 그들의 미성숙 때문입니다.

주석 구루는 그의 진정한 본성으로 제자들의 내적 어둠을 제거하는 참나의 빛나는 태양이다. 정말로 그는 떠오르지도 지지도 않는 의식의 공간이다. 그러므로 '시공간에 의해서 한계 지을 수 없는 갸나 구루'라고 말해진다. 이 시구의 요점은, 귀한 행운을 통해 갸나 구루에 이른 사람들은 그를 찾아온 목적을 잊지 말아야 한다는 것이다. 밤낮으로 그들의 주의를 온전히 그것에만 맞춤으로써, 그리고 첫째가는 지지로서 스승의 은총을 취함으로써, 그들은 분명코 참나의 행운을 얻어야 한다.

날라디야르는 "아무리 많은 재산으로도 얻을 수 없는 성자들과 친교의 행운을 얻은 사람이 자신의 시간을 헛되이 보낸다면 그는 미성숙한 마음을 지닌 사람입니다."고 말하였다.

20 결혼식 자체를 결혼의 진정한 상태인 함께 하는 희열로 여기는 것은 미성숙을 보여 주고 있는 잘못된 생각입니다.

구루 바차카 코바이, 599절 사춘기에 도달하지 못한 어린 신부는 결혼식 자체가 합일의 경험이라고 믿고 행복해 할 것입니다. 마찬가지로 내면으로 향한, 주의 깊은 탐구로 참나를 알지 못한 사람들은 쓸데없는 말과 책으로 얻은 지식을 비이원의 갸나라고 말할 것입니다.

성숙을 위한 자격 요건

21 마음이 최상의 순수함을 얻어 가슴 안으로 들어올 때, 마음은 평화로서 완전함을 얻을 것입니다.

22 다르바 풀의 끝처럼 한 점 지향이 된 마음이 가슴과 하나가 된다면, 얻는 것이 불가능하게 보이던 순수 존재의 경험이 아주 쉽게 발견될 것입니다.

23 두껍고 무딘 쇠지레를 바늘로 사용한다면, 매우 가는 실로 아주 고운 비단을 짜는 것은 불가능합니다.

비차라 상그라함의 열한 번째 질문은 "참나 경험은 끊임없이 변하는 마음에게 가능합니까?"이다. 이 질문에 대한 바가반의 대답은 다음과 같다.

"……매우 미묘하고 변하지 않는 실재를 경험할 수 없도록 하는 것은 마음이 불순하며 그리고 라자스와 타마스의 힘 아래에 있을 때입니다. 가는 비단 실은 무딘 쇠지레로 바느질할 수 없는 것처럼, 미묘한 대상들은 바람 앞에 흔들리고 있는 등잔불의 빛으로는 자세히 알 수 없는 것처럼……"8

24 그것이 무엇이든, 그것에 필요한 적절성이 없다면 아무것도 얻을 수 없습니다.

"교사와 그의 제자들이 있습니다. 교사는 자신 앞에 앉아 있는 모든 제자들에게 같은 가르침을 줍니다. 일부 제자들은 그 가르침들을 듣고 그 가르침들을 실행에 옮겨 빠르게 발전하는데, 다른 제자들은 그 가르침들을 듣고 적용해도 거의 하지 못하거나 전혀 발전을 못한다면, 이것은 어떻게 된 것입니까?"라고 나(발라라마 레디)는 물었다.

마하리쉬는 "일부 제자들은 그들의 전생에서 그 가르침들의 길을 따랐음이 분명하고 다른 제자들은 이제 방금 시작했을지 모릅니다. 또 일부 제자들은 다른 제자들에 비해 태어날 때부터 더 앞선 상태에서, 더 적합한 자질을 갖고 태어났을 수도 있습니다."라고 대답하였다.[9]

슈리 라마나 기타, 7장, 8, 9, 10, 11절:

이 탐구를 하기에 누가 적합합니까? 스스로 자기 자신이 적합한지 알 수 있습니까?

바가반 마음이 우파사나(영적 수행)나 과거의 삶에서 축적한 미덕으로 정화된 사람 그리고 몸과 감각 대상들의 결합을 아는 사람은 참나 탐구를 하기에 적합합니다. 마음이 감각 대상들 속에서 작용할 때마다 역겨움을 느끼는 사람, 그리고 몸이 영원하지 않다는 것을 아는 사람은 참나 탐구를 하기에 적합하다고 합니다.

몸의 무상함을 알며 감각 대상들에 대한 무집착이라는 두 가지 징후로 참나 탐구를 하기에 적절한지를 알 수 있습니다.

바가반 구도자는 크리토파사카(그의 경배가 인격신에 대한 직접적인 경험으로 절정을 이룬 사람)와 아크리토파사카(그의 경배가 그렇지 않은 사람)일 수 있습니다. 전자는 아주 작은 자극으로도 참나를 깨닫는 데 적합합니다. 그는 약간의 의심밖에 없습니다. 따라서 그런 사람은 스승으로부터 한 번 진리를 듣기만 하여도 의심이 쉽게 제거됩니다. 그는 곧 사마디 상태를 얻습니다. 그는 이미 전생에서 스라바나(숙고) 등을 끝낸 것으로 짐작됩니다. 그에게 더 이상의 탄생은 필요치 않습니다.[10]

25 이전에 수행을 전혀 하지 않았던 변덕스러운 마음을 가진 사람들은 가르침만으로는 명확한 이해를 얻을 수 없습니다.

26 모든 것을 마친 그리고 욕망들로부터 자유로운 마음을 가진 사람들을 제외하고는 고요함에 있기(숨마 이루탈)는 쉽지 않습니다.

질문 명상 수행에 있어서 참나 깨달음으로 진전이 있다는 것을 보여주는 주관적인 경험이나 어떤 징후들이 있습니까?
바가반 원하지 않는 생각들로부터 자유로운 정도와 한 생각에 집중하는 정도가 발전을 알 수 있는 척도입니다.[11]

질문 모든 사람들이 참나 탐구라는 길로 갈 수 있습니까?
바가반 미성숙한 마음이 아니라 성숙한 마음만이 가능하다는 것은 진실입니다. 전자에게 자신의 호흡에 맞추어 기도나 신성한 이름을 반복하기(자파), 성상 경배, 호흡 조절(프라나야마), 빛의 기둥을 시각화하기(죠티쉬토마) 등과 같은 영적이거나 종교적인 수행들이 처방되어 있습니다. 이러한 수행들을 하여 성숙되고 나면 참나 탐구의 길을 통하여 참나를 깨달을 수 있을 것입니다.[12]

질문 스와미, 깨달음을 얻기 위해서는 "나는 누구인가?"라는 탐구가 유일한 방법입니까?

바가반 탐구가 유일한 방법이지는 않습니다. 이름이나 형상을 가진 어떤 사다나를 하거나 신성한 이름을 반복(자파)하거나, 혹은 강한 결심과 인내심을 갖고서 영적 수행을 한다면, 그는 그것(That)이 됩니다. 각 사람의 능력에 따라, 어떤 영적 수행이 다른 것보다 좋다고 보고 그들에게 맞도록 약간의 변형을 시킨 영적 수행이 주어져 왔습니다. 어떤 사람들은 티루반나말라이에서 멀리 있으며, 어떤 사람들은 매우 가까이 있으며, 어떤 사람들은 티루반나말라이 안에 있으며, 또 몇몇 사람들은 바가반의 홀에 들어오고 있습니다. 이 홀에 들어오는 사람들에게는, "여기에 마하리쉬가 있다."는 말을 듣는 것만으로 충분합니다. 그러면 그들은 즉시 그를 깨닫습니다. 그 외의 사람들은 어떤 길을 택해야 할지, 어떤 기차를 타야 할지, 어디에서 갈아타야 할지, 어느 길로 접어들어야 할지에 대해 가르침을 받아야 합니다. 이와 마찬가지로 선택해야 할 특정한 길은 수행자의 능력에 따라 처방됩니다. 이 영적 수행들은 모든 곳에 충만해 있는 자신의 참나를 알기 위해서가 아니라, 욕망하는 대상들로부터 해방되기 위한 것입니다. 모든 욕망들이 버려질 때, 그 사람은 이제 있는 그대로의 자신으로 있습니다.[13]

27 마음의 성숙(욕망 없음)이 없이는, 사하자 사마디의 경험에 있는 것은 무르익지 않을 것입니다.

28 지극히 순수한 사트바적인 마음이 없다면, 갸나인 실재를 가슴 안에서 달샨할 수 없을 것입니다.

29* 마음의 성숙(칫타 파리파카) 때문에 많은 사람들에게 매우 어려운 것이 몇몇 사람들에게는 지극히 쉽습니다.

바가반 우리는 오래된 삼스카라들과 싸워야 합니다. 그러면 그것들은 모두 사라질 것입니다. 과거에 이미 수행을 한 사람들에게는 비교적 빨리 사라질 것이고, 그 외의 사람들의 경우는 늦게 사라질 것입니다.
질문 이 삼스카라들은 점차적으로 사라집니까, 아니면 어느 날 갑자기 사라집니까? 제가 질문하는 것은 제가 꽤 오래 여기에 있었는데도 제 속에 아무런 점진적인 변화를 알아차릴 수 없기 때문입니다.
바가반 태양이 떠오를 때 어둠이 점차적으로 사라집니까, 아니면 한 순간에 사라집니까?[14]

30 다이바 가티를 통해 참나를 깨닫게 된 소수의 사람들은 완전히 성숙한 마음을 지닌 이들입니다.

아래의 다이바 가티에 대한 설명은 쿤주 스와미가 들려준 것이다.

스칸다쉬람에 머물던 초기, 나는 항상 슈리 바가반의 가까이에 머물고 있었습니다. 그때 나는 나의 모든 의심들이 다른 헌신자들의 질문에 대한 바가반의 대답들을 단지 듣는 것만으로도 깨끗이 씻어진다는 것을 발견하였습니다. 게다가 이 모든 대답을 들으면서 나는 슈리 바가반의 가르침의 많은 새로운 면들을 배울 수 있었습니다. 나는 거의 질문을 할 필요가 없었습니다. 대개 어떤 영적 주제에 대하여 질문을 할 적절한 순간을 기다리고 있으면, 다른 헌신자가 바로 그 주제에 대해 질문하곤 하였습니다. 그러면 슈리 바가반의 대답이 우리 두 사람의 의심을 깨끗이 없애 주었습니다. 이런 식으로 지식을 얻는 방법을 경전들은 다이바 가티라 하였습니다. 그 예를 요가 바시슈타에서 볼 수 있습니다. 여기에 보면 자나카 왕은 싯다들의 대화를 들음으로써 그의 의심이 사라지고 지식을 얻었다는 글이 있습니다.

베단타 추다마니와 같은 책들을 보면 깨달음을 얻는 세 가지 방법인, 다이바 가티, 비베카 가티 및 비라크타 가티를 언급하고 있습니다. 삿구루에 다가가 경전들을 배우고 식별을 수행함으로써 지식을 얻는 것을 비베카 가티라고 합니다. 비라크타 가티는 나이와 환경에 관계없이 한 순간에 번개처럼 지식을 얻는 것입니다. 붓다, 파티나타르, 슈리 바가반과 같은 갸니들이 이 비라크타 가티의 예들입니다. 권위 있는 경전인 바시슈타 요가는 "위에서 갑자기 떨어지는 과일처럼, 진정한 지식은 쉽게 온다."고 말합니다.

어떤 욕망도 없는 깨달은 영혼을 달산한 사람은 스승이 제자들의 영적 질문에 답하는 것을 듣는 기회를 가질 수도 있습니다. 스위치를 누르면 전구에 불이 들어오듯이 그것들을 들으면 과거의 공덕으로 인하여 즉시 깨닫습니다. 이것이 다이바 가티입니다. 과거에 행한 많은 카르마들에 따라 위에서 말한 세 가지 방법들 중 어느 하나에 의하여 지식을 얻습니다. 다른 많은 경전들도 이 같은 진리를 선언하고 있습니다.15

제6장
세상과 세상의 창조자

세상은 공간과 시간이 연출하고 오감의 집합체가 일으키는 허구와 같습니다. 혼란에 빠진 인간 영혼들이 가질 수 있는 단 하나의 길은 죽음을 없애는 자의 발을 따르는 것입니다. 그분은 순수하고 무한한 지성을 지니고 있습니다.[1]

꿈이 환영인 것처럼, 이 세상의 나타남은 그저 마음이 만들어 낸 것입니다. 이 세상의 진리는 마음인 마야를 초월하여 있는 지고의 의식에 의해서만 정확하게 알려질 수 있습니다.[2]

세상이 어디에서 나왔는지를 탐구하면 세상은 바깥의 어떤 곳이 아니라 '나'로부터 나왔다는 것을 깨닫습니다. 가슴 안에 확고히 자리 잡으면 세상은 나는 몸이라는 생각과 더불어 사라집니다.[3]

제1절
창조

이론

1   창조를 보는 사람들의 성품이 다양하기 때문에, 경전들에 많은
차이들을 보이는 창조의 이론들이 담겨져 있습니다.

바가반 너무나 많은 영적이거나 과학적인 이론들이 있습니다. 그것들
은 결론에 이르렀습니까? 그럴 수 없습니다.

창조의 이론들은 얼마든지 있을 수 있습니다. 그 이론들 모두는 바
깥을 향하고 있습니다. 시간과 공간은 무한하기 때문에 그 이론들은 한
계가 없을 것입니다. 그러나 그 이론들은 오직 마음 안에 있는 것일 뿐
입니다. 마음을 알게 되면, 시공간을 초월하게 되며 그래서 참나를 깨
닫습니다.

창조는 자기 자신의 기호에 따라 과학적으로 아니면 논리적으로 설

명할 수 있습니다. 그러나 그 설명이 어떤 결말에 이르렀습니까? 크라마 스리슈티(점진적 창조), 드리슈티 스리슈티(세상은 세상을 보는 자에 의하여 창조된다는 이론), 유가파다 스리슈티(동시 창조) 등의 설명이 있습니다. 보는 사람이 없으면 보이는 대상들도 없습니다. 보는 사람을 찾으십시오. 그러면 창조는 그 사람 안에 들어옵니다. 왜 바깥을 보고서 끝없이 있는 현상을 설명하려고 합니까?[1]

2   창조 등에 관한 모든 생각들은 단순히 마음이 지어낸 상상물입니다. 마음은 길 잃은 황소처럼 그것들을 찾아 돌아다닙니다.

3   경전들에서 설명하고 있는 창조 이론들은 창조물을 보자 현혹되어 자신을 잃어버린 사람들만을 위한 것입니다.

   바가반은 여러 사람들에게 여러 가지 창조 이론들을 가르쳤지만, 그의 경험에서는 창조는 결코 일어나지 않았다는 것이다. 자신이 깨닫지 못했다고 생각하고, 자신을 물리적 세계의 한 부분이라 여기는 지바들의 상상 속에서만 창조가 있다는 것이다.

   질문 스리슈티(창조)는 어떻게 오게 되었습니까? 어떤 사람들은 카르마 때문이라 합니다. 다른 사람들은 신의 릴라(유희)라고 합니다. 무엇이 진리입니까?
   바가반 다양한 설명들이 책에 있습니다. 그러나 창조가 있습니까? 창조가 있을 때만, 그것이 어떻게 오게 되었는지를 설명해야 합니다. 그 모든 것을 우리는 모를 수 있습니다. 그러나 우리가 지금 존재하고 있다는 것은 확실합니다. 왜 '나'와 지금을 먼저 알고 난 뒤에 창조가 있는지를 알고자 하지 않습니까?[2]

질문 슈리 샹카라차리야의 베단타에서는, 세상 창조의 원리는 초보자들을 위해서 받아들여지고 있습니다. 그러나 진보를 이룬 사람들에게는 비창조 원리가 제안되고 있습니다. 이 문제를 스승님께서는 어떻게 보십니까?

바가반 나 니로다 나 초트파티르

　　　　나바도 나 차 사다카하

　　　　나 무묵슈르 나 바이 묵타

　　　　이트에샤 파라마르타타

　　이 슬로카는 가우다파다의 카리카(만두키야 우파니샤드의 주석서)의 두 번째 장(32절, 바이타티야 프라카라나)에 나옵니다. 사실은 창조도 없고 소멸도 없다는 것입니다. 속박도 없고, 영적 수행을 하는 사람도 없고, 영적 해방을 추구하는 사람도 없고, 해방된 사람도 없습니다. 참나에 확고히 자리 잡은 사람은 실재에 대한 지식으로 이것을 압니다.[3]

창조의 과정

　　바가반은 세상이 존재하게 된 방식에 대해 말할 때 일반적으로 동시 창조 이론을 말하였다. 세상은 보는 사람의 마음의 투사라고 하였다. 세상은 '나'라는 생각과 그것의 바사나들의 확장이다.

4   가슴속에 있는, 시작이 없는 자아라는 의식이 이 세상의 씨앗입니다.

5   오래된 바사나들이 나타난 것이 창조입니다. 바사나들의 파괴가 창조의 끝입니다.

구루 바차카 코바이, 84절 마음을 통하여 나타나 빛나고 있는 모든 것들은 이전에 가슴 안의 깊은 심연에 묻혀 있었던 것들입니다. 이것들이 볼 수 있는 것으로 바깥에 나타납니다. 이것들은 오래된 이야기인 바사나들입니다. 이것을 잘 알아야 합니다.

바가반은 영화가 스크린에 투사되는 것과 같이 세상은 마음에 의해 바깥으로 투사된다고 자주 말하였다. 앞의 장에서 나는 참나의 힘으로 생기를 얻는 자아와 그것이 본래적으로 갖고 있는 바사나들이 어떻게 확장하여 온 세상과 그것의 지각자가 되는지를 설명하는, 바가반이 지은 시 아루나찰라 아슈타캄의 6절을 인용하였다. 바가반은 특히 영화를 비유하여 세상 출현이 절정에 이르는 과정을 설명하기를 좋아했다. 그는 종종 만약 샹카라와 같은 고대 스승들이 그 시대에 영화가 있었다면, 그들 역시 세상 출현의 투사를 설명하기 위해 영화를 예로 들었을 것이라고 말했다.

바사나들이 세상을 창조하기 때문에, 참나 깨달음으로 바사나들이 파괴되면 당연히 지각의 대상인 세상 또한 자연적으로 사라진다.

6   상칼파(생각)가 세상을 창조합니다. 상칼파들을 없앰으로 얻어지

는 평화는 세상의 영구적인 절멸입니다.

구루 바차카 코바이, 29절, 포리푸라이   세상은 생각들이 바깥으로 나와 있는 깨어 있는 상태와 꿈의 상태에서만 뚜렷하게 보입니다. 생각들이 조금도 나오지 않는 잠자는 동안에도 세상이 보입니까? 생각들만이 세상의 물질적인 실체입니다.

의식 안의 반사(치다바사)로서의 세상

지각하는 사람으로부터 분리된 듯이 분명히 보이는 세상 출현의 과정에 대해 더욱 자세하게 설명하고자 할 때, 바가반은 영화가 스크린 위에 보이듯이 세상은 의식이라는 스크린 위에 투사된 것이라고 종종 말하였다. 이 투사된 그림을 치다바사라 한다. 칫은 그 이미지를 유지하는 바탕인 의식이며, 아바사는 그 안에 나타난 비추어진 그림이다. 이 치다바사는 세상을 투사하여 인위적으로 세상과 그것을 지각하는 자로 나누는 수타리부(가짜로 나누어진 의식)이다.

7   반사된 의식(치다바사)인 마음으로 알려져 있는 수타리부는 지극히 놀라운 것이기는 하지만 가짜로 나타난 것입니다.

참나로부터 (i) 빛의 일종인 치다바사, (ii) 개별 의식이며 보는 자라는 첫 번째 개념인 지바, (iii) 현상계라는 이 셋이 연속적으로 일어납니다.[4]

······일어나는 순간에는 마음은 오직 빛입니다. 그 뒤 "나는 이것이다."라는 생각이 일어납니다. 이 '나' 생각이 지바와 세상을 만듭니다.[5]

반사가 일어나기 위해서는 반사되는 면이 있어야 한다. S. S. 코헨은 한번은 이와 관련하여 바가반께 여쭈었다.

질문 '나'라는 정체성과 세상에 대한 지식을 주는 이 빛은 무지입니까, 의식인 칫입니까?

바가반 '나'를 다른 사람들과 다르다고 믿게 하는 것은 오직 칫의 반사된 빛입니다. 의식의 이 반사된 빛은 또한 '나'로 하여금 대상들을 창조하게 합니다. 그러나 이 반사가 있으려면 반사를 일어나게 하는 표면이 있어야 합니다.

질문 그 표면은 무엇입니까?

바가반 참나를 깨닫게 되는 순간, 당신은 반사와 그것이 반사되는 표면이 사실은 존재하지 않으며, 그 둘은 하나이고 동일한 의식(칫)이라는 것을 알게 될 것입니다.[6]

8 파담께서는 "지바가 자기 자신의 그림자를 보고 당황해 하다니 이상하도다!"라며 놀라워합니다.

9 이렇게 된 이유는 참나인 자신의 본성을, 희열을 경험할 만큼 충분히 잘 알지 못하기 때문입니다.

10 무지한 어린이들처럼, 왜 당신은 자신의 본성의 그림자로 존재하

고 있는 세상에 대해 이원적인 견해를 가집니까?

그림자 제거하기

11   참나인 파담께서는 진리를 다음과 같이 말합니다. "지바와 브라
      만의 합일은 반사된 의식(치다바사)을 없애는 것일 뿐입니다."

질문 아트만이 그 당시에 활동이 없다면, 어떻게 그 자신을 압니까?
바가반 아트만에게는 알 것도 알려질 것도 없습니다. 지식을 얻으려
노력해야 하는 사람은 아무런 지식을 가지지 않은 사람입니다. 이것이
깨어 있는 상태에서 일어나는 것입니다. 참나가 아닌 것인 아나트만 역
시 반사된 의식인 치다바사입니다. 그것은 무지를 가지고 있습니다.
그러므로 이 반사된 의식은 갸나 즉 지식을 가지려 노력해야 합니다.
아는 것과 모르는 것은 참나 아닌 것에서 일어납니다. 참나는 지식 그
자체이기 때문에 지식을 얻을 필요가 없습니다. 반사된 의식인 아는 사
람이 느껴지는 바로 그 순간, 아갸나 즉 무지가 존재합니다. 이 무지를
느끼는 사람은 지식인 진정한 지식을 얻으려고 노력해야 합니다. 반사
된 의식이 지식을 얻으면 그것은 더 이상 남아 있지 않습니다. 반사된
의식은 항상 무지나 미티야갸나(잘못된 지식)와 함께 머무르기 때문입
니다. 잠자는 동안에는 반사된 의식이 없습니다. 따라서 이때는 거짓
된 지식은 얻어질 수 없습니다. 참나를 안다는 것은 참나의 모습을 안
다는 것을 의미합니다. 이러한 설명은 모두 현재의 대화의 관점에서 나
온 것입니다. 실제로는 오로지 아트만만이 있습니다. 따라서 알 것도

알려질 것도 없습니다.[7]

12 의식의 빛을 찾지 않고, 다른 빛(치다바사)을 믿고서 감각들의 길
    로 떠나는 저 바보들은 땀에 젖고 지칠 것입니다.

    바가반 어둠 속에 있는 대상을 보려면 눈과 등불이라는 이 둘이 필요
    합니다. 오로지 빛을 보려면, 눈으로 충분합니다. 태양을 보는 데는 다
    른 어떤 빛도 필요치 않습니다. 등불을 들고 있다 할지라도 그 불빛은
    태양빛에 압도될 것입니다. 우리의 지성인 붓디는 참나를 깨닫는 데는
    소용이 없습니다. 세상 혹은 외부의 대상들을 보기 위해서는, 마음 그
    리고 마음과 더불어 항상 일어나는 반사된 빛인 치다바사가 필요합니
    다. 참나를 보기 위해서는, 마음을 단순히 내면으로 돌리기만 하면 됩
    니다. 반사된 빛은 필요치 않습니다.[8]

13 반사된 모습을 자신이라고 생각하는 지바는 진정한 모습인 파담
    을 버릴 것이며 그래서 당황하게 될 것입니다.

14 왜 당신은 그 반사를 실재라 받아들여 고생합니까? 마음을 탐구
    하여 평화를 얻으십시오.

15 이름들과 형상들을 만드는 자인 달과 같은 마음은 자신의 진정한
    본성인 태양과 같은 의식으로 향하면 소멸될 것입니다.

    바가반은 마음은 달과 같아서 그 자신의 빛을 가지고 있지 않다고 가

르쳤다. 달은 오직 다른 곳에서 나온 빛을 반사할 때만 빛날 수 있다. 달과 같은 마음을 빛나게 하는 것은 가슴이라는 태양으로부터 나오는 빛이다.

슈리 라마나 기타, 5장, 14, 15, 16, 17절:

바가반 태양이 달에게 빛을 주듯이, 이 가슴이 마음에게 빛을 줍니다.

태양이 지고 밤이 되면 달빛만 보이듯이, 가슴에 있지 않은 사람은 오직 마음만을 봅니다.

의식의 진정한 근원이 자신의 참나라는 사실을 알지 못하고, 마음이 자신의 참나가 아니라 분리된 대상들을 보는 사람들은 착각하고 있습니다.

낮 동안에 달빛이 태양 빛 내에 있듯이, 가슴에 머무르고 있는 아는 자의 마음은 가슴의 의식과 하나 되어 있습니다.

제2절

보는 자와 보이는 대상

봄이 대상을 창조한다

1 마음이 볼 때마다 많은 장면들이 보고 있는 의식에게 실재인 것
처럼 나타나는데, 이것은 보는 행위 안에서 일어난 것입니다.

창조는 다름이 아니라 보는 것일 뿐입니다. 보는 것과 창조하는 것
은 하나이며 같은 과정입니다. 소멸이란 보는 것을 그만두는 것이지 다
른 것이 아닙니다. 왜냐하면 세상은 자신을 올바르게 자각함으로 끝나
기 때문입니다.[1]

질문 마음과 대상은 어떤 관계에 있습니까? 마음은 자신과 다른 것 즉
세상과 접촉하고 있습니까?
바가반 세상은 깨어 있는 상태와 꿈의 상태에서 '지각'됩니다. 혹은 마

음의 활동들인 지각과 생각의 대상입니다. 깨어 있거나 꿈꾸는 생각의 활동들이 없다면, '세상'에 대한 '지각'이나 추론은 없을 것입니다. 잠자는 동안에는 그러한 활동들이 없어서 '대상들과 세상'은 그 당시에는 우리에게 존재하지 않습니다. 따라서 '세상의 실재'는 잠에서 깨어나는 자아의 행위에 의해 창조되었을 것입니다. 그리고 세상의 실재는 잠에서 본성을 되찾은 영혼에 의해 삼켜지거나 소멸될 것입니다. 세상의 출현과 사라짐은 거미가 가느다란 거미줄을 만들고 나서 그것을 다시 거둬들이는 것과 같습니다.[2]

채드윅 소령은 세상은 어느 정도의 실재와 영속성을 가지고 있다고 바가반을 설득하려 했다.

"세상이 제 마음이 존재할 때만 존재한다면," 하고 그는 시작했다. "제 마음이 명상 혹은 잠 속에 가라앉으면 외부의 세상도 역시 사라집니까? 저는 그렇지 않다고 생각합니다. 제가 잠잘 때 어떤 사람들이 세상을 자각하고 있었다는 점을 고려한다면, 그는 세상은 그때 존재했다고 결론을 내려야 합니다. 세상은 창조되었고 어떤 거대한 집단적 마음속에서 계속 존재하고 있다고 말하는 것이 더 정확하지 않습니까? 만약 이것이 맞다면, 어떻게 세상이 존재하지 않으며, 그것은 단지 꿈일 뿐이라고 말할 수 있습니까?"

바가반께서는 자신의 관점을 바꾸기를 거부하셨다. "세상은 자신이 집단적 마음속에서 창조되었다고, 혹은 개별적 마음에서 창조되었다고 말하지 않습니다. 그것은 우리의 작은 마음 안에 나타날 뿐입니다. 당신의 마음이 파괴되면, 아무런 세상이 없을 것입니다."[3]

세상과 참나는 동시에 보일 수 없다

2* 참나 아닌 것을 보는 것은 아트마 스와루파를 가리는 것입니다.

3 세상과 지고의 존재 이 둘을 식별하는 탐구로 알아, 오직 가슴 안에 거주하고는 그 하나를 받아들이십시오.

4 둘은 가슴 안에 함께 머물 수 없습니다. 왜냐하면 하나는 다른 하나와 공존할 수 없기 때문입니다. 그들을 함께 두려는 것은 미혹의 결과입니다.

5 하나는 다른 하나를 가리기 때문에, 그들 중 하나는 다른 하나 안에서 상상으로 만들어진 것입니다.

구루 바차카 코바이, 876절 가짜 모습으로 있는 뱀이 사라지지 않으면 진리로 있는 밧줄은 보이지 않을 것입니다. 가짜 모습으로 있는 세상이 사라지지 않고는 바탕인 실재, 진리, 스와루파는 스스로를 드러내지 않을 것입니다.

구루 바차카 코바이, 877절, 포리푸라이 세상이 아트마 스와루파와 분리되어 있는 것처럼 보이게 만드는 세상에 대한 지식, 구별 짓는 의식이 떠날 때만 모든 것이 참나로서 빛나는 참나 경험이 얻어질 것입니다. 빛나는 참나의 빛과 하나가 된 삶만이 지바에게 자연스러운 삶입니다. 수타리부의 대상들인 차별들과 관련한 모든 삶들은 환영입니다.

주석 로카(세상)라는 단어는 '보이는 것'을 의미한다. 그러므로 '세상에 대한 지식'이라는 구는 차이들과 관련된 지식을 의미해야 한다. 단어 '빛'은 실재의 빛남, 속성이 없는 순수 의식을 의미한다. 트리푸티-차이들로 이루어져 있는 속성들은 미혹의 결과이다. 그 미혹은 실재가 아니기 때문에, 참나의 밝은 빛과 하나가 된 삶만이 자연스런 삶이라 말해진다. "다른 모든 삶들은…… 환영이다."라는 것은, 차별에 기초한 모든 지식, 그리고 심지어 신성한 세계들과 관련된 것조차도 오로지 무지라는 선언이다.

6* 참나의 지식인 그 눈부신 빛을 통하여, 세상은 빛을 전적으로 잃고 순수 의식이 될 것입니다.

바가반은 아루나찰라에 대한 그의 시편들 중 하나를 설명하면서 다음과 같이 언급하였다.

바가반 태양은 우주를 빛나게 합니다. 반면에 아루나찰라의 태양은 너무나 눈부셔서 우주가 어두워지고 온전한 찬란한 빛이 남습니다. 그러나 이것은 현재 상태에서는 깨달을 수 없고 가슴의 연꽃이 피어난다면 깨달아질 수 있습니다. 보통의 연꽃은 볼 수 있는 태양의 빛 안에서 피지만, 반면에 미묘한 가슴은 태양들 중의 태양 앞에서만 핍니다. 오, 아루나찰라여! 당신의 온전한 빛이 계속해서 빛날 수 있도록 저의 가슴을 꽃피게 하소서.[4]

7 트리푸티들과 그것의 근원인 순수 의식은 어떤 경우에도 동시에

나타날 수 없습니다. 나무와 나무로 만든 코끼리처럼, 하나가 나타나면 다른 하나는 사라질 것입니다.

구루 바차카 코바이, 46절 개 조각상에서, 개와 돌은 동시에 보일 수 없습니다. 마찬가지로, 세상이 보일 때 궁극의 존재는 보이지 않습니다. 궁극의 존재가 나타나면, 세상은 사라집니다. 둘은 동시에 뚜렷이 보일 수 없습니다.

바가반 옛 속담에 대한 잘못된 해석은 흔합니다. 우리는 종종 "개는 보이고 돌은 보이지 않는다. 돌은 보이고 개는 보이지 않는다."라는 말을 듣습니다. 그것은 일반적으로 떠돌이 개에게 던질 돌조각을 찾을 수 없다는 뜻으로 이해됩니다. 그러나 이 널리 알려진 속담은 보다 깊은 의미를 가지고 있습니다. 그것은 다음의 이야기에 근거하고 있습니다.

한 부자가 있었는데, 그 집은 경계가 철저했습니다. 사나운 개 한 마리를 문의 기둥에 줄로 묶어 두었습니다. 그러나 그 개와 줄은 매우 정교한 예술품이었습니다. 그것들은 돌로 조각한 것이었지만 실물같이 보였습니다. 한번은 길을 가던 어떤 사람이 그 사나운 동물을 보고 깜짝 놀라서 피하려다 다쳤습니다. 한 친절한 이웃이 그를 안타깝게 여겨 그것은 진짜 개가 아니라는 것을 그에게 보여 주었습니다. 그 다음에 그 사람은 그곳을 지나가다가 그 조각가의 솜씨에 감탄해서 옛날 경험을 잊어버렸습니다. 그가 그것을 개라고 보았을 때, 그 개를 만든 돌을 볼 수 없었습니다. 그것이 조각품이라고 보았을 때, 그를 해칠 것 같은 어떤 개도 볼 수 없었습니다. 그것을 속담(티루만디람 시편) "코끼리는 나무를 숨기고, 나무는 코끼리를 숨긴다."와 비교해 보십시오. 여기서

그것은 나무로 만든 코끼리입니다.[5]

보는 자의 진리

8* 보이는 것은 보는 자의 존재-의식이 없으면 존재하지 않기 때문에, 보는 자의 존재-의식은 자명한 모든 것들 중에서 처음에 오며 가장 자명한 것입니다.

바가반 세상은 그것을 지각하는 사람이 없어도 존재할 수 있습니까? 어느 것이 먼저입니까? 존재-의식입니까, 아니면 일어나는 의식입니까? 존재-의식은 항상 거기 있으며 영원하고 순수합니다. 일어나는 의식은 떠올랐다가 사라집니다. 그것은 일시적입니다.

질문 세상은 제가 잠든 동안에도 다른 사람들에게 존재하지 않습니까?

바가반 그런 세상은 당신 자신을 알지 못하고 세상을 알려고 하는 당신을 조롱합니다. 세상은 당신의 마음의 결과입니다. 당신의 마음을 아십시오. 그런 다음에 세상을 보십시오. 당신은 세상이 참나와 다르지 않다는 것을 깨닫게 될 것입니다.[6]

바가반 사람들은 세상을 봅니다. 지각은 보는 자와 보이는 것의 존재를 의미합니다. 대상들은 보는 자에게 이질적인 것입니다. 보는 자는 참나이며, 친숙한 것입니다. 그러나 그들은 분명한 보는 자를 찾아내려 주의를 돌리지 않고 보이는 것을 분석하려 뛰어다닙니다. 마음이 확장되면 될수록 더 멀리 가서 참나 깨달음을 더욱 어렵고 복잡하게 하니다. 보는 자를 바로 보고 참나를 깨달아야 합니다.

질문 그렇다면, 그것은 현상들을 종합하고 그 뒤에 있는 하나의 실재를 찾는 것이 됩니다.

바가반 왜 당신은 아직도 현상들을 생각합니까? 보는 자가 누군지를 보십시오. 종합은 마음이 다른 것들에 관계한다는 것을 의미합니다. 그것은 깨달음으로 가는 길이 아닙니다.[7]

9   보는 자의 위대함은 보이는 '자명한' 대상들의 위대함보다 훨씬 큽니다.

10   보는 자가 가슴속에 있는 자신을 보고 알지 않는다면, 자신의 것인 완벽한 의식의 공간을 가지는 것은 불가능합니다.

11   자기 자신의 본성의 진리를 보고, 알고, 하나가 되기 전에는, 보는 자는 마음의 평화를 얻을 수 없습니다.

12   자기 자신의 진정한 본성의 진리를 봄으로써, 보는 자는 무지의 깊은 어둠에서 일어나는 집착이라는 쓸모없는 속박으로부터 놓여나게 될 것입니다.

13   보는 자의 진정한 본성의 달산만이 진정으로 위대한 것입니다. 이것과 달리, 보는 자에 의하여 보이는 그 어떤 것도 환영의 비전에 불과합니다.

14 움직이고 있는 것을 보는 것에 고정되어 있는 것은 미혹에 사로잡힌 자아의 어리석음입니다.

'보는 것'은 목격의 대상들을 지각하는 자를 의미하며, '움직이고 있는 것'은 세상이다.

세상 출현을 정복하기

15 보이는 모든 것을 마음의 개념이라 여겨 사라지게 하려면, 당신의 마음으로 하여금 그것을 보는 자를 관찰함으로 마음을 가라앉게 하십시오.

16 자아-불순의 장애가 파괴된다면, 세상으로서 나타나는 창조(스리슈티)는 단순한 나타남(드리슈티)이 될 것입니다.

17 눈부시게 빛나는 파담께서는 다음과 같이 말합니다. "세상의 정복은 가슴 안에 있는 실재의 의식으로부터 나오는 세상의 비전을 완전히 파괴하는 것입니다."

18 포기의 수행에 확고함으로, 세상이 비실재라는 것을 깨닫고는 세상에 무관심하여, 세상을 제쳐 놓으십시오.

19 보이는 모든 것을 마음의 창조물로 보고, 마음의 혼란으로부터

자유로우십시오. 그래서 오로지 의식으로 빛나십시오.

무한한 눈

바가반은 갸니가 그 자신과 세상의 나타남을 자각하는 방식을 설명하기 위해 '무한한 눈'이란 말을 종종 사용하였다. 수타리부 즉 나누어진 의식이 작용할 때, 외적 세상을 창조하고는 보는 '나'가 있으며, 그런 다음에 육체적 눈들을 통해 그것에 대한 정보를 처리하는 '나'가 있다. 갸나에 있는 사람은 눈을 통하여 이원적인 방식으로 세상을 지각하지 않고, 세상이 자신의 참나 속의 현상이라는 것을 알고 본다. 이 '무한한 눈'은 그 자신 외에는 아무것도 보지도 알지도 않는다. 무한한 눈은 보는 자와 보이는 것이라는 잘못된 구분이 없이 이것을 이룩한다. 이 상태의 분명한 역설이 악샤라마나말라이 15절에 보인다.

> 당신은 눈 중의 눈이시며, 눈이 없이 봅니다. 누가 당신을 볼 수 있겠습니까? 오, 아루나찰라여![8]

보는 자와 보이는 것이라는 잘못된 구분들이 끝나고 자기 자신이 세상이 드러나는 바탕이라는 사실을 알 때, 그것의 목격자로 있기보다는 보는 것과 존재하는 것이 하나가 되고, 같은 것이 된다.

바가반 처음에는 참나를 대상들로 보고, 그 다음에는 참나를 공(空)으로 보고, 그 다음에는 참나를 참나로 봅니다. 이 마지막 상태에서만 보

는 것이 없습니다. 왜냐하면 봄이 존재이기 때문입니다.[9]

20 자신의 진정한 성품에 주의를 기울이면서, 잠들지 않고 잠자는
   지바는 육체적인 눈과는 아주 다른 눈으로 자동적으로 빛날 것입
   니다.

   바가반 실제로, "우리는 모든 것과 모든 곳에서 브라만을 보아야 합니
   다."라는 말도 그다지 정확하지 않습니다. 보는 것도 없고, 시공간도
   없는 것이 오직 궁극의 단계입니다. 보는 자도, 보는 것도, 볼 대상도
   없을 것입니다. 그때 존재하는 것은 오직 무한한 눈입니다.[10]

21 순수한 의식으로 완전히 열려 있는 눈인 쉬밤 안에는 두 번째라
   는 시각이 존재할 수 없습니다.

22 눈이 진리의 빛의 눈이라면, 그때 그 눈을 보기 위해서는 다른 눈
   이 필요치 않을 것입니다.

23 진정한 보는 자인 참나의 눈으로 보기 위해서는 대상화된 개념들
   에 주의를 기울이는 자를 태워 없애십시오.

24 보이는 것들을 그들의 눈과 같은 본성(칸 마얌)을 지니고 있는 것
   으로 보는 사람들은 의식의 공간으로 거주하면서 혼란 없이 빛날
   것입니다.

칸 마얌이란 말은 '의식의 본성' 혹은 '눈의 본성' 둘 중 하나로 사용할 수 있다. 두 번째의 뜻은 바가반이 종종 설명하는, 울라두 나르파두 4절에 가장 잘 나타나 있다.

> 만약 자신이 형상이라면, 세상과 신도 또한 그러할 것입니다. 만약 자신이 형상이 아니라면, 누가 세상과 신의 모습을 볼 수 있겠습니까? 보이는 것이 보는 눈의 성품과 다른 것이 될 수 있겠습니까? 참나의 눈은 무한의 눈입니다.[11]

이 시구의 끝 두 번째 문장의 단어들도 "눈이 없다면, 광경이 있을 수 있겠습니까?"라는 보다 일반적인 의미로 많이 사용할 수 있다. 그러나 이것은 바가반이 전달하고자 한 뜻은 아니다. 락슈만은 언젠가 이 시구에 대한 바가반의 설명을 기록하였다. 그것을 읽으면 위의 표현에서 바가반이 말하고자 하는 것이 분명해진다.

> **바가반** 보는 눈이 몸의 눈이라면, 그때는 거친 형상들이 보입니다. 눈이 렌즈의 도움을 받는다면, 볼 수 없는 사물들도 형상을 가진 것으로 보입니다. 마음이 그 눈이라면, 그때는 미묘한 형상들이 보입니다. 따라서 보는 눈과 보이는 대상들은 같은 내용을 가집니다. 즉, 눈 그 자신이 하나의 형상이라면, 그것은 형상들 외에는 아무것도 보지 않습니다. 그러나 몸의 눈도 마음도 그것 스스로는 어떠한 비전의 힘도 가지고 있지 않습니다. 정말로의 눈은 참나입니다. 그는 형상이 없고, 순수한 무한한 의식인 실재이기 때문에, 그는 형상들을 보지 않습니다.[12]

25 보이는 사물의 내용은 사물을 보는 사람의 성품과 같을 것입니다.

바가반 그것은 실재 40송 중 4연에서 가르치는 것과 같은 진리입니다. 자신이 형상을 가진 존재라는 생각을 갖고 있다면, 당신은 몸에 의해 제한을 받으며, 이 눈을 통하여 보아야 하며, 신과 세상은 당신에게 형상으로 나타날 것입니다. 당신이 형상이 없고, 무한하며, 당신만이 존재하고 있다면, 당신이 무한한 눈을 가지고 있다는 것을 깨닫는다면, 이 무한한 눈을 제외한 무엇이 보이겠습니까? 이 눈을 제외하고, 보이는 것은 아무것도 없습니다. 사물을 보려면 보는 사람이 있어야 함에 틀림없습니다. 그리고 시공간이 있음에 틀림없습니다. 그러나 참나만이 존재한다면, 그것은 보는 자와 보이는 것 둘 다이며, 그리고 보거나 보이는 것 너머입니다.[13]

26 해방과 하나가 된 무니는 무한한 눈을 지니고 있는데, 어떤 낙심도 결코 알지 못하는 지극한 희열의 사람입니다.

갸나 드리슈티

갸나 드리슈티는 갸나의 상태에 있을 때 나타나는 진정한 봄이다. 그러므로 그 봄은 '무한한 눈'과 밀접하게 연관되어 있다.

27 니슈타와 진정한 갸나 드리슈티 둘 다에서, 장면들을 자기 자신과 다른 것으로 보는 객관화는 전적으로 존재하지 않습니다.

참나 거주(니슈타) 상태에서는 보는 자도 없고, 보이는 대상들 또한 없다. 오직 봄만이 있다. 갸나 드리슈티의 상태에서 일어나는 봄이 진정한 봄이요, 진정한 앎이다.

> **바가반** 당신은 참나입니다. 당신은 항상 존재합니다. 참나가 존재한다는 것 이상으로 참나를 설명할 수 있는 말은 없습니다. 신이나 참나를 본다는 것은 오로지 신 혹은 당신의 참나가 되는 것입니다. 본다는 것은 존재한다는 것입니다.[14]

28* 갸나 드리슈티 상태에서는 오직 갸나 스와루파만이 있습니다. 보이는 것은 갸나 스와루파 외에는 아무것도 없기 때문에, 이것이 파담이요, 이것이 (의식의) 확장입니다.

> **바가반** 무슨 상태에 있더라도, 지각은 그 상태의 것을 취합니다. 설명을 하자면, 깨어 있는 상태(자그라트)에서는 거친 몸이 거친 이름들과 형상들을 지각하고, 꿈꾸는 상태(스와프나)에서는 마음의 몸이 수많은 이름들과 형상들을 취하고 있는 마음의 창조물들을 보고, 꿈이 없는 깊은 수면의 상태(수슙티)에서는 몸과의 동일시를 잃습니다. 그래서 아무런 지각이 없습니다. 이와 마찬가지로 초월의 상태에서는 브라만과 하나가 되어 모든 것들과 조화를 이루는 사람이 됩니다. 따라서 자신의 참나로부터 떨어져 있는 것은 아무것도 없습니다.[15]

29 스와루파가 비이원의 갸나이기 때문에, 스와루파의 비전은 스와루파로서 그냥 있는 것입니다.

30   진정한 비전은 수타리부가 버려졌을 때 빛나는, 존재의 의식 속에 확고하게 거주함으로 알려지는 그것입니다.

31   참나에 확고하게 그리고 계속해서 자리 잡고 있는 것인 진정한 갸나 드리슈티 상태에서는, 모든 것은 항상 의식의 것입니다.

     바가반 오오나 칸(육신의 눈)으로 보면 당신은 세상을 봅니다. 갸나 칸 (갸나의 눈)으로 보면 모든 것은 오로지 브라만 마얌(오로지 브라만으로 이루어져 있는 것)으로 나타날 것입니다.[16]

32   오직 칫-자다의 엉킨 매듭이 풀려졌을 때만, 거대한 의식으로 있는 갸나 드리슈티가 가능할 것입니다.

33   먼저 마음속에 있는 혼란을 없애십시오. 그런 후 갸나의 눈으로 보아, 모든 것이 순수한 의식임을 아십시오.

34   '실재의 비전', '실재의 지식', '실재가 되는 것'이라는 이 모든 것들은 실재인 아트마 스와루파에서 벗어나지 않고 거주하는 것을 의미합니다.

   이것은 아마도 바가반이 말한 "보는 것은 아는 것이요, 아는 것은 되는 것이요, 되는 것은 존재하는 것이다."를 무루가나르가 영어로 설명한 것일 것이다.[17]

35 은총으로 얻어진 실재의 비전은 차별을 일으키는 망상적인 생각
    들을 완전히 추방할 것입니다.

36 완전하고 완벽한 갸나 경험은 오로지 '나'와 '이것'이라는 이원성
    을 지각하는 것을 그만두는 것입니다.

37* 자아가 활동을 지나치게 하면 파담은 많은 감각의 대상들로 나타
    납니다. 갸나 드리슈티에서 보이는 것은 은총의 확산입니다.

38 실재의 비전은 같은 경험들을 계속 즐겨 그러한 경험들이 끔찍한
    것이 되어 그것들을 포기할 수 있는 사람들을 위한 것입니다.

39 진정한 봄을 알아 세상을 정복하고서 빛으로 존재하는 헌신자들
    만이 왕들입니다.

제3절
세상 나타남의 실제

세상의 나타남의 허구

1   몸이 없으면 세상이 나타나는 것을 멈추기 때문에, 세상은 몸과
    같은 것입니다.

2   눈에 보이는 세상을, 세상을 보는 마음과 다른 것으로 여겨, 세상
    에게 존재의 풍요로움을 귀속시키는 것은 환영입니다.

    질문 우리가 보는 세상과 사물들은 마치 밧줄이 뱀으로 보이는 것 같
    이 모두 허구라고 말합니다. 또한 다른 곳에서는 보는 사람과 보이는
    것이 같다고 말합니다. 보는 사람과 보이는 것이 같은 것이라면, 보이
    는 것이 허구라고 어떻게 말할 수 있습니까?
    바가반 그 모든 말들이 의미하는 것은 보이는 것을 참나와 독립되어

있거나 독립된 실체로 여기는 것은 허구라는 것입니다. 보이는 것은 보는 사람과 다르지 않습니다. 존재하는 것은 참나이지, 보는 사람과 보이는 것이 아닙니다. 보이는 것을 참나로 여기는 것이 맞습니다.[1]

다음의 글은 《나는 누구인가?》라는 책에서 발췌한 것이다. 대답에 깨달음과 마음 그리고 세상에 대한 것들이 있다.

……생각들과 관계하지 않고 있는 '세상'이라는 것은 없습니다. 깊은 수면 중에는 아무런 생각들이 없습니다. 그래서 아무런 세상이 없습니다. 깨어 있을 때나 꿈꿀 때에는 생각들이 있습니다. 그래서 세상도 또한 있습니다. 거미는 자신의 몸속에서 거미줄을 뽑아 내고, 다시 자신의 몸속으로 집어넣습니다. 이와 마찬가지로 마음은 그 속으로부터 세상을 만들어 내며, 나중에 자신 속으로 세상을 다시 흡수합니다. 마음이 참나로부터 나올 때, 세상이 나타납니다. 세상이 나타날 때, 참나는 보이지 않습니다. 참나가 나타나거나 빛날 때 세상은 나타나지 않을 것입니다.

3   마치 푸른 색상이 하늘에 나타나듯이, 당신의 참나 안에서 세상이 나타납니다.

4   감각 지각의 내용들로 되어 있는 영원하지 않은 그림자를 실재라고 말하는 것은 얼마나 어리석은 변명인지요!

5   아, 둔하고 미친 세상 사람들은 왜 목적 없이 방황하면서, 비어 있

고 아무런 소용이 없는 마음의 창조물에 관심을 가지는지요?

6 신기루를 연꽃이 가득한 연못의 물로 여겨 그곳으로부터 물을 긷고자 하는 것은 어리석은 무지입니다.

7 비이원의 실재인 참나의 진정한 본성으로부터 분리되어, 무슨 이원의 장면들이 나타날 수 있으며 왜 나타납니까?

8 세상이 실재라면, 그때는 세상을 지각하는 의식을 망상이라고 주장하는 것은 잘못일 것입니다.

참나를 앎으로써 세상의 본성을 이해하기

9 당신의 마음을 지고의 공간인 참나 안에 끊임없이 자리 잡도록 하고 그리고 외적인 세상을 단순한 현현이라 여기고 행위하도록 하십시오.

10 나타나는 모든 것은 단지 아트마 스와루파의 현현일 뿐입니다. 이런 강한 신념을 갖기 위해 참나의 본성을 잘 알도록 하십시오.

《나는 누구인가?》라는 책에서:

모든 지식과 모든 행위들의 원인인 마음이 가라앉으면, 세상에 대한 지각은 중지될 것입니다. 누군가가 밧줄을 뱀으로 지각하고 있다면, 바탕인 밧줄에 대한 지각은 바탕 위에 덧씌워진 뱀에 대한 지각이 사라지지 않는 한 일어나지 않을 것입니다. 이와 마찬가지로, 바탕인 스와루파에 대한 지각은 덧씌워진 것인 세상에 대한 지각이 그치지 않는 한 얻어지지 않을 것입니다.

11 자신 안에 빛나고 있는 비길 데 없는 진리가 먼저 알려진다면, 세상에 대한 진리가 그때 완전히 알려질 수 있습니다.

> **질문** 이 세상의 실재는 무엇입니까?
> **바가반** 먼저 당신 자신의 실재를 안다면, 세상의 실재를 알 수 있을 것입니다. 대부분의 사람들이 자신의 실재를 알고 싶어 하지 않으면서도 세상의 실재에 대해서는 그렇게도 알고 싶어 하는 것은 너무나 이상한 일입니다. 당신 자신의 참나를 먼저 알고 난 뒤에, 세상이 당신과 별개로 존재하는지 그리고 세상의 실재나 존재가 당신 앞으로 다가와 자신을 주장할 수 있는지 보십시오.[2]

12 당신 자신의 스와루파 안에 머물고 있어 아주 고요해진다면, 온 세상은 즉시 당신 안에 포함될 것입니다.

> **질문** 참나 깨달음을 얻으면 어떻게 됩니까?
> **바가반** 질문이 틀렸습니다. 어떤 새로운 것을 깨닫지는 않습니다.
> **질문** 무슨 말인지 모르겠습니다, 스와미.
> **바가반** 아주 간단합니다. 지금 당신은 세상 속에 있다고 느낍니다. 그

때는 세상이 당신 속에 있다고 느낍니다.[3]

13 트리푸티들로 이루어져 있는 세상을 일어나게 하는 것은 빛나면서
    존재하고 있는 당신 자신의 진정한 본성을 통해서이지 않습니까?

　현상계를 보는 자와 보이는 대상으로 나누는 대상화된 의식인 수타
리부가 기능하기 이전에 이미 참나의 빛은 존재하면서 빛나고 있다.
그러므로 참나의 빛의 존재는 이 경우에는 보는 자, 봄 그리고 보이는
것인 트리푸티들의 직접적인 원인으로 여겨질 수 있다. 이와 동일한
견해가 다음의 절에도 나온다.

14 이 세상이 우리의 눈앞에 나타나는 것은 '나'로 알려진 자의 존재
    와 빛 때문이 아닙니까?

　　바가반　세상은 곧 당신의 생각입니다. 생각들은 당신의 투사들입니다.
　　먼저 '나'가 만들어지고 난 다음에 세상이 만들어집니다. 세상은 '나'
　　에 의해 만들어지며, '나'는 참나로부터 일어납니다. 세상 창조의 비밀
　　은 만약 당신이 '나'의 창조를 푼다면 풀릴 것입니다. 그러므로 "당신
　　자신을 찾으십시오."라고 나는 말합니다…… 깨달음의 상태에서는 창
　　조란 없습니다. 세상을 볼 때, 자기 자신을 보지 않습니다. 참나를 볼
　　때, 세상은 보이지 않습니다. 그러므로 참나를 보고 아무런 창조가 없
　　었음을 깨달으십시오.[4]

15 이 거짓 세상의 비전은 자신의 안을 탐구하여 실재를 있는 그대

로 깨닫기 전까지만 존재할 것입니다.

질문 차별들로 이루어진 세상의 나타남은 진실입니까, 거짓입니까?

바가반 그것은 우리가 진실과 거짓이라는 말을 어떻게 보느냐에 달려 있습니다. 브라만을 보고 있다면, 아무런 세상이 없습니다.

질문 그러면 세상이 왜 나타나는 것입니까?

바가반 누구에게 나타납니까? 세상은 "나는 존재한다."라고 말하지 않습니다. 세상이 나타난다고 할 만한 어떤 근거가 있습니까? 이 세상은 누구에게 나타납니까?

질문 제게 나타납니다.

바가반 당신은 누구입니까? 당신이 누구인지를 찾아내십시오. 그 이후에 세상이 있는지를 나에게 말하십시오.[5]

16 모든 것이 의식 속에 가라앉기 전에는, 자신이 관계하고 있는 여러 장면들이 실재하는 것으로 나타날 것입니다.

17 먼저 자신의 진정한 본성에 대한 지식을 얻어야 합니다. 그런 후에도 모든 것(사르밤)이 여전히 존재한다면, 그것에 관여하고 마음을 줘도 좋습니다.

18 참나의 상태에서 빠져나왔을 때만 불완전한 것으로 보이는 그림자 같은 세상에 매달리는 것은 무지입니다.

쉬밤과 샥티

이 장에서는 창조와 세상 나타남의 실재를 쉬밤과 샥티라는 말로 설명할 것이다. 쉬바의 진정한 본성인 순수 의식 즉 쉬밤에서는 어떤 창조도 전혀 없으며, 거짓 나타남조차도 없다. 하지만 쉬밤의 역동적이고 창조적인 측면인 샥티가 일어날 때, 모든 현현이 나타난다. 쉬바의 현존으로 간주되는 이 샥티는 세상 현현의 투사가 일어날 수 있게 하는 에너지이다.

19* 잘못된 덧씌움으로 의식 속에 나타나는 착각을 일으키는 심적 이미지들은 쉬밤 속에서는 존재하지 않습니다.

20 그녀(샥티)가 많은 세상을 만들었지만 여전히 처녀라면, 세상의 진리는 지극히 경이로움에 틀림이 없습니다.

다음은 쉬바갸나 싯디야르, 2장 77절에 요약되어 있는 쉬바파 철학 사상이다.

쉬바가 샥티를 낳았고, 샥티가 쉬바를 낳는다. 이 둘이 기쁨으로 함께 하여, 세상과 모든 존재들을 낳는다. 이러함에도 불구하고, 쉬바는 브라마차리이고, 샥티는 처녀이다. 이 사실은 타파스를 통해 쉬바의 은총을 얻은 갸니들에게만 알려질 것이다.

21 모든 형상들은 오직 샥티의 형상들입니다. 신인 쉬밤에게는 아무

런 형상이 없습니다.

22 여덟 형상(아스타 무르탐)들은 모두 샥티의 형상들입니다. 아트마 스와루파인 쉬밤에게는 아무런 형상이 없으며, 심지어 흔적조차도 없습니다.

여덟 개의 형상들은 다섯 가지 원소들, 태양, 달, 그리고 개인의 영혼이다.

23* 샥티인 그녀는 쉬바와 별개로 존재하지 않습니다. 마찬가지로, 쉬바도 샥티와 별개로 존재하지 않습니다.

24 진리를 말하고 있는 파담께서는 그와 그녀를 서로 떼어 놓는 것은 잘못이라고 주의를 줍니다.

25 세상과 쉬밤이 서로 다른 것들이라면, 갸니들이 왜 세상을 쉬바-스와루파라고 선언합니까?

이 세 시구에서 바가반의 가르침의 새로운 면들이 보인다. 샥티는 쉬밤과 분리될 수 없기에, 세상이 쉬밤의 모습이라고 말할 수 있다. 그러므로 세상이 실재라고 말할 수 있다. 비록 바가반이 세상은 허구라고 가르치기는 하지만, 만약 세상이 감각들에 의해 지각되는 외적이고 물질적인 실체가 아니라 참나 안의 현현이나 나타남으로 알려진다면, 세상은 실재라고 여겨질 수 있다고 종종 말하였다.

질문 "지고의 영인 브라만은 실재입니다. 세상(자그라트)은 환영입니다."라는 말은 슈리 샹카라차리야의 만트라입니다. 하지만 다른 사람들은 "세상은 실재입니다."라고 말합니다. 어느 것이 사실입니까?

바가반 두 설명 모두 사실입니다. 이 설명들은 각기 다른 발달 단계에 있는 사람들에게 언급한 말이며, 각기 다른 관점에서 말한 것입니다. 구도자(이바야시)는 "실재는 늘 존재해야 한다."라는 정의로 시작합니다. 이 세상은 변하기 때문에 실재가 아닌 것으로 버립니다. 세상은 실재일 수 없습니다. "이것은 아니다. 이것은 아니다!" 마침내 구도자는 참나에 이르고, 거기서 하나가 널리 퍼져 있는 것을 발견합니다. 이때, 처음에 허구로 버린 것이 하나의 일부임을 발견합니다. 세상이 실재 안으로 흡수될 때, 세상 역시 실재가 됩니다. 참나 깨달음 속에서는 오직 존재만이 있으며, 존재 이외에는 아무것도 없습니다.[6]

세상의 기초를 이루고 있는 참나가 나타남으로 알려지고 경험될 때, 세상의 본성이 정확히 알려진다. 세상은 갸니에게 진정한 것이 아니다. 왜냐하면 그것이 물질적으로 나타나기 때문이다. 세상의 고유한 본성은 바탕을 이루는 참나의 실재와 분리할 수 없기 때문에 세상은 실재이다.

울라두 나르파두, 18절:

참나를 알지 못하는 사람들과 참나를 아는 사람들에게, 앞에 놓인 세상은 실재입니다. 참나를 알지 못하는 사람들에게 실재는 세상의 척도에 의해 제한됩니다. 참나를 안 사람들에게는 실재는 세상의 바탕으로

서 모습 없이 빛납니다. 이것이 둘 간의 차이라는 것을 알아야 합니다.[7]

슈리 라마나 기타, 1장, 11절:

깊이를 알 수 없는 존재인 갸니는 참나 안에만 항상 있습니다. 그는 우주를 비실재라고 생각하지 않으며 자신과 다른 것이라고 보지 않습니다.

세상이 궁극적으로 실재라는 것을 갸니가 알고 있다면, 왜 그는 물어보는 사람들에게 그렇지 않다고 말하는가? 바가반이 이 점에 대해 답을 한다.

바가반 영적인 구도자의 단계(사다카)에 있는 당신에게는 세상이 환영이라고 말해야 합니다. 달리 방도가 없습니다. 자신이 실재이고 영원하며 모든 곳에 있는 브라만이라는 사실을 잊고, 자신이 일시적인 몸들로 채워져 있는 우주에 있는 몸이라고 생각하여 그 미혹으로 고생하고 있을 때, 당신에게 세상은 비실재이며 망상이라고 말해 주어야 합니다. 왜입니까? 왜냐하면 그의 참나의 비전이 외적인 물질적 우주에 있기 때문입니다. 이 모든 외부에 있는 물질적 우주가 실재가 아니라는 점을 그에게 인식시키지 않는다면, 그는 자신의 내면으로 향하지 않을 것입니다. 언젠가 자기 자신의 참나를 깨닫게 될 때, 그래서 참나 이외에는 아무것도 없다는 사실을 알게 될 때, 그는 온 우주를 브라만으로 바라보게 될 것입니다.[8]

26* 의식이 브라만이 되어 버린 경험 속에서 세상이 보인다면, 그때 세상 역시 브라만입니다.

27 세상이 신의 유희라는 것을 안다면, 구원을 위한 다른 방법들이 왜 필요하겠습니까?

28 탐구하여 깨닫는다면, 그때 온 세상이 쉬밤이 될 것입니다. 쉬밤 과 별개로 어디에 삼사라가 퍼져 있습니까?

29 마음(샥티)의 정말로의 본성이 쉬밤이라는 사실을 깨달으면 최상 의 존재 상태가 얻어집니다.

마야

외부에 실재하는 세상이 있다는 환영을 만들어 내는 힘인 마야는 실 제로는 샥티의 다른 이름이다. 앞에서 내린 결론들은 여기에서도 적용 이 가능하다. 참나에 마야는 존재할 수 없지만, 그러나 마야는 신비롭 게도 참나 안으로부터 일어나 세상을 실재처럼 보이게 만든다.

30 마야의 힘은 거짓이며, 그림자 같은 힘입니다. 마야는 참나의 고 유한 본성이 아닙니다.

구루 바차카 코바이, 597절 존재하는 것은 오직 완전한 의식인 가슴입니다. 이것이 그러하기 때문에, 위대한 마야는 허구이지 않습니까? 지바가 거짓 마야인 마음이라는 뱀에 물려 당황해 하는 것은 이상하지 않습니까?

31 창조, 유지, 파괴, 베일과 은총으로 나누어지는 모든 활동들은 마야의 속성들로 존재하고 있습니다.

앞의 두 시구에 이어 다음에 오는 세 가지 시구들에서, 바가반은 나타나지 않는 참나로 있는 그분은 마야와 마야의 작용을 인식하지도 못하며 마야와 아무런 연결이 없다고 주장한다.

32 이 강력한 현상인 마야, 이 형언할 수 없는 잠재력을 지닌 환영은 나 자신과는 연관이 조금도 없습니다.

33 그것을 실재라고 주장하고 또 그것을 나와 연결시키는 것은 자아 마음입니다.

34 이런 식으로 주장하는 자아 마음조차도 해로운 마야에 갇혀 있습니다. 자유로운 마음 상태에서 이 분명한 결론의 진리를 깨달으십시오.

35 존재하고 있는 그것이 가슴 안에서 가슴으로 빛나고 있기 때문에, 기만적인 마음-마야는 그냥 개념에 불과한 것입니다.

36 환영의 교리(마야 바다)는 존재하지 않는 마야를 실재라고 여기는 것을 의미합니다. 마야를 '환영'이라 부른다는 의미는 아닙니다.

마야는 전통적으로 '환영'으로 정의되며, 보다 넓은 의미로 환영을 일으키고 유지시키는 힘이다. 바가반은 종종 이 전통적 정의에 의문을 가져서, 마야를 환영을 만들어 내는 실제적인 어떤 것이라기보다는 존재하지 않는 무엇으로 언급하였다.

바가반 샹카라가 마야바디(마야 이론의 추종자 혹은 제안자)로 불릴 때, 그 말에는 아래와 같은 반론이 있을 수 있습니다. "샹카라는 마야가 존재하지 않는다고 말합니다. 마야의 존재를 부정하고 그것을 미티야 즉 존재하지 않는 것으로 여기는 그를 마야바디라 부를 수 없습니다. 마야의 존재를 인정하고, 마야의 창조물인 세상을 인정하는 사람들을 마야바디들이라 제대로 불러야 합니다."9

질문 우파니샤드들은 모든 것을 브라만이라 하는데, 샹카라와 마찬가지로 우리는 어떻게 세상을 미티야 즉 존재하지 않는 것 혹은 환영이라 할 수 있습니까?

바가반 샹카라도 이 세상을 브라만 또는 참나라고 말했습니다. 그가 반대하는 것은 참나가 세상을 구성하고 있는 이름들과 형태들로 한정된다고 생각하는 것입니다. 그는 세상이 브라만과 별개로 존재하지 않는다고 말했습니다. 브라만이나 참나는 스크린과 같은 것이고, 세상은 그 위에 그려진 그림과 같은 것입니다. 스크린이 있는 동안만 그림을 볼 수 있습니다. 그러나 보는 사람이 스크린이 될 때 오직 참나만이 남습니다. 카이발야 나바니타가 마야에 대하여 6가지 질문을 하고 답을 했습니다. 이 질문들은 유익한 것입니다.

첫 번째 질문 마야란 무엇입니까?

답 그것은 아니르바차니야, 즉 말로 할 수 없습니다.

두 번째 질문 누구에게 나타납니까?

답 자신을 분리된 실체라고 느끼고서, "나는 이것을 한다." 혹은 "이것이 나의 것이다."라고 느끼는 마음 혹은 자아에게.

세 번째 질문 그것이 어디서 오며, 어떻게 생겨납니까?

답 아무도 답할 수 없습니다.

네 번째 질문 그것이 어떻게 일어났습니까?

답 "나는 누구인가?"를 묻지 않음으로. 즉 비차라를 하지 않음으로.

다섯 번째 질문 참나와 마야 둘 다 존재한다면, 이것은 아드바이타 이론을 무효화하지 않습니까?

답 그렇지 않습니다. 그림이 화면에 종속되듯이 마야는 참나에 종속됩니다. 스크린이 실재인 반면에, 그림은 허구입니다.

여섯 번째 질문 참나와 마야가 하나라면, 참나가 마야 즉 환영이라 할 수는 없습니까?

답 아닙니다. 참나는 환영이 되지 않으면서도 환영을 만들어 낼 수 있습니다. 마술사는 재미를 위해서 사람이나 동물, 혹은 사물 등의 환영을 만들어 낼 수 있습니다. 우리는 그 사람을 보듯이 그가 만든 모든 것들을 선명하게 볼 수 있습니다. 그러나 공연이 끝나면, 그만이 남으며 그가 만들어 낸 모든 것들은 사라집니다. 그는 환영의 일부가 아니라 실재이며 진짜입니다.[10]

37   잠깐 동안 나타나는 그림자들로 다양하고 어마어마한 세상을 만드는 마음의 힘인 환영은 참으로 인상적입니다!

38   마야의 올가미에 갇혀 어떻게 빠져나와야 할지 모르는 것은 자신의 진리인 의식의 빛을 망각하고 있기 때문이 아닙니까?

39   마야의 힘은 지바로 하여금 이미 했던 일을 계속해서 반복하도록 하는 것입니다.

다른 세상들의 실재

40   이 세상이 실재하는 정도만큼, 그 정도로 다른 세상들도 실재합니다.

41   "논쟁을 일으킴이 없이 이 정도만큼만 천국과 지옥에 대해 말할 수 있습니다." 그렇게 신인 파담께서는 말합니다.

구루 바차카 코바이, 178절 데바와 아수라의 세상을 포함하여 다른 세상들이 정말로 있다는 주장을 하거나 이것을 두고 다투지 마십시오. 이 세상이 실재하는 만큼, 천국으로부터 시작되는 모든 다른 세상들도 실재합니다.

질문 사람들은 힌두 신들의 천상의 나라들인 바이쿤타, 카일라사, 인드라로카, 찬드라로카 등에 대해 말합니다. 이것들이 정말로 존재합니까?

바가반 물론입니다. 그것들 모두가 존재한다고 믿어도 됩니다. 거기에 도 나와 같은 스와미가 침상에 앉아 있고, 제자들이 그 주위에 앉아 있을 것입니다. 제자들이 무언가를 물어볼 것이고, 그는 답할 것입니다. 모든 것은 다소 이와 같을 것입니다. 누군가가 찬드라로카를 보면, 그 사람은 인드라로카에 대해 물어볼 것입니다. 인드라로카 다음에는 바이쿤타, 카일라사 등을 물어보며, 마음은 점점 헤매게 됩니다. 샨티(평화)는 어디에 있습니까? 샨티를 찾는다면, 이를 찾는 유일한 방법은 참나 탐구입니다. 자기 탐구를 통하여 참나 깨달음은 가능합니다. 누군가가 참나를 깨달으면, 그는 이 모든 세상들이 자신 안에 있음을 볼 수 있습니다. 모든 것들의 근원은 자기 자신의 참나입니다. 참나를 깨달으면, 그 사람은 참나가 아닌 것을 찾지 못할 것입니다. 그러면 이러한 의문들은 일어나지 않을 것입니다. 바이쿤타나 카일라사가 있을 수 있거나 없거나 간에, 당신이 여기에 있다는 것이 사실입니다. 그렇지 않습니까? 당신은 어떠합니까? 당신은 어디에 있습니까? 이런 것들을 알고 난 뒤에야, 당신은 이 모든 세상들을 생각할 수 있습니다.[11]

질문 신들은 이슈와라입니까, 비슈누입니까? 그리고 그들의 신성한 영역인 카일라사와 바이쿤타는 실재합니까?

바가반 당신이 이 몸 안에 있는 만큼이나 실재합니다.

질문 그것들은 나의 몸과 같은 비야바하라 사티야(현상적 존재) 등을 갖습니까? 아니면 그것들은 토끼의 뿔과 같은 허구입니까?

바가반 그것들은 존재합니다.

질문 그렇다면 그것들은 어딘가에 틀림없이 있겠군요. 그것들은 어디에 있습니까?

바가반 그것들을 본 사람들은 그것들이 어딘가에 있다고 말합니다. 그러므로 우리는 그들의 말을 받아들여야 합니다.

질문 그것들은 어디에 있습니까?

바가반 당신 안에 있습니다.

질문 그렇다면 그것은 제가 창조할 수 있고 통제할 수 있는 단지 생각일 뿐입니까?

바가반 모든 것은 그와 같습니다.

질문 그러나 저는 단순한 허구들을 만들어 낼 수 있습니다. 예를 들어 토끼의 뿔이나 일부만 사실인 신기루 같은 것 말입니다. 제 상상과 무관한 사실들 또한 있습니다. 신 이슈와라나 비슈누와 같은 신들도 그처럼 존재합니까?

바가반 그러합니다.[12]

42   세상들 각각의 나타남은 깨끗하지 못한 마음이 만들어 낸 꿈일 뿐입니다. 그와 같은 마음은 개념화하는 힘(칼파나 샥티)의 저장고입니다.

질문 카일라사 등과 같은 다른 세상들은 어떻습니까? 이것들은 정말로 존재합니까?

바가반 모든 것은 마야의 꾸며낸 이야기입니다.[13]

바가반 목샤의 의미가 무엇입니까? 천국과 천국의 희열이 저 하늘 어딘가에 존재합니까? 이것들을 이 세상과 이 몸을 떠난 후에 어떤 몸과 어떤 세상에서 경험할 수 있습니까? 지고의 세상은 오직 가슴입니다. 지고의 침묵의 형태 안에 있는 고요가 궁극의 희열이며, 해방의 행복입니다. 걱정들의 사라짐이 지고의 상태를 얻는 것입니다. 존재 의식의 상태를 통하여, 지고의 희열의 삶이 바로 이 세상과 바로 이 몸 안에서, 어느 때든 어느 상태에서든 얻어질 수 있습니다.[14]

바가반이 일반적으로 설명하고 있는 동시 창조의 이론에서, 인격신인 이슈와라는 중요하기는 하지만 부차적인 역할을 한다. 세상을 존재하게 하는 과정이 동시에 이슈와라를 존재하게 한다.

> **바가반** 일어나는 순간에, 마음은 오직 빛입니다. 바로 그 후 "나는 이것이다."라는 생각이 일어납니다. '나' 생각이 지바와 세상을 만듭니다. 첫 번째 빛은 순수한 마음, 의식의 확장(치다카사) 혹은 이슈와라입니다. 그것들이 대상들로 나타납니다.[1]

그러나 비록 이슈와라가 단지 참나 안의 투영임에도 불구하고, 일단 그가 나타나면, 그는 자신의 샥티를 통하여 차후의 많은 현현들에 대한 책임을 떠맡는다.

1   태양이 세상의 활동들에 책임이 있는 것과 마찬가지로 이슈와라
      는 다섯 겹의 활동들에 대한 책임이 있습니다.

2   샥티 연결을 통하는 것 이외에, 이슈와라는 세상과 아무런 직접
      적인 관련이 없습니다.

《나는 누구인가?》에서 바가반은 "모든 것이 신의 작품이 아닙니
까?"라는 물음에 대한 답으로 다음의 글을 썼다.

> 욕망이나 의도 혹은 노력 없이 떠오르는 저 태양이 있음으로 돋보기
> 는 뜨거운 빛을 내고, 연꽃은 피고, 사람들은 일을 하고 또 멈춥니다.
> 자석 앞에서는 바늘이 움직입니다. 이와 마찬가지로, 어떤 것을 이루
> 려는 의도(상칼파) 없이도 신의 존재의 영향으로, 셋 혹은 다섯 가지 신
> 의 기능들에 지배를 받는 영혼들은 그들 각자의 카르마에 따라 그들의
> 활동을 시작하고, 행하고, 그칩니다. 그렇게 하지만, 신은 상칼파를 가
> 지고 있지 않습니다. 단 하나의 행위도 그에게 닿지 않을 것입니다. 이
> 것은 태양에 닿지 못하는 세상의 활동들, 혹은 공간에 영향을 주지 못
> 하는 원소(땅, 물, 불, 공기)들의 좋고 나쁜 성질과 비교할 수 있습니다.

상칼파는 '결심', '의지', 혹은 '의도'라는 의미를 지니고 있다. 신은
아무런 개인적인 상칼파를 가지고 있지 않다. 다시 말해서, 신은 자신
이 해야 할 것을 결정하거나 생각하지 않는다. 성숙한 헌신자들이 그
분의 현존 때문에 꽃을 피우지만, 이것은 이슈와라가 자신의 은총을
행운을 지닌 몇몇 사람들에게 주려고 결심했기 때문은 아니다. 그분의

현존은 모두에게 이용이 가능하나, 오직 성숙한 사람들만이 그것을 깨달음으로 바꿀 수 있다. 다른 존재들 역시 더욱 성숙하지만, 베일이 걷혀지는 지점에 이르지는 않는다.

세 가지 신의 기능은 창조, 보존 그리고 파괴이다. 다섯 가지 신의 기능은 이 세 가지에 가림과 은총을 더한 것이다. 많은 힌두 경전들에 따르면, 신은 세상을 창조하고, 보존하며, 결국 파괴한다. 세상이 존재하는 동안에, 성숙한 헌신자들이 환영의 장막을 걷어 올려 있는 그대로의 신을 알게 될 때까지는, 신은 마야의 힘으로 자신을 가려 세상 사람들에게 자신의 진정한 본성을 숨긴다.

비록 이슈와라가 세상의 일들에 책임이 있다고 바가반이 가르쳤지만, 그는 또한 절대적인 실재의 입장에서 본다면, 이슈와라는 궁극적으로는 초월되어야 하는 비실재의 실체라고 가르쳤다.

인격신이며 우주의 지고의 창조자인 이슈와라는 정말로 존재하고 있습니다. 하지만 이것은 진리를 깨닫지 못하고 개별 영혼의 실재를 믿고 있는 사람들이 지니고 있는 상대적인 입장에서만 오직 그러합니다. 절대적인 입장에서 보면, 현자들은 하나이며 형상이 없는 참나 이외에 다른 어떤 존재도 받아들일 수 없습니다.

이슈와라는 몸과 형태와 이름을 가지고 있지만, 그것은 육신의 몸을 지닌 그런 거친 존재는 아닙니다. 이슈와라는 헌신자들이 창조한 형태들 속의 비전에서 보일 수 있습니다. 신의 형상들과 이름들은 많고 다양하며 또 각 종교마다 다릅니다. 신의 본질은 우리들의 진정한 참나와 동일하며, 하나이며 형상이 없습니다. 그러므로 신이 가장하여 입고 있는 형상들은 단지 창조물들이거나 외형들일 뿐입니다.

이슈와라는 온 우주를 통하여 모든 사람들과 모든 사물들 속에 내재되어 있습니다. 모든 사물들과 존재들의 합이 신을 이루고 있습니다. 존재하는 힘 가운데 작은 힘이 온 우주가 되었으며, 그 나머지는 나타나지 않고 있습니다. 이 잠재되어 있는 힘과 세상으로 나타난 힘의 합이 이슈와라를 이룹니다.

이슈와라, 신, 창조자, 인격신은 버려야 할 비실재의 모습들 중 마지막의 것입니다. 오직 절대적 존재만이 실재하고 있습니다. 그러므로 세상은 물론이고, 자아뿐만이 아니라 인격신까지도 비실재의 것입니다.[2]

3 지바들로 하여금 전생의 사건들을 잊게 만드는 가림(티로다나)은 이슈와라가 지바들에게 주고 있는 지고의 자비의 행위임을 알아야 합니다.

4 이러한 기억들이 없지 않으면, 지바들은 말라파리파카(불순들이 막 파괴되려는 성숙의 단계)에 이르지 못할 것입니다. 그러면 지바들의 삶은 흩어져 파멸할 것입니다.

이슈와라의 신성한 역할들 중 네 번째인 가림은 일반적으로 마야의 힘을 통하여 자신의 진정한 본성을 헌신자들에게 가리는 것을 말하지만, 여기에서는 지바들의 이전 삶에 대한 지식을 가리는 것도 의미한다.

구루 바차카 코바이, 116절 지바의 과거의 수많은 삶에서 다른 사람들에 의해 그에게 가해진 고통들과 그가 다른 사람들에게 가한 고통들에 대한 내용들로 가득한 지바의 과거의 자세한 역사들은 지바의 의식에 남아 있지 않습니다. 이 완전한 망각, 가림은 지바들을 향한 신의 은총의 행위임을 분명히 아십시오.

구루 바차카 코바이, 117절 이 삶에서 몇몇 사건들에 대한 생각들이 마음 안에 떠오르는 제한된 기억조차도 지바의 삶을 비참하게 만듭니다. 그러므로 망각은 아주 바람직한 것입니다.

바가반 아무도 자신의 전생에 대하여 알지 못합니다. 사람들은 망각하고, 그 망각은 좋은 것입니다. 이 한 생애에서도, 우리는 종종 과거에 있었던 어떤 일에 대하여 심각하게 걱정합니다. 자신의 전생의 삶 모두를 알고 있다면 우리는 그러한 걱정들을 견뎌 낼 수 있겠습니까? 전생들의 사실들을 안다는 것은 자기 자신의 참나를 아는 것을 의미합니다. 만약 이번 출생에 그것이 알려진다면, 이전의 출생들은 오로지 마음과 마음의 갈망(상칼파)이라는 것이 보일 것입니다.[3]

신의 명령과 운명

5 의식을 알지 못하는 사람들이 이 세상에서 일어나는 일들에 대하여 결점을 찾지만, 일어나는 모든 사건들은 독특한 신의 명령에 따라 그렇게 일어납니다.

'신의 명령'은 이슈와라에 기인한다. 바가반은 우파데사 사람의 첫 번째 절에 있는 다음 설명에서 이 점을 분명히 하고 있다.

질문 '카르투라그나야 프라피야테 팔람(신의 명령으로 결실을 거두는 행위)'에서 신(카르타)은 누구입니까?

바가반 카르타는 이슈와라입니다. 그분은 개개인의 카르마에 따라 각 사람들에게 행위의 결과들을 퍼뜨리는 분이십니다. 이는 그가 사구나 브라만(속성들이 있는 브라만)이라는 의미입니다. 진정한 브라만은 니루구나(속성들이 없으며)이며, 움직임이 없습니다. 이슈와라라고 이름이 붙여진 그분은 오직 사구나 브라만입니다. 그분은 각 사람의 카르마에 따라 사람들에게 팔라(결실)들을 줍니다. 그것은 이슈와라가 대행자라는 의미입니다…… 이슈와라의 샥티가 없이는 이 카르마는 일어나지 않을 것입니다.[4]

바가반은 운명의 할당 즉 프라랍다 카르마가 어떻게 일어나는지에 대해 다음과 같이 설명하였다.

바가반 인간은 자신의 전생들에서 많은 카르마들을 행했을지도 모릅니다. 이들 중 몇몇이 이번 생에서 선택될 것이고 그리고 이번 생에서 그 결과들을 그는 즐겨야 할 것입니다. 이는 영사 기사가 이번 공연에서 보여 줄 몇 장의 슬라이드를 고르고, 나머지는 다른 공연을 위해 예비해 두는 슬라이드 쇼와 같습니다.[5]

바가반 개인들은 자신들의 카르마들로 고통을 받아야 하지만, 이슈와라의 목적은 그들의 카르마를 최선의 것으로 하고자 하는 것입니다. 신은 카르마의 결과들을 조절하지만, 더하거나 빼지는 않습니다. 인간의 잠재의식은 좋고 나쁜 카르마의 저장고입니다. 이슈와라는 이 창고에서 모든 사람들의 영적 성장에 가장 적절한 즐거운 혹은 괴로운 것을 고릅니다. 그러므로 임의적인 것은 아무것도 없습니다.[6]

6   중립을 지키면서 조금의 편애도 없이 모든 일들을 행하는 이 독특한 명령의 진리는 창조물 안에 사로잡혀 있는 지바들에게는 알려질 수 없습니다.

7* 진정한 헌신자들은 일어난 모든 일들이 오직 최선을 위해 일어난다는 점을 자신의 가슴으로 확신하고 있습니다.

   무루가나르 미미한 힘을 가지고 있는 사람들은 자신의 통제 하에 있는 자신의 마음을 변화시킬 힘조차도 가지고 있지 않습니다. 그러므로 이슈와라의 강력한 통제 아래에 있는 외적 세상의 사건들을 변경시키려는 것은 무지로 분류될 수 있습니다. 그러한 노력들이 이슈와라가 이미 정해 놓은 것과 일치하지 않는다면, 까마귀가 가지를 떠나자 과일이 나무에서 떨어지는 것처럼, 성공은 동시성으로 일어나는 것입니다. 그러한 노력들은 보통 실패로 끝납니다. 그러한 시도들은 오직 실망으로 나아가게 합니다.[7]

8   "경험되어야 할 것들은 바라든 바라지 않든 반드시 경험하게 될 것입니다." 파담은 이것을 반복해서 말합니다.

   쉬바프라카삼 필라이는 그의 출판되지 않은 시들 중의 한 편인 이란 갈에서 운명에 관한 바가반의 설명 중 하나를 기록하였다.

"우리들은 어떻게 해서 몸을 가지게 되었습니다. 올 운명인 것은 좋은 것이든 나쁜 것이든 결국 오게 될 것입니다. 그것은 오지 않은 채 있지 않을 것입니다. 고통에서 벗어나는 유일한 방법이 하나 있습니다. 그것은 마음을 내면으로 향하게 하는 것입니다." 라마나께서는 그렇게 말했습니다.[8]

질문 초기 단계에 은둔처를 구하고 삶의 외적인 의무들을 포기하는 것이 도움이 되지 않습니까?

바가반 포기란 언제나 마음속에 있는 것이지, 숲으로 가는 것이나 혹은 외딴 곳에 가거나 혹은 자신의 의무를 포기하는 것이 아닙니다. 중요한 것은 마음을 외부가 아니라 내면으로 향하게 하는 것입니다. 이것은 이 장소나 저 장소로 가거나 자신의 의무를 포기하거나 포기하지 않는 그러한 것들에 달려 있는 것이 아닙니다. 모든 것은 운명에 따라 일어납니다. 몸이 거쳐야 하는 모든 활동들은 몸이 존재하게 되는 첫 순간에 이미 정해졌습니다. 그것들을 받아들이거나 거부하는 것은 당신에게 달려 있지 않습니다. 당신이 가지고 있는 유일한 자유는 마음을 안으로 돌려 거기에서 행위들을 포기하는 것입니다……

바탕으로 가기를 원한다면, 당신이 누구인지 그리고 자유와 운명을 가지고 있는 자가 누구인지를 찾아내야 합니다. 당신은 누구이며 이 한계들을 지니고 있는 이 몸을 왜 가지게 되었습니까? [9]

9   당신에게 오게 될 것은 자동적으로 오게 될 것입니다. 오게 되지 않을 것은 오지 않을 것입니다. 그러므로 당신의 희열의 자연스러운 상태 안에 머무르십시오.

질문 인간은 자유 의지를 가지고 있습니까, 아니면 자신의 삶의 모든 것들이 미리 정해져 있습니까?

바가반 자유 의지는 개별성이 있는 곳에 있을 것입니다. 개별성이 유지되는 한, 자유 의지는 있습니다. 모든 샤스트라들은 이 사실에 근거하고 있습니다. 경전들은 자유 의지를 올바른 길로 향하게 하라고 충고합니다.

자유 의지나 운명이 누구에게 문제가 되는지 찾아내십시오. 그것 안에 머무르십시오. 그러면 이 두 가지를 초월하게 됩니다. 그것이 이러한 문제들을 논의하는 유일한 목적입니다. 이러한 의문들은 누구에게 일어납니까? 찾아내십시오. 그래서 평화에 있으십시오.[10]

울라두 나르파두, 19절:

운명과 자유 의지 중 어느 것이 우세한가에 대한 논쟁은 운명과 자유 의지의 뿌리를 모르는 사람들에게만 있습니다. 운명과 자유 의지의 바탕이 되는 (자아) 자기를 알아 버린 사람들은 이러한 논쟁들을 하지 않습니다. 그들이 다시 이러한 논쟁들에 들어가겠는지요.[11]

10 확고 불변한 갸니는 아무런 두려움이 없이 현재의 몸과 더불어 시작하는 프라랍다를 완전히 태워 버릴 것입니다.

11 참나인 갸나의 희열의 경험 안에, 프라랍다의 경험들은 '나'에 매달리지 않을 것입니다.

구루 바차카 코바이, 698절, 포리푸라이 데하트마 붓디를 통하여 수축된 마음을 가차없이 소란시키고 어지럽게 하는 회오리바람 같은 프라랍다는 불순한 자아가 참나 탐구로 파괴될 때 순수한 의식의 지극히 깨끗한 공간으로 빛나는, 부가물로부터 자유로운 마음을 조금도 흔들 수 없습니다.

주석 의식의 무한한 확장으로 빛나고 있는 마음은 완벽하기 때문에 아무런 동요가 없다.

12 신께서 정해 놓은 것 이외에는 아무것도 일어나지 않습니다. 따라서 사람들이 불안을 경험하고서 고통으로부터 벗어나기 위하여 세상이 달라지기를 원하는 것은 무의미합니다.

구루 바차카 코바이, 1191절, 포리푸라이 무한한 힘을 가지고 있으며 어떤 것도 할 수 있는 지고의 신의 명령에 반대되는 일은 할 수 없습니다. 그러므로 만족하지 못하는 기만적인 마음이 일으키는 불안을 끝내는 적절한 길은 자아의 잘못을 가라앉히고 신의 발을 명상함으로써 오는 지고의 의식의 힘 아래에 있는 것입니다.

제7장
올바른 지식, 올바른 행위 및 올바른 태도

배가 물에 있을 수는 있지만 물이 배에 들어온다면, 그것은 큰 재앙일 것입니다. 이와 마찬가지로 세상이라는 바다에 살고 있을지라도 세상이 자신 안으로 들어온다면, 그의 온 삶은 비참해질 것입니다.[1]

염소의 수염이 헛되이 흔들리는 것처럼, 참나 안에 있는 영원한 목샤로 안내하는 수행들을 경멸하며 세상의 갈망들을 얻고자 활동을 하면서 즐겁게 방황하는 것은 헛된 것입니다.[2]

금으로 만든 장식품들이 많지만 모든 장식품들의 유일한 실재가 금이듯이, 선한 다르마(의로운 행위)들이 많다고 하지만 모든 다르마들 가운데 유일한 실재는 자기를 희생하는 것입니다.[3]

제1절

종교와 종교적 지식

종교적 교리

1 모든 종교 교리들은 서로 모순이 됩니다. 그것들은 전쟁을 일으켜 서로 충돌하다가 결국에는 죽습니다.

2 이 전장에서 모든 종교들은 그들 모두를 지탱하고 또한 유익을 주면서 있는 모우나 앞에 설 때 패배하여 물러납니다.

3 모우나가 하고 있는 희귀하고 놀라운 힘은 그것이 어떤 종교들에 대해서도 증오하지 않는다는 것입니다.

4* 많은 여러 종교들은 각 개인의 성숙에 적절한 것입니다. 그것 모두는 좋은 것으로 받아들여질 수 있습니다.

구루 바차카 코바이, 342절 투명함을 오게 하는 여러 종교들은 다양한 수준의 마음의 성숙에 도움을 주기 위하여 만들어진 것입니다. 그러므로 이러한 종교들에 대하여 조화로운 견해를 갖는 것이 가장 현명합니다. 이것들은 실천할 가치가 있습니다.

구루 바차카 코바이, 989절 지식의 절정인 침묵을 그것들이 공통적으로 가지고 있기에, 모든 종교들은 독특하며 순수하게 빛나는 아드바이타의 진리로 가는 수단들입니다. 그러므로 그것들은 놀랄 만한 것인 베단타와 반대되지 않습니다.

바가반은 1945년 11월 21일 《바가반과 함께한 나날》에서 이 주제에 관련한 타유마나바르의 말을 인용하였다.

빛나는 지고의 존재시여! 너무나 달라 보이는 모든 종교들을 면밀히 조사해 본다면, 이 종교들의 목적이 아무런 모순이 없다는 것을 알게 됩니다. 그것들은 모두 지고의 신이신 당신의 유희입니다. 모든 강물들이 바다로 흘러가듯이, 모든 종교들은 결국 당신의 침묵의 바다에서 끝이 납니다.

5 마음을 현혹시키며 고통만을 주는 헛된 논쟁을 그만두고, 모우나 종교의 교리를 받아들이십시오. 이 모우나 종교는 늘 정결한 채로 있습니다.

바가반 가르침들의 불일치는 당연하며, 신에게 자기-복종을 실천한다면 해결될 수 있습니다. 이 복종은 참나로 안내할 것입니다. 결국 모든 사람들이 참나에게로 돌아가야 합니다. 왜냐하면 그것이 진리이기 때문입니다. 교의들 간의 불일치는 그들의 장점만을 이야기하는 것으로는 결코 없앨 수 없습니다. 왜냐하면 토론은 마음의 과정이기 때문입니다. 교의들은 마음에서 나온 것입니다, 그것들은 오로지 마음에만 존재합니다. 반면에 진리는 마음 너머에 있습니다. 그러므로 진리는 교의들 속에 있지 않습니다.[1]

종교적인 관용

6   마음이 있는 동안까지만 종교가 있을 것입니다. 마음이 침묵을 얻을 때 종교 또한 멈출 것입니다.

구루 바차카 코바이, 993절 마음이 있는 한, 종교 역시 있을 것입니다. 내면을 향하여 마음을 조사함으로써 마음이 가슴과 하나가 됨으로 오는 풍부한 평화의 침묵에는 아무런 종교도 살아남을 수 없습니다.

7   평화로운 상태에서는 마음은 가슴 – 존재의 길의 조화로운 빛 – 에 이릅니다. 그러면 실재는 바깥으로 빛을 발할 것입니다.

여기서 '조화롭다'라는 말은 겉보기에 모순되는 종교적 믿음들의 다른 교의들의 조화를 언급하는 말이다.

8 자기 자신의 종교를 향한 맹목적인 광신으로 마음 안에 분노와 증오를 느끼는 것은 잔인하고 무지한 행동입니다.

구루 바차카 코바이, 991절 당신 자신의 것에 대한 집착으로 다른 종교들과 논쟁하느라 외부로 향하는 대신에, 내면을 향하고 그리고 당신이 진정한 사랑으로 믿고 있는 종교가 무엇이든 실천하십시오.

바가반 그러므로 구도자들은 평화로운 마음으로 다른 믿음들에 대한 증오와 모든 다툼을 그만두고, 구원을 얻기 위하여 자신의 믿음에서 가르치고 있는 사다나를 하십시오.[2]

9 이 변절의 행위를 보고, 이슈와라와 진정한 헌신자들은 부끄러움을 느끼며, 그것이 무지스러운 매춘부의 행위보다 더 나은 것이 없다고 여깁니다.

10 당신의 맑음을 파괴하는, 다른 사람의 길에 대한 비난을 그만두고, 하나의 방법을 배우십시오. 당신의 가슴 안에서 자신의 길을 지키고 소중히 하십시오.

많은 경우, 종교에 관한 이야기가 나오면 바가반께서는 "사람들은 그들 자신의 실수들을 모를 수 있습니다. '나의 종교를 모든 사람이 믿어야 한다.'라는 말의 모습으로 많은 곳에서 자아가 나옵니다."라고 말씀하셨다.

나(마다바 티르타)는 한 그룹의 독실한 무슬림들이 마하리쉬를 만나러 왔을 때 힌두의 생각들을 이해하지 못하는 그들에게 힌두의 생각들을 강요하는 것을 마하리쉬께서 싫어하시는 좋은 예를 보았다.

그들 중 한 명이 "인간의 삶의 최선의 목표가 무엇입니까?"라고 물었다.

슈리 마하리쉬께서는 대답하셨다. "그것은 신의 발아래에 머문다는 뜻인 이슬람입니다. 그 결과로 평화라는 의미인 살람을 얻습니다."[3]

종교적 준수들

11* 많은 종교인들이 하는 수많은 영적 수행들은 의식이자 궁극인 참나와 하나 되려는 유일한 목적을 이루기 위한 것입니다.

12 왜 그렇게도 많은 가르침들이 있습니까? 당신의 주의를 순수 의식인 참나를 얻는 데 두도록 하십시오.

13 순수하고 거대한 참된 의식인 스와루파로 있는 상태가 세상의 모든 존재들이 확고하게 지켜야 하는 의무입니다.

14 많은 종교들의 모든 다양한 사다나들은 "당신은 우리의 피난처입니다."라는 말을 하면서 아트마 스와루파 안에 거주하는 것인 갸나 사마디에 머리를 숙이는 것입니다.

15 탐구(나는 누구인가?)의 결과로 빛나는 아트마 스와루파인 단순한

존재의 비전은 모든 희생의 봉헌물들 중에서 최고이며 가장 뛰어난 것입니다.

16 스와다르마(자신의 의무)는 오로지 순수한 참나 안에 거주하는 것입니다. 모든 다른 의무들은 무의미합니다.

질문 제가 무엇을 해야 합니까? 무엇이 저의 의무입니까?
바가반 이제 당신은 할 것이 없습니다. "나는 누구인가?"를 탐구하십시오. 그리고 (당신이 누구인지 알게 되었을 때) 만일 아직도 의무가 있다면, 그것은 이행될 것입니다.[4]

쉐이밤과 샥탐

17 쉐이밤은 순수하고 지고한 모우나의 빛의 탁월함입니다. 샥탐은 마음과 연관이 있는 창조, 보존, 파괴 등의 범주들에 속합니다.

쉐이밤은 '쉬바에 관한'이라는 의미이다. 그것은 쉬바를 숭배하는 사람들의 종교이다. 샥탐은 주로 성모에 대한 숭배에 초점을 두고 있는 종교이다. 하지만 나는 이 일련의 글들을 샥타 신앙에 대한 비평으로 받아들이지 않을 것이다. 나는 쉐이밤을 쉬바의 의식인 쉬밤을 의미하는 말로, 그리고 샥탐은 그의 힘이나 현존인 샥티를 의미한다고 생각한다. 다음 절에서는 마음과 현현을 존재케 하는 힘인 샥티가 결국 가라앉아 '순수한 쉬밤'의 '숭고함'을 남긴다는 점을 분명히 하고 있다.

18 마야의 샥티가 나타남으로 번성하는 샥탐은 순수한 쉬밤인 해방의 거대함 속에서 막을 내릴 것입니다.

경전

19 수많은 경전들의 본질적인 진리는 오직 지고의 의식이 있다는 것입니다.

20 당신의 진정한 본성이 "당신이 그것이다."라고 선언하는 어머니 같은 베다들의 진정한 사랑은 당신에게 (삼사라를 건너게 해 주는) 다리입니다.

바가반 각 사람은 참나를 알고 있지만 아직은 무지합니다. 마하바키야를 들은 뒤에야 깨달을 수 있습니다. 그러므로 우파니샤드 경전은 영원한 진리입니다. 깨달은 사람은 누구나 그것에게 그의 경험을 빚지고 있습니다. 참나가 브라만이라는 것을 들은 후에, 그 사람은 참나의 진정한 의미를 발견하고 그것에서 벗어날 때마다 그것에게로 되돌아갑니다. 깨달음의 전 과정은 이렇습니다.[5]

21 갸나 경전들을 배우는 것은 사마디의 길을 여행을 하는 데 필요한 부수적인 것입니다. 그것의 가치가 유한하다는 점을 이해하여야 합니다.

22 말로 가득 찬 경전의 지식에 통달하고는 자랑스러움과 우월함을 느끼는 것은 무지한 사람의 성품입니다.

23 갸나 샤스트라들을 배움으로 오는 진정한 이점은 진리를 알고자 동경하는 지바에게만 올 것입니다. 다른 사람들에게는 오지 않습니다.

24 경전의 지식을 통하여 갸나가 나타나기를 기대하는 것은 풀잎을 타고 바다를 건너려는 것과 같습니다.

25 책들을 읽는 사람의 진리는 책 안에 있지 않습니다. 진리는 베단타 지식의 경험 안에 있습니다.

질문 바가반, 저는 베다들과 샤스트라들을 많이 읽었습니다. 하지만 아트마 갸나(참나 지식)는 저에게 오지 않았습니다. 왜 그렇습니까?
바가반 아트마 갸나가 샤스트라(경전)들 안에 있다면, 그것이 당신에게 올 것입니다. 당신이 경전들을 보면, 샤스트라 갸나(경전들의 지식)가 올 것입니다. 당신이 참나를 본다면, 참나 지식이 빛날 것입니다.[6]

진정한 배움

26 하나에 완전히 집중된 마음이 가슴 안에 있는 지고의 침묵을 알 때, 이것이 진정한 앎입니다.

27 이 진정한 앎으로부터 얻어진 지식의 결과로, 모든 거짓 고통은 떠나고 깊은 평화가 무성할 것입니다.

28 앎의 이점은 마음을 즉시 전환시켜 참나의 빛에 사로잡히게 할 수 있다는 것을 명심하십시오.

29 앎의 이점은 당신 자신의 본성인 개념이 없는 실재의 상태 안에, 가슴 안에 그냥 자리 잡도록 한다는 것입니다.

30 신성한 발이 지바의 머리에 닿아 머물지 않고 있다면, 학식이 무슨 이익을 줄 수 있겠습니까?

이 시구는 구루가 제자들에게 전달하는 힘인 샥티파타에 대해 우회적으로 말하고 있다.

질문 샥티파타는 카르마 삼야 즉 장점과 단점이 동등할 때 일어난다고 합니다.
바가반 그렇습니다. 말라파리파카(불순물들이 막 파괴되려는 성숙한 상태), 카르마삼야, 그리고 샥티파타는 같은 의미입니다. 사람들은 자신의 삼스카라들의 과정을 달려가고 있습니다. 자신이 참나라는 가르침을 받을 때, 이 가르침은 마음에 영향을 주어 상상력을 요동치게 합니다. 그는 분출하는 힘 앞에 무력합니다. 그는 "나는 참나이다."를 그 자신의 방식으로 상상합니다. 그의 경험들은 "나는 참나이다."라는 진술문에 대한 자신의 상상에 일치합니다. 그가 무엇이라 상상하든 간에 그 상상에 일치합니다. 샥티파타만이 진정하고 바른 경험을 줍니다.

가르침을 받을 만큼 성숙되고, 그의 마음이 가슴속으로 가라앉으려 할 때, 가르침은 번쩍이는 모습으로 전해집니다. 그러면 그는 곧바로 참나를 깨닫습니다. 그렇지 않으면, 항상 다툼이 있습니다.[7]

31* 오직 아칸다 브리티(끊어지지 않는 경험), 자신의 진실, 바탕을 배우는 것이 진정한 배움입니다.

경전 지식의 진정한 목적

32 실천하지 않으면서 많은 지식을 지니고 있는 것은 지바의 안녕에 해로울 것입니다.

바가반 예로부터 책 지식의 지나침이 마음 산만의 원인이 된다고 했습니다. 지식은 당신을 목표에 데려다 주지 않을 것입니다. 경전들을 배워 학자가 되는 것은 명예를 줄지는 모릅니다. 그러나 그것들은 진리와 구원을 찾아 나선 구도자들에게 필요한 마음의 평화를 파괴할 것입니다. 무묵슈(구원을 구하는 자)는 경전들의 정수를 이해해야 하지만, 디야나에 나쁜 경전들을 읽는 것은 피해야 합니다. 그것은 알곡은 받아들이고, 껍질은 버리는 것과 같습니다. 많은 책들이 꽂혀 있는 책장이 있을 것입니다. 거기서 몇 권을 읽을 수 있습니까? 평생 동안 하나의 종교와 관련된 책 모두를 읽기에 불가능할 정도로 많은 책들과 종교들이 있습니다. 그러면 언제 실천할 수 있습니까? 읽으면 읽을수록 더 많이 읽고 싶습니다. 이 모든 것들의 결과는 책을 가진 다른 사람들과 계속 토론하며 시간을 보내는 것입니다. 그렇게 하는 것은 구원으로 나아가게 하지 않을 것입니다. 제가 여기에 온 처음 두 해 동안 눈을 감고 평화롭고 고요하게 있는 것을 제외하고 제가 무슨 책을 보았으며 무슨 베단타 강연을 들었습니까?[8]

33 엄청난 양의 지식을 가지고 있다 할지라도, 집착하는 자아가 파괴되지 않으면 쓸모가 없습니다.

34 미묘한 지성의 미덕은 가슴으로 들어가는 능력이지, 어떤 것을 연구하고 이해하는 능력이 아닙니다.

질문 바가반, 저는 책들을 읽어 묵티를 얻을 수 있는 길 하나를 찾아내고자 합니다. 그러나 저는 책을 읽을 줄 모릅니다. 제가 무엇을 해야 합니까? 제가 어떻게 해방을 얻을 수 있습니까?
바가반 책을 읽을 줄 모른다는 것이 무슨 문제가 되겠습니까? 자신의 참나를 안다면 그것으로 충분합니다.
질문 여기에 있는 모든 사람들은 책들을 읽고 있지만 저는 그렇게 할 수 없습니다. 제가 무엇을 해야 합니까?
바가반 책이 가르치는 것이 무엇이라고 생각합니까? 당신 자신을 보고 난 뒤에 나를 보십시오. 그 말은 거울에 비친 당신의 모습을 보라는 것과 같습니다. 거울은 얼굴에 있는 것만을 보여 줍니다. 세수를 한 후에 거울을 본다면, 얼굴은 깨끗할 것입니다. 그렇지 않으면 거울은 여기에 더러움이 있으니 세수를 한 뒤에 오라고 할 것입니다. 책도 같은 것입니다. 자신을 깨닫고 난 뒤에 책을 읽는다면, 모든 것들이 쉽게 이해될 것입니다. 그 전에 책을 읽는다면, 당신은 늘 무수한 흠들을 보게될 것입니다. "먼저 당신 자신을 바르게 한 뒤에 나를 보십시오." 그것이 전부입니다. 먼저 당신의 참나를 보십시오. 왜 당신은 책을 배우는 것에 관하여 걱정을 하고 있습니까?[9]

35 배운 모든 것이 마음으로 하여금 참나 안에 가라앉게 하는 수단이 되지 않는다면, 그 모든 것은 전적인 거짓입니다.

구루 바차카 코바이, 143절, 포리푸라이 자아가 존재하기를 멈추게 하는 데 일차적인 도움을 주는 것은 신의 은총입니다. 신의 은총의 도움을 받으면서 경전의 지식이 자아의 근원인 가슴에 이르는 것을 촉진시켜야 합니다. 지식이 이러한 방식으로 도움이 되지 않는다면, 그 지식은 환영에 불과한 살덩어리를 자신이라 여기며 행동하는 사람들에게 짐이 되며, 흔들거리고 있는 염소의 수염에 지나지 않습니다.
주석 신의 은총은 늘 모든 존재 안에 자연스럽게 솟아나오는 것이다. 가슴에 이르도록 돕지 않는 지식은 전적으로 쓸모가 없는 것이기에, 그것을 염소의 수염으로 비유하였다. 가슴에 다다르기 전에는 자아는 그치지 않을 것이다. 그러므로 "어떤 식으로든 가슴에 이르기 위해서는…… 자아가 존재하기를 멈추어야 한다." 자아에 의존하면서 가슴에 이르려 하는 것은 소용이 없다. '신의 은총의 도움을 받으면서' 라는 말은 이 이유에서 나온 것이다.

36 지식의 이점은 순수한 의식의 풍부함으로 있는 분의 자비로운 발

아래 머물게 하는 것이 되어야 합니다.

판디트들과 학자들

37 의식이며 지고의 존재인 아트마-스와루파의 땅에 거주하는 사람
들만이 학자입니다. 그 나머지 사람들은 바보 같은 사람들입니다.

38 비록 다른 것들에 대하여 많은 지식을 얻었다 할지라도, 참나의
상태를 탐구하여 그것을 알지 못하고 있는 사람들이 정말로 얻은
것은 무엇입니까?

39 대상을 의식과 다른 것으로 보는 사람은 의식을 안 판디트가 될
수 없습니다.

구루 바차카 코바이, 132절, 포리푸라이 나와 같이 있는 당신들이 왜
나를 판디트라 부릅니까? 진정한 판디트들이 보여 줘야 하는 필수불가
결한 징표는 바로 처음부터, 자신과 동떨어져 있는 모든 예술들과 과학
들을 무지한 것으로 알고서 그것들을 연구하는 자를 아는 것입니다.

구루 바차카 코바이, 133절, 포리푸라이 "모든 예술들과 과학들을 알고
있는 이가 누구인가?"를 자신 안으로 깊이 탐구함으로, "나는 지식이
있는 자이다."라고 말하는 자아는 머리를 들지 못하고 즉시 멈춥니다.
이것과 더불어 자아에 의해 알려진 예술과 과학에 대한 지식은 중지됩

니다. 이 탐구 이후에 오는 있는 그대로의 자신의 진정한 상태인 참나를 정확히 안 사람이 판디트입니다. 어떻게 아트마 스와루파를 모르고 자아를 지닌 사람이 판디트가 될 수 있겠습니까?

40 영리한 논쟁으로 반대자들을 물리치고 그들을 천하게 여기고 그들의 입을 막는 지적인 지배로 무엇이 얻어질 수 있겠습니까?

41 책의 자세한 내용까지 공부하여 알고 있다 하더라도, 니슈카미야 푸니야가 없다면, 마음이 가슴으로 들어가는 것은 불가능할 것입니다.

여기서 '푸니야'는 보상에 대한 아무런 생각이 없이 행한 영적 수행에서 오는 미덕을 의미한다.

제2절

죽음과 고통

죽음

1 프라마다(참나 망각)가 떠나 버린 마음에는, 탄생과 죽음은 그냥
   말에 불과한 것이 될 것입니다.

2 당황하여, 결점이 전혀 없는 진리로부터 빗나간 마음에 죽음의
   신(야마)이 배회합니다.

   바가반 위대한 스승들은 망각이 모든 악의 근원이며, 해방을 구하는
   사람들에게 죽음이라고 말합니다. 그러므로 마음을 자신의 참나 안에
   쉬게 해야 하며 참나를 결코 잊지 말아야 합니다.[1]

   바가반 당신의 진정한 본성을 망각하는 것이 죽음이고, 그것을 기억하

는 것이 다시 태어나는 것입니다. 그것은 계속되는 탄생들을 끝냅니다. 당신의 것은 영원한 생명입니다.[2]

바가반 자신이 태어났다고 생각한다면, 그는 죽음의 공포를 피할 수 없습니다. 자신이 태어났는지 혹은 참나에게 태어남이 있는지를 찾아내십시오. 그러면 그는 참나는 항상 존재하고 있으며, 태어난 몸은 생각 속으로 용해되며, 생각의 나타남이 모든 실수의 근원이라는 것을 알게 될 것입니다. 어디로부터 생각들이 나타나는지 찾아내십시오. 그러면 당신은 늘 존재하고 있는 가장 깊은 곳에 있는 참나 안에 거주하게 될 것이며, 그리고 탄생이라는 생각과 죽음이라는 생각을 벗어나게 될 것입니다.

질문 그것을 어떻게 합니까?

바가반 생각들은 이전의 수많은 삶들에서 축적된 바사나들일 뿐입니다. 그것들을 없애는 것이 목표입니다. 바사나들로부터 자유로운 상태는 최초의 상태이며 영원히 순수한 상태입니다.[3]

3 거짓이며 죽기 마련인 몸에 자신을 묶는 자아는 정말이지 야마에게 먹잇감을 만드는 죽음입니다.

죽음 혹은 삶?

4 수면 중에 시체처럼 있는 몸에 '나'라는 느낌을 조금이라도 주고 있는 사람들은 비록 그들이 살아 있는 것처럼 보일지라도 실제로

는 죽은 것입니다.

바가반 지금 우리는 죽음 안에 살고 있습니다. 무한한 참나를 제한한 사람들은 그러한 한계들을 뒤집어씀으로써 자살을 저질렀습니다.[4]

5 당신(자아)이 죽은 상태에서는 형언할 수 없는 참나의 삶이 당신의 가슴속에 나타날 것입니다.

6 죽음이 없는 참나를 죽는 것으로 보이게 하는 것은 죽기 마련인 몸을 '나'로 여기는 자아입니다.

바가반 당신에게 죽음이 있습니까? 누구에게 죽음이 있습니까? 죽기 마련인 몸을 잠자는 동안에도 자각하거나 가졌습니까? 자고 있을 때 몸은 없었지만, 당신은 그때에도 존재했습니다. 깨어 있을 때, 당신은 몸을 가지고 있으며, 깨어 있는 상태에서도 당신은 존재합니다. 당신은 자고 있을 때나 깨어 있을 때나 존재하고 있습니다. 그러나 몸은 자는 동안에는 존재하지 않고, 오직 깨어 있을 때만 존재합니다. 그것은 항상 존재하지 않고 있을 뿐만 아니라 한때는 존재했다가 다른 때는 존재하지 않습니다. 그러므로 이것은 진리일 수 없습니다. 당신은 항상 존재하고 있습니다. 그러므로 오직 당신만이 진리입니다.[5]

7 자아의 미친 자만에 헛되게 도취된 사람들은 반복해서 죽을 것이며, 하루에도 수천 번 죽을 것입니다.

8   마음이 죽은 사람들만이 진정으로 살아 있습니다. 미혹인 살아
     있는 마음을 가지고 있는 사람들은 정말로 죽은 사람들입니다.

     바가반 죽었거나 살아 있는 몸이라는 것은 실제로는 없습니다. 움직이
     지 않는 것을 우리는 죽었다고, 움직임이 있는 것을 우리는 살아 있다
     고 합니다. 꿈에서 살아 있거나 죽은 수많은 몸들을 보지만, 당신이 깨
     어날 때 그것들은 아무런 존재를 가지지 않습니다. 이와 마찬가지로,
     살아 있거나 죽은 것으로 이루어진 이 온 세상은 존재하지 않고 있습니
     다. 죽음은 자아의 소멸을 의미하며, 탄생은 자아의 재탄생을 의미합
     니다. 당신은 자아감이 있든 없든 존재합니다. 당신은 자아의 근원이
     지 자아감은 아닙니다. 해방(묵티)이란 탄생과 죽음의 근원을 발견하여
     자아를 그것의 뿌리까지 없애는 것입니다. 이것이 해방입니다. 이것은
     완전한 자각을 지니면서 죽는 것을 의미합니다. 누군가가 이렇게 죽는
     다면, 그 사람은 곧 '아함, 아함('나', '나')'으로 알려져 있는 아함 스푸
     라나가 있는 곳에서 다시 태어납니다. 이렇게 태어난 사람은 아무런 의
     심을 지니지 않습니다.[6]

9   소멸하여 소용이 없으며 거짓인 몸이 스와루파가 된 거꾸로 된
     삶은 정말이지 죽음입니다.

불멸

10   늘 현존하고 있는 아트마-스와루파의 존재로 가슴이 꿰뚫린 사

람들은 불멸입니다.

11 당신의 저 태만한 부주의(프라마다)와 밀접한 관계를 가지는 것이 가슴속에 공포를 일으키며 당신을 괴롭히는 죽음입니다.

12 많은 노력을 한 후 당신이 그 프라마다를 뿌리째 뽑아 던져 버린 다면, 당신은 불멸의 삶을 얻을 것입니다.

13 자아를 죽게 한 사람들은 불멸의 상태에 이르렀습니다. 우쭐해진 자아를 지닌 무지한 사람들은 진실로 죽은 것입니다.

    구루 바차카 코바이, 227절 죽음은 다름이 아니라 자신이 아닌 몸을 '나'로 여기는 미혹입니다. 불멸은 자아와 동일시하는 그 미혹이 파괴 되었을 때 당신과 하나가 되는, 차이 없는 의식인 참나의 희열입니다.

14 죽음이 없는 상태는 티야가(모든 것을 버림)로만 얻어집니다. 그것 은 어떤 요가라도 얻을 수가 없습니다.

15 이 세상에서 감각들의 지식 너머에 있는 진정한 갸나를 그들의 가슴 안에서 얻은 사람들은 불멸의 존재들입니다.

슬픔

16 다른 사람들의 죽음을 보고 애도하고 우는 사람들은 그림자가 사라지는 것을 보고 울고 있는 하나의 그림자에 불과합니다.

바가반 살아 있는 동안에 죽는다면, 자아의 소멸에 의하여 죽음이 아닌 죽음이 죽는다면, 그는 어느 누구의 죽음도 슬퍼하지 않을 것입니다.[7]

17 친구들이나 친척들의 죽음에 슬픔을 느끼는 정신적인 혼란은 무지의 행위입니다.

누군가 죽었다는 소식이 슈리 바가반께 전해졌다. 그분은 말씀하셨다. "잘됐군요. 죽는 사람은 실로 행복합니다. 그들은 성가신 곁가지에 불과한 몸을 벗었습니다. 죽은 사람은 슬퍼하지 않습니다. 살아남은 사람들이 죽은 사람을 슬퍼합니다. 사람들은 잠을 두려워합니까? 이와는 반대로 잠을 자고자 합니다. 잠에서 깨어났을 때 모든 사람들은 행복하게 잤다고 말합니다. 깊이 잠들 수 있도록 모든 사람들은 잠자리를 잘 준비합니다. 잠은 일시적인 죽음입니다. 죽음은 더욱 긴 잠입니다. 살아 있는 동안에 죽는다면, 그는 다른 사람들의 죽음에 대하여 슬퍼할 필요가 없습니다. 자신의 존재는 깨어 있거나 꿈을 꾸거나 잠잘 때나, 몸이 있거나 없거나 간에 분명히 있습니다. 그런데도 왜 사람들은 육신의 족쇄들을 계속 차려고 합니까? 자신의 죽지 않는 참나를 찾아내어 죽고는 불멸하고 행복하십시오."[8]

바가반 마음을 내면으로 돌림으로써 최악의 슬픔들도 극복할 수 있습니다. 슬픔은 오직 자신을 몸이라 생각할 때 일어납니다. 형상을 뛰어넘으면, 참나는 영원하며 탄생도 죽음도 없다는 것을 알게 됩니다. 태어나고 죽는 것은 몸이지 참나가 아닙니다. 몸은 자아의 창조물입니다. 자아는 몸과 떨어져서는 결코 지각되지 않습니다. 수면 속에서는 몸을 자각하지 않는다는 점을 잊어서는 안 됩니다. 그때 몸이 실재가 아니라는 것을 깨닫습니다. 잠에서 깨어날 때 자아가 일어나고 그 다음에야 생각들이 일어납니다. 생각들이 누구에게 속하는지를 찾아내십시오. 그것들이 어디로부터 일어나는지를 물으십시오. 그것들은 의식인 참나로부터 일어납니다. 이 진리를 모호하게라도 이해하는 것은 자아를 소멸시키는 데 도움을 줍니다. 그런 후에 하나의 무한한 존재가 깨달아질 것입니다. 그 상태에서는 아무런 개체들이 없으며, 오직 하나의 존재만이 있습니다. 그러므로 죽음에 대한 생각조차도 있을 근거가 없습니다.

자신이 태어났다고 생각한다면, 죽음이라는 생각에서 벗어날 수 없습니다. 그러므로 자신이 정말로 태어났는지를 물으십시오. 그때 그는 진정한 참나가 늘 존재하고 있으며, 몸이 하나의 생각이라는 사실을, 그 생각이 모든 생각들 중 첫 번째이며, 모든 잘못의 뿌리라는 것을 알게 될 것입니다.[9]

고통

고통의 원인

18 마음의 혼란으로 실재가 아닌 것을 실재라고 여기는 사람들은 마음 안에 고통이 있을 것이며 파멸할 것입니다.

며칠 전에 수년 동안 바가반과 함께 해 온 한 헌신자가 갑자기 죽었다. 그를 아는 모든 사람들은 큰 슬픔에 잠겼다. 그때 슈리 바가반은 다음과 같이 말하였다. "진짜가 아닌 것(몸)을 당신들은 진짜로 여기고 있습니다. 그 결과는 오직 고통입니다."[10]

19 비참함을 경험하는 이유는 최초의 실체이며 근원인 것을 먼저 알지 못하기 때문입니다.

20 세상의 존재들이 경험하는 고통들은 탐구가 없는 사람들의 관점 안 이외에는 존재하지 않습니다.

질문 바가반이시여! 저는 온 삶을 통하여 오직 고통만을 경험하였습니다. 이것은 제 전생의 죄 많은 카르마 때문입니까? 한번은 어머니께 저를 임신했을 때 기쁘셨는지 물어봤습니다. 어머니께서는 그때 매우 고통스러웠다고 말씀하셨습니다. 제가 어떻게 이 많은 죄들을 얻게 된 것입니까? 제가 왜 그렇게 많은 고통을 겪고 있습니까?

바가반 우리는 그것이 푸르바(과거의) 카르마 때문이라고 말할 수 있습니다. 그러나 이 푸르바 카르마가 예를 들어 지난 삶의 카르마에 기인한 것이라고 생각하는 대신에, 이 현재의 환생이 누구에게 왔는지를 찾아내십시오. 만약 이 몸이 탄생을 택한 것이라면, 이 몸에게 질문을 하십시오. 당신은 항상 고통을 겪고 있다고 말하고 있습니다. 그것은 오직 당신의 생각입니다. 행복만이 존재하고 있습니다. 오고 가는 것은 고통스러운 것입니다.[11]

바가반 비참함은 대상들에 기인합니다. 대상들이 없다면, 아무런 생각들이 없을 것이고, 그래서 비참함은 사라집니다. "어떻게 대상들이 존재하기를 그치게 할 것인가?"가 다음에 오는 질문입니다. 스루티들과 현자들은 대상들은 오직 마음이 만든 것이라고 말합니다. 그것들은 실체적인 존재를 가지고 있지 않습니다. 그 문제를 탐구하여 이 진술문의 진위를 확인하십시오. 그 결과는 객관적인 세상이 주관적인 의식 안에 있다는 결론일 것입니다. 그러므로 참나는 세상에 충만하며 뒤덮고 있는 유일한 실재입니다. 아무런 이원성이 없기 때문에, 당신의 평화를 방해하는 아무런 생각들이 일어나지 않을 것입니다. 이것이 참나 깨달음입니다. 참나는 영원하며, 그것의 깨달음도 영원합니다.[12]

21 거대한 산처럼 존재하고 있는 불안들은 마음의 상상으로 가상의 것들을 함께 묶어 놓은 실체 없는 축적물에 불과한 것입니다.

질문 세상의 삶이 가져다주는 걱정들이 저를 매우 고통스럽게 합니다. 그래서 저는 어디에서도 행복을 찾지 못하고 있습니다.

바가반 자는 동안에도 이러한 걱정들이 당신을 괴롭힙니까?

질문 아닙니다.

바가반 그러므로 그것은 걱정들이 당신에게 속하지 않는다는 것을 증명하고 있습니다.[13]

22 슬퍼할 아무것도 당신에게 일어나지 않고 있습니다. 당신의 진정한 본성을 탐구하십시오.

구루 바차카 코바이, 953절 미혹의 어두움을 결코 보지 않고 있는 갸나의 태양인 자기 자신의 실재가 행복으로 빛나고 있습니다. 그러므로 비참함이라는 마음의 고통은 자아 -의식 때문에만 일어납니다. 사실은, 어느 누구도 비참함을 전혀 경험하지 않고 있습니다.

23 비탄에 빠진 사람들에게, 그들과 관계하고 있는 비탄의 마음은 정말이지 스스로 만든 악행입니다.

24 영원한 진정한 희열이 가슴의 가장자리까지 채우고 있을 때, 비참함을 느끼는 것은 자아의 잘못입니다.

구루 바차카 코바이, 969절, 포리푸라이 지바들은 신의 은총인 감로의 홍수 속에 늘 잠긴 채로 있습니다. 미혹의 동요에 들어감으로 그들이 걱정과 마음의 슬픔을 경험하는 것은 마치 강가 강물이 강둑까지 달려나가고 있는 그 강의 중앙에 있으면서도 어리석게도 갈증을 해소하지 못하고 죽는 듯한 고통을 느끼고 있는 사람들과 같습니다.

주석 은총이 신의 본성이기 때문에, 은총은 어디에나 있다. 지바들은 결코 그들을 떠나지 않고 있는 은총 안에 잠겨 있기 때문에, 그들이 비참한 고통을 겪는 것은 오로지 무지에서 나온 것이다.

25 생각으로부터 자유로운 수면 같은 가슴 안에 있으면서도, 팽이처럼 도는 마음의 소용돌이는 불행입니다.

26 왜 지바들은 지고의 희열이 거대한 모습으로 넘실거리고 있는 자신의 진정한 본성인 스와루파를 잃어버림으로 슬픔과 비참함을 느끼는지요?

27 초월로 있는 실재의 원인을 상상하여 비참함을 키우는 마음은 오로지 고통으로 보상받을 것입니다.

28 모든 고통의 바탕은 몸을 '나'라고 믿는, 순수하지 못한 바사나입니다.

구루 바차카 코바이, 954절 상서로운 희열인 자기 자신의 본성을 탐구한다면, 자신의 삶에는 아무런 비참함이 없을 것입니다. 결코 참나가 아닌 것인 몸을 '나'라고 생각하기 때문에 고통을 겪습니다. 고통은 모두 잘못된 연결인 이 잘못에 기인합니다.

29 바사나들을 파괴하는 방법을 모르는 사람들만이 커 가는 비참함으로 고통을 받습니다.

30 품위가 떨어진 마음의 태도(나는 몸이라는 생각)로 당신의 모든 비참함을 만들어 놓고서, 왜 당신은 당신 고통의 원인을 신이라 여기고는 신을 비난합니까?

질문 신이 모든 것이라면, 왜 인간이 자신의 행위들로 인하여 고통을 받습니까? 행위들이 신에 의하여 부추겨지고 있으며, 그래서 인간이 고통을 받는 것이 아닙니까?

바가반 자신을 행위자라 생각하는 사람은 고통을 받을 것입니다.

질문 하지만 행위들은 신에 의하여 촉발되며, 개인은 신의 도구일 뿐입니다.

바가반 사람들은 이 논리를 오직 고통 받을 때만 적용하지, 행복을 느낄 때는 적용하지 않습니다. 이 신념이 늘 우세하면, 어떤 고통도 없을 것입니다.

질문 언제 고통이 그칠 것입니까?

바가반 개별성을 잃을 때입니다. 좋고 악한 행위 둘 다가 그분의 것이라면, 왜 당신은 기쁨과 슬픔이 당신의 것이라고만 생각합니까? 좋거나 나쁜 행위를 하는 사람은 또한 기쁨을 즐기고 고통을 경험합니다. 그것을 그곳에 두십시오. 당신에게 고통을 첨가하지 마십시오.[14]

31 고통은 거짓 자아의 어리석음에 붙잡힌 지바의 잘못된 시각에서만 존재한다는 것을 아십시오.

구루 바차카 코바이, 952절 모든 사람들 안에 가슴으로 빛나는 자기 자신의 실재는 순수한 희열의 바다입니다. 그러므로 하늘의 가짜 푸름과 같은 비참함은 실재가 아니라 단지 상상 속에서만 존재하고 있습니다.

32 해가 되는 자아가 일어난다면, 비참함의 끝없는 사슬이 아주 오랫동안 나타날 것입니다.

33 지바가 자신의 진정한 본성이요, 자신의 진정한 상태인 참나에서 나온다면, 지바는 바다의 멈추지 않는 파도처럼 비참함으로 가득 찬 생활에 관계하게 됩니다.

고통의 종말

34 당신이 고통을 몰아내고자 한다면, 당신의 진정한 본성이 희열임을 알아야만 합니다.

35 혼란과 동요는 의식에 잘못 덧붙여진 것들입니다. 의식 안에는 그것들이 없습니다.

36 모든 고통스러운 질병들을 치료하기 위한 좋은 약은 참나의 진정한 본성을 확실히 하는 것입니다.

37 왜 당신은 관계할 가치가 없는 것들에 대하여 슬퍼하며 고통을 받고 있습니까? 마음의 걱정들을 떨쳐 버리십시오.

38 자신의 사다나를 완벽하게 하고 있는 구도자들은 시련과 고난으로 에워싸일 때 낙담하거나 혼란스러워하지 않을 것입니다.

39 슬픔이 지바에게 무슨 이로움을 주겠습니까? 마음의 포악한 반란을 끝내는 것이 바람직한 방법입니다.

40 자신의 진정한 본성을 탐구하여 그것을 알고 그것으로 있지 않는한, 당신이 경험하는 세 겹의 비참함은 멈추지 않을 것입니다.

세 겹의 비참함이란 자신에 의해, 물질로 된 세상에 의해, 그리고 운명에 의해 일어나는 일들이다.

41 스와루파의 희열이 물결치는 영혼의 자리인 가슴 안에 머무르십시오. 그러면 당신은 고난으로 괴로워하지 않을 것입니다.

42 가슴 안을 찾아 자신을 의식의 확장으로 아는 것이 완전한 성취입니다. 반면에 하찮은 몸을 '나'라 여기고 고통 받는 것은 가난입니다.

제3절
올바른 태도, 올바른 행위

싯디들

1   마음을 싯디(초자연적인 힘)들로 향하게 하는 것은 해방이라는 지
고의 상태로 가는 것을 가로막는 장애물입니다.

구루 바차카 코바이, 222절 해방의 길에서 고군분투하고 있는 저 사다
카들이 그들의 마음을 다양한 싯디들로 향하게 한다면, 그들의 자아의
뿌리는 더욱더 커지고, 그들에게 매달려 있는 속박은 더욱더 강해질 것
입니다.

2   갸나 싯디를 제외한 다른 모든 싯디들은 마음의 개념들일 뿐입니
다.

울라두 나르파두, 35절:

　마음을 가라앉히고, 늘 얻어져 있는 실재를 알고, 그것으로 있는 것
이 진정한 깨달음입니다. 모든 다른 싯디들은 꿈속에서 얻어진 싯디들
입니다. 잠에서 깨어날 때 그것들이 실제로 있겠습니까? 진정한 상태
에 거주함으로 거짓을 벗어 버린 그들이 미혹되겠습니까? 당신 자신을
알고 당신 자신으로 존재하십시오.[1]

전지

3　소위 전지(全知)라는 말은 미혹과 관련되어 있습니다. 왜냐하면
　　실제로는 어떠한 대상화된 앎도 존재하지 않기 때문입니다.

구루 바차카 코바이, 926절, 포리푸라이　자기 자신 이외의 어떤 존재
도 알지 못하기에, 아무런 한계 없이 풍부함으로 빛나고 있으며 순수하
며 속성으로부터 자유로운 의식인 아트마 스와루파는 진실로 필적할
것이 없는 전지입니다. 그것은 다름 아닌 과거, 현재, 미래라는 세 시간
과 세 세상들을 동시에 완전히 아는 지식입니다.
주석　모든 것은 오로지 순수 의식이며 그 순수 의식이 자기 자신의 진
정한 성품이기 때문에, 진리는 자신으로부터 떨어져 있지 않으며, 아
무런 다른 것이 존재하지 않는다. 분할되고 나누어진 지식은 참나 안에
서는 존재할 아무런 여지가 없어서 존재하기를 그치기 때문에, 아는 행
위로부터 자유롭고 속성으로부터 자유로우며 나누어짐이 없이 빛나는

실재인 의식이 정말로 전지어다.

구루 바차카 코바이, 927절 가라앉지 않고 있는 마음 안에는, 그들 안에 존재하고 있는 미혹으로부터 일어난 온갖 고통들이 그들의 제한된 지식을 통하여 이미 축적되어 있습니다. 만일 그들이 전지를 얻는다면, 이미 존재하고 있는 미혹의 어두움은 보다 짙어질 것이며, 지바들에게는 아무런 이로움이 없을 것입니다.

구루 바차카 코바이, 930절, 포리푸라이 베다들은 한정된 지식을 갖고 있다고 생각하여 혼란스러워하고 있는 사람들에게만 신이 전지하다고 크게 선언합니다. 주의 깊게 조사해 본다면, 신의 참된 본성이 존재의 풍부함(운마이 푸우라남)이기 때문에, 신은 어느 때도 아무것도 알지 않고 있다는 점이 알려질 것입니다.

4 오직 실재에 대한 지식이 전지입니다. 전지가 실재에 대한 지식과 다르다면, 그것은 잘못된, 거짓된 지식이 될 것입니다.

5 사실, 의식으로부터 분리되어 있는 것은 아무것도 없습니다. 전지가 구별들을 포함하고 있기 때문에 전지는 무지입니다.

구루 바차카 코바이, 928절 사실, 자신은 존재하고 있는 그것입니다. 그러나 자기 현혹으로 자신을 아는 자라고 상상하여 환영의 장면들을 봅니다. 그러한 사람들에게만 전지가 사실일 것입니다. 그러나 그와 같은 자기 현혹이 없는 갸니에게는, 전지는 오로지 어지러운 지식입니다.

6   트리푸티-차이들에 관계하는 전지는 자신의 진정한 본성, 의식,
    지고자를 바르게 깨달을 때까지만 존재할 수 있습니다.

    구루 바차카 코바이, 929절, 포리푸라이 자신이 그저 존재임을 아는
    대신에, 자신을 대상들로서 다른 것들을 아는 다른 존재라 여김으로써
    당황하게 될 때, "나는 단지 한정된 지식을 소유하고 있다."라고 느낌
    으로 마음으로 고통을 느끼게 됩니다. 자신에 대한 진리를 명확히 알
    때, 대상들을 알고자 하는 특징은 앞뒤가 맞지 않아 떠납니다. 그러므
    로 지고의 진리(파라마르티카) 안에서는 전지는 사실이 아닌 것이 되어
    존재하기를 그치고 한정된 지식과 더불어 사라질 것입니다.

7   만일 전지가 대상화된 앎 안에 존재하고 있다면, 그것 역시 나누
    어진 본성을 가지므로 제한된 지식이 됩니다.

좋고 나쁜 습관들

자부심, 명예와 칭찬

8   비록 존경과 명예가 세상에서는 존중을 받기는 하지만, 그것들
    이 흠이 있음을 당신의 가슴 안에서 깨닫고는 그것들을 무시하
    십시오.

울라두 나르파두 아누반담, 38절:

자신을 다른 사람들과 떨어져 있다고 생각하지 않고, 자신의 진정한 상태를 벗어나지 않고, 만약 자신의 참나 안에 항상 머물고 있다면, 자신에게 누가 이방인이겠습니까? 사람들이 그에 대해 무슨 말을 하고 있든 무슨 문제이겠습니까? 어느 누가 당신을 칭찬하거나 비난하든 그것이 무슨 문제이겠습니까?[2]

9   가슴 안에 당신을 현혹시키게 하는 자만심에 사로잡히지 마십시오. 열린 삶을 살아 빛나십시오.

10   자신을 떠벌리는 것에 자부심을 느끼는 것은 공허한, 천한, 껍질에 불과한 사람이라는 표시입니다.

11   누군가가 당신을 칭찬할지라도, 그것에 기뻐하는 것은 잘못입니다.

12   친구인 척 가장하고 있는 적인 자화자찬은 사람을 속이고, 벗어나기 어려운 어두운 구렁텅이로 몰아넣을 것입니다.

13   자신을 칭찬함으로써 자부심을 느끼는 것보다 더 수치스러운 잘못은 다른 사람들의 작은 결점들을 홍보하는 것입니다.

명성

14 칭찬과 명성에 사로잡혀 생기는 마음의 동요로부터 당신 자신을
보호하십시오. 그것들은 오직 당신을 속입니다.

구루 바차카 코바이, 623절 칭찬받는 것은 위험합니다. 프라마다(망
각)를 통하여 정말로는 지고자인 자신을 전적으로 쓸모없는 몸으로 바
꾸게 하는 결점이기 때문입니다. 현자들은 단호한 결심으로 이것을 몹
시 싫어해야 합니다. 이것은 바랄 가치가 없는 것입니다.

15 명성에 대한 공허한 바람으로 함정에 빠진 이기주의자는 매춘부
들에게 홀린 사람과 다르지 않습니다.

16 당신의 마음속에 매춘부보다 더 무가치하며 해로운 명성에 대한
바람이 일어난다면, 그 마음은 명성에 되살 수 없는 노예가 될 것
입니다.

17 명성에 대한 바람이 나의 진정한 헌신자들에게 보이는 위대한 영
광과는 반대로 움직인다는 점을 당신은 알아야 합니다. 그 욕망
을 가진 사람들을 멀리하거나 그들로부터 떠나십시오.

행동에 대한 전통적 규율

18 빛나는 파담께서는 덕 있는 행동(아차라)의 이점을 자주 설파하시고, 헌신자들에게 행동의 전통적 규율들을 어기지 말며, 이것들을 소중히 여기면서 지키라고 자주 말씀하십니다.

구루 바차카 코바이, 791절 전해져 내려오고 있는 도덕적, 종교적 규율들은 오랫동안 사다카들을 보호하였기 때문에, 그것들을 적절하게 지키는 것이 필요합니다. 그러나 만약 그것들이 탁월하며 진정한 갸나 비차라의 수행을 방해한다면, 그것들을 불완전한 것으로 여기고 버리십시오.

슈리 라마나 기타, 7장, 12, 13, 14절:

질문 감각 대상들에 대한 무집착과 식별력에 의해 자신이 참나 탐구에 적합할 때 목욕 의례, 아침과 저녁 기도, 만트라의 반복, 불의 봉헌, 베다들의 영창, 신들의 숭배, 바잔, 순례, 희생, 자선, 그리고 특별한 영적 실천의 준수와 같은 것들은 소용이 있습니까, 아니면 이것들은 시간의 낭비입니까?
바가반 집착들이 줄어들고 있는 유능한 헌신자들에게 이 모든 도움들은 마음을 점점 순수하게 할 것입니다.

라마나 데바시여! 당신은 제(쉬바프라카삼 필라이)게 비부티가 들어 있는 작은 봉투를 주시며 항상 간직하라고 말씀하셨습니다. 당신은 또

한 제게 전통적인 수행들을 포기하는 것은 나쁘다고 말씀하셨습니다.[3]

19 '마음'으로 알려진 이 수치스러운 일탈은 단순히 아차마나와 아가마르샤나를 함으로 떠나지 않을 것입니다.

아차마나는 만트라를 말하면서 성수를 마시는 것이며, 아가마르샤나는 의식으로 물에 잠기는 동안에 하는 만트라이다. 바가반의 설명은 이와 유사한 모든 의식들에 적용될 수 있을 것이다.

20 하찮은 자아가 파괴되는 찬란한 상황은 정말이지 무결한 순수를 주는 많은 다양한 베다의 희생들의 총합입니다.

21 차리야(헌신과 초연)만이 사다나를 지속시키기 때문에, 늘 게을리 하지 않고 적절한 방식으로 그것을 지키고 소중히 하십시오.

구루 바차카 코바이, 826절, 포리푸라이 튼튼하지 않은 기초 위에 세워진 큰 건물은 붕괴될 것입니다. 이것은 모든 사람의 웃음거리입니다. 그러므로 먼저 철저하게 헌신이나 초연을 수행하는 것이 사다카들이 해야 하는 의무입니다.
주석 마음의 활동(브리티)들을 억제하는 노력이 필수불가결하다. 만일 초심자들이 마치 자기들이 자유로운 것처럼 행동한다면 이것은 결국 실망으로 이어질 것이다.

구루 바차카 코바이의 한 시구에서 무루가나르는 차리야는 헌신과 초연을 의미한다고 설명한다. 그러므로 나는 파다말라이 시구에서 이 말들을 사용하였으며, 그것들을 포리푸라이에서 차리야의 번역으로 사용하였다.

22 외적 행위의 수행(아차라)들이 내적으로 의미하는 바를 곰곰이 생각하여 그것들의 진정한 목적을 당신의 가슴 안에서 알고 난 뒤에 그것들을 하십시오.

마하리쉬의 달산을 위해 온 몇몇 사람들은 전통적인 방식으로 아슈탕가 나마스카람을 하곤 하였다. 이 수행을 헌신적으로 행하는 것이 삿구루의 은총을 얻기를 원하는 사람들에게는 필수적이라는 것이 그들의 믿음이었다.

집으로 돌아가기 위한 방법으로 영적인 삶에서 행하는 사다나의 진정한 의미와 그것의 내적 의미가 무엇인지를 알지 못하고 그리고 그것의 결실을 경험함이 없이 어떤 사다나를 그저 기계적으로 하는 것은 그 사람을 축복받은 사람으로 만들지 못할 것이다. 그러한 헌신자들에게 슈리 바가반께서는 다음과 같이 말씀하셨다. "나마스카람을 구루에게 하는 이점은 오직 자아를 없애는 것입니다. 이것은 완전한 복종을 하지 않고는 얻어지지 않습니다. 매 헌신자의 가슴 안에는 자비로운 구루가 의식의 형상을 하고서 달산을 주고 있습니다. 복종이란 이름과 형상인 자아를 가라앉게 하여 침묵 중에 그것을 은혜로운 구루의 정말로 성스러운 발인 아함 스푸라나('나'의 빛)에 전적으로 바치는 것입니다. 이러하기 때문에, 참나 깨달음은 몸의 인사로 얻어질 수 있는 것이 아니라 오직 자아의 인사로 얻어질 수 있습니다."

이러한 방식으로 슈리 바가반께서는 나마스카람의 의미를 설명하였으며, 더 나아가서 만약 영적 수행이 실패 없이 그들의 결실을 거두려면 그들의 목적을 완전히 자각하고 행해야 한다고 설명하셨다.[4]

23* 자신의 의식이 평온하고 깨끗한 갸니가 되지 않았다면, 다르마(수행들의 진정한 의미)의 기저를 이루고 있는 미묘한 원리들을 탐구하여 아는 것은 불가능합니다.

24 자신의 진정한 본성을 깨달았을 때 무성하게 자라는 참나 거주가 삿 아차라의 지고의 다르마입니다.

비록 아차라가 일반적으로 자신이 준수해야만 하는 어떤 행위의 형태나 행위의 법칙을 의미하지만, '삿 아차라의 지고의 다르마'는 그냥 삿 즉 존재로 머무는 것이다.

25 상서로운 준수인 깨끗하며 진정한 갸나는 삶 그 자체 안보다는 가슴 안에 소중히 간직해야 합니다.

두려움

26 파담께서는 가슴속에서 빛나시며, "아트마-스와루파 안에서는 바라거나 두려워해야 할 무엇이 남아 있겠습니까?"라고 말씀하십니다.

27 자기 자신의 본성인 참나 바깥에는 아무것도 존재하지 않기 때문에, 놀란다는 것은 얼마나 어리석은지요!

28 당신의 가슴 안에는 당신을 당황하게 하거나 놀라게 하는 어떤 상황이나 어떤 원인도 결코 없다는 점을 아십시오.

질문 명상 중에 일어나는 지루함과 두려움 그리고 걱정을 근절하는 방법은 무엇입니까?

바가반 이러한 질문들이 누구에게서 나오는지를 찾아내십시오. 이러한 질문을 함으로써, 이것들은 사라질 것입니다. 이것들은 영원하지 않습니다. 그것들에게 관심을 두지 마십시오. 이원성에 대한 지식이 있을 때, 두려움이 일어납니다. 두려움은 오직 당신과 별개인 다른 사람이 있다고 당신이 생각할 때만 있습니다. 당신의 마음을 참나에게로 향한다면, 두려움과 걱정은 사라질 것입니다. 당신의 지금의 상태에서 마음이 동요될 때, 하나의 두려움을 없앤다면 다른 두려움이 일어날 것이고, 그것들에는 끝이 없을 것입니다. 그것은 나무에 달린 잎들을 하나하나 뜯어내는 힘든 일과 같습니다. '나'라는 느낌이 모든 생각들의 근원입니다. 뿌리를 파괴하면, 잎과 가지들은 말라 버릴 것입니다. 나쁜 습관을 만들고 그것들을 위한 약을 먹는 대신에, 그러한 나쁜 습관들이 생기지 않도록 하는 것이 더 낫습니다.[5]

29 자신의 비이원의 본성을 깨닫지 못한다면, 미혹으로 생기는 욕망과 두려움은 사라지지 않을 것입니다.

30 참나의 상태에 자리 잡아서 희열을 즐기는 대신에, 왜 당신 안에 마음을 놀라게 하는 세상에 대한 갈망이 있습니까?

31 신 은총의 도움으로, 당신의 두려움을 없애고, 당신의 고통을 끝내십시오. 그래서 희열의 상태를 얻으십시오.

속임수

32 달콤하고 유혹하는 말로 속이고자 하는 가슴을 숨기고 있는 '문명화된' 현대인의 행동은 아주 교묘합니다. 정말 아주 교묘합니다!

33 독 위에 감로를 덮는 것과 똑같은 속이는 행위를 하는 현대인의 '문명화된' 삶을 피함으로 당신 자신을 구하십시오.

34 속이는 삶이라는 이 독을 들이킨 영혼은 마음으로 비참함과 고통을 경험할 것이며, 그래서 멸망할 것입니다.

35 교활하고 속이는 마음의 지배를 받는 존재는 결국 강력한 독과 같이 가슴을 공격하여 가슴을 고문할 것입니다.

질문 몇몇 사람들은 세상을 속이기 위해 온갖 거짓된 겉모습을 하고 있습니다.
바가반 그렇습니다. 몇몇이 아니고 아주 많습니다. 무엇 때문입니까?

거짓된 겉모습을 하면, 결국 고문을 받게 되는 것은 그들 자신의 마음입니다. 그들은 다른 사람들이 그것들에 대하여 어떻게 생각할 것인가에 두려움을 느끼며, 그래서 그들의 마음이 그들 자신의 적이 됩니다. 거짓된 모습으로 남을 속이려 든다면, 결과적으로는 그들 스스로가 결국 속습니다. 그들은 "우리는 계획을 세워 다른 사람을 속였으며, 더욱 영리함을 보여 주었다."라고 생각합니다. 자만심에 차서 그들은 더 많이 속이려 합니다. 그들 행위의 결과들은 속임수들이 밝혀질 때만 깨달아질 것입니다. 때가 되면, 그들은 그들 자신의 속임수의 결과로 몰락하게 될 것입니다.[6]

36 이슈와라가 당신 자신의 참나로 거주하고 있기 때문에, 당신이 어떻게 하든 그를 속이는 것은 불가능합니다.

37 비열한 녀석 같은 속이는 행위는 구원을 위한 노력인 타파스의 위대한 나무를 뒤흔들어 쓰러뜨릴 것입니다.

38 속임수로 가득 찬 사악한 마음에는, 동요가 없는 심원한 평화는 멀리, 아주 멀리 있습니다.

39 사악한 세속적인 삶에 연루된 어리석은 사람들은 문제들에 압도당할 때 다른 사람들에게 간청할 것이지만, 다른 사람들이 그들에게 간청할 때는 거만하게 행동할 것입니다.

40 부적절한 행위에 탐닉함으로, 지바는 야비한 감각 대상들에서 싹

트는 불길 속에서 땀을 흘리며 고통을 받을 것입니다.

음식

41 육식을 하는 좋지 않은 습관을 그만두는 것은 나무랄 데 없는 행위를 하는 사람들이 지켜야 할 첫 번째 규칙입니다.

42 육류 음식은 은총의 길에 들어선 진정한 헌신자들을 미혹의 길로 들어가게 하여 파멸시킬 것입니다.

43 신체에 뿌리 내리고 있는 자아의 지배를 없애는 일을 시작한 사람들에게는 육류 섭취로 살을 찌우는 것은 적절하지 못합니다.

44 음식과 활동과 수면을 적절히 하십시오. 어느 정도 그것들에 한계를 정하십시오.

질문 명상 중에 졸음을 피하려면 어떻게 해야 합니까?
바가반 명상을 하는 사람들은 지나치게 일해서는 안 되며, 과식해서도 안 됩니다. 위를 채우면 채울수록 마음의 상태는 더욱더 낮아집니다. 위가 거의 비어 있다면, 그 사람은 영적으로 더욱더 높이 올라갈 것입니다. 비나 악기의 줄을 너무 당기거나 너무 느슨하게 해서는 안 됩니다. 몸은 그렇게 유지해야 합니다.

수면도 마찬가지입니다. 밤의 3분의 1은 잠을 위해 있습니다. 즉 10시에 자고 2시에 일어나야 합니다. 낮에 잠을 자서는 안 됩니다. 다른 체계 또한 있습니다. 잠이 깨면 일어나고, 잠이 오면 자야 합니다. 그러나 "나는 잔다." 혹은 "나는 깨어 있다." 등의 생각을 해서는 안 됩니다.[7]

다른 경우들에 있어서 바가반은 네 시간 잠자는 것에 융통성을 보이고 있다.

바가반 몸과 마음으로 일상의 삶을 영위해 갈 때, 음식과 수면을 포기한다면, 몸이 비틀거립니다. 그러므로 음식과 활동의 제한은 영혼의 상승을 위해 매우 필요하다고 해야 합니다. 위대한 사람들은 시간을 낭비하지 않고 사심 없는 선행을 하고자 수면을 최소한으로 줄입니다. 어떤 사람들은 열 시에 자고 두 시에 깨는 것이 건강에 좋다고 합니다. 이는 네 시간의 수면이면 충분하다는 의미입니다. 어떤 사람들에게는 네 시간의 수면이 충분하지 않으며, 여섯 시간은 자야 된다고 말합니다. 이 말은 수면과 음식이 지나쳐서는 안 된다는 말입니다. 이것들 중 어느 하나를 완전히 끊는다면, 마음은 항상 그곳으로 향할 것입니다. 그러므로 사다카는 모든 일을 적절히 해야 합니다.[8]

질문 사다카에게는 어떤 식단이 좋습니까?
바가반 사트바적인 음식을 소량 섭취하십시오.
질문 무엇이 사트바적인 음식입니까?
바가반 빵, 과일, 채소, 우유 등입니다.[9]

질문 먹는 음식을 왜 그렇게 제한해야 합니까?

바가반 당신의 현재의 경험은 당신 안에 있는 분위기의 영향을 받습니다. 당신은 경험을 이 분위기 바깥에 둘 수 있습니까? 경험은 오래가지 않습니다. 경험이 영구적이 될 때까지는 수행이 필요합니다. 음식의 제한은 그러한 경험이 반복되도록 도움을 줍니다. 진리 안에 자리 잡은 후에는 제한들이 자연적으로 떨어져 나갑니다. 더구나, 음식은 마음에 영향을 줍니다. 음식은 순수한 것으로 해야 합니다.[10]

45 배고플 때 음식을 먹는 것은 좋지만, 배고프기 전에 음식을 먹으면 영적으로 해를 끼칠 것입니다.

   바가반 음식에 관한 규율은 위가 회복하는 데 충분한 시간을 허락해야 한다는 것입니다. 그 후에 배가 고파지면, 사트바적인 음식을 먹어야 합니다.[11]

46 탁발하여 얻은 음식을 약으로 생각하고 배고픔의 병을 치유하십시오. 그리고 당신의 마음 안에 갈망이 없이 사십시오.

   이 특별한 충고를 모든 사람들에게 적절한 것으로 받아들여서는 안 된다. 무루가나르 그 자신을 포함하여 몇몇 바가반의 헌신자들은 티루반나말라이에서 그들의 음식을 탁발하곤 하였다. 그러나 바가반은 결코 모든 사람들이 이 독특한 생활 방식을 따라야 한다고 하지는 않았다. 많은 경우 그는 헌신자들이 자신의 가족에 대한 의무를 버리고 탁발하는 수도승의 삶을 받아들이는 것을 허용하지 않았다. 때때로 바가반은 책무가 없는 사람들에게 이것을 허용해 주었지만, 가정과 일이 있는 사람들은 보다 전통적인 방식으로 그들의 음식을 얻기를 기대하였다.

다음의 글은 바가반이 탁발한 음식인 빅샤에 의지하여 삶을 살아갔을 때 한 말이다.

바가반 그것은 그 당시에 유쾌한 경험이었습니다. 빅샤를 하러 나갔을 때, 나는 손바닥으로 음식을 받아 그것을 먹으면서 길거리를 걷곤 하였습니다. 먹는 것이 끝나면, 나는 손을 핥곤 하였습니다. 나는 어떤 것에도 결코 관심을 주지 않았습니다. 나는 누군가에게 무엇인가를 청하는 것을 부끄러워했습니다. 그래서 카라탈라 빅샤(손 안에 음식을 구걸하는 짓)는 매우 흥미로웠습니다. 여기저기에 대단한 판디트들이 있었습니다. 때때로 높은 정부 관리들이 있었습니다. 누가 거기에 있는지에 대해서 무슨 관심을 기울여야 합니까? 가난한 사람이 빅샤를 하러 나간다는 것은 창피스러운 일이지만, 자아를 정복하고 아드바이티가 된 사람에게는, 이것은 마음의 큰 고양입니다. 그 당시에 나는 황제가 거기에 왔더라도 걱정하지 않았을 것입니다. 그와 같은 방식으로, 내가 빅샤를 나가서 박수를 치면, 사람들은 "스와미가 오셨다."라고 말하곤 하면서 내게 두려움과 헌신을 담아 빅샤를 주곤 하였습니다. 나를 알지 못하는 사람들은 "당신은 강하고 튼튼하다. 구걸하러 다니는 대신에 쿨리들처럼 일하러 가는 것이 어떤가?" 하며 나를 종종 놀리곤 했습니다. 그러나 나는 모우나 스와미였으며, 그래서 말을 하지 않았습니다. 나는 웃었고, 보통 사람들이 그렇게 말하는 것은 있을 수 있는 일이라는 느낌을 갖고 넘겼습니다. 그들이 그렇게 말을 하면 할수록 나는 더

욱 유쾌했습니다. 그것은 크나큰 즐거움이었습니다.[12]

47 바람이 없이 얻어지는 것은 무엇이나 큰 즐거움으로 받아들이십시오. 그것을 충분하게 여기며, 몸에게 주십시오.

나쁜 습관

48 파담께서는 "선한 마음이 그저 마음의 창조물에 불과한 세상에 대한 허구의 이야기에 관심을 기울이는 것은 큰 잘못입니다."라고 말하면서 충고합니다.

49 사다카들이 이성과 육체관계의 탐닉을 통제 아래에 두는 것은 적절합니다. 그것은 부끄러움의 원인입니다.

50 여성에 대한 욕망은 자신을 죽음으로 나아가게 한다는 점을 아십시오. 현자들은 그 욕망으로부터 그들을 자유롭게 하기 위하여 파담에게 확고하게 매달립니다.

질문 브라마차리야가 참나 깨달음을 위해 필요합니까?
바가반 브라마차리야는 '브라만으로 사는 것'입니다. 이는 흔히 알고 있는 독신과는 무관합니다. 진정한 브라마차리는 브라만으로 살고, 참나와 동일한 브라만 안에서 희열을 찾는 사람입니다. 그렇다면 당신은 왜 희열의 다른 근원을 찾아야 합니까? 사실 참나로부터의 탈출이 모든 고난의 원인이 되었습니다.

질문 금욕은 요가를 위해 반드시 필요합니까?

바가반 그러합니다. 금욕은 분명히 여러 많은 도움들 중에서 깨달음에 확실히 도움을 줍니다.

질문 그렇다면 그것이 필수적인 것이 아닙니까? 결혼한 남자가 참나를 깨달을 수 있습니까?

바가반 그러합니다. 깨달음은 마음의 적합성의 문제입니다. 결혼하거나 하지 않거나 간에, 참나를 깨달을 수 있습니다. 왜냐하면 그것은 지금 여기에 있기 때문입니다. 만일 그러하지 않다면, 그래서 그것이 새롭고 얻을 수 있는 어떤 것이라면 따를 가치가 없습니다. 자연스럽지 않은 것은 영원하지 않기 때문입니다. 그러나 내가 말하는 것은 참나란 여기 지금에 홀로 있다는 것입니다.[13]

질문 성적 충동을 어떻게 없앨 수 있을까요?

바가반 참나를 몸으로 생각하는 잘못된 생각을 버림으로써 가능합니다.

질문 그것을 어떻게 이룰 수 있습니까?

바가반 당신이 몸이라고 생각하기 때문에, 당신은 다른 사람을 몸이라고 봅니다. 성의 차이가 일어납니다. 그러나 당신은 몸이 아닙니다. 진정한 참나가 되십시오. 그러면 성은 존재하지 않습니다.[14]

51 질투는 내적 평화를 쫓아 버려, 질투를 갖고 있는 사람들의 가슴에 고통을 줄 것입니다.

52 간직하려는 의도조차도 가슴의 풍부함, 완전한 포기의 적입니다.

53 혼란으로 의식 안에 보이는 참나 아닌 것에 대해 깊은 증오를 품는 것은 어리석습니다.

구루 바차카 코바이, 488절 고귀한 사람들은 적들이 아무리 나쁘다 할지라도 그들을 조금이라도 혐오하거나 미워해서는 안 됩니다. 욕망과 마찬가지로, 혐오도 억제되어야 합니다.

바가반 마음으로 하여금 세상의 대상들이나 다른 사람들이 관심을 가지는 것에 방황하도록 허락해서는 안 됩니다. 아무리 나쁜 사람들일지라도, 그들을 증오하지 않아야 합니다. 욕망과 증오는 피해야 합니다.[15]

54 당신이 어디를 가서 찾더라도, 그들 자신의 실수를 보는 데 정직한 사람들을 만나기는 드물 것입니다.

55 자기 자신의 결점들을 받아들이는 것을 거부하는 이유는 그림자에 불과한 거짓된 자아와의 동일시 때문입니다.

다른 사람들을 향한 행동

56 당신의 행동 속에 자신과 남을 같은 식으로 대하는 것이 적절한

행위라는 점을 명심하십시오.

57　우선 당신의 마음이 당신의 통제를 벗어나고 있다면, 다른 사람들의 변덕스러운 모습에 대하여 말하는 목적은 무엇입니까?

58　광포한 분노로 부글부글 끓으면서 두려워하는 것은 자만심으로 가득한 비열한 마음을 지닌 사람들의 모습입니다.

59　자신의 진정한 본성은 의식의 풍부함으로 꽃피고 있기 때문에, 불완전함을 찾으려는 것은 뒤틀린 마음에서 나온 결점입니다.

60　세상의 것들을 두고 '이것은 좋은 것, 저것은 나쁜 것'이라는 식으로 분석하지 말고, 당신 자신의 가슴속에 있는 참나의 실재를 찾으십시오.

61　당신의 마음, 말과 행동을 통하여 사랑을 나타낸다면, 당신의 사랑스러운 영혼에게는 결코 어떠한 증오도 없을 것입니다.

62　신의 은총을 받고자 하는 사람들은 어느 누구에게도 나쁜 생각들을 하지 않을 것입니다.

63　다른 사람들의 감수성에 대해 깊은 존경으로 행동하는 것을 배운 사람들만이 문명화된 행위를 배웠다고 할 수 있습니다.

64 인간은 잘못을 저지르게 마련이지만, 그러나 가슴속에서 넘쳐 나는 사랑으로 다른 사람들의 잘못을 용서하는 것은 품위가 있으며 경건한 행동입니다.

일하기

65 파담께서는 "당신이 무슨 일을 하든, 당신의 주의를 그 일에다 일점 지향으로 고정시키면서 해야 합니다."라고 말합니다.

슈리 바가반께서는 채소를 썰기 위해 새벽 4시에 부엌으로 가곤 하셨다. 우리들 중 한둘은 그분과 함께 하면서 도왔다. 때때로 마련된 채소의 양에 놀랐다. 슈리 바가반께서는 우리들보다 더 많이 더 빨리 잘랐다. 한번은 산더미처럼 쌓아 놓은 일을 보고서 나는 시계를 올려다보았다. 이 일을 빨리 끝내고 싶었기 때문이다. 실은 돌아가서 조금 더 자고 싶었다.

슈리 바가반께서 나의 조급함을 아시고는 "왜 당신은 시계를 봅니까?"라고 물으셨다.

나는 "다섯 시 전에 마칠 수 있다면, 가서 한 시간 동안 명상하고 싶습니다."라며 얼버무리려 했다.

슈리 바가반께서는 "주어진 일은 제때 마쳐야 합니다. 다른 생각은 방해물이지 일이 아닙니다. 주어진 일을 제때 하는 것 그 자체가 명상입니다. 어서 완전한 주의를 기울여 일하십시오."라고 말씀하셨다.

이런 식으로 슈리 바가반께서는 우리에게 올바르고 정직한 일의 중

요성에 대해 가르치셨다.[16]

66 어떤 일을 해야 한다면, 그것을 적절한 방법으로 하는 것이 옳습
니다.

67 자연스럽게 오는 꼭 필요한 일 이외의 모든 일들을 버리는 것이
지혜입니다.

68 피할 수 없는 세상의 일들을 하면서, 삶을 혼란됨이 없이 사십시오.

69 당신의 마음을 신에게 복종시키고, 세상에 붙잡히지 않고, 최고의
기술로 세상의 삶의 드라마에서 주어진 당신의 역할을 하십시오.

70 당신이 좋은 일을 한다고 생각하면, 그것을 적절한 방법으로 잘
하십시오.

71 어떤 행위가 아무리 좋다 하더라도, 그것을 하는 것이 마음의 평
정을 흩트리거나 해친다면 그것이 무슨 소용이 있습니까?

구루 바차카 코바이, 574절 고요하게, 그리고 마음의 순수로부터 오는
고결함으로, 오직 전심으로 행한 행위들만이 좋은 일입니다. 답답한
동요로 그리고 마음의 오염된 욕망으로 행하는 모든 행위들은 죄스런
행위의 범주에 듭니다.

72 해야 할 일을 하지 않는 것과 하지 말아야 할 일을 하는 것, 이러한 것들은 거대한 망상의 상태에서 일어나는 과오입니다.

세상을 바꾸는 것

73 세상을 바꾸는 방법은 실재가 가슴에서 빛나도록 자신을 바꾸는 것입니다.

74 세상을 바꾸는 방법을 묻고 알고자 하기 전에, 당신의 거친 마음을 가라앉히고 깨트리십시오.

75 먼저 자신의 가슴을 참나 지식으로 채우지 않고는, 줄 수 있는 도움이 무엇이며 또 누구에게 주겠습니까?

76 자신을 되찾는 힘이 없는 사람들은 세상의 사람들에게 진정한 봉사를 할 수 없습니다.

77 존재하지 않고 있는 마야는 사다카 스스로 다른 존재들에게 자비를 보임으로써 사다카의 선한 심정을 속이게 할 수 있습니다.

바가반 어떤 행위가 인간의 친절과 동정심을 보이는 행위이기에 그가 그것을 해야 한다고 느껴질 때, 그래서 그가 그러한 행동을 하고자 하는 충동을 느낄 때, 구도자는 그것이 미래의 굴레가 된다는 점을 알아야 합니다. 그는 그 행위가 미래의 굴레의 원인이 될 것이라는 점을 깨닫지 못합니다. 그는 행위하지 않는 자(아카르타)와 초연한 자(아상가)가 됨으로써, 욕망의 충족이 그에게 영향을 끼치지 않을 것이며 그래서 그가 그 행위를 할 수 있다고 생각합니다. 그래도 그는 묶이게 될 것이며 몇 번의 탄생이 있은 후에야 굴레에서 벗어날 것입니다. 그 미래의 굴레들이 재탄생을 낳을 것이라는 것을 경전들에서 권위 있게 말하고 있습니다.[17]

나쁜 교제를 피하는 것

78 마음이 정직하지 못하고 도덕심이 타락한 악마와 같은 사람들과의 교제는 완전히 멀리해야 합니다.

79 모든 비참함의 근본적인 원인은 나쁘고 사악하고 부패한 사람들과의 교제입니다.

80 성품이 당신과 맞지 않는 사람들과 가까이 하는 것보다는 오히려 그들을 피하고 그들에 대해 나쁜 말을 하지 않는 것이 더 낫습니다.

81 지나치게 흥분하여 평화를 잃어버린 쓸모없는 사람들은 다른 사람들에게 해로울 뿐만 아니라 스스로에게도 해롭습니다.

82 아무런 가치가 없는 것에 속하는 흥분, 사나움, 그리고 소란스러

운 격분을 피하십시오.

무루가나르 현자들은 그들 자신의 격노한 정서들을 완전히 삼가 통제해야 할 뿐만 아니라, 또한 그들 자신의 정서에 의해 동요되고 있는 사람들을 향하여 세심한 주의로 행위를 해야 합니다. 그렇지 않다면, 그것은 나중에 무익한 후회의 원인이 될 것입니다. 그러므로 될 수 있는 한 그런 사람들을 피하는 것이 좋다고 할 수 있습니다.[18]

83 의식에만 주의를 기울임으로써 평화를 얻는 법을 배우지 못한, 저 자아에 미쳐 있는 사람들은 피하는 것이 현명합니다.

바른 태도

우다세나(초연)

84 세상과의 관계에서, 우다세나의 태도 이외의 어떠한 태도도 오직 고통으로 나아가게 할 것입니다.

질문 초연을 수행하라고 하는데, 이것은 세상이 비실재인 경우에만 가능한 것이 아닙니까?
바가반 그렇습니다. 오우다시니얌 아비프시탐. 초연이 권고됩니다. 그런데 초연이란 무엇일까요? 그것은 사랑도 증오도 없는 것입니다. 이 현상들이 지나가는 바탕인 참나를 깨닫게 될 때, 당신은 그것들을 사랑할 것입니까, 아니면 미워할 것입니까? 그것이 초연의 의미입니다.

질문 그것은 우리의 일에 흥미를 잃게 할 것입니다. 우리는 우리의 의무를 해야 합니까, 하지 말아야 합니까?

바가반 해야 합니다. 반드시 해야 합니다. 당신의 의무를 하지 않으려고 해도, 당신은 강제적으로 그렇게 하지 않으면 안 될 것입니다. 몸이 존재 안으로 들어왔기에 몸이 자신의 일을 다 하도록 하십시오.

아르주나가 좋아하든 그렇지 않든 그는 싸우지 않을 수 없을 것이라고 슈리 크리슈나도 기타에서 말하고 있습니다. 당신이 해야 할 일이 있을 때는, 당신은 피할 수 없습니다. 또한 당신에게 하라고 요구되지 않은 어떤 일을 당신은 계속할 수가 없습니다. 말하자면, 당신에게 할당된 일은 해야 된다는 것입니다. 간단히 말해서, 일은 진행될 것이며, 당신은 그 속에 있는 당신에게 할당된 몫을 해야만 합니다.

질문 어떻게 해야 합니까?

바가반 사랑과 증오를 버리고, 연극에서 자신의 역할을 하는 배우처럼 해야 합니다.[19]

85 욕망도 증오도 없이 빛나고 있는 초연(우다세나)이라는 산의 정상에 올라, 거기에 자리 잡은 채 있으십시오.

86 당신으로부터 분리된 어떠한 상태도 없다는 것을 깨닫고서, 당신과 다른 것으로 보이는 모든 것에 대하여 당신의 가슴속에 초연의 태도를 유지하십시오.

마음의 평정

87 마음의 평정(사마 칫타)은 칭찬과 비난이 같은 것으로 여겨질 때 있다는 것을 아십시오.

88 신이 자신의 피난처라는 것을 가슴으로 알아 버린 사람들은 불편부당한 상태를 피하지 않을 것입니다.

89 상반되는 쌍들의 한가운데에서도 평정을 유지할 수 있는 마음의 태도는 맑고 은총을 지니지 못한 사람들은 절대로 가질 수 없습니다.

90 은총의 풍부함을 지닌 고귀한 사람들에게, "나는 가난하다."라는 생각이 없는 "충분하다."는 느낌은 진정한 행복입니다.

91 "충분하다."는 느낌을 지님으로 해서 오는 즐거움이 흘러넘치는 마음은 신성하고 숭고한 보물입니다. 이 보물은 오직 니슈카미야 푸니야를 통해서 얻을 수 있습니다.

92 탐구하여 알게 되면, 수많은 느낌들과 정서들이 참나의 샨타 라사(평화로운 맛)와 조금도 분리되어 있지 않다는 것을 발견하게 될 것입니다.

구루 바차카 코바이, 945절, 포리푸라이 어떤 장소나 어떤 대상으로부터 또 어떤 존재로부터 얻어진 모든 경험들을 탐구하여 본다면, 그 경험들이 사실은 참나의 경험의 일부분임을 알게 될 것입니다.

주석 '어떤 장소'와 '어떤 존재'란 각각 많은 다른 세계들과 그들의 통치자들을 말한다.

무루가나르 모든 사람들에 의하여 경험되는 것은 본성이 평화이며 수많은 여러 대상들에 스며들어 있는 참나의 희열일 뿐입니다. 그러나 완전한 평화를 얻은 갸니들만이 이 진리를 압니다. 감각 대상들을 향하여 미친 듯이 좇고 있는 사람들은 이것을 알 수 없습니다.[20]

93 신성한 시각, 마음의 투명이 구원을 위한 적절한 수단입니다.

94 파담께서는 "만족을 통해 마음이 희열을 얻을 때만 마음은 평온을 얻을 것입니다."라고 강한 확신으로 선언합니다.

겸손

95 겸손한 태도는 당신을 불멸의 세계로 데려다 주는 구원을 오게 할 것입니다. 겸손이 없다면 당신은 지옥의 구렁텅이에 빠질 것입니다.

이 파다말라이의 시편은 티루쿠랄 121절의 번역문이다.

구루 바차카 코바이, 494절, 포리푸라이 사람의 지위는 다른 사람들에 대해 겸손하게 행동하는 만큼 높아질 것입니다. 온 세상 사람들이 그분에게 절을 하는 이유는, 신이 가지고 계시는 주권이 원인이라기보다는 우연이라도 일어나는 망상에 든 자아를 가지지 않는 그분의 고귀함 때문이 아닐까요?

96 겸손은 강력한 힘을 지니고 있으며 극복하기 어려운 적인 자아를 파괴하고 지바에게 해방이라는 위대한 행운을 가져다줄 것입니다.

바가반 불멸을 주는 겸손의 힘은 얻기 어려운 힘들 중에서도 최고입니다. 배움과 그 밖의 유사한 미덕들의 유일한 이점은 겸손을 얻기 위한 것이기 때문에, 겸손만이 성자들의 진정한 장식물입니다. 그것은 다른 모든 미덕들의 창고이기 때문에 신성한 은총의 부로서 칭송됩니다. 비록 그것이 일반적으로 현명한 사람에게 적합한 것이기는 하지만, 그러나 그것은 사두들에게는 특히 필요한 것입니다. 위대함을 얻는 것은 겸손에 의하지 않고는 가능하지 않기 때문에, 영적인 길을 걷는 구도자들에게 특별히 처방하고 있는 야마와 니야마 같은 모든 행위의 규율들은 그 목표를 오직 겸손의 획득에 두고 있습니다. 겸손은 정말이지 자아의 파괴를 알아볼 수 있는 진정한 표시입니다. 이것 때문에 겸손은 특히 사두들 자신들에게 맞는 행위의 법칙으로 특별히 칭송되고 있습니다.

더욱이 아루나찰라에 거주하고 있는 사람들의 경우에 있어서, 겸손은 모든 면에서 없어서는 안 되는 것입니다. 아루나찰라는 신성한 장소로 이곳에서는 브라마, 비슈누, 샥티 등 신의 화신들조차도 겸손하게 머리를 숙였습니다. 아루나찰라는 겸손하게 되지 않으려는 사람들조차도 겸손하게 하는 힘을 가지고 있기 때문에, 아루나찰라에서 겸손하게 머리를 숙이지 않는 사람은 다른 어느 곳에서도 그것을 보충하는 미덕을 얻을 수 없을 것입니다. 높은 것들 중에서도 가장 높으신 지고한 신은 겸손한 존재들 중에서도 가장 높은 겸손한 존재로 있기 때문에 그 누구보다도 빛나고 탁월합니다. 겸손이라는 신성한 미덕은 완전히 독립적으로 존재하고 있는 지고한 신에게도 필요하거늘, 그러한 독립성을 가지고 있지 않은 사두들에게 반드시 필요하다는 것을 강조할 필요가 있겠습니까? 따라서 사두들은 자신들의 내적 삶에서뿐만 아니라 외적 삶에서도 완전하고 완벽한 겸손을 가져야 합니다. 겸손은 신의 헌신자들에게만 필요한 것이 아니라, 신조차도 지녀야 할 독특한 미덕입니다.[21]

부와 가난

97   세상에 마음을 이미 빼앗긴 사람들에게 거대한 부를 얻는다 한들 무슨 이득이 되겠습니까?

98   세상의 부는 가슴속에 은총의 부가 넘치는 진정한 헌신자들에게는 전혀 중요하지 않습니다.

99   은총의 부로 충만한 삶을 살고 있는 진정한 헌신자들에게는 세상의 부로 넘쳐 나는 삶은 중요하지 않습니다.

100 진정한 헌신자들에게 얻을 가치가 있는 유일한 이득은 은총이라는 희열의 부입니다. 그 이외 다른 부들은 중요하지 않습니다.

101 가슴은 물질적 부가 아니라 은총의 부를 통해서만 충만함을 얻을 수 있습니다.

102 소유물과 소유자가 하나가 될 때만 평화가 있을 것입니다.

103 자신의 소유물들과 그것들의 소유자가 서로 다른 한, 마음이 멈추는 것은 가능하지 않습니다.

104 큰 부가 있을 때 가장 큰 축복이 될 수 있을 자질은 가슴의 겸손입니다.

105 가난으로 찌든 환경에서, 빛을 발해야 할 자질은 내적 강건함을 주는 마음의 고상함입니다.

바가반은 여기서 티루쿠랄 963절을 인용하고 있다.

106 당신이 자신의 세상의 재산을 무시하고 그것들에 대해 아무런 관심을 갖지 않는다면, 기쁨의 삶이 가슴 안에서 자동적으로 얻어질 것입니다.

107 외적 삶의 행운의 반전은 참나 안으로 들어갈 때만 옵니다.

집착의 포기

108 어떤 집착들도 없이 사는 방법에서 완전함을 얻음으로, 마음과 지성은 큰 고귀함을 얻을 것입니다.

109 자신을 '사랑'으로 과시하는 자아에 기인한 집착은 당신을 속이고 파괴하여 당신의 가슴을 가장 깊은 나락으로 떨어뜨릴 것입니다.

110 자아 속에서 생성되어 속이기만 하는 집착의 그물에 걸려 파멸되지 않도록 당신의 가슴을 잘 살펴십시오.

111 희열의 궁극을 얻기 위한 적절한 방법은 아내, 아이들 및 재산에 집착하는 마음을 없애는 것입니다.

112 참나 아닌 것에 대한 강박에서 비롯되는 오래된 집착을 제거하고 없애는 것이 아트마 스와루파를 깨닫는 과정이라고 합니다.

113 자아가 모든 것이기에, 집착하지 않는 상태는 자아를 없애지 않고는 달리 얻어질 수 없습니다.

114 고귀한 사람들은 집착이 없는 삶을 지고의 요가로서 배우고 실천해야 합니다.

무루가나르를 향한 파담의 은총

모두가 그분을 어디에도 구속되지 않는 무한한 관대함을 지닌 분들 중의 한 분으로 칭송하므로 기대감에 부풀어 기쁜 마음으로 저는 그분을 찾아왔습니다. 아낌없이 '주는 분'에게 저는 저도 모르게 제 자아를 빼앗겨 버렸습니다. 정말이지 이 마음씨 좋은 주는 분의 무한한 관대함은 대단합니다![1]

제가 생각해서는 안 된다는 생각을 하면서 슬퍼하고 있을 때도, 그분은 저의 신이 되셨고 그분의 빛을 저의 가슴 안에 비추어 주시어 그분 자신의 달콤한 은총의 넥타를 맛보게 하셨습니다. 그분은 순수한 의식인 그분의 모습으로 제 시야를 가득 채우는 천상의 존재이십니다. 그분은 아루나찰라의 고귀한 구루 라마나이십니다.[2]

그분의 헌신자들 중 저만큼 무가치한 사람은 아무도 없습니다. 그러나 마음으로 끊임없이 그분에게 머묾으로써 저는 순수한, 나누어지지 않은 브라만의 경험을 얻었습니다. 그분은 당신을 의지하는 자들 중 그 어느 누구도 버리지 않으십니다.[3]

제가 사탕수수를 입으로 베어 씹는 것이 어렵다고 생각하시어, 그분께서는 저에게 사탕수수 주스로 녹아들어 오셨습니다. 저의 주님이시며 진귀하신 궁극의 그분께서는 저를 향한 너무나 많은 참된 사랑을 가지고 계십니다. 제 주님의 형상은 바로 은총이십니다.[4]

무루가나르를 향한 파담의 은총

이 마지막 장에서 무루가나르는 바가반의 은총으로 인해 그가 가졌던 경험에 대해 말하고 있다. 이 모든 시편에서 파담은 바가반 자신을 의미한다.

예비 설명

1   그분의 본성이 완전한 하나이시기에, 가슴속에 거주하는 아트마스와루파이신 파담께서는 칭찬의 말들을 바라지 않으십니다.

2   제가 파담에 대해 칭찬의 말을 하면 그로 인해 우리 사이에 차이감이 생겨 저의 칭찬이 신성모독으로 바뀔까 두렵습니다.

저로 하여금 그분을 칭송하는 노래를 부르게 하시는 파담

3   향기로운 타밀어의 근원이신 존귀한 파담께서는 제 혀 위로 올라
    와 거기에 서 계시어, 마치 제가 신들린 것처럼 그분으로부터 나
    온 은총의 말들을 만들어 냅니다.

4   파담께서는 저를 축제일의 신들의 음식처럼 그분의 고귀하고 눈
    부신 발의 위대함에 대해 귀한 타밀어로 아이 같은 말을 더듬거
    리게 하셨습니다.

5   파담께서는 제가 경배의 찬송을 마음껏 노래할 수 있게 하셨습니다.

6   파담께서는 자신이 은총으로 가득하다는 것을 제가 이해할 수 있
    도록 하기 위하여 저로 하여금 그분의 흠 없는 찬미를 하게 하셨
    으며, 이것이 저의 놀이가 되게 하셨습니다.

7   파담께서는 망상의 노래를 하는 제 혀를 은총의 찬가를 부르는
    통로로 만드셨습니다.

8   은총으로 충만하신 파담께서는 다른 것은 찬송하지 말고 오직 그
    분의 영광만을 찬송할 것을 허락하셨습니다.

    무루가나르는 1923년 바가반을 찾아가기 전에 다양한 주제의 시를
지었다. 바가반을 처음 만난 뒤 그는 다시는 바가반과 그의 가르침 이

외의 어떤 주제의 시도 짓지 않겠다고 맹세하였다. 그는 약속을 지켰고 그 뒤 50년 동안 이들 주제에 대한 20,000편의 시를 지었다. 파다말라이에서 무루가나르는 지적 재능이 일반적인 사람들을 칭찬하는 데 소비되어서는 안 된다고 하는, 바가반이 직접 하신 말씀을 기록했다.

> 1580 시적 재능은 신의 영광을 위해 노래하는 데 사용해야 합니다. 그렇지 않고 무지한 인간 존재들의 영광을 노래하는 데로 타락하거나 빠져든다면, 이것은 거만함으로 가득한 마음의 미혹에서 비롯되는 퇴폐일 뿐입니다.
>
> 2172 시인이 지고의 존재를 찬양하며 노래하는 합당한 습관을 잃어버리고 비천한 인간의 영광을 노래하는 수준으로 타락하여 고통받는 것은 얼마나 부끄러운 일인지요!

9 파담께서는 저로 하여금 신의 은총으로 빛나는, 시적 부의 주인으로 빛나게 하셨습니다.

10 비록 제가 그분의 영광에 대해 말한다는 것이 어울리지 않았지만, 파담께서는 저로 하여금 제 자신의 미천한 지성으로 그분의 위대함을 찬양하게 하셨습니다.

11 파담께서는 저에게 신성한 풍미와 단맛의 혀를 주시어, 저로 하여금 "이것 외에 제가 뭘 더 원할 수 있단 말입니까?"라고 외치지 않을 수 없도록 하셨습니다.

12   이 미천한 하인의 의식에는 파담께 기대어 그분을 찬송하는 것
     말고는 할 수 있는 아무런 감각적 능력이 없습니다.

저의 말을 즐기시고 고쳐 주시는 파담

13   제가 서툴게 쓴 모든 것을 명확히 하시기 위하여, 파담께서는 자
     비로우면서도 철저하게 제가 쓴 것을 바르게 고치십니다.

　무루가나르의 많은 시편들은 그에게 저절로 일어났는데, 이것은 그
의 헌신적인 열정이 자연스럽게 나타난 것이었다. 그가 그것들을 바가
반에게 보여드렸을 때 바가반은 철저히 읽어 보고 고쳐야 할 곳이 있
는 경우에는 수정과 교정을 가했다. 내가 약 20년 전에 라마나스라맘
공문서를 분류하고 있을 때, 나는 바가반이 직접 가필한 많은 수정과
교정 내용을 담고 있는 구루 바차카 코바이의 첫 번째 판의 교정 서류
를 발견했다. 아래 두 시편에서 보이는 것처럼 바가반은 무루가나르의
시적 분출물을 신중하게 다루면서 그것들에게 적절한 형태를 주기 위
해 많은 애를 썼다.

14   파담께서는 가능한 여러 방법으로 그분의 장엄함에 대한 저의 찬
     양을 훌륭한 숭배로 기꺼이 받아들이셨습니다.

15   황금 구루이신 파담께서는 제가 말한 모든 것이 기쁨을 주는 화
     환이라고 결론을 내리시고는 그것으로 자신을 치장하셨습니다.

16 은총이신 파담께서는 마치 그것이 베단타 지혜의 해석의 정수라
    도 되는 것처럼, 저와 같은 미친 자가 제정신이 아닌 상태에서 지
    껄이는 것조차 기뻐하셨습니다.

저의 나쁜 행동을 끝내시는 파담

17 저는 이제 결코 저를 떠나지 않으시는 은총의 모습이신 파담께
    대한 저의 불손한 비방이 무지였다는 것을 깨닫습니다.

나는 '파담에 대한 비방'이라는 것은 파담을 무시하거나 그분의 실
재를 믿지 않는다는 뜻으로 이해한다. 바가반과의 첫 만남 전 여러 해
동안 무루가나르는 신이 존재한다는 것을 확신할 수 없었다. 이 태도
는 그로 하여금 바른 행동만이 중요한 것이라고 믿도록 하였다.

많은 시대들을 거치면서 나는 84번이라는 삶의 모습들을 거쳐 왔는
데, 이 과정 동안에 몸을 가진 존재가 가지는 설명할 수 없는 강렬한 고
통으로, 나는 사람을 파멸시키고 못살게 구는 여러 잡다한 불행들을 열
망하였다. 정해진 절차에 따라 살아 있는 생명의 모습의 여러 단계들을
올라가 나는 마침내 인간으로 태어났다. 다시 말해서 갸나의 명석함을
얻기에 적합한 탄생을 맞이한 것이다. 나는 비록 그런 탄생을 맞았고
내 마음은 신에게 집착하고 있었지만 신의 본성을 깨닫지는 못했다. 나
는 신으로 알려져 있는 실체는 실재이거나 실재하지 않는 상상일 수도
있기 때문에, 내 영혼에 진정으로 이득을 주는 것은 좋은 행동과 성격

이라는 결론에 도달하였다. 이것을 확신하고서 나는 바른 행동을 하려고 하였지만 그렇게 하지 못하는 경우가 많았다.

　궁극의 존재인 쉬바는 몸이라는 미혹이 없이 그분 자신의 참나의 진정한 본성으로 계신다. 지성 안에서 빛나고 지성에 빛을 주기 때문에, 그릇된 논쟁들에 빠져 있는 사람들은 거기에 이를 수 없다. 나의 미숙한 행동을 감내하시고 마치 내가 불순한 것에서 이미 벗어난 것처럼 나를 대해 주시면서 쉬바께서는 나를 그분의 동료들의 집단에 넣어 주기로 생각하셨다.[1]

18　저는 괴팍하게 행동하는 촌뜨기였지만, 파담께서는 저에게 관용을 베푸시어 저의 잘못들을 수없이 용서해 주셨습니다.

19　가공의 현상에 탐닉해 있을 때조차도, 파담께서는 저를 지고한 의식의 공간의 깨끗함에 빠져들게 하셨습니다.

20　파담께서는 저를 세상의 길에 따라 행동하게 하셔서, 이미 세상을 벗어났다고 생각한 저의 어리석음에 대해 부끄럽게 하셨습니다.

21　파담께서 저를 가득 채워 제 마음에 평화와 만족을 주기 전에는, 저는 거칠게 행동하고 바보 같은 일만 하는 빈 그릇 같았습니다.

22　만약 제가 파담과 하나가 되는 희열의 이점을 놓친다면, 그것은 지고하고 순결한 은총을 지닌 파담의 잘못이 아니라 전적으로 저의 잘못입니다.

이 죄인을 구하신 파담

23 품행이 불량한 저를 모욕을 주어 나무라지 않으시고, 파담께서는 넘치는 은총으로 저를 동정하셨습니다.

24 달콤한 갸나의 경험인 파담께서는 저를 멀리하지 않으시고 죄인인 제 가슴에 들어오셨습니다.

25 반론자인 저의 미혹한 무지를 무너뜨리시고, 지고한 희열의 빛이시며 자애로우신 파담께서 저를 당신의 발아래 두셨습니다.

26 파담께서는 저를 그분의 일을 하는 사람으로 받아들이시고는, 악을 행하던 저를 그분을 찬양하는 노래를 부르는 종으로 바꾸셨습니다.

27 파담께서는 은총을 주는 천연 자석이 되시고는 조금의 선함도 없는 이 무지한 죄인의 마음에 있는 악을 내쫓으시고는 저를 그분에게로 끌어당기셨습니다.

28 저는 지식이 없고 어리석었지만, 은총의 의식의 현현이신 파담께서는 저의 죄를 지우셨습니다.

저를 지키시는 파담

29 파담께서는 저의 영혼을 쉬바 샥티로 빛나는 존재의 의식이라는
    갑옷으로 보호하셨습니다.

30 파담께서는 저에게 가슴 안에 안식처를 주시고, 저로 하여금 거
    짓에 찬 세상의 손짓에 휘말리는 것을 막으셨습니다.

31 두려워 보호를 해 달라고 그분에게 달려가니, 두려움 없는 은신
    처이신 파담께서는 제 가슴과 하나가 되시고, 기뻐하시며, 위안
    의 말씀을 주셨습니다.

32 비열한 저로 하여금 참나의 상태로부터 벗어나지 않게 하시고,
    참나의 이방인이 되지 않게 하시고, 사방에 참나의 광휘를 뿌리
    셨습니다.

저를 지배하시고, 저의 주가 되신 파담

33 파담께서는 제 가슴속에 거주하십니다. 그래서 그분께서 저를 지
    배하시는 은혜로운 고결함에 사랑으로 늘 머물면서 저는 가슴에
    서 크게 기뻐하고 있습니다.

34 "지금 구원해 주소서."라는 제 말을 들으시고, "무엇이 잘못이

냐?"라고 말씀하시면서 저를 동정하시고는 다가와 독특한 맛으
로 저를 다스리시고 난 뒤 저를 갸나 안에 낳으신 아버지가 되셨
습니다.

35 지고자이신 파담께서는 모든 존재들의 어머니이시며 아버지이심
    에도 불구하고, 가슴 안에 바로 저의 주님으로 머무르십니다.

36 지고의 희열의 빛이신 파담께서는 저의 주님이 되셔서, 참나에
    도달한 갸나의 헌신자들의 발아래 저를 피신시키셨습니다.

37 교활함이 없는 사람의 가슴 안에 있는 옥좌인 사자자리에 앉으시고
    는 파담께서는 거대한 온 세상을 다스리는 힘을 행사하십니다.

    '사자자리'인 신하사나는 신이 영혼과 물질 세상 둘 다를 그분의 통
    치와 주권으로 행사하는 곳을 지칭하는 비라사이바 용어이다. 가장 위
    대한 비라사이바 성자들 가운데 한 사람인 알라마 프라부는 '텅 빔의
    신하사나에 앉아 있는'으로 자신의 참나 경험을 기술한 바 있다.

38 상서로운 파담께서 참으로 무지한 저를 지배하시고, 제 마음에
    초점을 맞추시고, 저를 빛으로 넘쳐 나게 하시고는, 저를 가슴 안
    에 들어갈 수 있게 하셨습니다.

39 파담께서는 저를 먼저 세속의 존재 속에서 뒤얽히게 하신 것과
    마찬가지로, 그 다음에는 은총으로 저를 구속하시어 저의 주님이

되시고는 저의 비참함을 끝내셨습니다.

　무루가나르가 바가반과 처음으로 만나기 전에, 그는 교사로서 그리고 타밀어 사전을 편찬하는 이름난 위원회의 구성원으로서 자신의 생계를 영위해 가는 결혼한 남자였다. 바가반의 달샨이 그에게 너무나 큰 영향을 주어, 몇 달 후에 그는 가정과 세상의 책임들 대부분을 버렸다. 어머니가 1926년에 돌아가시자, 그는 그의 여생을 탁발을 하면서 바가반과 그의 가르침을 저술하는 사두의 삶을 살았다.

40　눈부시며 은총이 충만한 파담께서는 저를 그분의 발아래 두시어, 모우나가 제 가슴 안에 제 자신의 성품으로 굳건히 자리 잡도록 하셨습니다.

41　가슴속에 저를 가라앉게 하시어 제 주님이 되신 파담께서는 지극한 자유의 절대 기준이 되셨습니다.

제 운명과 태도를 바꾸신 파담

42　파담께서는 저로 하여금 바사나들이 사라진 마음 안에 자연적으로 밀려오는 쉬바 푸자를 통하여 파담을 숭배케 하셨습니다.

43　순수한 존재-의식인 스와루파의 힘을 통해서 파담께서는 제 가슴속에 있는 강한 카마의 악함을 뿌리째 완전히 뽑으셨습니다.

카마는 욕망 혹은 정욕의 신이다. 푸라나의 유명한 한 일화를 보면 카마가 쉬바 안에 파르바티를 향한 욕망을 일어나게 하자 쉬바는 그를 태워 재로 만들어 버렸다.

44 덕망이 높으시며 금빛으로 빛나시는 파담께서는 제 격동하는 욕망을 강렬하게 하시고는, 자연적으로 그분의 발아래에 제 마음이 자리 잡도록 하셨습니다.

45 제가 발견한 기쁨이신 파담께서는 쉬바의 프라사드로서 마음의 맑음을 경험하고 계십니다.

46 모든 것이 쉬밤으로 존재하고 빛나는 참나의 순수한 확장을 제외하고는 제 존재는 아무것도 갈망하지 않습니다.

47 저는 궁극의 실재가 아닌 모든 것 안에는 불변성이 아주 조금도 존재하지 않는다는 것을 분명히 깨달았습니다.

48 파담께서는 속박과 해방이 그 사람의 관점에 달려 있다는 것을 깨우치게 하심으로 제 이해를 변화시키셨습니다.

49 제 가슴 안에서 솟아오르는 은총의 충만함을 느껴, 그분의 헌신자인 저는 다른 것들을 애타게 그리워하는 것 없이 파담 안에서 기뻐합니다.

50 파담께서는 제가 거짓의 길을 멀리하게 하시고, 진리가 넘쳐 나는 가슴이라는 지름길에 저를 두셨습니다.

51 파담께서는 갸나 비차라의 길이 아닌 다른 모든 길들은 결함이 있는 길임을 깨우쳐 주셨습니다.

52 파담께서는 프라랍다의 힘을 깨트리시고는 저를 가슴 안에 확고하게 자리 잡게 하셔서 저는 번영이나 빈곤에 제 마음을 잃지 않습니다.

53 찬란하게 빛나는 저의 주님이신 파담께서는 모든 것은 신이 하시는 것이라는 마음가짐으로 저를 온전히 인도하십니다.

54 파담께서는 제 안에 감미롭게 걸으셔서 그분의 신성한 의지가 제 가슴 안에 잘 꽃피어나게 하셨습니다.

55 은혜로운 파담께서는 파담께서 하시는 것은 무엇이나 제가 좋아하는 것이라는 마음 자세를 기쁘게 내려 주셨습니다.

저의 행위들과 그것들의 결실들을 깨뜨리시는 파담

56 파담께서는 "너의 문제가 무엇이냐? 내버려두어라!"라고 말씀하시면서 저에게 하나의 행위조차도 없다는 점을 확실히 하셨습

니다.

57   "내가 너를 책임질 텐데, 너의 부족함이 무엇이냐?"라고 말씀하
     시면서, 파담께서는 영원한 기쁨이 있는 가슴 안에서 저를 안으
     십니다.

58   파담께서는 의식이며 궁극이시고, 그 속에서 저는 모든 책임이
     오직 그분의 것이라 생각하기 때문에 저는 아무런 책임들도 가지
     고 있지 않습니다.

59   제가 제 자신을 행위자로 여기는 망상으로 인하여 고통을 받을
     때조차도 파담께서는 저로 하여금 인내의 무대로 빛나게 하셨습
     니다.

     '무대'란 인생의 기간이나 단계라기보다는 극장의 무대를 말한다.
무루가나르에 따르면, 바가반은 그에게 그는 참나의 영원한 스크린이
며, 그 속에 비춰지는 일시적인 영상이 아니라고 말하였다.

60   파담께서는 제 행위자 감각을 깨뜨리시어, 갸나의 평화를 통하여
     악에서 벗어난 삶이 가슴속에서 꽃피게 하셨습니다.

61   빛나는 파담께서는 제 가슴속에서 빛나시며, 저의 행위들이든 그
     것들의 결과에 대한 어떤 생각이든 저에게 존재하지 않도록 하셨
     습니다.

저를 게으르게 하신 파담

62 빛나는 파담께서는 버릇이 나쁜 저의 방랑을 완전히 깨뜨리시고
는 저를 완전한 게으름뱅이로 빛나게 만드셨습니다.

무루가나르와 바가반은 종종 활동하지 않는 게으른 상태로 있는 것
에 대해 풍자적으로 말한다. 하지만 보통의 게으름과는 다르게, 이는
지극한 노력의 최고봉이다. 무루가나르는 구루 바차카 코바이 773절
에 이 구절을 적었고, 바로 다음의 절인 774절에 이에 대한 바가반의
설명을 적었다.

> 773 우리의 주 라마나께서 가장 위대하고 가장 강력한 타파스로서 취
> 해야 한다고 우리에게 확고하게 가르치시는 것은 오직 이것 즉
> '숨마 이루(가만히 있으라).'입니다. 마음과 생각들에는 다른 의무
> 가 있지 않습니다.

> 774 그냥 있고 그리고 빛나는 게으른 상태는 참나의 상태이며, 그것
> 이 인간이 가질 수 있는 최고의 경지입니다. 매우 위대하고 드문
> 타파스를 제외하고는 얻을 수 없는 게으른 상태에 이른 사람들을
> 가장 덕이 있는 사람으로 숭배하십시오.

63 파담께서는 저를 정복하시고는 저로 하여금 자고 먹는 것이 아닌
다른 것은 할 수 없게 만드셨습니다.

64 저 자신의 것이라 믿고 제가 하는 행위들조차도 실제로는 파담의
행위들이라는 것이 완벽한 절대적인 진리입니다.

육신에 대한 저의 집착을 끝내 주신 파담

65 파담께서는 제게 다음의 깨달음을 주셨습니다. "괴로움의 근원인
굴레는 오직 몸-의식입니다. 그것은 몸의 모습이 아닙니다."

66 자신의 스와루파가 강력한 갸나인 파담께서는 저의 몸 의식을 깨
트리시고는 제 모든 카르마가 제거되었음을 확신시키셨습니다.

67 제 자신의 진정한 모습인 파담께서는 저로 하여금 진리를 탐구하
여 알도록 가르치셨고, 제 영혼의 순결이 더러운 육신으로 인해
불결해지는 것을 막으셨습니다.

68 파담과의 친밀함을 제가 즐길 수 있도록 하기 위하여 진정한 갸
나의 태양이신 파담께서는 올바른 행동을 통하여 몸과의 동일시
를 깨트리시고는 제 가슴 안에서 빛나셨습니다.

저의 구루이신 파담

69 신에게 모습이 정말로 있다면 저는 그 모습이 구루의 모습일 것

이라고 생각하고는 구루의 모습을 제 주의의 초점으로 만들었습니다.

70 신성한 파담께서 태어나셔서 제 앞에 갸나-구루 파담으로 오시자, 저의 모든 고통은 완전히 죽어 사라졌습니다.

71 은총을 주시는 갸나 구루이신 빛나는 파담께서는 태양계가 되셔서 저의 무지의 짙은 암흑을 깨트리셨고, 제 마음을 정화하셨으며, 저를 그분의 지배 아래 두셨습니다.

72 구루의 모습으로 오셔서 은총의 아름다운 빛을 불어넣으시는, 황금빛으로 빛나는 파담(바가반)께서는 제 가슴 안에 성스러운 파담(참나)의 장엄함을 드러내셨습니다.

73 빛나는 파담께서는 구루로 나타나시어 마음과 말을 뛰어넘는 삶이 제 가슴 안에서 풍요롭도록 하셨습니다.

74 파담께서는 저로 하여금 참나의 진리이신 갸나 구루를 곰곰이 생각하여 깨닫게 하셔서, 충실한 헌신자인 저는 혼돈에 빠지지 않았습니다.

'충실한 헌신자'라는 말은 진심으로 애쓰지만 성공하지 못하는 보통의 사람을 말한다.

파담의 은총

75 파담의 너그러우심이 제 혀에 광휘를 주신 것처럼, 은총이신 파
담께서는 제 가슴을 깨달음의 은혜로 넘쳐 나게 하셨습니다.

76 파담에 대한 사랑이 부족한 저에게, 파담께서는 저의 모든 행위
들을 그분에 대한 봉사로 받아들이심으로 그분의 상쾌한 은총을
제게 주셨습니다.

77 가슴 안에 "이것이 존재의 상태이다."라고 굳게 확신시킴으로, 은
총을 주시는 파담께서는 저를 그분의 발아래 두시고는 저를 그분
자신으로 만드셨습니다.

78 파담께서는 저에게 그분 자신의 진정한 본성을 허락하셔서, 그분의
헌신자인 저를 오직 은총과 궁극에만 머물러 있도록 하셨습니다.

79 관대하시고, 황금빛을 하고 계시며, 은총의 목표를 달성하게 하
시는 파담께서는 마음의 치명적인 상처를 치유하셔서 더 이상
'내일'이라는 생각으로 고통 받지 않도록 하셨습니다.

80 독을 신의 성찬으로 변화시키는 파담께서는 저의 마음을 그분 은
총의 거대한 천국으로 자리 잡게 하셨습니다.

　독은 아마도 마음일 것이다. 이와는 반대로 신의 성찬은 참나이다.

동일한 은유로 바가반은 악샤라마나말라이 64절에서는 '독'을 마야라
하였다.

　　마야로 불리는 뱀의 독이 저의 머리에 올라타서 저를 죽이기 전에,
저에게 은총을 주시고 불멸의 신의 성찬을 주시며, 저를 구하셨습니
다, 오, 아루나찰라여.[2]

81　제가 방황할 때, 그분의 달콤한 은총으로 그분의 발이 있는 여기
　　로 저를 오도록 하기 전에는, 저에게 구원을 줄 지고의 희열이신
　　정의로운 파담께서 어디에 계시는지 몰랐습니다.

82　파담께서는 그분이 저에게 주신 진실하고 서늘한 은총에 대하여
　　생각할 때마다 저의 몸을 부드럽게 녹아나게 하는 기분을 제게
　　주셨습니다.

83　은혜로운 파담께서는 제 안에 손상되지 않으면서 항상 존재하는
　　갸나의 향연을 무르익게 하셨습니다.

파담의 은총의 시선

84　황금빛으로 빛나시는 파담께서는 그분의 시선으로 막을 수 없는
　　쉬바-아난다의 바다를 제 가슴 안에 댐으로 막으셨습니다.

85   파담께서는 가두어질 수 있는 은총의 광활한 공간이 저의 참된
      가슴 안에 담기게 하는 방식으로 저를 바라보시는 은총의 눈이십
      니다.

86   황금빛의 파담께서 그분의 빛나는 시선으로 갸나의 은총을 제게
      주셨을 때 모우나의 빛이 제 얼굴을 밝혔습니다.

87   황금빛으로 빛나시며 매력적이신 파담께서는 그분의 은총으로
      충만한 시선으로 저의 자아-마음의 심취를 깨트리신 뒤, 저를 들
      어 올리시고 향기를 남긴 채 태워 버리셨습니다.

88   은총을 허락하시는 파담의 시선은 깊은 몰입의 상태 속에서 고귀
      한 스와루파-갸나라는 승리의 검을 나타나게 하시고는 그것을
      저에게 주셨습니다.

89   그분의 갸나를 주시는 눈으로 저를 바라보심으로 독과 같은 망상
      에 빠진 저의 자아의 결함을 깨트리시고 난 뒤, 파담께서는 제 가
      슴 안에 머무르십니다.

   이 구절은 무루가나르가 바가반께로 온 직후에 일어난 어떤 사건을
말하는 것일 수 있다.

   무루가나르는 적어도 잠깐만일지라도 바가반과 전적으로 함께 하고
싶은 강한 욕망이 있었다. 무루가나르는 결코 어느 누구에게도 이 바람

을 얘기하지 않았다. 하지만, 어느 누가 바가반에게 무엇을 숨길 수 있 겠는가? 무루가나르의 비밀스러운 바람은 전혀 예상치 못한 방향으로 이루어졌다. 종종 바가반과 그의 헌신자들은 잎 접시를 만들기 위해서 숲에 있는 나뭇잎을 채취하곤 하였다. 그러던 어느 날, 한 무리가 숲으로 들어가려고 하는 동안, 바가반께서는 무루가나르에게 매우 의미심 장한 눈빛을 보냈다. 이 시선을 그를 따르라는 표시로 해석한 무루가나 르는 서둘러 바가반을 뒤따랐다. 다른 사람들이 숲으로 들어갔을 때 쯤, 바가반과 무루가나르는 숲속으로 사라졌다.

바가반께서는 무루가나르를 깊은 숲속으로 인도하셨다. 바가반께서 는 통나무 그루터기에 앉으시고는 무루가나르를 곁에 앉으라 하셨다. 무루가나르가 앉았으나 그분께서는 아무 말씀도 하지 않으셨다. 바가 반께서는 그의 눈을 똑바로 보았고, 무루가나르는 전기가 흐르는 듯 바가반의 은총의 힘을 느꼈다. 그는 시간과 공간을 의식할 수 없었고, 형언할 수 없는 기쁨을 느꼈다. 이러한 희열의 상태에 들어간 무루가 나르는 시간의 흐름을 전혀 알아차릴 수 없었다. 그는 감각을 되찾은 뒤에야 함께 여러 시간 동안 이 상태에 있었음에 틀림없다는 것을 깨 달았다.[3]

무루가나르 그 자신이 이 사건을 그의 글로 언급하였다.

그분은 잎 접시를 만들 잎을 따러 가는 것을 구실로 삼아 저를 숲속 으로 데려가셨습니다. 거기서, 기쁘게도 그분께서는 저를 바라보심으 로 제 마음의 방황을 깨트리셨습니다. 그날 밤, 그분은 저의 조각난 개 별적인 의식을 가라앉히시고는, 저에게 나뉘지 않는 실재의 경험을 허

락하셨습니다.[4]

결혼시키시는 파담의 은총

90 파담께서는 제 마음 속에 사랑을 불어넣으셨으며, 그래서 신부인
    제 마음과 신랑인 그분의 은총이 결혼하였습니다.

91 제가 정숙한 부인이 되기 위하여 노력하는 동안, 파담께서는 순
    결한 행위가 제 자신의 성품으로 제 안에서 솟아나게 하시고는
    그 순결한 행위가 결코 더럽혀지지 않도록 하셨습니다.

  아내는 마음이며, 순결한 행위는 아내의 관심이 그녀의 남편인 파담
에게서 벗어나지 않게 하는 것이다. 무루가나르는 그가 노력하여 이
행동을 계속하는 동안에 파담께서 안으로의 몰입이 자연스럽고 쉬운
것이 될 정도로 그와 결합하셨다고 말하고 있다.

92 파담께서는 깨달음이라는 의식의 빛의 놀라운 힘의 밝은 빛 속에
    서, 은총을 주시는 능숙한 연인으로 저를 유혹하셨습니다.

93 여기 이 지상에서 상서로운 파담께서는 저를 저의 행운의 운명인
    여인(샨티)과 결합하게 하셔서, 저를 그녀와 희열의 결혼으로 묶
    으셨습니다.

94 궁극의 실재이시며 풍부한 은총이신 파담께서는 저를 사로잡아 그분의 곁에 머물게 하셔서, 자비롭게도 이번 탄생에 저를 죄로 부터 구하셨습니다.

저를 향한 파담의 사랑

95 제 눈의 보석이신 파담께서는 그분의 진정한 은총을 주시는 무한한 성품을 통하여 사랑의 포옹 속에서 저와 조용히 하나가 되셨습니다.

96 저의 가슴 안에 거주하시는 그분의 진정한 사랑으로, 달콤하고 부드러운 붉은 연꽃 같은 파담께서는 아무런 거친 암시도 주시지 않고 저의 영혼에 부드럽게 말씀하십니다.

97 아주 오랜 옛날부터 저를 좇으시고 저의 주님이 되어 주신 은총이며 지고의 의식이며 진정한 사랑이신 파담께서는 저의 가슴속에 거주하십니다.

98 파담께서는 은총을 주시는 구루로 오셔서 제 가슴을 진정한 사랑으로 녹이시면서 제 가슴속에 빛나십니다.

99 매혹적인 쉬밤인 황금빛으로 빛나시는 파담께서는 그분의 사랑에서 흘러나오는 훌륭한 다스림으로 저를 덮으셔서, 저는 계속해

서 일어나는 생각들에 조금도 압도당하거나 놀라지 않습니다.

100 저의 가슴을 사원으로 만드신 파담께서는 조심스럽게 저를 양육
하시어 저는 더 이상 고아처럼 의지할 데 없이 몸부림치지 않습
니다.

101 사악한 자아-마음의 요새화된 존재를 완전히 깨트리신 파담께서
는 제 가슴을 소중히 여기시고 돌보십니다.

제게 평화와 희열을 주신 파담

102 황금빛을 하신 파담께서는 붉은 산호와 같은 좋은 빛으로 밝게
빛나셔서 희열의 충만함이 제게 가득 차게 하십니다. 그래서 저
는 가슴 안에서 기뻐합니다.

103 모든 의존에서 벗어난 참나이신 빛나는 파담께서는 제 가슴을 모
든 걱정들로부터 자유로운 지고의 희열로 채우십니다.

105 진리이신 파담께서는 그분의 내면의 빛이 계속 빛나셔서 제 안에
평화가 솟아나게 하셨습니다. 그래서 저는 불성실한 마음으로 살
아온 삶에 현혹되어 파멸되거나 죽지 않습니다.

106 평화의 빛이신 파담께서는 제 가슴 안에 더없이 행복하며 쉼이

없는 몰입의 상태가 적절한 방식으로 오게 하셨습니다.

107 평화가 달의 서늘한 빛처럼 번성하고 있는 제 가슴 안에서, 파담께서는 그분의 은총 속에서 제게 생각으로부터 자유로운 희열의 상태를 주셨습니다.

108 희열에 대한 생각을 연모하지 않도록 하기 위해서, 존귀한 파담께서는 저의 본성으로 불타오르는 희열을 주셨습니다.

저의 마음을 빼앗아 삼켜 버리신 파담

109 쉬바 갸나이신 은혜로운 파담께서는 파담이 아닌 다른 어떤 세상도 알지 못하도록 저의 자아-의식을 삼키셨습니다.

110 파담께서는 그 자신의 모습이 사랑이신 그 상태 안으로 저의 사랑스러운 영혼을 물에 녹는 얼음처럼 녹이셨습니다.

악샤라마나말라이, 101절:

물에 녹는 눈과 같이, 온통 사랑이신 당신 속에서 저를 사랑으로 녹이셨습니다, 오, 아루나찰라여![5]

111 광활한 텅 빔이시며 황금빛으로 빛나시는 파담께서는 제 영혼을

삼키신 후 매우 기뻐하시며 충만한 기쁨으로 춤을 추십니다.

112 참나의 상태이신 파담께서는 제 영혼을 그분의 불로 사르시고는 밝은 빛으로 계시면서, 현기증 나는 몰두인 객관적 의식을 파괴시키셨습니다.

113 진리이신 파담께서는 비열한 사람인 저를 가슴속에 빠뜨리시고, 속박, 해방 등을 그저 개념에 불과한 것들로 만드셨습니다.

114 가슴이신 파담께서는 저를 자신의 거대한 공간 안으로 삼키시고는 순수한 참나의 진리로 가득 찬 빛으로 빛나고 계십니다.

115 그 자신을 제외한 모든 다른 것들을 태워 버리는 불과 같으신 파담께서는 제 가슴으로 들어오셔서 그분의 달콤하고 매혹적인 진미를 퍼트리십니다.

116 스와루파로 계심에도 불구하고 지고의 해방의 희열이신 파담께서는 마치 그분이 막강한 야마이신 것처럼 진실한 헌신자들을 배가 고픈 듯 삼키십니다.

야마는 육신의 죽음에 이른 모든 영혼들을 삼키는 죽음의 신이다. '지고의 해방의 희열'이라는 구절은 '음식'으로 해석될 수 있다. 이는 다음 절과 연결된다. 다음 절에서, 그것은 배가 고파지는 음식이다. 그 다음 절에서는, 갈증이 느껴지는 물이다. 악샤라마나말라이 28절에서 이와 비슷한 생각을 찾을 수 있다. "당신을 저의 양식이라 생각하여 당신에게로 올 때, 저는 당신의 양식이 되었습니다. 이제 제가 침묵하게 하소서. 오, 아루나찰라여!"6

117 저의 귀중한 영혼을 받아들이고 삼키셨을 때, 파담께서는 만족을 주는 거대한 진미의 물줄기와 같았으며, 그것 자체가 갈증이 되었습니다.

저의 에고를 없애신 파담

118 자아 - 유령이라는 환영의 존재를 만드는 기만적인 마음을 떼어 놓으시고서, "두려워 말라!"고 말씀하시며 파담께서는 저의 가슴을 안으셨습니다.

한번은 내(데바라자 무달리아르)가 바가반 앞에서 무루가나르를 비난하면서 그에게 말하기를, "그대 시인들은 스스로 모든 종류의 면허를 허락받은 것처럼 그대들이 택하는 무엇이나 말한다. 바가반께서 "두려움을 가지지 말라."고 그대에게 말한 것이 사실인가? 당신은 라마나 산니디 무라이에서 "저를 구원하신 주님께서 '두려워 말라.'고 말씀하셨다."고 썼다. 그 책의 다른 어딘가에서도 "그분의 입술로 '두려워 말라. 두려워 말라.'고 하셔서 두려움을 제거한다."고 기록하였다. 당신에게 묻노니, 바가반께서 "두려워 말라."고 말씀하셨는가?

무루가나르는 기운차게 말했다. "그분의 바라봄은 저에게 그렇게 하신 것처럼 보입니다. 그분의 바라봄은 제게 '두려워 말라.'고 말씀하십니다."

"그 말을 인정하고 더 이상 비난하지 않겠다."고 나는 말했다.

나는 무루가나르나 바가반께서 기뻐하시라고 이것을 말하지 않았다. 그것이 사실이기 때문에 말했다. 많은 경우에 바가반의 단순한 바라봄은 "나는 너에게 피난처를 주었다. 더 이상 걱정하지 말라."고 하는 것이었다.[7]

119 지고의 갸나의 태양이신 파담께서 크나큰 기쁨으로 저를 주재하셨기에, 그분의 현존 안에서 이지러지고 차는 달과 같은 마음, 지각하는 자아는 부끄러워 물러났습니다.

120 파담께서는 유령과 같은 자아의 불충하는 마음에서 나타나는 많은 거짓된 개념들 속에서 저의 내적 평화를 잃고 괴로워하는 저에게 구원을 주셨습니다.

121 빛나는 파담께서는 저의 자아를 깨트리셨으며 또 그것을 계속해서 깨트리셨습니다. 그분은 자아를 닳고 닳게 하시고, 더욱더 작게 만들어 원자만큼 작아지게 하신 뒤, 마침내 그것이 그분과 하나 되게 하셨습니다.

이는 티루바차캄에 기록된 마니카바차가르의 경험에 대한 이야기이며, 바가반은 다음의 그 구절을 종종 인용했다. "다가가고 다가가시며, 점점 닳아 원자처럼 작게 만드시고, 마침내 하나가 되게 하십니다. 오,

티루페룬두라이에 거주하시는 쉬바시여!"

저에게 진정한 '나'를 보여 주신 파담

122 저 자신을 죄인이라고 생각하여 한탄에 떨어지지 않도록 하기 위
    하여, 은총을 내려 주시는 파담께서는 저 자신의 '나'를 궁극의
    존재로 변화시켰습니다.

123 제가 그분의 진정한 지지를 알게 되어 구원된 것도 저의 자아의식
    으로가 아니라, 파담의 은총으로 인한 것이었음을 깨달았습니다.

124 '나'가 '그분'으로 존재하게 되는 곳인 참나의 장엄함으로, 파담
    께서는 '나'와 '나의 것'은 어디에도 결코 없다는 것을 보여 주시
    기 위하여 빛나십니다.

125 다른 사람들로 하여금 '나와 나의 것'의 춤을 추도록 하시는 반면
    에, 제 자신의 가슴속에서는 춤추는 분이신 파담께서 "나는 스스
    로 있는 자이다."라는 춤을 추십니다.

126 파담께서는 참나의 신성한 홀이시며, 영원한 지고의 실재로서 제
    가슴 안에서 '나-나'라는 춤을 추십니다.

저의 마음을 깨트리신 파담

127 진리로 존재하시며 빛나고 계시는 파담께서는 제 모든 행위들의
결실을 의기양양하게 부수시면서 의식의 순수한 확장으로 일어
나셔서 저의 자아를 깨트리는 분이 되셨습니다.

128 손을 놓지 않는 거대한 악마와 같이 은총이신 파담께서는 제 마
음을 사로잡아 깨트리셨으며, 그래서 마음을 죽음이 없는 모습으
로 바꾸셨습니다.

129 파담께서는 제 마음을 산산이 부수시고 내던지시어 마음을 조금
의 어두움도 없는 거대한 공간으로 만드셨습니다.

130 진리이신 파담께서는 생각조차도 넘어서는 완전무결함인 참나를
통하여 결점의 바탕인 제 마음을 논박하시면서 앞으로 나와 빛나
셨습니다.

131 증류된 의식인 신성한 참나의 빛을 통하여, 파담께서는 저의 비
열한 마야인 세 구나들을 종식시켰습니다.

　구나들은 마음과 나타남을 있게 하는 세 가지 다른 속성들이다. 사트
바(조화, 투명성), 라자스(활동, 흥분성), 타마스(무감각, 무기력).

132 진리이며 지고자이신 파담께서는 지바의 조건인 세상의 굴레가

지워진 완전무결한 순수 의식으로 제 삶 안에 빛나십니다.

133 흠이 없으신 파담께서는 저의 의식을 누르고 억제하고 파괴시켜, 차별들에 근거하고 있는 망상이 파괴되었습니다.

저의 가슴을 열어, 저에게 스스로를 드러내신 파담

134 깨끗한 창공으로 흘러넘치시는 파담께서는 은총의 모습으로 있는 참나를 주는 그분의 위엄으로 제 가슴의 덮개를 여는 데 성공하셨습니다.

135 제 가슴 안에서 완전히 드러나시며 그리고 비교들을 뛰어넘으시는 참나이신 파담께서는 어떤 것에도 매달림이 없이 눈부신 광채로 빛나십니다.

136 저를 훔친 보답으로, 평화롭고 눈부신 파담께서는 가슴 안에 그분 자신을 드러내셨습니다.

137 제 가슴 안의 빛이신 파담께서는 제가 매일 그분을 찬송할 수 있도록 하기 위하여 제가 갔던 모든 곳에 의식의 확장의 진정한 비전을 보여 주셨습니다.

138 그분의 빛나는 모습을 통하여 은총이신 파담께서는 제 마음을 사

로잡았으며 그리고 내부에서 저를 채우는 가슴의 빛을 통하여 저의 영혼을 정복하셨습니다.

139 파담께서는 제 가슴을 열어, 저에게 참나의 경험을 아주 분명하게 드러냈습니다. 그 안에는 두 번째가 있을 여지가 없습니다.

가슴속에 저를 자리 잡게 하신 파담

140 파담께서는 부드러운 푸른 나무에 박힌 못처럼 제 가슴속에 참나의 진리가 확고히 자리 잡게 하셨습니다.

141 황금빛으로 빛나시는 파담께서는 저의 가슴 안에 진정한 아루나찰라의 무한한 광채로 빛나는 붉은 산을 영원히 세우셨습니다.

142 참나이신 파담께서는 열린 하늘에 우뚝 서 있는 놀라운 산처럼 제 가슴속에 자리 잡은 채 계십니다.

이것은 타밀 속담에서 인용한 것이다. 만일 어떤 것이 스스로 분명하다면, 타밀 사람들은 "그것은 하늘에 우뚝 솟은 커다란 산과 같이 분명하다."고 말한다.

143 제 가슴속에 가득 차면서 빛나고 계시는 파담께서는 형상이 없어지고는 전능한 광채가 되셨습니다.

144 파담께서는 다른 사람들에게는 춤과 노래를 주셨으나, 저에게는 가슴으로 들어가는 것만을 목표로 하셨습니다.

145 지고의 갸나의 빛이신 파담께서는 지고의 희열의 경험이 샘솟도록 제 안에서 활발히 솟아나시며, 가슴 안에서 저를 포용하십니다.

146 파담께서는 제 가슴 안에 진리의 충만함을 주시며, 거짓된 환영을 일어나게 하는 생각의 가난함을 없애십니다.

147 열린 은총의 하늘과 같으신 파담께서는 저를 가슴 안에 완전히 가두시고는 무지로 번성하는 '나'라는 생각의 힘을 파괴하셨습니다.

148 마음의 내용물로부터 자유로운 의식이 가장 고귀한 궁극의 이룸이라고 말씀하시는 파담께서는 제 가슴 안에서 그 의식으로 자리잡으셨습니다.

이제 제 가슴 안에 거주하시는 파담

149 파담께서는 세상에 대한 제 몰두를 파괴하시고 제 가슴속에서 빛나시는 유일한 참나이시며 아름다운 지고자이십니다.

150 무지의 검은 구름을 밀어내시는 파담께서는 제 가슴 안에 즐거이 거주하시며 기뻐하십니다.

151 삼사라를 만드는 다른 악의 성향들과 더불어, 욕망과 혐오의 불꽃을 소멸시키시는 파담께서는 상쾌한 서늘함을 주시면서 저의 가슴 안에 거주하십니다.

152 모든 곳에 퍼져 계시는 참나의 솟아남이신 파담께서는 제 가슴 안에 존재하십니다.

153 파담께서 제 가슴 안에 거주하셔서 저는 참나의 진정한 상태의 힘을 얻습니다. 이 상태는 예술과 과학을 통달한다고 해서 얻어질 수는 없습니다.

154 빛나시는 파담께서 제 가슴 안에 거주하셔서, 아무런 생각의 흔적이 없는, 실재 안으로의 희열의 몰입의 상태를 거기서 얻습니다.

155 "나의 스와루파는 무엇인가?"라는 진실한 탐구를 하면, 불변의 북극성처럼 가슴에 거주하고 계시는 파담께서 빛나십니다.

156 파담께서는 참나의 멋들어진 상태이시며, 그분의 모습은 의식이시며, 그분과 관계없는 생각은 조금이라도 없게 하는 방식으로 제 가슴 안에 번성하십니다.

157 은총이신 파담께서는 풍요롭고 영원한 사원이신 것처럼 제 가슴의 임시 성소 안에 거주하십니다.

사원을 개보수하는 경우에, 신상들은 종종 잠시 동안 임시 거처(임시 성소)로 옮겨지며, 보수가 끝나면 원래의 자리로 되돌아온다.

158 저 가슴에 행함을 허락하시면서 빛나고 계시는 파담께서는 가슴에 사시며, 제가 적들인 바사나들의 힘 아래에 떨어지는 것을 막으십니다.

저를 해방시키신 파담

159 저를 위해 파담께서 즐거이 내놓으신 물주전자는 지고한 해방의 희열의 달콤한 음식이지, 종이에 그려 놓은 그림이 아닙니다.

구루 바차카 코바이, 531절 거짓된 망상을 깨트리는 지고의 갸냐는, 가슴 안에 실재로서 존재하는 것을 향한 경청의 모습으로 하는 진실한 탐구로부터 나올 것입니다. 탐구에 대해 책에 써 놓은 지식이나 심지어 보다 명확한 기술을 하고 있는 경전들을 배웠다고 하더라도, 이것은 종이에 그려 놓은 그림 물주전자이지, 요리에는 아무런 쓰임이 없습니다.

구루 바차카 코바이, 532절 종이 위에 그린 활활 타오르는 불로 요리한 음식을 먹여서 배고픈 사람의 허기를 달랠 수 있습니까? 이와 마찬가지로, 삶의 비참함을 끝내고 참나의 희열의 즐거움을 가져오는 것은 단순한 지식으로 얻을 수 있는 것이 아니라 참나에 대한 경험적 지식을 통해서만이 가능하며, 이것은 가슴속에 있는 자아를 소멸시킴으로써 얻어집니다. 그렇게 아십시오.

160 파담께서는 발정 난 코끼리 같은 제 꿈을 그분의 사자 같은 포효로 진정시키시고 난 뒤 저의 혼란을 깨트리셨습니다.

161 나무의 그루터기 같이 완고한 마음을 가진 무지하고 어리석은 저에게 황금빛 같은 파담께서는 깨달음을 주셨습니다.

162 파담께서는 저에게 다음과 같은 깨달음을 주셨습니다. "그대는 다른 모든 것들을 '이것이 아니다, 이것이 아니다.'라고 부정하고서 남는 것이다."

163 파담께서는 저로 하여금 일어나고 있는 탄생들은 마음의 거짓된 힘을 통하여 저와 연관된 꿈일 뿐이라는 점을 깨닫게 하셨습니다.

164 가슴 안에서 참나인 쉬밤의 풍요를 만끽할 정도로 얻어서, 저에게는 아무것도 남아 있지 않으며, 그래서 저는 파담 안에서 크게 기뻐합니다.

165 절대적으로 하나이신 파담께서는 저를 주재하시어 스와루파에 대한 저의 망각을 끝내게 하시고, 이번을 저의 마지막 탄생으로 만드십니다.

166 파담께서는 건너기 너무나 어려운, 오랫동안 이어진 윤회의 어두

운 바다를 그분의 열로 말리시는 불타는 제3의 눈이십니다.

쉬바가 미간에 위치하고 있는 제3의 눈을 뜨면, 그 눈길이 닿는 것은 무엇이나 재가 된다.

저를 고요하게 만드신 파담

167 파담께서는 우리가 참나의 미묘한 깊은 경험을 아는 것을 가능하게 하셨으며, 그것은 가만히 있는 것입니다.

168 "충분히 춤추었으니, 이제 가만히 있어라."라고 말하시며, 파담께서는 제 자신의 본성으로 제 가슴속에 영원히 존재하는 진정한 갸나의 상태를 저에게 주셨습니다.

169 파담께서는 가만히 있을 때 빛나는 참나의 경험인 그분의 아름답고 영광된 발아래로 저를 이끄셨습니다.

170 지고의 은혜이신 파담께서는 "가만히 있어라."는 말로 저의 수행을 완성시키셨습니다. 이 얼마나 놀라운 일인지요!

저에게 진정한 갸나를 주신 파담

171 파담께서는 망각으로 미혹된 마음을 지닌 저를 갸나의 은총의 홍수 속에 잠기게 하셨습니다.

172 이른 아침 바다 너머로 떠오르는 황금빛 태양 같으신 파담께서는 제 몸 속에서 황금빛으로 솟아오르는 갸나의 밝은 빛이십니다.

173 저를 아트마 스와루파 안에 세우심으로 제 마음을 사라지게 하신 파담께서는 저에게 갸나는 참나의 진정한 본성(스와루파)이라는 점을 확인시키셨습니다. 그것은 그저 참나의 속성인 것은 아닙니다.

174 파담께서는 제 가슴속에 갸나의 본질로 자리 잡은 희열이십니다. 그래서 저는 다른 정수들을 조금이라도 열망하거나 자각하지 않습니다.

175 파담께서는 다른 사람들에게는 환영의 광활함 속에 숨겨진 채 계시지만, 저에게는 가슴속의 갸나의 광활함으로 나타나셨습니다.

176 눈부신 파담께서는 제 가슴속에 분출하시어, 쉬바 갸나의 훌륭한 삶을 제외한 어떤 것에도 매달리지 않게 하셨습니다.

177 저의 망상을 깨트리시고 종식시키시는 파담께서는 영혼에 지고

한 이득인 진실한 갸나의 모습이십니다.

178 저를 위하여 요가 사다나를 행하시는 파담께서는 저로 하여금 진
실한 갸나의 이득을 얻도록 도우셨습니다.

179 파담께서는 저에게 갸나의 승리를 제외한 다른 모든 승리들은 명예
롭지 못한 망상에서 일어난 흠 있는 승리라는 지식을 주셨습니다.

180 무미건조한 포기를 거부하시는 파담께서는 진실한 갸나의 힘을
통하여 포기가 제 자신의 본성으로서 저와 하나 되도록 하셨습
니다.

181 파담께서는 저에게 달콤한 당밀의 정제된 핵심인 티루바차캄의
갸나를 주셨습니다.

티루바차캄은 타밀의 시성 마니카바차가르가 쓴 유명한 9세기 헌신
의 시집이다. 그 시들은 모두 마니카바차가르의 신과 구루인 쉬바를
칭송한다. 1923년 티루반나말라이에 무루가나르가 두 번째로 방문했
을 때, 바가반은 마니카바차가르의 유명한 작품과 같은 방식으로 시를
쓸 것을 제안했다. 무루가나르는 이 제안을 따를 정도로 영적인 능력
이 있지 않다고 생각했으나, 바가반의 격려로, 마침내 작품 슈리 라마
나 산니디 무라이를 지었으며, 이것은 티루바차캄의 스타일과 표현을
따르고 있다. 마니카바차가르가 그의 작품에서 쉬바를 칭송한 데 반하
여, 무루가나르는 그의 작품에서 오직 바가반을 칭송하였다.

바가반이 그에게 티루바차캄의 '정제된 핵심'을 주었다는 글은, 바가반이 그에게 쉬밤과 하나 됨을 주었다는 것을 의미한다.

바가반 자신은 티루바차캄을 매우 높이 평가했고, 그 시들을 자주 언급하였다. 그의 어머니가 돌아가신 날 밤에, 바가반은 이 책 전권을 읽기 시작하여 새벽 4시에 끝냈다. 무루가나르는 다음에 오는 파다말라이 절에서 티루바차캄에 대한 바가반의 설명과 견해를 기록하고 있다.

마니카바차가르의 티루바차캄은 언어를 초월하여 있는 쉬밤의 열정적이고 은혜로운 경험을 말로 표현하고 있다.

티루바차캄은 경험할 가치가 있는 작품이다. 그 달콤한 시구들의 의미는 지적인 지식을 넘어서 있다.

다른 사람들로부터 티루바차캄의 의미에 대해 질문을 받았을 때, 위대한 성자인 마니카바차가르는 미묘한 치다카사(의식의 공간)를 가리키고는 그 안에 몰입하였다.

티루바차캄은 자궁에 붙잡혀 태어난 비참함을 종식시키는 신의 경험을 표현하는 성스러운 꿀의 바다이다.[8]

같은 작품의 어딘가에서 무루가나르는 바가반이 그에게 티루바차캄의 정수와 의미의 핵심을 이루는 똑같은 경험을 하게 하였다고 기록하고 있다.

파담께서는 저로 하여금 티루바차캄의 정수에 몰입하게 하셨고, 그것이 베다들의 최후의 결론이라는 점을 밝히셨습니다.[9]

바가반은 무루가나르의 티루바차캄 판인 슈리 라마나 산니디 무라
이가 문학적으로 그리고 영적으로 중요한 업적이라고 생각했다. 다음
에 나오는 이야기는 그 작품과 저자에 대한 바가반의 칭찬의 정도를
보여 주고 있다.

한번은 바가반께서 아쉬람에서 몇몇 사람들이 무루가나르에 대하여
헐뜯는 이야기를 하는 것을 들었다.

그분은 그 즉시 "산니디 무라이와 구루 바차카 코바이가 나온 바로
그날, 무루가나르는 가장 뛰어난 헌신자들 중 한 명이 되었다."고 말씀
하셨다.

마이클 제임스는 이 말씀에 대해 논평하며(라마나의 무루가나르, 93
쪽) 말한다: "바가반께서 말씀하신 가장 뛰어난 헌신자들이란 아팔, 순
다랄, 삼반다르, 마니카바차가르와 같은 시인 성자들을 가리킨다."

이 재미있는 해석은 바가반 자신이 지은 다음에 오는 절에서 뒷받침
된다.

슈리 라마나 산니디 무라이가 발간되기 바로 전에, 바가반께서 원고
를 읽으셨다. 헌신자 비슈와나타 스와미는 감사하며 자기도 모르게
'무가바푸리 무루간'이라고 외쳤다. 무가바푸리는 무루가나르의 탄생
지인 라마나타푸람의 다른 이름이다. 바가반께서는 비슈와나타 스와
미에게 이 두 단어들을 포함하고 있는 시를 지어 보라고 하셨다. 비슈
와나타 스와미 자신이 그렇게 할 수 없자, 그는 바가반께 그 시를 지으
실 것을 요청하였다. 바가반께서는 다음과 같은 말씀을 하셨다. 이 말
들은 마치 무루가나르 그 자신이 시인인 것처럼 지어졌다.

"아루나찰라 라마나여! 그분께서는 가슴의 연꽃에서 사시며, 항상 미소 지으시며, 뚫어지게 바라보시면서 풍요로운 은총을 부어 주시고는 제 영혼을 완전히 제압하셨습니다." 이렇게 노래하는 세상 사람들은 구원을 받을 것이며, 무가바푸리 무루간은 산니디 무라이를 지었는데, 이것은 티루바차캄과 동등한 것이다.

마니카바차가르의 걸작인 티루바차캄은 타밀 헌신의 시들 중 가장 유명하며 칭송을 받고 있는 작품들 중 하나이다. 이 한 구에서 바가반께서는 두 가지에 대하여 공식적으로 확인하셨다. 무루가나르의 고양된 영적인 상태와 타밀어로 된 위대한 헌신의 시들과 나란히 할 수 있는 그의 권리를……[10]

제게 진정한 배움과 지식을 주신 파담

182 파담께서는 저에게 다음과 같은 진정한 지식을 주셨습니다. "진정한 갸나의 광휘 속에서는 모든 과학적 지식의 영광은 무지가 됩니다."

183 진리이신 파담께서는 제 가슴 안에 의식의 자각으로 빛나시어, 여러 형태의 모든 지식은 결함이 있기에 멀리 떠나게 하십니다.

184 거짓의 암흑이 사라진 순간, 빛나시는 파담께서는 저의 진실한 모습으로 저의 지성(붓디) 안에 나타나 빛나셨습니다.

물음 비베카추다마니 266절에서 샹카라차리야는 미묘한 지성인 붓디에 의하여 브라만이 깨달아질 수 있다고 말합니다. 이 말은 지성이 큰 도움이 되며, 사실 깨달음에 절대 필요한 것일 수 있다는 의미입니다.

바가반 '붓디'라는 말은 미묘한 지성으로 해석되지만, 여기에서는 가슴의 동굴을 의미합니다. (266절을 소리 내어 읽어 보십시오.)

붓디의 동굴 안에 계시는 브라만은 거칠거나 미묘한 것과는 다른 존재이시며, 절대적이시며, 궁극적이시며, 둘이 없는 분으로 계십니다. 오, 사랑하는 이여! 브라만의 동굴 안에 사는 사람에게는 더 이상 여인의 자궁으로 들어가는 문이 없습니다.[11]

185 파담께서는 즉시 제 속에 베다들의 비밀을 드러내셨으며, 그것의 고귀한 목표는 마음으로 아는 것이 불가능한 은총입니다.

186 "배울 수 없는 것을 배우기를."이라 말씀하시며 황금빛으로 빛나시는 파담께서는 말없이 말씀하시어 제 가슴을 빛나게 하셨습니다.

저에게 모우나를 주신 파담

187 파담께서는 특별히 저에게 모우나의 궁극의 상태인 갸나의 잘 익은 과일의 즙을 추출하여 마시라고 주셨습니다.

188 눈부신 파담께서는 저의 목표인 참나가 모우나 안에서 환히 빛나

게 하셨으며, 이것은 그분의 존재의 힘이 허락한 평화입니다.

189 파담께서는 그분에 의해 주어지는 깊은 평화인 모우나에게 제 자신을 바치는 것이 보상 그 자체라고 선언하셨습니다.

190 파담께서는 그분의 풍부함의 기교로 저에게 유희하셔서 저를 신의 첫 번째 원인인 모우나의 품 안으로 소멸시키셨습니다.

191 파담께서는 저와 하나가 되심으로써 종교적인 계율을 준수하는 제 삶을 완전히 깨트리시고는 저에게 모우나 즉 삿-아차라를 주셨습니다.

아차라는 종종 '행위의 규칙'을 의미한다. 이 문맥에서 삿-아차라는 '삿 즉 실재로서 머무르기를 준수함'을 의미한다.

저의 스와루파를 드러내신 파담

192 파담께서는 책에 담을 수 없는 미묘한 본질인 스와루파를 산과 같이 눈에 띄게 보이심으로 저에게 진정한 삶을 주셨습니다.

193 그 위에 아무것도 없는 파담께서는 가장 높은 것 중에서 가장 높으신 분이십니다. 그분은 저의 스와루파이시며, 저에게 유일무이한 가슴이십니다.

194 파담께서는 제 자신의 진리가 순수 의식으로서 제 안에 빛나도록 하셨습니다. 순수 의식은 그것 자신의 존재로서 그것 자신에 의하여 그냥 빛나고 있습니다.

195 제 의식을 정화하시고 그것을 고요하게 하신 파담께서는 저로 하여금 나누어지지 않는 아트마 스와루파를 깨닫게 하셨습니다.

196 빛나는 파담께서는 제 안에서 형상이 없고 미묘하며 그리고 영원히 더럽혀지지 않는 참나로서 빛나십니다.

197 파담께서는 저를 저의 스와루파 안으로 회복케 하셨으며, 그래서 제가 신기루의 물을 찾아 숲을 헤매는 사슴 떼 같이 방황하지 않게 하셨습니다.

198 놀라운 빛이신 파담께서는 저를 사마디로 알려진 깊은 평화의 상태로 인도하셨으며, 그분 자신을 저와 하나 되게 하시어 제 자신의 본성으로 불타오르게 하셨습니다.

199 제가 스와루파를 떠난 삶을 살려고 도망치는 곳마다 파담께서는 저를 쫓아오셔서 저를 놓아주지 않으셨습니다.

저를 그분으로서 그분과 하나 되게 하신 파담

200 비이원이신 파담께서는 제가 그분으로부터 떨어져 있는 방법도,
그분이 저로부터 떨어지는 방법도 없으신 채 계십니다.

201 의식의 확장을 경험하지 않았던 사람들뿐만 아니라 경험했던 사
람들도 보기가 불가능한 의식의 확장이신 파담께서는 저와 매우
가깝게 되셨으며, 바로 제 자신의 존재가 되셨습니다.

202 이 지구상에 저와 파담의 사이를 지배하고 있는 조화를 설명할
수 있는 것은 아무것도 없습니다.

203 쉬바 안에서 매우 기뻐하는 빛나는 샥티처럼 파담께서는 제 마음
을 존재-의식 안에 빠져들게 하셨습니다.

204 파담께서는 쉬바와 하나 되는 삶 안에 저의 가슴을 자리 잡게 하
셔서, 탄생과 죽음의 병에서 생긴 고난을 사라지게 하셨습니다.

205 마치 꿀과 우유가 섞인 것처럼 파담께서는 그분 자신의 달콤한
성품을 통하여 제 가슴의 내적 특성과 하나 되신 쉬바의 본성인
모우나이십니다.

206 제 자신의 근원으로 빛나며 존재하는 실재이신 파담께서는 또한
그분 자신의 근원으로서 자리 잡은 채 계십니다.

207　비록 파담께서는 우리 둘로 있는 것처럼 보여도, 제가 저의 실재의 본성을 탐구할 때, 그것은 하나의 실재(에카 스와루파)입니다.

208　가슴속에 궁극의 지고의 존재로 나타나신 파담께서는 저와 하나가 되셔서 낮과 밤에도 그분의 빛을 비추십니다.

209　파담께서는 저에게 큰 행운입니다. 왜냐하면 비록 껴안기가 어렵더라도, 저는 그분과 사랑으로 친밀하게 움직이고 그분과 친밀하게 하나가 되기 때문입니다.

210　파담께서는 기억할 수 없는 시간부터 저와는 별개인 것으로 나타났던 실재가 저와 늘 하나였다는 진정한 깨달음을 저에게 주셨습니다.

211　파담께서는 제가 그분과 떨어지는 것이 불가능한 방식으로 가슴으로부터 떨어짐이 없이 존재하는 사하자 상태이십니다.

212　파담께서는 칭송받을 만한 결합의 완벽함으로 제 가슴 안에서 빛나는 진리의 투명함이십니다.

213　파담께서는 제 모든 말과 제 모든 행동, 제가 생각하는 모든 생각과 조화롭게 계십니다.

저에게 쉬밤을 주신 파담

214 파담, 쉬밤은 대상에 대한 지식 너머에 있는 저의 참된 존재로서, 제 가슴 안의 끝없는 공간으로서 빛나십니다.

215 나눌 수 없으며 모든 곳에 존재하시는 쉬밤께서는 들어오실 수 없는 피난처인 제 가슴에 진리인 파담으로 빛나시며 들어오셨습니다.

216 파담께서는 저의 비참한 오욕을 몰아내시고 저의 진정한 본성을 은총의 의식인 참나, 쉬밤의 황금빛 모습으로 꽃피게 하셨습니다.

217 황금빛으로 빛나시는 파담께서는 저의 가슴 안에 절대적인 텅 빔이며 절대적인 충만함인 쉬밤의 희열의 천국을 주셨습니다.

218 아버지와 같은 은총이신 파담께서는 가슴속에서 선물을 드러내시고 저에게 주셨습니다. 그 선물은, 쉬밤이며 마음의 완전한 만족인 숨겨진 보물의 풍부한 곳간입니다.

219 은총 속에 계시는 파담께서는 이번 생애조차도 쉬밤의 상태에 살 수 있는 삶의 순수를 제 가슴 안에 허락하셨습니다.

220 파담께서는 제 마음을 진실한 갸나 타파스 안에 세우셨으며, 그 곳에서 마음은 쉬밤 안에서 즐겁게 놉니다.

오직 파담만을 보고 아는 것

221 제가 보는 곳마다 제가 보는 모든 것은 결코 흐려지지 않는 의식
     의 확장의 빛이신 파담이십니다.

     한 무리의 사람들이 순례 여행을 준비하고 있었다. 그들이 무루가나
     르에게 와서 그에게 함께 할지를 물었다.
     무루가나르는 "내가 자각의 태양인 바가반을 바라본 순간, 나의 눈
     은 광휘로 빛나는 그분의 모습을 보고 눈이 멀어졌습니다. 이제 나는
     나의 바가반이 아닌 다른 어떤 것도, 어떤 사람도 볼 수 없습니다. 이럴
     진대, 순례 여행이 나에게 무엇이겠습니까?"라고 말했다.[12]

222 제가 그분(바가반)의 파담을 제 눈으로 본 이후로, 실재인 파담께
     서는 저의 모든 감각 지각들을 안내하는 빛으로 싹이 트고 빛나
     고 계십니다.

223 파담께서는 어느 곳에서도 보일 수 없었던 숭고한 정수가 모든
     곳에서 보이게 되는 방식으로 제 가슴을 열었습니다.

224 눈부시고 빛나며 평화가 가득한 파담께서는 제 가슴속에서 낯선
     생각들이 있을 여지가 없이 거대한 희열의 바다로 파도쳤습니다.

이것을 공부하는 이점

225 가슴속에 자신과 하나로 영구히 존재하고 있는 아트마 스와루파
와 자신을 영원히 연결하는 이 파다말라이와 파담을 암송하고, 찬
양하고, 장식하는 사람들에게 파담께서는 은총을 내려 주십니다.

옮긴이의 말

우선 원전을 훼손하지 않는 범위 내에서 독자들에게 편의를 제공하기 위해 바꾼 내용을 밝히고자 한다. 영역본에서는 장과 절을 사용하지 않고 있지만, 번역본에는 읽기 편하도록 하기 위하여 장과 절을 달았다. 원전의 참조란에는 매 시구에 해당하는 타밀 원전의 번호를 제공하고 있지만, 여기에서는 그것들을 제외시켰다. 타밀어 원전을 구하기도 어렵거니와 타밀어를 읽을 수 있는 사람들이 적을 것이라고 짐작하였기 때문이다. 그러나 이러한 대조 목록을 보았을 때 우리는 파다말라이의 매 시구는 타밀어 원전을 바탕으로 한 바가반의 말씀이라는 것을 확인할 수 있을 것이다.

그리고 이 책이 나오기까지 여러분들이 도와 주었음을 밝힌다. 특히 대학원 박사 과정의 학생들은 영역판의 초벌 번역을 도와 주었다. 바가반의 깊은 메시지를 접하고는 우리는 깊은 침묵에 빠져들곤 하였다. 그 달콤했던 저녁들을 우리는 아마 잊을 수 없을 것이다. 그들에게 이 자리를 빌어 감사의 말을 드린다. 그리고 이 책은 2007년도 창원대학교 교내 연구비의 지원을 받았음을 밝힌다. 여러 인도의 고전들을 힘겹게 번역하여 나누는 데 이러한 도움들은 큰 힘이 되어 주고 있다.

그러나 무엇보다도 이 모든 과정을 사랑의 눈길로 감싸 주시면서 훌륭한 한국어판이 되도록 지켜봐 주신 영원한 삿구루이신 바가반 슈리 라마나 마하리쉬님의 발아래에 이 책을 바친다.

2008년 2월 창원 북면
슈리 크리슈나다스 아쉬람에서

참 조

머리말

1   'Tiruvandappahudi', Sri Ramana Sannidhi Murai, cited in The Power of the Presence, part two, p. 98.

제1장 바가반 파담

1   Sri Ramana Anubhuti, volume two, verse 2.
2   Non-Dual Consciousness—The Flood Tide of Bliss, Sri Ramana Anubhuti, verse 252.
3   Sri Ramana Anubhuti, volume two, the dhyana verse printed below the frontispiece.

제1절 바가반 파담

1   Ninaivil Niraindavai, p. 199.
2   Day by Day with Bhagavan, 8th October, 1946.
3   The Power of the Presence, part three, p. 133.

4   Bhagavan Sri Ramana, a Pictorial Biography, p. 74.

5   The Mountain Path, 1968, p. 236.

6   Cherished Memories, p. 144.

7   Sri Ramana, Paravidyopanishad, verse 562, cited in The Power of the Presence, part three, p. 189.

8   Living by the Words of Bhagavan, p. 191.

9   The Power of the Presence, part three, pp. 133-4.

10   The Power of the Presence, part two, p. 91, 93.

11   The Power of the Presence, part two, p. 159.

12   Living by the Words of Bhagavan, pp. 33-4.

13   Day by Day with Bhagavan, 27th June, 1946.

14   Letters from Sri Ramanasramam, 26th October, 1947.

15   The Power of the Presence, part two, p. 65.

16   Ramana Maharshi and the Path of Self-Knowledge, p. 127.

17   Self-Realization, p. 66.

18   The Power of the Presence, part two, p. 94.

19   The Power of the Presence, part three, p. 33.

20   Letters from Sri Ramanasramam, 17th January, 1946.

21   Living by the Words of Bhagavan, pp. 86-7.

22   Letters from Sri Ramanasramam, 16th February, 1947.

23   Living by the Words of Bhagavan, p. 95.

24   Letters from Sri Ramanasramam, 7th April, 1947.

25   Living by the Words of Bhagavan, p. 72.

26   Living by the Words of Bhagavan, pp. 70-71.

27   Living by the Words of Bhagavan, p. 29.

28   The Power of the Presence, part two, p. 51.

제2절 바가반의 약속과 선언

1   Ulladu Narpadu, p. 142, 1979 ed.

2   Day by Day with Bhagavan, 24th June, 1946.

3   The Power of the Presence, part one, p. 234.

4   The Power of the Presence, part two, pp. 84-5.

5   The Power of the Presence, part one, pp. 114-5.

6   Talks with Sri Ramana Maharshi, talk no. 543.

7   Sri Ramana Darsanam, p. 11.

제2장 참나

1   Guru Vachaka Kovai, verse 901.

2   Sri Ramana Jnana Bodham, volume 9, verse 15 of Bodha Arul Porul Vanakkam.

3   Sri Ramana Jnana Bodham, volume 9, verse 3 of Bodha Arul Porul Vanakkam.

제1절 파담

1   The Power of the Presence, part three, p. 252.

2   Spiritual Instructions, The Collected Works of Sri Ramana Maharshi, pp. 55-6.

3   Maha Yoga, p. 241.

4   Spiritual Instructions, The Collected Works of Sri Ramana Maharshi, p. 57.

5   Unpublished translation by Sadhu Om.

6   The Power of the Presence, part one, p. 269.

7   Sat Darshana Bashya, p. xxxi.

8   Sat Darshana Bashya, p. xxxii.

9   Talks with Sri Ramana Maharshi, talk no. 529.

10 The Collected Works of Sri Ramana Maharshi, p. 80-1.

11 Sri Ramana Reminiscences, p. 37.

12 Talks with Sri Ramana Maharshi, talk no. 143.

13 Letters from Sri Ramanasramam, 30th October, 1947.

14 The Power of the Presence, part one, p. 261.

15 Maharshi's Gospel, p. 52.

16 Talks with Sri Ramana Maharshi, talk no. 208.

17 Talks with Sri Ramana Maharshi, talk no. 349.

18 Letters from Sri Ramanasramam, 22nd August, 1946.

19 The Power of the Presence, part one, p. 29.

제2절 참나

1 Ulladu Narpadu–Kalivenba, The Mountain Path, 1981, p. 221.

2 Day by Day with Bhagavan, 22nd March, 1946.

3 Ulladu Narpadu–Kalivenba, The Mountain Path, 1981, pp. 218-9.

4 Conscious Immortality, 1984 ed., p. 181.

5 Day by Day with Bhagavan, 9th January, 1946.

6 Talks with Sri Ramana Maharshi, talk no. 551.

7 Talks with Sri Ramana Maharshi, talk no. 372.

8 Guru Ramana, p. 63.

9 Talks with Sri Ramana Maharshi, talk no. 289.

10 Maharshi's Gospel, 1994 ed., p. 48.

11 Talks with Sri Ramana Maharshi, talk no. 197.

12 Talks with Sri Ramana Maharshi, talk no. 122.

13 Talks with Sri Ramana Maharshi, talk no. 251.

14 Sri Ramana Paravidyopanishad, verse 166, The Call Divine, vol. V, p. 563.

15 Living by the Words of Bhagavan, pp. 218-9.

16 Letters from Sri Ramanasramam, 28th January, 1947.

17 Talks with Sri Ramana Maharshi, talk no. 589.

18 My Reminiscences, p. 75.

19 Talks with Sri Ramana Maharshi, talk no. 98.

20 Day by Day with Bhagavan, 21st July, 1946.

21 Talks with Sri Ramana Maharshi, talk no. 30.

22 The Power of the Presence, part one, p. 246.

23 Talks with Sri Ramana Maharshi, talk no. 626.

24 Talks with Sri Ramana Maharshi, talk no. 591.

25 Talks with Sri Ramana Maharshi, talk no. 433.

26 Day by Day with Bhagavan, 19th October, 1945.

27 Talks with Sri Ramana Maharshi, talk no. 406.

28 Talks with Sri Ramana Maharshi, talk no. 152.

29 Talks with Sri Ramana Maharshi, talk no. 202.

30 The Power of the Presence, part one, p. 242.

31 Talks with Sri Ramana Maharshi, talk no. 294.

32 Sat Darshana Bhashya, p. ix.

33 Conscious Immortality, 1984 ed., p. 118.

34 Self Enquiry, Collected Works, p. 27.

35 Conscious Immortality, p. 117.

36 Talks with Sri Ramana Maharshi, talk no. 294.

37 Talks with Sri Ramana Maharshi, talk no. 406.

38 Letters from Sri Ramanasramam, 22nd January, 1949.

39 Sadakarkuriya Sattana Nerigal, no. 73.

40 Maharshi's Gospel, pp. 39-40.

41 Day by Day with Bhagavan, 18th October, 1945.

42 Talks with Sri Ramana Maharshi, talk no. 106.

43 Letters from Sri Ramanasramam, 18th May, 1947.

44 Living by the Words of Bhagavan, pp. 245-6.

45 Talks with Sri Ramana Maharshi, talk no. 627.

제3절 의식

1 Talks with Sri Ramana Maharshi, talk no. 289.

2 Day by Day with Bhagavan, 19th November, 1946.

3 Letters from Sri Ramanasramam, 30th October, 1947.

4 Talks with Sri Ramana Maharshi, talk no. 82.

5 Unpublished translation from Annamalai Swami's diary. A partial translation of this answer is contained in Living by the Words of Bhagavan, p. 252.

6 Day by Day with Bhagavan, 22nd November, 1945.

7 Letters from Sri Ramanasramam, 9th April, 1947.

8 The Power of the Presence, part one, pp. 263-4.

제4절 참나의 동의어

1 Be as You Are, p. 12.

2 Day by Day with Bhagavan, 16th September, 1945.

3 Day by Day with Bhagavan, 31st January, 1946.

4 Talks with Sri Ramana Maharshi, talk no. 238.

5 Maharshi's Gospel, p. 66.

6 Talks with Sri Ramana Maharshi, talk no. 27.

7 Talks with Sri Ramana Maharshi, talk no. 99.

8 Ulladu Narpadu—Kalivenba, The Mountain Path, 1981, p. 219.

9 Talks with Sri Ramana Maharshi, talk no. 450.

10 The Collected Works of Sri Ramana Maharshi, p. 118.

11 Sri Ramana Darsanam, pp. 8-9.

12 Day by Day with Bhagavan, 18th, April, 1946.

13 Talks with Sri Ramana Maharshi, talk no. 244.

14 Talks with Sri Ramana Maharshi, talk no. 68.

15 Talks with Sri Ramana Maharshi, talk no. 273.

16 Talks with Sri Ramana Maharshi, talk no. 450.

17 Self Enquiry, Collected Works, pp. 32-3.

제3장 **구루와 갸니**

1 Sri Ramana Jnana Bodham, vol. 7, verse 916.

2 Day by Day with Bhagavan, vol. 3, verse 842.

3 Guru Vachaka Kovai, verse 321, cited in The Power of the Presence, part one, p. 110.

제1절 **구루**

1 Letters from Sri Ramanasramam, 26th February, 1947.

2 Taken from a Tamil essay by Muruganar on Bhagavan's life, entitled 'Sri Ramana', which appeared in appendix six of volume nine of Sri Ramana Jnana Bodham.

3 Sadakarkuriya Sattana Nerigal, no. 27.

4 Sri Ramana Darsanam, pp. 38-9.

5 The Power of the Presence, part one, p. 230.

6 Letters from and Recollections of Sri Ramanasramam, p. 26.

7 Maharshi's Gospel, p. 33.

8 Talks with Sri Ramana Maharshi, talk no. 31.

9 Sadakarkuriya Sattana Nerigal, no. 50.

10 Sri Ramana Darsanam, p. 35.

11 Letters from Sri Ramanasramam, 24th April, 1947.

12 Talks with Sri Ramana Maharshi, talk no. 68. I have amended the Sanskrit quotation a little since the original citation was incomplete.

13 Talks with Sri Ramana Maharshi, talk no. 246.

14 A more detailed account of this exchange between Bhagavan and Muruganar can be found in the Mountain Path, 1982, pp. 11-12.

15 Spiritual Instruction, The Collected Works of Sri Ramana Maharshi, p. 50.

16 Talks with Sri Ramana Maharshi, talk no. 282.

제2절 갸니

1   Talks with Sri Ramana Maharshi, talk no. 204.

2   Sri Ramana Darsanam, p. 25.

3   Maha Yoga, p. 230.

4   The Power of the Presence, part one, p. 231.

5   Talks with Sri Ramana Maharshi, talk no. 210.

6   Talks with Sri Ramana Maharshi, talk no. 20.

7   Letters from Sri Ramanasramam, 17th May, 1947.

8   Talks with Sri Ramana Maharshi, talk no. 155.

9   Living by the Words of Bhagavan, pp. 220-1.

10 Day by Day with Bhagavan, 16th July, 1946.

11 My Recollections of Bhagavan Sri Ramana, pp. 30-32. The first quote is from Brahma Gita and the second from Jnana Vasishta.

12 Letters from Sri Ramanasramam, 3rd June 1946, p. 65.

13 The Power of the Presence, part one, p. 193.

14 Talks with Sri Ramana Maharshi, talk no. 449.

15 The Power of the Presence, part one, p. 245.

16 Maharshi's Gospel, p. 81.

17 Conscious Immortality, 1984 ed., p. 69.

18 Sat Darsanam Bhashya, p. xx.

19 Sri Ramana Paravidyopanishad, verse 565, cited in The Power of the Presence, part three, p. 190.

20 Day by Day with Bhagavan, 21st January, 1946.

제4장 마음과 마음의 창조물

1   Guru Vachaka Kovai, verse 187.

2　Guru Vachaka Kovai, verse 188.

3　Sri Ramana Jnana Bodham, vol 8, verse 588.

4　Sri Ramana Jnana Bodham, vol 8, verse 417.

제1절 마음

1　Sadakarkuriya Sattana Nerigal. no. 55.

2　Day by Day with Bhagavan, 8th November, 1945.

3　Day by Day with Bhagavan, 11th January, 1946.

4　Talks with Sri Ramana Maharshi, talk no. 26.

5　Talks with Sri Ramana Maharshi, talk no. 195.

6　Sadakarkuriya Sattana Nerigal, no. 43.

7　Talks with Sri Ramana Maharshi, talk no. 99.

8　Crumbs from his Table, p. 27.

9　Sadakarkuriya Sattana Nerigal, no. 19.

10　Talks with Sri Ramana Maharshi, talk no. 195.

제2절 수타리부

1　The Collected Works of Sri Ramana Maharshi, p. 116.

2　Talks with Sri Ramana Maharshi, talk no. 323.

3　Guru Ramana, p. 46.

4　Talks with Sri Ramana Maharshi, talk no. 445.

5　Ulladu Narpadu-Kalivenba, The Mountain Path, 1981, p. 219.

6　Day by Day with Bhagavan, 18th March, 1946.

제3절 개인적인 정체감

1　Sri Ramana Paravidyopanishad, cited in The Power of the Presence, part three, p. 174.

2　Five Hymns to Arunachala, tr. Prof. K. Swaminathan, p. 68.

3　Self Enquiry, The Collected Works of Sri Ramana Maharshi, pp. 33-4.

4 Sri Ramana Darsanam, pp. 49-50.

5 Five Hymns to Arunachala, tr. Prof. K Swaminathan, p. 125.

6 Talks with Sri Ramana Maharshi, talk no. 612.

7 Talks with Sri Ramana Maharshi, talk no. 146.

8 Ulladu Narpadu−Kalivenba, The Mountain Path, 1981, p. 220.

9 Maharshi's Gospel, pp. 47-8.

10 Day by Day with Bhagavan, 2nd November, 1945.

11 Maharshi's Gospel, pp. 80-1.

12 The Collected Works of Sri Ramana Maharshi, p. 118.

13 Talks with Sri Ramana Maharshi, talk no. 383.

14 Talks with Sri Ramana Maharshi, talk no. 404.

15 Talks with Sri Ramana Maharshi, talk no. 503.

16 Day by Day with Bhagavan, 3rd January, 1946.

17 Spiritual Instructions, Collected Works, pp. 63-4.

18 Letters from Sri Ramanasramam, 3rd June, 1946.

19 Talks with Sri Ramana Maharshi, talk no. 565.

제4절 아바스타들

1 Maharshi's Gospel, pp. 83-4.

2 Day by Day with Bhagavan, 11th January, 1946.

3 Talks with Sri Ramana Maharshi, talk no. 609.

4 Maharshi's Gospel, pp. 25-6.

5 Sri Ramana Paravidyopanishad, verse 32, The Call Divine, vol. IV, p. 530.

6 Talks with Sri Ramana Maharshi, talk no. 609.

7 Day by Day with Bhagavan, 21st November, 1945.

8 The Mountain Path, 1969, pp. 108-9.

9 Day by Day with Bhagavan, 21st November, 1946.

제5장 수행

1 Sri Ramana Jnana Bodham, vol. 8, verse 462.

2 Sri Ramana Jnana Bodham, vol. 7, verse 340.

3 Sri Ramana Jnana Bodham, vol. 1, verse 683.

4 Sri Ramana Jnana Bodham, vol. 8, verse 192.

제1절 해방과 침묵

1 The Garland of Guru's Sayings, verse 'Bhagavan 28', p. 234.

2 The Power of the Presence, part three, pp. 132-3.

3 Day by Day with Bhagavan, 22nd, November, 1945.

4 Talks with Sri Ramana Maharshi, talk no. 266.

5 Day by Day with Bhagavan, 5th January, 1946.

6 Ulladu Narpadu−Kalivenba, verse 39, The Mountain Path, 1981, p. 220.

7 Letters from Sri Ramanasramam, 20th February, 1946.

8 Spiritual Instructions, The Collected Works of Sri Ramana Maharshi, pp. 72-3.

9 Day by Day with Bhagavan, 24th December, 1945.

10 Letters from Sri Ramanasramam, 8th January, 1946.

11 Maharshi's Gospel, pp. 31-2.

12 Talks with Sri Ramana Maharshi, talk no. 322.

13 Day by Day with Bhagavan, 11th January, 1946.

14 The Power of the Presence, part three, pp. 131-3.

15 Talks with Sri Ramana Maharshi, talk no. 354.

16 Letters from Sri Ramanasramam, 19th July, 1947.

17 Letters from Sri Ramanasramam, 28th March, 1947.

제2절 **참나 탐구**

1   Conscious Immortality, p. 176.

2   Talks with Sri Ramana Maharshi, talk no. 29.

3   Talks with Sri Ramana Maharshi, talk no. 222.

4   Maharshi's Gospel, pp. 24-5.

5   Maharshi's Gospel, pp. 78-9.

6   Talks with Sri Ramana Maharshi, talk no. 390.

7   Maharshi's Gospel, p. 77.

8   Day by Day with Bhagavan, 22nd March, 1946.

9   Maharshi's Gospel, p. 79.

10   Talks with Sri Ramana Maharshi, talk no. 486.

11   Sat Darshana Bhashya, p. iii.

12   Sat Darshana Bhashya, p. iv.

13   Truth Revealed, v. 30, 1982 ed.

14   Question three of Vichara Sangraham, translated by Sadhu Om, taken from page 98 of The Mountain Path, 1982. The word order has been slightly changed in this version.

15   Talks with Sri Ramana Maharshi, talk no. 591.

16   Conscious Immortality, 1984, ed., p. 54.

17   Maharshi's Gospel, p. 47.

18   Who am I?, The Collected Works of Sri Ramana Maharshi, p. 44.

19   Day by Day with Bhagavan, 3rd January, 1946.

20   The Power of the Presence, part one, pp. 236-7.

21   Talks with Sri Ramana Maharshi, talk no. 596.

22   Who am I?, The Collected Works of Sri Ramana Maharshi, p. 42.

23   The Power of the Presence, part one, p. 56.

24   Crumbs from his Table, 1969 ed., pp. 46-7.

25   Crumbs from his Table, 1969 ed., pp. 35-6.

제3절 복종, 사랑 및 헌신

1   Talks with Sri Ramana Maharshi, talk no. 208.

2   Maharshi's Gospel, pp. 22-3.

3   Ulladu Narpadu—Kalivenba, The Mountain Path, 1981, p. 217.

4   Talks with Sri Ramana Maharshi, talk no. 28.

5   The Power of the Presence, part one, p. 244.

6   Talks with Sri Ramana Maharshi, talk no. 244.

7   The Collected Works of Sri Ramana Maharshi, p. 125.

8   Talks with Sri Ramana Maharshi, talk no. 271.

9   Day by Day with Bhagavan, 1st March, 1946.

10   Talks with Sri Ramana Maharshi, talk no. 450.

11   Maharshi's Gospel, p. 22.

12   Sri Ramana Paravidyopanishad, vv. 232, 233, The Call Divine, vol. VI, p. 60.

13   The Power of the Presence, part three, p. 125.

14   Letters from Sri Ramanasramam, 23rd May, 1947.

15   Letters from Sri Ramanasramam, 2nd May, 1948.

16   Day by Day with Bhagavan, 7th January, 1946.

17   Sadakarkuriya Sattana Nerigal, no. 12.

18   Letters from Sri Ramanasramam, 26th April, 1948.

19   Sat Darshana Bhashya, p. vi.

20   Talks with Sri Ramana Maharshi, talk no. 650.

21   Sri Ramana Paravidyopanishad, verse 18, The Call Divine, vol. IV, p. 18.

22   Talks with Sri Ramana Maharshi, talk no. 650.

제4절 사다나에 대한 조언

1   Talks with Sri Ramana Maharshi, talk nos. 26, 27.

2   Conscious Immortality, 1984, ed., p. 58.

3   The Power of the Presence, part three, p. 145.

4   Who am I?, The Collected Works of Sri Ramana Maharshi, p. 44.

5   Day by Day with Bhagavan, 2nd January, 1946.

6   Day by Day with Bhagavan, 24th July, 1946.

7   Talks with Sri Ramana Maharshi, talk no. 78.

8   Talks with Sri Ramana Maharshi, talk no. 485.

9   Talks with Sri Ramana Maharshi, talk no. 338.

10 Talks with Sri Ramana Maharshi, talk no. 30.

11 Conscious Immortality, 1984, ed., p. 200.

12 No Mind—I am the Self, p. 103.

13 Day by Day with Bhagavan, 28th June, 1946.

14 Talks with Sri Ramana Maharshi, talk no. 197.

15 Talks with Sri Ramana Maharshi, talk no. 643.

16 Day by Day with Bhagavan, 2nd January, 1946.

17 Day by Day with Bhagavan, 12th April, 1946.

18 Talks with Sri Ramana Maharshi, talk no. 495.

19 Talks with Sri Ramana Maharshi, talk no. 502.

20 Letters from and Recollections of Sri Ramanasramam, p. 134.

21 Letters from Sri Ramanasramam, 19th December, 1946.

22 Maharshi's Gospel, p. 28.

23 Maharshi's Gospel, p. 82.

24 Talks with Sri Ramana Maharshi, talk no. 13.

25 Talks with Sri Ramana Maharshi, talk no. 317.

제5절 은총, 노력 및 성숙

1   Sadakarkuriya Sattana Nerigal, nos. 8, 21.

2   Maharshi's Gospel, pp. 35-6.

3   Letters from Sri Ramanasramam, This story should have appeared at the
    end of the letter dated 27th July, 1948, but it was omitted from the
    English edition. It appeared in both the Tamil and Telugu versions of the

book.

4   Day by Day with Bhagavan, 27th June, 1946.

5   Crumbs from his Table, p. 30.

6   Sat Darshana Bhashya, p. v.

7   Talks with Sri Ramana Maharshi, talk no. 29.

8   Self Enquiry, The Collected Works of Sri Ramana Maharshi, p. 12.

9   My Reminiscences, p. 3.

10 Talks with Sri Ramana Maharshi, talk no. 249.

11 Talks with Sri Ramana Maharshi, talk no. 427.

12 Letters from Sri Ramanasramam, 12th September, 1947.

13 Letters from Sri Ramanasramam, 29th November, 1947 (volume 2, letter 22).

14 Day by Day with Bhagavan, 31st March, 1945.

15 The Power of the Presence, part two, pp. 13-14.

제6장 세상과 세상의 창조자

1   Non-Dual Consciousness—The Flood Tide of Bliss, Sri Ramana Anubhuti, verse 256.

2   Guru Vachaka Kovai, verse 55.

3   Sri Ramana Jnana Bodham, vol. 5, verse 128.

제1절 창조

1   Talks with Sri Ramana Maharshi, talk no. 388.

2   Day by Day with Bhagavan, 17th February, 1946.

3   The Power of the Presence, part one, p. 240.

4   Spiritual Instructions, The Collected Works of Sri Ramana Maharshi, p. 58.

5   Talks with Sri Ramana Maharshi, talk no. 589.

6   Guru Ramana, p. 56.

7   The Power of the Presence, part one, p. 262.

8   Day by Day with Bhagavan, 21st November, 1945.

제2절 보는 자와 보이는 대상

1   Sri Ramana Paravidyopanishad, v. 147, The Call Divine, vol. IV, p. 438.

2   Talks with Sri Ramana Maharshi, talk no. 25.

3   Living by the Words of Bhagavan, p. 236.

4   Talks with Sri Ramana Maharshi, talk no. 442.

5   Talks with Sri Ramana Maharshi, talk no. 566.

6   Talks with Sri Ramana Maharshi, talk no. 53.

7   Talks with Sri Ramana Maharshi, talk no. 427.

8   Five Hymns to Arunachala, tr. K. Swaminathan, p. 23.

9   Day by Day with Bhagavan, 21st July, 1946.

10   Day by Day with Bhagavan, 10th April, 1946.

11   Unpublished translation by Sadhu Om and Michael James.

12   Maha Yoga, 1973, p. 72.

13   Day by Day with Bhagavan, 18th April, 1946.

14   Day by Day with Bhagavan, 17th October, 1946.

15   Talks with Sri Ramana Maharshi, talk no. 2.

16   Day by Day with Bhagavan, 21st November, 1945.

17   Aksharamanamalai Vritti Urai, p. 103.

제3절 세상 나타남의 실제

1   Day by Day with Bhagavan, 19th March, 1945.

2   Day by Day with Bhagavan, 19th October, 1945.

3   Ramana Smrti Souvenir, 'Tales of Bhagavan', no. 18.

4   Talks with Sri Ramana Maharshi, talk no. 455.

5   Living by the Words of Bhagavan, p. 222.

6   Talks with Sri Ramana Maharshi, talk no. 33.

7   Ulladu Narpadu−Kalivenba, The Mountain Path, 1981, p. 219.

8   Letters from Sri Ramanasramam, 24th August, 1946.

9   Day by Day with Bhagavan, 7th April, 1946.

10   Day by Day with Bhagavan, 29th May, 1946.

11   Letters from Sri Ramanasramam, 31st January, 1946.

12   Talks with Sri Ramana Maharshi, talk no. 30.

13   The Power of the Presence, part one, p. 27.

14   Sri Ramana Darsanam, p. 62.

제4절 이슈와라와 운명

1   Talks with Sri Ramana Maharshi, talk no. 589.

2   Conscious Immortality, pp. 10, 180-1.

3   Letters from Sri Ramanasramam, 21st November, 1947.

4   Letters from Sri Ramanasramam, 11th August, 1946.

5   The Mountain Path, 1982, p. 23

6   Conscious Immortality, p. 135.

7   Sadakarkuriya Sattana Nerigal, no. 78.

8   The Power of the Presence, part one, p. 47.

9   Day by Day with Bhagavan, 1st June, 1946.

10   Talks with Sri Ramana Maharshi, talk no. 426.

11   Ulladu Narpadu−Kalivenba, verse 19, The Mountain Path, 1981, p. 219.

제7장 올바른 지식, 올바른 행위 및 올바른 태도

1   Guru Vachaka Kovai, verse 822.

2   Guru Vachaka Kovai, verse 71.

3   Guru Vachaka Kovai, verse 849.

제1절 종교와 종교적 지식

1   Maha Yoga, p. 220.

2   Sri Ramana Paravidyopanishad, verse 61, The Call Divine, vol. IV, p. 586.

3   The Power of the Presence, part one, p. 271.

4   Living by the Words of Bhagavan, p. 218.

5   Talks with Sri Ramana Maharshi, talk no. 647.

6   Living by the Words of Bhagavan, p. 217.

7   Talks with Sri Ramana Maharshi, talk no. 275.

8   Letters from Sri Ramanasramam, 2nd July, 1949.

9   Letters from Sri Ramanasramam, 1st February, 1946.

제2절 죽음과 고통

1   Self Enquiry, The Collected Works of Sri Ramana Maharshi, p. 30.

2   Talks with Sri Ramana Maharshi, talk no. 396.

3   Talks with Sri Ramana Maharshi, talk no. 80.

4   Talks with Sri Ramana Maharshi, talk no. 435.

5   Day by Day with Bhagavan, 9th March, 1946.

6   Letters from Sri Ramanasramam, 11th September, 1947.

7   Maha Yoga, p. 228.

8   Talks with Sri Ramana Maharshi, talk no. 64.

9   Maha Yoga, pp. 227-8.

10 Sri Ramana Reminiscences, p. 110.

11 Living by the Words of Bhagavan, p. 238.

12 Talks with Sri Ramana Maharshi, talk no. 485.

13 The Power of the Presence, part one, p. 265.

14 Talks with Sri Ramana Maharshi, talk no. 420.

제3절 올바른 태도, 올바른 행위

1 Ulladu Narpadu-Kalivenba, The Mountain Path, 1981, p. 221.

2 The Collected Works of Sri Ramana Maharshi, p. 128.

3 The Power of the Presence, part one, p. 49.

4 Sri Ramana Darsanam, pp. 40-1.

5 The Power of the Presence, part one, p. 234.

6 Letters from and Recollections of Sri Ramanasramam, p. 88.

7 Living by the Words of Bhagavan, p. 244.

8 Letters from Sri Ramanasramam, 6th April, 1947.

9 Talks with Sri Ramana Maharshi, talk no. 22.

10 Talks with Sri Ramana Maharshi, talk no. 24.

11 Guru Ramana Vachana Mala, verse 178.

12 Letters from Sri Ramanasramam, 20th June, 1947.

13 Talks with Sri Ramana Maharshi, talk no. 17.

14 Talks with Sri Ramana Maharshi, talk no. 169.

15 Who am I?, Collected Works, p. 41.

16 The Power of the Presence, part two, pp. 65-6.

17 Letters from Sri Ramanasramam, 26th September, 1947.

18 Sadakarkuriya Sattana Nerigal, no. 49.

19 Talks with Sri Ramana Maharshi, talk no. 653.

20 Sadakarkuriya Sattana Nerigal, no. 72.

21 Sri Ramana Darsanam, pp. 77-8.

제8장 무루가나르를 향한 파담의 은총

1 Sri Ramana Jnana Bodham, volume 7, verse 851.

2 Non-Dual Consciousness-the Flood Tide of Bliss, Sri Ramana Anubhuti,

verse 248.

3   Sri Ramana Jnana Bodham, vol. 4, verse 1541.

4   Sri Ramana Jnana Bodham, vol. 3, verse 1398.

제1절 무루가나르를 향한 파담의 은총

1   'Potri Tiruvahaval', Sri Ramana Sannidhi Murai, cited in the The Power of the Presence, part two, p. 146.

2   Five Hymns to Arunachala, tr. Prof. K. Swaminathan, p. 46.

3   Cherished Memories, p. 154.

4   'Keerti Tiruvahaval', Ramana Sannidhi Murai, cited in the The Power of the Presence, part two, p. 146.

5   Five Hymns to Arunachala, tr. Prof. K. Swaminathan, p. 96.

6   Five Hymns to Arunachala, tr. Prof. K. Swaminathan, p. 31.

7   My Recollections of Bhagavan Sri Ramana, pp. 110-11.

8   Padamalai, verse, 1296, 1295, 1324, 1325.

9   Padamalai, verse, 1565.

10   The Power of the Presence, part two, pp. 127-8.

11   Guru Ramana, p. 80.

12   Cherished Memories, p. 143.

관계서적 목록

Aksharamanamalai Vritti Urai, by Muruganar, pub. Sri Ramanasramam, Tiruvannamalai, 1984.

Be As You Are, ed. David Godman, pub. Penguin, London, 1992.

Bhagavan Sri Ramana, a Pictorial Biography, comp. Matthew and Joan Greenblatt, pub. Sri Ramanasramam, Tiruvannamalai, 1981.

Call Divine, The, journal, published from various addresses in Bombay, starting, 1952.

Cherished Memories, by T. R. Kanakammal, pub. Sri Ramanasramam, Tiruvannamalai, 2002.

Collected Works of Sri Ramana Maharshi, The, by Ramana Maharshi, pub. Sri Ramanasramam, Tiruvannamalai, 2002.

Conscious Immortality, by Paul Brunton, pub. Sri Ramanasramam, Tiruvannamalai, 1984.

Crumbs from his Table, By Ramanananda Swarnagiri, pub. Sri Ramanasramam, Tiruvannamalai, 1969.

Day by Day with Bhagavan, comp. Devaraja Mudaliar, pub. Sri Ramanasramam, Tiruvannamalai, 1977.

Five Hymns to Arunachala, by Ramana Maharshi, tr. Prof. K. Swaminathan, pub. Sri Ramanasramam, Tiruvannamalai, 2001.

Garland of Guru's Sayings, The, by Muruganar, tr. Prof. K. Swaminathan, pub. Sri Ramanasramam, Tiruvannamalai, 1990.

Guru Ramana, by S. S. Cohen, pub. Sri Ramanasramam, Tiruvannamalai, 1980.

Guru Vachaka Kovai (Tamil), by Muruganar, pub. Sri Ramanasramam, Tiruvannamalai, 1998.

Kaivalya Navaneeta, Tandavaraya Swami, pub. Sri Ramanasramam, Tiruvannamalai, 1974.

Letters from and Recollections of Sri Ramanasramam, by Suri Nagamma, pub. Sri Ramanasramam, Tiruvannamalai, 1992.

Living by the Words of Bhagavan, 2nd ed., by David Godman, pub. Sri Annamalai Swami Ashram Trust, Tiruvannamalai, 1995.

Maha Yoga, by 'Who', (Lakshman Sarman), pub. Sri Ramanasramam, Tiruvannamalai, 1974.

Maharshi's Gospel, pub. Sri Ramanasramam, Tiruvannamalai, 1994.

Mountain Path, The, journal, pub. Sri Ramanasramam, Tiruvannamalai, 1974.

My Recollections of Bhagavan Sri Ramana, by Devaraja Mudaliar, pub. Sri Ramanasramam, Tiruvannamalai, 1992.

My Reminiscenceces by Balaram Reddy, pub. Sri Ramanasramam, Tiruvannamalai, 1996.

Ninaivil Niraindavai (Tamil), by T. R. Kanakammal, pub. Sri Ramanasramam, Tiruvannamalai, 1995.

No Mind—I am the Self, by David Godman, pub. Bhanumathy Ramanadham, Gudur, A. P., 1988.

Non-Dual Consciousness—the Flood Tide of Bliss, Sri Ramana Anubhuti, by Muruganar, tr. Robert Butler, pub. Ramana Maharshi Center for Learning, Bangalore, 1998.

Power of the Presence, The, parts one, two and three, edited by David

Godman, pub. David Godman, Boulder, Colorado, USA, 2001, 2002.

Ramana Maharshi and the Path of Self-Knowledge, by Arthur Osborne, pub. B. I. Publications, New Delhi, 1970.

Ramana Smrti Souvenir, pub. Sri Ramanasramam, Tiruvannamalai, 1980.

Sadakarkuriya Sattana Nerigal (Tamil), by Muruganar, pub. Sri Ramana Mandiram, Madurai, 1996.

Sat Darshana Bhashya, by 'K' (Kapali Sastri), pub. Sri Ramanasramam, Tiruvannamalai, 1975.

Self-Realization, by B. V. Narashimha Swami, pub. Sri Ramanasramam, Tiruvannamalai, 1993.

Sri Ramana Anubhuti, volume two, (Tamil), by Muruganar, pub. Dharmalaya Publications, Madras, 1961.

Sri Ramana Darsanam, by Sadhu Natanananda, pub. Sri Ramanasramam, Tiruvannamalai, 2002.

Sri Ramana Gita, by Ganapati Muni, pub. Sri Ramanasramam, Tiruvannamalai, 1998.

Sri Ramana Jnana Bodham (Tamil), nine volumes, by Muruganar, pub. New Delhi Ramana Kendra, New Delhi, 1979 to 1996.

Sri Ramana Reminiscences, by G. V. Subbaramayya, pub. Sri Ramanasramam, Tiruvannamalai, 1967.

Talks with Sri Ramana Maharshi, comp. Munagala S. Venkataramiah, pub. Sri Ramanasramam, Tiruvannamalai, 1984.

Truth Revealed, by Ramana Maharshi, pub. Sri Ramanasramam, Tiruvannamalai, 1984.

Ulladu Narpadu (Tamil), by 'Yaar' (Lakshman Sarma), pub. Sri Ramanasramam, Tiruvannamalai, 1979.

Who am I? by Ramana Maharshi, unpublished translation based on one done by Sadhu Om and Michael James, and edited by David Godman.

용어 해설

이 책에 있는 많은 기술적인 용어들은 그것들이 나타날 때 설명되거나 정의가 되었다. 다음의 목록은 용어들이 그 쪽에 나타난 뜻으로 한정되지 않는 함축된 뜻을 가진 것들이다.

가야트리	베다 만트라. 많은 힌두인들에 의해 매일 암송되고 있는 태양을 향한 기원.
갸나	참 지식. 참나의 실재에 대한 직접적인 지식.
갸니	자신이 갸나임을 직접 알게 된 사람. 깨달은 사람.
구나	마음과 육체의 현현을 일으키는 세 가지 기본 속성.
니슈카미야 푸니야	특별한 동기 없이 수행된 선한 행위를 통해 쌓인 영적 공덕.
니야마	'야마'를 참고.
다르마	문맥에 따라 여러 가지 의미가 있음. 그것은 올바른 행위, 도덕적 의무, 신성한 법칙이나 종교적 전통을 의미할 수 있음.
닥쉬나	제자가 구루께 전통적으로 드리는 물건, 선물.
달샨	구루나 신에 의해 보여지거나 보는 것.
디야나	명상. 라마나 마하리쉬는 이 말을 특별한 생각이나 형상에 집중하는 것으로 이루어진 명상을 언급하거나 언급하기 위하여 일반적으로 사용함.
라자스	활동적임. 3구나들 중의 하나.

링감	윗부분의 끝이 둥근 수직의 돌기둥. 모든 쉬바 신전의 회당 안에 설치되어 있으며, 헌신자들에 의해 신의 물질적 표현으로 존중됨.
마야	환영. 비실재의 세상이 실제인 것처럼 나타나게 만드는 힘.
마하바키야	위대한 진술문. 실재의 본성과 그리고 그것과 자신이 같다고 선언하는 4개의 주요한 우파니샤드적인 진술문임.
모우나	침묵. 라마나 마하리쉬가 생각 너머의 참나 경험과 동의어로 즐겨 쓰는 단어들 중의 하나임.
목샤	해방. 특별히 태어남과 죽음의 윤회로부터의 해방.
묵타	해방을 얻은 사람.
묵티	영적인 해방. 깨달음의 상태.
바사나	마음의 경향성들. 특별한 방식으로 강제적으로 행동하게 하는 잠재적 갈망들과 느낌들.
바이라기야	초연. 무집착.
바잔	힌두의 신이나 구루에게 바치는 헌신의 노래.
박타	헌신.
박티	신께 드리는 헌신.
베다	우파니샤드를 포함하고, 베단타 철학에 근거한 힌두의 권위 있는 궁극의 경전.
브라만	힌두교의 비인격적이며 절대적인 실재.
비차라	탐구. 라마나 마하리쉬는 이 단어를 참나 탐구의 수행을 위해 특별히 언급하였음.
빌라캄	해설.
사다나	영적인 수행. 해방을 얻기 위한 영적 수행.
사두	깨달음을 얻기 위하여 세속적인 책임들을 포기하고 모든 시간을 영적 탐구에 바치는 구도자.
사마디	직접적이지만 일시적인 참나 경험. 보통 이 황홀경의 상태에서는 신체나 세상에 대한 아무런 외적 자각이 없음. 이 용어는 또한 '성자의 무덤'이란 뜻으로도 쓰임.

사트바	순수, 조화. 세 구나들 중의 하나.
사트밤	'사트바'를 참고.
사하자	'자연적인.' 라마나 마하리쉬는 참나 경험의 가장 높고 영속적인 상태를 표현하기 위해 사용함.
삼사라	지바가 해방을 얻을 때까지 탄생과 죽음이 계속적으로 반복되는 것. 더욱 일반적인 의미로는 세상의 삶.
삼스카라	전생으로부터 가지고 온 마음의 성향이나 습관.
삿	존재, 실재, 진리.
삿구루	존재나 실재의 근거가 되는 삿에 자리를 잡은 완전히 깨달은 구루.
삿-찻-아난다	존재-의식-희열.
샤스트라	경전.
샥티	힘. 보다 정확한 의미로는, 그 힘을 통하여 우주가 창조되고 유지됨. 이 힘은 주로 여신의 힘으로 의인화됨.
샨티	평화. 참나를 직접 경험할 때 그 사람이 경험하는 평화.
수타리부	보는 사람과 보이는 대상들로 나누어진 거짓 의식.
숨마 이루	'침묵하라.' 또는 '조용히 있으라.'
쉐이바	쉬바를 따르거나 경배하는 사람. '쉬바에 속해 있는'이란 뜻의 형용사. 쉐이비즘은 궁극의 신인 쉬바를 섬기는 힌두교의 한 종파임.
쉬밤	쉬바의 진정한 의식. 참나.
스와루파	자신의 진정한 본성. 자신의 진정한 모습. 참나.
스푸라나	가슴의 두근거림. 맥박. 라마나 마하리쉬는 일반적으로 그것을 '아함', '나'(아함-스푸라나)와 연결시킴. 그것의 문맥상의 의미는 진정한 '나', 참나로부터 계속 뿜어 나오는 것을 경험하는 것을 말함.
싯다	도달한 사람. 깨달은 존재.
싯디	깨달음. 더욱 구체적으로는 참나 깨달음의 얻음.
싯디들	초자연적인 힘들.

아가마	쉬바파 경전. 주로 예배 의식의 규정과 규범이 기록되어 있음.
아갸나	무지. 특별히 참나의 직접적인 경험으로 오는 참 지식에 대한 무지.
아갸니	깨닫지 못한 사람. 갸나를 경험하지 못한 사람.
아난다	희열. 참나 경험의 결과로 오는 희열.
아바스타스	깨어 있음, 꿈과 잠의 셋이 번갈아 가면서 나타나는 상태.
아트마 스와루파	참나의 진정한 본성.
아트만	참나. 다른 용어와 함께 쓰일 때는 '아트마'로도 쓰임.
아함	일반적인 의미로 '나'를 뜻함. 다른 가능성도 있음.
야마	야마와 니야마는 세상과 다른 사람들의 관계에 대한 행위의 규범.
우파데사	가르침. 일반적으로는 구루가 제자에게 주는 가르침.
유가	'칼리 유가'를 참고.
이담	'이것.' 지각하는 '나'인 아함에 의해 보이거나 생각된 대상들을 지칭하기 위하여 이 책에서 쓰이고 있음.
자파	신의 이름 또는 거룩한 단어나 구로 된 경구를 반복하는 것.
지바	영혼. 개인적인 자기.
지반묵타	해방된 자. 때때로 이 말은 죽음의 순간에 해방을 얻는 사람보다 살아 있는 동안에 참나를 깨달은 사람이란 뜻으로 쓰임.
치다바사	의식에 마음이 투사되어 세상의 그림들이 펼쳐져 보이는 비실제적 영상.
칫	의식. 이것은 무의식의 반의어가 아니다. 그것은 중개되지 않는 참나 자각임.
칫-자다	직역하자면 의식-둔함이다. 그것은 의식을 육체에 묶거나 제한하는 가상의 결합.
칼리 유가	유가란 힌두 우주론에서 굉장히 긴 기간을 말함. 이 기간은 4개의 보다 작은 기간들로 이루어져 있음. 칼리 유가란 이 기간들의 마지막에 해당한다. 현재는 칼리 유가의 시대임.
타마스	나태, 우둔함. 번갈아 일어나는 세 구나들 중의 하나.
타트바	진리. 사물의 본질. 실재를 묘사하고 범주화하려고 잘게 나눈 것

	을 쉐이비즘에서 '타트바'라고 함.
타파스	힘든 영적 수행, 육체적 고행을 수반한다. 그것의 목적은 영적 불순물을 태워 버리는 데 있음.
트리푸티	보는 자와 보는 것과 보이는 것, 그리고 아는 자와 아는 것과 알려지는 것이라는 세 겹의 것들.
파담	직역하면 '발'을 의미함. 참나와 동의어로 무루가나르는 라마나 마하리쉬를 일컬어 파담이라고 표현하였음.
파야삼	우유, 설탕, 곡물 그리고 향신료들을 써서 만든 달콤한 오트밀.
포리푸라이	시나 경구를 설명하기 위한 간단한 산문.
푸니야	선행을 행함으로 쌓이는 미덕.
푸자	힌두의 신께 드리는 예배 의식.
프라랍다 카르마	사람이 자신의 삶에서 겪어야 하는 미리 정해진 행위들과 경험들. 어떤 특정한 사람을 위해 신이 준 대본.
프라마다	망각. 특히 참나에 대한 망각을 의미함.
프라사드	성화된 봉헌물. 신이나 구루께 봉헌하는 어떤 것이 그것의 일부나 전부가 기증자나 공동 분배에 되돌아갈 때 프라사드가 됨.

슈리 라마나 마하리쉬의 희귀한 가르침
파다말라이

초판 1쇄 발행 2008년 2월 20일

지은이 무루가나르
영역   데이비드 가드먼
옮긴이 김병채
펴낸이 황정선
펴낸곳 슈리 크리슈나다스 아쉬람
출판등록 2003년 7월 7일 제62호
주소 경상남도 창원시 북면 신촌리 771번지
대표전화 (055) 299-1399
팩시밀리 (055) 299-1373
전자우편 krishnadass@hanmail.net
홈페이지 www.krishnadass.com

값 25,000원
ISBN 978-89-91596-16-0   03270
Printed in Korea

＊잘못 만들어진 책은 바꾸어 드립니다.